Die DDR wird 50

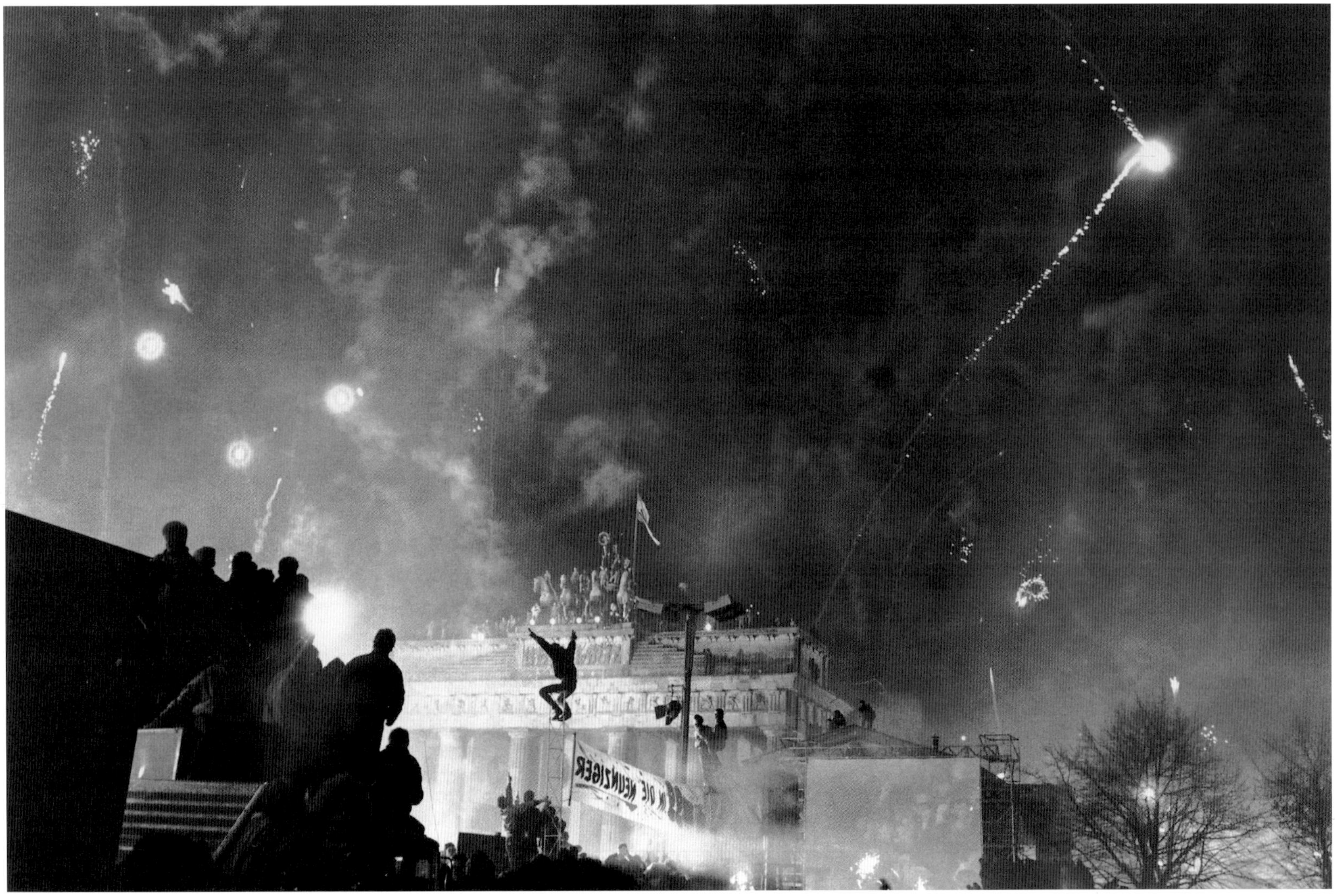

Arno Fischer: Silvester am Brandenburger Tor, Berlin 1989/90

DIE DDR WIRD 50

TEXTE und FOTOGRAFIEN

Herausgegeben
von
Volker Handloik und Harald Hauswald

AUFBAU-VERLAG

Fotos von Arno Fischer und Harald Hauswald

ISBN 3-351-02479-7

1. Auflage 1998

Einbandgestaltung Ute Henkel/Torsten Lemme
unter Verwendung des Fotos »Maidemonstration« von Harald Hauswald, 1. Mai 1987, Berlin
Typographische Gestaltung und Bildredaktion Stefan Orendt
Reproduktion City Repro im Druckhaus Berlin-Mitte GmbH
Druck und Binden GRAFO S.A.
Printed in Spain

Inhalt

Volker Handloik

Anstatt eines Vorwortes: Der Tag Eins

Noch bevor an diesem 7. Oktober der Tag anbricht, stehen viele Menschen auf, fast noch in der Nacht. Sie sitzen an ihren Fenstern, hocken auf Dächern, versammeln sich in kleinen Gruppen auf den Straßen, und sie alle starren in den Himmel, erwartungsfroh. Der Mond.

Exakt um 2.47 Uhr legt sich der Erdschatten über ihn, und er verschwindet bis 4.33 Uhr in einer totalen Mondfinsternis. Währenddessen kündigt sich der Tag mit Frühnebeln an – es wird übrigens ein sonniger Oktobertag – und über der Ostsee herrscht ein Luftdruck von 1021 Millibar, in Leipzig blühen die Lindenbäume sogar ein zweites Mal, und schon vor dem Morgengrauen probt im Berliner Zoo ein schottisches Musikregiment Märsche für das Oktoberfest (Eintritt fünfzig deutsche Pfennige), und als um 6.23 Uhr die Sonne aufgeht, da bricht eine neue Zeit an, fürwahr. Berlin wird wieder Hauptstadt werden, und die Menschen wohnen nun nicht mehr in der Zone, sondern in der DDR, im ersten Arbeiter-und-Bauern-Staat auf deutschem Boden.

Es beginnt um 12 Uhr mittag.

Natürlich beginnt es nicht um 12 Uhr. Große Dinge verspäten sich gelegentlich. Im großen Festsaal der »Deutschen Wirtschaftskommission« für die Sowjetisch besetzte Zone Deutschlands, im früheren Reichsluftfahrtministerium Görings in der Berliner Wilhelmstraße (heute befindet sich hier das Bundesfinanzministerium), finden am 7. Oktober 1949, einem Freitag, die 330 Mitglieder des »Deutschen Volksrates« zusammen, um die DDR zu proklamieren. Der Saal ist mit schwarz-rot-goldenen Fahnen geschmückt. Transparente künden von der Zukunft: »Nur eine gesamtdeutsche Regierung überwindet die nationale Not!« Diplomaten der Militärmissionen des zukünftigen Ostblocks, der Sowjetunion und Norwegens sind gekommen, die Stirnwand des Saales ist üppig mit Grünpflanzen bekränzt. Im Saal ist es heiß und gedrängt und gleißend hell. Sechzehn Jupiterlampen leuchten des Präsidium aus. Metro-Goldwyn-Mayer ist anwesend, die französische Pathé, Fernsehgesellschaften.

Erst fünfundvierzig Minuten nach der angesetzten Zeit betreten die drei Präsidenten des Volksrates das Podium: Hermann Kastner (LDP), Wilhelm Pieck (SED), Otto Nuschke (CDU). Wenige Augenblicke später ertönt die Präsidentenglocke, und Pieck, einer der beiden Vorsitzenden der SED, verliest ein Manifest des Deutschen Volksrates. Als er nach fünfzehn Minuten endet, da braust im Saal »stürmischer« Beifall auf. Dann folgt Punkt 2 der Tagesordnung: »Stellungnahme zur politischen Lage und Beratung der zu ergreifenden Maßnahmen.« Pieck dankt der Sowjetunion für ihre Hilfe und ersucht sie, der Volkskammer die Befugnisse zu übertragen, »die der Sowjetischen Militärverwaltung dank ihrer Besatzungsrechte zustehen«. Er sagt, die Bundesrepublik solle in jenen »Kriegspakt« eingegliedert werden, der geschlossen worden sei, um »den großen Kriegsbund gegen den Osten Deutschlands, gegen die Volksdemokratien und gegen die Sowjetunion zu schaffen«. Daher müsse die DDR gegründet werden; und somit erkläre sich der Deutsche Volksrat zur »Provisorischen Volkskammer«. Gebannt sitzen im Lande die Menschen vor den Rundfunkgeräten und lauschen den zonenweit ausgestrahlten »Hörberichten«. Die meisten von ihnen wollen gar keine DDR. Ein »Deutscher Volkskongreß« hatte im Mai 1949 gegen eine starke

Minderheit den »Deutschen Volksrat« (aus dem später die »Provisorische Volkskammer« wurde) nach einer »Einheitsliste« berufen. Daß aus diesem 7. Oktober der »Tag der Republik« werden würde, den sie vierzig Jahre lang zu begehen haben, das konnten sich viele nicht vorstellen. Eigentlich war es doch ein ganz normaler Tag, jedenfalls fast. Oder?

Ein ganz normaler Tag? Nicht für die Bauern aus Sangerhausen. Eine Feldmäuseplage hielt sie in Atem, und stolz verkünden sie daher am 7. Oktober, daß sie durch Vernichtungsmittel 4,5 Millionen Nager unschädlich gemacht haben. Im Niederbarnim vollbringt Traktorist Günter Wiedmann von der MAS (Maschinenausleihstation) Rehfelde mit dem Radschlepper Universal 2 »überdurchschnittlich« gute Leistungen. Er ist noch ein junger Bursche, und wenn er in die Kamera lächelt, sieht man, daß er schadhafte Zähne hat.

Else Neubert ist ein festes Weib. Sie trägt Kopftücher anstatt Hüte, und sie ist heute sehr stolz. Am 7. Oktober ist sie zur ersten weiblichen Leiterin in der Holzindustrie ernannt worden. Sie übernimmt das Sägewerk Söllichau bei Kossau. Auf ihrem lockigen Haar liegt Sägestaub.

In der »Freien Presse« Zwickau wettert Erich Mükkenberger gegen »Sektierier und Diversanten«, schimpft auf »Revisionisten«. Er macht das ganz gut. Später wird er Vorsitzender der Parteikontrollkommission, ein Oberschnüffler wie Mielke.

Auch für Walter Ernst ist der 7. Oktober ein besonderer Tag. Herr Ernst ist Vorsitzender der Kulturkommission im Gummiwerk Riesa. Er dichtet gern. An diesem Tag druckt die Lokalpresse seinen Sechsundzwanzigzeiler »Der Aktivist«, leider betrinkt er sich am Abend und bricht sich einen Arm, das hat er sich nie verziehen.

Im Palast-Theater Zwickau zeigt man den Kindertrickfilm »Das böse Gewissen« für zwanzig Pfennig Eintritt, ein »herrlicher Farbfilm«. Ob der Saal wohl voll gewesen ist?

In Magdeburg geht Frau Müller aus der Immermannstraße (auch sie ist sehr stolz an diesem Tag) in die Redaktion der »Volkstimme« und zeigt den begeisterten Redakteuren eine 520-Gramm-Birne. Volkskorrespondent W. F. beschwert sich über zerquetschte Kartoffeln beim Abladen vor Gemüseläden. Kulturobmann Rolf Heinrich von der Kulturgruppe der Deutschen Post Magdeburg liest am Nachmittag (man trifft sich zum Wilhelm-Busch-Nachmittag) aus »Abenteuer eines Junggesellen«. Anwesende heben seine »treffende Mimik« und seine »Sprachfärbung« hervor. Auch Herr Heinrich ist also ziemlich stolz.

Die Insassen des Leipziger Johannis-Hospitals fordern anläßlich einer Friedenskundgebung »einmütig und geschlossen« die Schaffung der DDR. Am Nachmittag essen sie Sandkuchen und trinken Muckefuck, und die Pflegerin, eine ehemalige Pg, verteilt rote Fähnchen. Etwas unbeeindruckter von diesem Tage erweist sich der Landfunk Leipzig. Um 13.15 Uhr strahlt er die Dokumentation »Im Oktober müssen die Samenrüben geerntet werden« aus. Auch Herr Doktor Hummel vom Völkerkundemuseum hat noch nicht die Tragweite dieses Datums erkannt. Im Weißen Saal seines Museums referiert er über »Mystik und Magie« in Tibet. Leider ist nicht überliefert, wie viele frischgebackene DDRler seinen Worten zur Transzendenz gelauscht haben.

Ein geradezu schlechter Tag ist der Gründungstag der DDR für den Rentner Paul Wolf aus Wunscha. Paul Wolf bezieht seit dem Ersten Weltkrieg eine Invalidenrente von fünfzig Mark monatlich, es geht ihm schlecht. Einige Tage zuvor hat er sich auf dem Bahnhofsklo der Lausitzer Stadt Niesky mit einem Trommelrevolver durch die Brust geschossen. Der Polizei erzählt er, zwei Rotarmisten hätten ihn verwundet, ausgeraubt und in die Toilette geworfen – aber er widerruft. Am 7. Oktober verurteilt ihn ein Richter zu 10 Monaten Haft wegen Beleidigung der Besatzungsmacht. Bis zu seinem Tode wird er behaupten, man hätte ihn zum Widerruf gezwungen. Seine Rente erhöht man nicht.

Auch Heinrich Trost aus Schwerin hat am 7. Oktober 1949 andere Sorgen: er möchte eine Zuchtente gegen eine Babybadewanne tauschen. In Rostock erscheint das neue Adreßbuch. Es hat 464 Seiten. Im Mecklenburger Kreis Schöneberg wird ein Bürgermeister verprügelt, weil er dem ganzen Dorf während der Dreschphase den Strom abgeschaltet hat, da die Bauern ihm in einer Ernteangelegenheit »nicht zu Willen« waren. Der Bürgermeister stirbt 1982 im hohen Alter an Lungenentzündung. Seinen Kindern erzählt er bis zum Schluß, er hätte »drei von den Kerlen umgehauen«. In die SED ist er jedenfalls nicht eingetreten.

In Muskau bietet das Tabakhaus Meyer allen Kleinsttabakpflanzern für 1 Kilo Rohtabak 500 Zigaretten zu zehn Deutschen Pfennigen oder zehn Pakete Feinschnitt zu drei Mark. 1952 geht Tabak-Meyer in den Westen, das hat er wahrscheinlich schon am 7. Oktober 1949 gewußt. Ein Kleinbürger eben.

Sich des Tages durchaus bewußt sind die Mitarbeiter des Elster-Sauerstoffwerkes in Kleindalzig, die schon am 7. Oktober ihr Jahressoll erfüllen. Den Rest des Jahres arbeiten sie nun für die DDR. Die ist am Nachmittag des 7. Oktober 1949 so gut wie fertig gestaltet. Um 17.35 Uhr, nach einer Pause von zwei Stunden, treten die Delegierten erneut zusammen. Sie wählen den sächsischen Innenminister Johannes Dieckmann (LDP) zum Präsidenten der »Provisorischen Volkskammer«. Zu seinen Stellvertretern werden Hermann Matern (SED), Hugo Hickmann (CDU) und Jonny Löhr (National-Demokrat und Altkommunist) bestimmt. U-Boot Löhr ist so wenig bekannt, daß ihn »Der Morgen« am Tage darauf mit »Frau Löhr« vorstellen wird. Unter Dieckmanns Vorsitz wird sofort die Verfassung der »Deutschen Demokratischen Republik« verabschiedet; der neue Staat ist gegründet. Volkskammer-Präsident Dieckmann beendet die Tagung mit dem denkwürdigen Ruf: »Es lebe Deutschland!«

Still lächelnd auf den Hinterbänken sitzt eine junge Frau, Margot Feist, das jüngste Mitglied der »Provisorischen Volkskammer«. Vier Tage später wird sie Wilhelm Pieck, dem ersten Präsidenten der DDR, mit einem Blumenstrauß gratulieren. Viel später wird aus ihr Frau Honecker werden, die Ministerin für Volksbildung. Und noch viel später wird sie in Chile leben müssen, im Exil. Aber an diesem Oktobertag, an dem »spätherbstliches Strahlungswetter« herrschte, da war alles so golden. Man hatte gerade das bessere Deutschland geschaffen.

Werner Bräunig

Rummelplatz

In der Frühschichtwoche trafen sie sich fast jeden Abend auf dem Rummelplatz: Peter Loose, Christian Kleinschmidt, der Fördermann Spieß und ein paar andere aus ihrer Baracke. Sie standen am Riesenrad, an der Boxerbude, saßen im Bierzelt. Niemals wurde ein Treffpunkt verabredet, man wußte, wo man einander finden konnte, man fand sich.

An diesem Abend saßen sie im Bierzelt. Saßen vor klebrigen Groggläsern, saßen auf Gartenstühlen an klobigen Bohlentischen, die sie quer gestellt hatten im Hinterzelt, saßen im Lärmschatten der Lautsprecher. Mittelpunkt war der Fördermann Spieß, ehemaliger Landarbeiter, er war seit sechsundvierzig bei der Wismut und genoß das Ansehen und die Vorrechte des Alteingesessenen. Weiter als bis zum Fördermann hatte er es in seinen Schachtjahren allerdings nicht gebracht, er war ein bißchen schwerfällig. Spieß hatte als einziger der Runde sein Mädchen mit, seit drei Wochen ging er mit ihr. Sie hieß Radieschen, war mager und klein und zäh wie eine Katze. Sie war Verkäuferin, achtzehn Jahre alt, und Spieß war ihr siebenter Freund. Sie wußte aber, daß es diesmal der richtige war.

Dezemberluft flutete herein, Lärm der Lautsprecher und Leierkästen brach sich an den Segeltuchwänden, Karussellichter flackerten, Schnüre bunter Glühbirnen. Im Hinterzelt tranken sie Grog, und wenn die Gläser leer waren, tranken sie akzisefreien Bergarbeiterfusel aus mitgebrachten Flaschen, zwei lagen schon leer unterm Tisch. Einer fehlte heute, der sonst immer dabei war: Müller, Siegfried Müller, Schachtzimmermann und Bewohner der Baracke vierundzwanzig, Rabenberg, jedenfalls bis vor kurzem. Kleinschmidt, Loose, Mehlhorn, Müller. Der Tischler war nämlich ausgezogen inzwischen, irgendwo ins Unterdorf, hatte ein Bratkartoffelverhältnis mit einer Witwe. Nicht etwa deshalb aber fehlte er heute, oder genaugenommen vielleicht doch. Er hatte sich nämlich einen Tripper geholt bei seiner Wittib, man sprach gerade davon.

Der mit der Hasenscharte hieß Heidewitzka, ehemals Leichtmatrose bei der glorreichen KM, in Schleswig aus einem englischen Gefangenenlager ausgebrochen. Heidewitzka meinte: »Wer sich den Tripper holt, der ist selber dran schuld!« Beifällig johlte die Horde, Liebling vor allem, ein spitzgesichtiger Dürrling, der Jüngste hier und deshalb besonders zotig, in Wahrheit aber war nicht viel dahinter, und wenig wußte er von den Fährnissen der Fleischeslust. Da aber auch von den anderen keiner wußte, wie derlei Unfälle zu verhüten wären, ebbte der Beifall alsbald ab, man harrte Heidewitzkas Verkündigung. Der legte seinen braunen Raucherfinger auf den Tisch und ließ eine Zote los, die war jenseits aller Kritik, die kann nicht zugemutet werden erwachsenen Frauen und Töchtern etwa, die lassen wir also aus.

Jedenfalls war das der Stoff, aus dem das Thema Eins gemacht war. Sie saßen in ihren Wattejacken, ließen die Flasche kreisen, gierige Münder in flackerndem Halbdunkel, und dann sangen sie sich eins, ohne Looses Gitarre diesmal, die war in der Baracke geblieben. Das schöne Lied vom Polenmädchen sangen sie, vom Polenmädchen im Polenstädtchen, das innig einen Fritz liebt, heimlich natürlich und fünf Strophen lang, dann aber geht's ins Wasser, das brave Polenkind, sie liebte einmal nur und dann nicht mehr. Ein Liedchen war das, das hatten schon des Kaisers Feldgraue gesungen, jeder dritte Deutsche wenigstens kannte die Weise und kannte den Text, die Väter vererbten's den Söhnen und so fort bis auf die Kindeskinder, die Deutschen nämlich sind ein sangesfreudiges Volk, und gar hoch achten sie die kernige Poesie ihrer neueren Volkslieder. Die Horde aber ging vom Polenmädchen zu einer scharfen Tanzweise über, dünner wurde der Gesang, fürs erste war's genug. Der Zeltwirt brachte eine neue Lage.

Kleinschmidt und Loose saßen am unteren Tischende, etwas abseits von den anderen. Kleinschmidt trank wenig, Loose aber ließ sich langsam vollaufen. Loose wußte, daß sich Kleinschmidt hier nicht wohl fühlte, natürlich nicht, der Herr Oberschüler war Besseres gewohnt. Der ging nur mit, weil er sich vor dem Alleinsein fürchtete. Wer fürchtete sich denn nicht vor dem Alleinsein, hier, in dieser Einöde, bei dieser Schinderei, wer hält denn nach acht Stunden täglicher Einsamkeit im Schacht noch sechzehn Stunden Einsamkeit über Tage aus?

Nichts nützt da die Oberschule, nichts die Gescheitheit, zuerst ist der Mensch Mensch und braucht seinesgleichen. War Peter Loose etwa gern allein? Ja, manchmal schon. Aber das heulende Elend packt einen, wenn man nichts weiter hat als seine vier Barackenwände und seine acht Stunden mit der Schaufel am Stoß, der Stumpfsinn kriecht in die Gehirnwindungen und füllt den Schädel mit Blei, bis er platzt, bis man irgend etwas zerdrischt oder zur Flasche greift oder aufbrüllt wie ein Stier.

Schachtkoller nannte man das. Als ob es nur der Schacht wäre! Es war das ganze Elend dieses verpfuschten Lebens, dieses Lebens ohne Aussicht, das einen herumstieß, das blindlings einprügelte auf Gerechte und Ungerechte, das wiedergeprügelt sein wollte, und wenn's nur zur Erleichterung wäre. Denn ausrichten konnte man wenig, allein gegen alle, es war einem eingetränkt worden bis hoch übern Eichstrich. Und Loose holte die Flasche aus der Jackentasche, er goß Kleinschmidts Grogglas voll bis zum Rand und dann sein eigenes, er stieß Kleinschmidt an: »Los, sauf!«

Kleinschmidt nahm aber nur einen Kinderschluck. Sogar zum Saufen ist er zu fein, dachte Loose. Na, lassen wir ihm Gerechtigkeit widerfahren, er verträgt halt nicht viel. Immerhin, wie er sich durchgebissen hat in den ersten Wochen, das war schon ganz anständig. Loose hatte durchaus bemerkt, wie schwer Kleinschmidt die Arbeit gefallen war und wie oft er nahe daran gewesen war aufzugeben; er war überzeugt gewesen: Lange macht der's nicht. Daß er dennoch durchgehalten hatte, das war eine Leistung, die Loose gelten ließ. Der Mann war nun mal nicht für den Schacht gemacht, wenn man ihn im Duschraum sah, mußte einem das einleuchten. Loose war da aus einem härteren Holz, und er war stolz darauf. Er hatte auch sonst nichts, worauf er hätte stolz sein können.

Der Steiger hatte das schnell herausgefunden: Dieser Loose war ein Bolzer, aber einer mit Verstand in den Händen, und das war selten. Er war kantig und unverträglich, ein Saufaus und Radaubruder, in der Arbeit jedoch war ihm nichts nachzusagen. Der Steiger war auf jeden Mann angewiesen und auf jede Hand – also stellte er Loose an Arbeitsplätze, an denen es drauf ankam, an denen es hart zuging und einer zupacken können mußte. Loose hatte das natürlich gemerkt, und er sah auch, daß der Steiger mit Kleinschmidt glimpflicher umsprang, ja, daß er geradezu einen Narren gefressen hatte an ihm, obwohl er weniger Leistung brachte. Er dachte: Das ist so die ausgleichende Arbeiter- und Bauerngerechtigkeit. So ein Professorensöhnchen, wenn das in den Schacht kommt, dem wird der Staubzucker pfundweise in den Hintern geblasen. Dagegen unsereiner – kein Hahn kräht danach, ob man sich das Blut aus den Rippen schwitzt und die Knochen abschindet und den Nischel einrennt. Und dennoch war Loose stolz darauf, daß keiner sich seinetwegen eine Zacke aus der Krone zu brechen brauchte, dennoch gefiel ihm dieses Leben, er nahm die Herausforderung an.

Und nur manchmal, wenn der Alkohol sein Blut schneller durch die Adern jagte und die Bilder ihn bedrängten in schroffem Wechsel, dann brach etwas auf in ihm, brach hervor aus dem Innersten und gab Ruhe erst dann, wenn er es mit immer schärferen Schnäpsen betäubte, wenn er das Bewußtsein ertränkte in Fünfundvierzigprozentigem. Einst hatte er davon geträumt, ein kühner Forscher und Entdecker zu werden, Heldentaten zu vollbringen und Abenteuer zu bestehen, in die Stratosphäre vorzudringen und auf den Grund des Meeres wie Piccard, Afrikaforscher wollte er werden, Jagdflieger, U-Boot-Kommandant, Mont-Everest-Bezwinger. Er hatte die Abenteuerhefte und Kriegsbücher verschlungen und dem verzauberten Klang fremder Namen nachgelauscht, Narvik, Tobruk, Deutsch-Südwest, er hatte vor den Kinoleinwänden gesessen und ein Held werden wollen wie Trenk der Pandur, wie Rommel und Mölders und Ohm Krüger und hatte sich gedacht, daß die Welt eigens eingerichtet sei für die Nachfahren der Goten und Welfen: Und setzt ihr nicht das Leben ein, nie wird euch das Leben gewonnen sein, heil Herzog Widukinds Stamm! Aber nicht die Tage der Siege brachen an, sondern die Amis kamen, dann kamen die Russen. Sanglos, klanglos traten da die Helden ab über Nacht, die Hakenkreuze stahlen sich aus den Fahnen, im Luftschutzkeller versteckte sich der Stiefvater, versteckten alle sich, die gestern noch stramm getönt hatten, links zwo drei vier Deutschland muß leben und wenn wir sterben müssen, verkrochen sich, winselten um Gnade, schworen ab, verleugneten. Übrig blieb eine Welt ohne Glanz und Schminke, und ohne Hoffnung auch. Es pfiff nun eine Tonart, die hieß: Wer nicht arbeitet, der soll auch nicht essen, eine gar einleuchtende Melodei, und am lautesten betete sie, wer sich noch nie nach Arbeit gedrängt hatte und auch fürderhin mit zwei linken Händen durchs Leben zu kommen gedachte. Der Blockwart wurde Straßenbeauftragter mit Brotkartenmonopol, auch der Stiefvater hatte bald wieder ein Pöstchen, die Care-Pakete verzehrten sie heimlich und hißten öffentlich den Freifahrschein für die neue Zeit, denn es muß einer Geld oder Macht oder wenigstens Ansehen haben, um andere für sich arbeiten lassen zu können. Immer wirst du unten bleiben mit der Nase im Dreck, Peter Loose, wirst dein Leben lang schuften in harter Mühle und dich für ein paar Stunden entschädigen auf den Rummelplätzen der Welt, beim Wodka, an der warmen Haut eines Mädchens, denn es fehlen dir ein paar Kleinigkeiten, ohne die man nicht hochkommt. Und hast auch keinen, der dir ermöglicht hätte, die Oberschule zu besuchen wie Kleinschmidt, denn in deinen Kreisen hat man gefälligst mitzuverdienen vom vierzehnten Jahr an. Darauf einen Dreistern mit Hammer und Sichel, Peter Loose, sto Gramm auf die Gegenwart und sto Gramm auf die Zukunft. Hurra!

Und auch die Horde ging nun zum scharfen Saufen über. Spieß visierte den Pegel an, daumenbreit unterm Glasrand, hoch die Tassen und ein Lied drei vier, von der AG Wismut kommen wir, und Radieschen immer mittenmang, Radieschen mit dem Silberblick, sie soff manchen Familienvater untern Tisch. Der Wirt linste herüber, er könnte Stöpselgeld verlangen, steht ihm gesetzlich zu, aber meilenweit ist keiner, der ihm dabei helfen würde. Auch war die Runde gewachsen mittlerweile, Kaschau war gekommen und Titte Klammergass, Paule Dextropur und Siggi das Badergassengespenst, sie kamen von der Mittelschicht. Schwarz hockten die Gummijacken an den Bohlentischen, graue Bärte über schwarzen Kollern, Spieß Artus hob den Humpen. Und Kleinschmidt, der einzige, der es nicht nötig hätte, Kleinschmidt nippt nur, nuckelt am Flaschenhals wie ein Milchbaby. Denn Kleinschmidt hat es nämlich wirklich nicht nötig.

Man hat den Brief gelesen, sein lieber Onkel am Rhein schickte ihm liebe Grüße und fragte an, ob er nicht in seine Arme kommen wolle, er mit seinen Fähigkeiten wird doch nicht so dumm sein und sich in dieser Ostzone das Leben verhunzen, wo er drüben studieren könne, der liebe Neffe Christian, Onkel Hollenkamp würde das schon managen. Milchbaby Kleinschmidt wollte aber nicht, das war so ein Tick von dem Mann. Lieber machte er beim Iwan den Buckel krumm, als daß er sich von der Verwandtschaft was schenken läßt. Da läßt er sich schon lieber vom Steiger Fischer was schenken, einen bevorzugten Arbeitsplatz mit einer hohen Lohngruppe und gemäßigter Schinderei, der Gute. Tja, wenn man so einen Onkel hätte! Man hat aber bloß eine Schwester drüben am deutschen Rhein, und die ist mit einem armen Schlucker verheiratet, einem Nähmaschinenfritzen, Landser heißt der Mann und ist auch danach. Man hat schon wirklich kräftig daneben gegriffen auf der Sitzbrille des Lebens, ganz schön in die Röhre hat man, das kann man wohl sagen.

Nun mußte aber das Radieschen schnell mal raus, und Titte Klammergass sah eine Gelegenheit, eine seiner handgestrickten Storys anzubringen. Titte fuhr einen Erzkipper und hatte früher einen Studebaker gefahren, Autos und Schweinereien waren das einzige, worüber man sich mit ihm unterhalten konnte. Ferner hatte er seit einem halben Jahr eine miese Tour, pendelte immer bloß die paar Kilometer vom Schacht 412 zur Zeche Stalin rauf und runter, und je langweiliger ihm die Strecke wurde, desto mehr fiel ihm ein. »Leute«, sagte Titte Kammergass, »mir ist heute eine über den Weg gesegelt, mein lieber Mann! Steht da und fragt, ob ich sie nicht nach Erlhäuser mitnehmen könnte, und sie wollte es auch bestimmt nicht umsonst haben. Das sowieso, denke ich mir, aber ich habe ja nun leider in Erlhäuser nichts zu tun. Aber das Reh war nicht zu erschüttern. Soso, sagt sie, und sie verdreht die Augen, bis ich richtig weich werde, na, und da habe ich sie eben aufgeladen. Aber unterwegs überlege ich mir, dreißig fromme Kilometer, mein lieber Mann, das beste ist, du fährst übern Sommerweg, das sind mindestens zehn Kilometer weniger.«

»Kiki«, sagte da Peter Loose. Und Spieß sagte: »Übern Sommerweg, da kommste mit'm T 34 nicht rüber, nicht mal mit'm Hubschrauber.« Und das Radieschen, das inzwischen wieder hereingekommen war, erklärte: »Wer mir das vormacht, der darf mal.«

»Na ja«, sagte Titte Klammergass, »ich hab das ja auch nur gedacht, aber dann bin ich doch lieber die Talstraße gefahren. Jedenfalls beim Schalten fummle ich dem Reh so'n bißchen über die Knie, und sie hält auch mucksmäuschenstill, und wie wir dann in den Wald kommen, da halte ich den Kahn an und will mein Honorar kassieren. Aber auf einmal war das Reh aus Eis. So ziemlich eine Viertelstunde habe ich's versucht, was soll man da machen? Ortseingang Erlhäuser habe ich sie abgeliefert, und als sie mir einen Zehnmarkschein geben wollte, hab' ich gesagt, den soll sie hinstecken, wo sie Lust hat.«

»Hahaha«, meckerte der kleine Liebling, und Heidewitzka meckerte mit, und dann sagte er: »Die hat dich ganz schön auf's Kreuz gelegt, mein Lieber. Der hätte ich eins aufgezeigt, daß die Tannen wackeln. Und dann hätte ich sie im Wald stehen lassen, an der finstersten Stelle, Heidewitzka Herr Kapitän!«

»Hm«, machte Titte Klammergass. Er sah sie der Reihe nach an, das Radieschen, den kleinen Liebling, Christian Kleinschmidt und auch Peter Loose, und dann sagte er: »Es geht nämlich noch weiter. Kurz und gut – ich fahre also meine Schicht zu Ende und liefere den Kahn im Objekt ab, und wie ich gerade die Kurve kratzen will, da kommt einer und sagt, daß ich beim Natschalnik antanzen soll. Schön, denke ich mir, wer weiß, was der Alte wieder mal will. Ich bin aber noch gar nicht richtig zur Tür rein, da geht das Theater schon los. ›Na, Jugendfreund‹, schnurrt der Natschalnik, ›nun erzählen Sie mal, wie Sie das heute wieder hingezaubert haben mit der Schwarzfahrt.‹ Na, ich gehe natürlich erst mal auf Empfang, und wie ich mir noch überlege, woher der Alte etwas wissen könnte, da sehe ich doch auf einmal so einen Spannemann von der Kripo. ›Na‹, sagt der Spannemann, ›bißchen Gedächtnisschwund, wie? Aber diesmal können wir nachhelfen.‹ Und er macht die Tür auf, und was soll ich sagen: Da steht doch mein Reh! ›So‹, sagt der Spannemann zum Reh, ›ist das der Mann?‹ Und das Reh sagt: ›Ja, Genosse Kommissar, das ist, er!«

Hei da johlte die Horde! Bewegte fleißig die Kinnladen. Und das Badergassengespenst japste, das Radieschen bekam den Mund nicht zu, die Stimmung war nun perfekt. Liebling lallte schon, und angetrunken waren sie alle, Heidewitzka pöbelte den Zeltwirt an, Kaschau schoß Bierdeckel nach entfernten Köpfen, die Horde johlte bei jedem Treffer, johlte, weil keiner aufmucken wollte, denn sie waren hier die stärkste Partei.

Irgend etwas mußte nun geschehen. Ein Faß mußte aufgemacht werden, ein Königreich für ein Faß! Es war just die Stimmung, die noch ganz vor kurzem die glorreichen Heldentaten gezeugt hatte, von der Maas bis an die Memel und von Danzig bis Burgund, just diese Stimmung. Woher aber sollten sie ihr Faß nehmen, der unbefriedigte Schipper dreitausendelf, der zum Dreckfresser degradierte Jungsiegfried, woher? Woher, wenn die Menschheit plötzlich nur so vor Friedfertigkeit strahlte? Wenn die Moral ihr aus allen Knopflöchern quoll? Wenn sie ihre Ruhe haben wollte und alles niedersegelte, was nur irgend aus der Norm ragte? Da saßen sie nun, die Spätgeborenen des großdeutschen Schlußverkaufs, und eine Epidemie in Frömmigkeit war ausgebrochen über Nacht, da saßen sie und suchten den entgötterten Himmel ab und den gestohlenen Horizont, suchten die Abenteuer und den enormen Wind und suchten in Wahrheit ein Vaterland.

Und die Horde brach nun auf.

So brach die Horde auf, brach auf zur Überschlagschaukel, den Rekord zu brechen, den Peter Loose hielt mit zweiundzwanzig Überschlägen. Sonst war nämlich nichts mehr los. Das Kettenkarussell hatte vor zwei Tagen die Konkurrenz umgekippt, so ein bißchen zum Spaß, auch die Preisboxer von der Schaubude hatten ihre Dresche weg, die benachbarte Tobrukbande hatte es ihnen besorgt, und auch die Polizei hatte man bereits vom Platz eskortiert, am ersten Abend gleich, sozusagen freiwillig war sie abgezogen durch das Spalier, immer vor der nachrückenden Menge her, ein ergreifender Anblick. Fast so ergreifend, wie die Sache mit der Bahnpolizei. Die hatte in Johannstadt nämlich den Zug nicht abfahren lassen wollen, weil er zu voll war, und daraufhin war sie verdroschen worden, so an die zehn Mann hoch. Und drei Stationen weiter talwärts waren sie wieder angerückt, so an die dreißig Mann, die über Telefon und Telegraf schnell zusammengetrommelt worden waren, und wollten den Zug anhalten und waren selbstredend wieder verdroschen worden, aber prompt. Und als der Zug nach Schlema kam, da rückte die Polizei wieder an, diesmal mit sechzig Mann, und wieder bezog sie ihre Keile, und der Zug fuhr weiter, fuhr bis nach Zwickau, und die Kumpel im Zug waren nun auf mindestens 150 Mann gefaßt, denn in Zwickau hatte die Bahnpolizei ein größeres Aufgebot zur Verfügung. Das Aufgebot kam aber nicht. Bewahre. Statt dessen kam ein bißchen Sowjetarmee, vierzig Mann ungefähr, Maschinenpistolen über der Brust. Und das reichte auch. Da war auf einmal Ruhe in der Landschaft. So war das gewesen. Und fast so ergreifend war dann die Sache auf dem Rummelplatz, vor ein paar Tagen, mit der freiwillig abziehenden Polizei. Aber das war nun vorbei. Das gab nichts mehr her.

Der Rekord auf der Überschlagschaukel aber, das war noch was. Da wurde sogar das Radieschen munter. Also johlte die Horde über den Platz, über gewalzte Schlacke und evakuierte Gräber hin, der Luftschaukelbesitzer sah sie anrücken. Er schob den Jungen beiseite, der die Kähne bremste, denn der kannte seine Leute: Jetzt mußte er selber ran. Zwei Überschlagkähne hatte die Schaukel und sechs harmlose, die kamen bei hundertsechzig Grad schon wieder runter. Und die Überschlagkähne, die nahm der Schaukelbesitzer jetzt selber, pflanzte sich breitbeinig an die Bremshebel, der Mann war allerhand gewöhnt in seiner Branche, Schausteller seit neunzehnhunderteinundzwanzig, hatte sich durchgeschlagen über alle großdeutschen Rummelplätze, hatte zuerst eine Schießbude besessen, dann eine Schießbude und ein Riesenrad, dann zwei Schießbuden und ein Riesenrad und eine Luftschaukel, und die Luftschaukel besaß er noch, und er wußte, daß er jetzt höchstpersönlich an die Bremse mußte, das wußte er, und da war die Horde auch schon heran. Einer aus der Horde kletterte auf das rotweiße Geländer und brüllte: »Eine Runde zum ersten, wer den Rekord bricht!«

So fing es an, und es fing ganz normal an. Doch ein anderer aus der Horde, so ein langer, schmächtiger, der drängelte sich jetzt zu dem auf dem rotweißen Geländer durch und sagte: »Guck mal, wer da kommt!« Und Peter Loose sah hin, sah nur ganz kurz hin, und dann stieg er vom Geländer.

Sie kam geradewegs auf ihn zu, Ingrid mit dem Talmikettchen, mit Händen, die rot waren und durchsichtig von der Kälte des Spülwassers, und mit dem fahlblonden Haar, das sie sehr glatt trug und sehr lang, und mit dem hungrigen Lächeln.

Er wußte, daß sie heute Dienst hatte in der Bahnhofskneipe, hinter ihrem verchromten Schanktisch mit den grüngelben Flecken, und er dachte: Da wird sie wohl blau gemacht haben. Und sie kam geradewegs auf ihn zu, sie gab ihm die Hand und lächelte, und dann nickte sie in die Richtung, wo Christian Kleinschmidt stand und die anderen, aber dabei lächelte sie nicht.

Ihre Hände waren heute anders, das sah Peter Loose, nicht wie damals in der Bahnhofskneipe und auch nicht wie an den paar anderen Tagen, kalt waren sie auch, denn es war ein bißchen frostig, aber sonst waren sie ganz weiß und glatt. »Na«, sagte er, »machst wohl 'ne Fehlschicht?« Und das Mädchen Ingrid lächelte wieder, und dann sagte sie: »Ach wo, wegen Renovierung geschlossen.«

Die anderen aber fingen nun wirklich an. Es gab nur zwei in der Horde, die Chancen hatten, den Rekord zu brechen. Antraten Spieß und Heidewitzka.

Traten mächtig Schwung in die Kähne mit gespanntem Rücken und gebeugtem Knie, mit dem Dreieck Schulter-Armbeuge-Haltegestänge, mit dem Körpergewicht und der Schwungkraft verlagerter Belastung. Aufschwung vorwärts – und untertauchte der Platz, sackte unterm Kahnboden weg mit Lärm und Lichtern, schoß wieder herauf beim Abschwung, wich dem Aufschwung rückwärts nach vorn aus, ließ Heidewitzka waagerecht über sich hängen, Spieß mit den Füßen schon höher, kam dann heran und blieb unter den Knien weg, gab den Blick zum Kirchturm frei und schrägab zum Riesenrad, achtmal, neunmal, und bei zehn war Spieß oben, hatte den toten Punkt, fiel nun auf der Gegenseite ab, und hatte schon zwei Umdrehungen, als der andere die erste begann, und hatte elf, als der andere die neunte begann, und die Horde zählte laut, und war vorbei, kam auf und versank, siebzehn, achtzehn, neunzehn, da nahm der Kahn den toten Punkt nicht mehr, blieb stehen, mit den Füßen zielte Spieß zum Sternbild Jungfrau, mit dem Stirnbein zum Erdmittelpunkt, blieb so eine Weile und kam dann rücklings herunter mit dem Kahn, und auch Heidewitzka fiel ab, kam herunter bei achtzehn, und hatten beide den Rekord verfehlt, und der Schaukelbesitzer bremste.

Der Platz schaukelte nach.

Der Platz schaukelte noch, als Spieß ankam mit neunzehn Umdrehungen, persönlicher Bestleistung, das Radieschen wuchs gleich ein Stück. Heidewitzka aber hielt eine Rede.

»Nämlich: Das war erstensmal bloß Training. Zweitens: Der Kahn schlingert, von wegen dem Wind. Und drittens: Machen wir eine Wette! Eine Flasche Wodka auf ex, dann zwei Mann in einen Kahn, dreißig Umdrehungen, Loose und ich!«

Loose aber stand noch immer am Geländer, stand neben dem Mädchen Ingrid, er hatte Heidewitzka natürlich gehört, und er sah, wie die Horde gespannt herüberäugte. Ganz schöne Ruhe der Mann, dachte die Horde, ganz schön großkotzig. Steht da einfach bei seiner Bahnhofsschönheit und glotzt und macht das Maul nicht auf und läßt uns warten. Er hatte noch immer ihre Hand in seinen Händen. Ingrid, dachte er, das klingt nach Meer und nach Birkenwäldern, und das paßt nicht hierher. Und dann sagte er: »Hast du gewußt, daß ich hier bin?«

Das Mädchen Ingrid lächelte und sagte: »Wo solltest du denn sonst sein?«

»Ja«, sagte er, »wo denn sonst.«

Und ging hinüber zu den anderen.

Die Horde hatte schon die Pullen gezückt. Loose trank zuerst, trank, ohne abzusetzen, gab dann die Flasche an Heidewitzka weiter, der stemmte seine zwei Quart und knallte die Pulle über die Buden weg waldwärts. »So«, sagte er dann. »Heidedewitzka Herr Kapitän! Komm in die Schaukel, Luise!«

Aber nun hatte der Schaukelbesitzer Lunte gerochen. Er kam herüber, er schnupperte, und dann sagte er, mit so 'ner Latte im Bauch könne er keinen rauf lassen, Heidewitzka schon gar nicht, der sei ja voll wie ein Stint. Und zwei Mann in einem Kahn, das sei sowieso verboten. Na, da machte sich der Mann aber beliebt.

Die Horde machte Front. Er solle sich das noch mal überlegen, erklärte die Horde dem Luftschaukelbesitzer, andernfalls würden sie ihm den Laden auseinandermontieren, daß er seine helle Freude habe. Und die Leute sammelten sich rings und gafften. Und keiner rührte sich. Da überlegte der Luftschaukelbesitzer. Gab er nach, und die Stenze fielen aus dem Kahn, dann saß er im Knast. Gab er nicht nach, dann machte die Bande Kleinholz aus seinem Laden. Da war nichts zu machen. Oder vielleicht war doch etwas zu machen. Wenn er einfach vorm Eingang stehenbliebe, müßte sich der Laden retten lassen. Nämlich: Die Bande mußte ihn beiseite drängen, falls sie herein wollte, dann aber war Gewalt im Spiel, und er war nicht mehr haftbar. Er sah sich noch einmal um, ob niemand in der Nähe wäre, der ihm ein bißchen Beistand leisten könnte. Er sah aber keinen. Bloß dieser Lange da, der mit dem Oberschülergesicht, der schien sich mit seinen Leuten nicht ganz einig zu sein, redete auf sie ein in seinem schönen Leipziger Sächsisch, aber er kam natürlich nicht an. So stellte sich der Schaukelbesitzer also breitbeinig vor den Eingang. So schob ihn die Horde also beiseite. Und rings die Massen gafften.

Heidewitzka, wie er den Kahn bestieg, hatte alles in allem ungefähr einen Liter Schnaps im Bauch, und Loose hatte nicht viel weniger. Dennoch traten sie erstaunlich munter an. Der Schaukelbesitzer hatte sich seitlich abgesetzt, an der Bremse stand nun Spieß. Ganz schön Fahrt machten die beiden, hatten schon den toten Punkt, wegblieb der Platz unter ihnen und raste heran, abebbte der Lärm und schwoll, nun gab's den bekannten Knacks am Trommelfell, wie wenn der Förderkorb in den Schacht fährt, Taubheit blieb über schrillem Pfeifton, Fahrtwind plus Druck, und die Halterung knirschte, und die Horde riß die Augen auf, unheimlich Fahrt machte Loose, Heidewitzka hing schon ein wenig klamm in den Seilen, Looping the loop, orientierten sich nach Hell-Dunkel und zählten: dunkel oben hell unten eins, dunkel oben hell unten zwei, und im Abseits zählte die Horde, zählte einundzwanzig, zweiundzwanzig, dreiundzwanzig, und Loose versuchte, die Gesichter zu unterscheiden, Ingrid suchte er vor allem, aber ein bißchen auch den langen Kleinschmidt, es war aber nichts zu machen, es war alles eins, und hatte vor sich Heidewitzkas verkrampftes Gesicht, das war verdammt käsig, und er dachte: Wieviel Runden haben wir denn jetzt? Aber das wußte er nicht mehr. Und von unten beobachtete der Schaukelbesitzer. Hoffentlich machen die Stenze da keinen Murks, dachte der Schaukelbesitzer. Hoffentlich übernehmen sie sich nicht. Die ganze Bande brüllte, und die Leute draußen rissen Maul und Nase auf. Als ob das eine Sensation wäre. Er, der Schaukelbesitzer, hatte schon Burschen erlebt, die ihre dreißig Runden glatt wegdrehten. Allerdings nicht mit einem Liter Sprit im Bauch. Der eine hing ganz schön klamm im Gestänge.

Wenn der Schaukelbesitzer an der Bremse stünde, er würde jetzt abbremsen. Er kam aber nicht durch, die Menge stand wie eine Mauer. Dreißig! brüllte jemand. Und sie kamen noch einmal hoch und noch ein zweites Mal. Jetzt aber war endgültig Schluß. Jetzt kam der

Kahn zurück. Der an der Bremse hatte jetzt auch etwas gemerkt, er zog, was das Zeug hielt. Die Menge kreischte, und der Schaukelbesitzer brach nun mit Gewalt durch die Mauer. Da stand der Kahn. Loose stand da, keuchte, stieg langsam aus; Heidewitzka lehnte bleich an der Zugstange, stieg nun mit einem Bein auf die Bordkante, löste die verkrampften Finger, aber das konnte Loose nicht mehr sehen, denn er war schon die Stufen hinunter, sah nicht, wie Heidewitzka zusammensackte, wie er vornüberfiel in steifer Drehung, wie er auf die Trittleiste schlug, er hörte nur die Menge aufschreien und sah ihre verzerrten Gesichter, und dann sah er, wie Heidewitzka die Stufen herabrutschte auf den Schlackeboden.Kleinschmidt und der Schaukelbesitzer waren als erste heran. Dann kam auch Spieß. »Wasser«, befahl der Schaukelbesitzer. »Da am Hydranten!«

Loose brachte einen Eimer und ein schmieriges Handtuch. Heidewitzka lag mit dem Kopf in einer gelblichen Lache, die Augen geschlossen. Hinter dem Ohr sickerte Blut. Es roch nach Schnaps und Schweiß und Erbrochenem. Loose wischte dem Bewußtlosen vorsichtig das Gesicht ab.

Wolfgang Engler

Meine frühen sechziger Jahre

Noch heute steht mir das Klassenzimmer deutlich vor Augen, in dem ich meine ersten Schuljahre verbrachte, mitten im Prenzlauer Berg, in der Dunckerstraße: die abgegriffenen Bänke, fest aneinandermontiert und zu Reihen angeordnet, die jeweils sechs Schülerpaaren Platz boten; der Lehrertisch vorn, auf einem kleinen Podest, genau in der Mitte; die bläulichgrüne Wandtafel in der Form eines Triptychons; rechts daneben der hochgereckte Kartenständer, an dessen Klappverschluß wachstuchartige, rouleauförmig sich entfaltende Landkarten befestigt wurden; die bogenförmige Fensterfront mit den kleinteiligen Scheiben, die den Blick auf den mit Schotter bedeckten Schulhof freigaben; die gegenüberliegende Seitenwand, improvisierte Garderobe und zugleich Ort der Wandzeitung; schließlich die Rückwand, an der sich allerlei Schautafeln befanden. In diesem Kirchenschiff en miniature saßen wir nun, meine Mitschüler und ich, und übten neben vielen nützlichen Dingen auch so sonderbare wie Schönschreiben oder Stillsitzen. Letztere Übung, uns allen ein Greuel, bestand darin, minutenlang in gerader Haltung zu verharren, die Hände auf der Tischplatte und den Mund geschlossen. Zuwiderhandlungen zogen Ermahnungen oder, falls das nichts fruchtete, Eintragungen ins Klassenbuch nach sich. Wer davon genügend eingesammelt hatte, konnte seine Zensur in »Betragen« getrost vergessen.

Während ich mir dieses Stilleben vergegenwärtige, bemerke ich, daß mir die Namen der weitaus meisten meiner damaligen Mitschüler ohne die geringste Anstrengung zufallen. Die vom ersten Schultag an unumstößliche Sitzordnung ist mir dabei eine große Hilfe. Wir waren mit unseren Plätzen derart verwachsen, daß die Erinnerung an einen bestimmten Platz auch nach noch so vielen Jahren den Platzbesitzer unweigerlich mit zurückbefördert. Dem Gedächtnis war das lebende Tableau, das wir miteinander bildeten, ganz offenbar günstig. Ob auch den Gefühlen, dem Denken und Verhalten der damaligen Kindergemeinschaft, ist eine offene Frage. Vieles war uns lästig, gewiß. Stunde um Stunde hatten wir uns zu erheben und den eintretenden Lehrer förmlich zu begrüßen, und oft genug geschah es, daß der- oder dieselbe drei Stunden später unter Abforderung des nämlichen Rituals erneut erschien. Wer beim wiederholten Schwatzen erwischt wurde, wechselte seinen Platz mit einer dafür bestimmten Raumecke, das Gesicht zu Wand gerichtet. Bei größeren Vergehen gegen die Schulordnung winkte ein Besuch im Lehrerzimmer oder das berüchtigte Nachsitzen, bei dem irgendein Merksatz Dutzende Male ins Schreibheft zu notieren war. An ernstlichen Protest dachten weder wir noch unsere Eltern. Schließlich war es Generationen von Schülern vor uns ganz ähnlich ergangen. – Eines Tages kam eine neue Lehrerin in unsere Klasse, mit einem Ball unter dem Arm. Den warf sie jedem zu, der eine Antwort auf ihre Fragen wußte oder zu wissen glaubte. Traf man das Richtige, erhielt sie den Ball zurück. Ansonsten war er an den Nächstklügeren weiterzugeben. Wenn uns je etwas irritierte, dann dies. Verbal wohl nicht, aber instinktiv gaben wir der Disziplin den Vorzug vor dem Spiel – zumindest in der Schule.

Rückblickend ist es nicht schwer zu sehen, warum wir diese Wahl trafen. Wir waren, um es ein wenig drastisch zu sagen, väterlicherseits allesamt die Kinder und Enkel von Kriegern. Unsere Väter hatten dem Nationalsozialismus gedient, unsere Großväter dem letzten Kaiser. Und manche von uns hatten Eltern, die noch zu Beginn des Ersten Weltkriegs geboren worden waren und deren früheste Erinnerungen auf dessen unrühmliches Ende zurückgingen, auf die heimkehrenden Ernährer oder die zahllosen Kriegsinvaliden, die plötzlich die Straßen bevölkerten. Damit will ich keineswegs behaupten, daß wir Heranwachsenden ein ungebrochenes Verhältnis zum Kriege hatten. Wir waren ganz im Gegenteil zur Furcht vor dem Krieg erzogen. Dazu hatten die spärlichen Erzählungen im Elternhaus ebenso beigetragen wie die sehr beredten Lektionen in der Schule. Uns war wohl bewußt, daß wir von Kriegern abstammten, die zugleich Verlierer waren und für ihre anfängliche Begeisterung teuer bezahlt hatten. Aber wie das so oft der Fall ist: Worte, auch mahnende, sind das eine, Verhaltensweisen und stumme Vorbilder das andere. Tagtäglich und auf eine ebenso beiläufige wie einprägsame Weise unterwies man uns in den Tugenden des Überlebens, in Duldsamkeit und Fleiß, in Ordnung und Disziplin. Dadurch hatten sich die Väter und Mütter gerettet, dadurch hatten sie es wieder zu einiger Behaglichkeit und kleinem Wohlstand gebracht, und eben dadurch gedachten auch wir es zu etwas zu bringen, in der Schule zunächst und dermaleinst im Leben. Unsere Lehrer, die mehrheitlich dieselben Erfahrungen durchlaufen und dieselben Lehren daraus gezogen hatten, wußten uns in diesem Punkt auf ihrer Seite, allem lärmenden Widerspruch zum Trotz. Erst später, Ende der sechziger Jahre, gingen wir zu beiden auf Distanz, zu Lehrern wie Eltern, zum Establishment im ganzen.

Aber das ist ein anderes Kapitel. In den frühen Sechzigern, von denen ich hier berichte, bahnte sich diese Spannung erst an. Die meisten unserer Eltern bejahten die Schule als Lern-, mehr noch als Disziplinaranstalt, lehnten die damit einhergehenden Inhalte jedoch strikt ab. Sie wünschten Zucht, aber keine sozialistischen Züchtungen. Wir unsererseits sollten eifrig lernen, nur nicht gerade das. Damit ließ sich ziemlich komfortabel leben. Wir fuhren darin fort, unsere Lehrer als Autoritäten anzusehen, unterschieden aber zugleich zwischen glaubwürdigen und irregeleiteten. Jenen folgten wir, diesen beugten wir uns. Natürlich gab es auch Streber. Sie kamen im Regelfall aus den staatstragenden Familien und waren schon von daher auf die neue Ordnung eingestimmt. Nur waren ihrer so wenige, daß sie kaum ins Gewicht fielen. Und die Mehrheit fand mehr als einen Weg, die Abweichler zur Räson zu bringen. – Die langfristigen Konsequenzen der in uns eingepflanzten Skepsis konnten unseren Eltern nicht gefallen. Daß Autoritäten nicht als solche galten, sondern nur unter näher zu erläuternden Umständen, daß es richtige und falsche gab, ließen wir uns nicht zweimal sagen. Zu Jugendlichen geworden und anderen Einflüssen als nur häuslichen oder schulischen ausgesetzt, gingen wir selbst daran, die Bedingungen zu formulieren, die »ernstzunehmende« Autoritäten erfüllen müssen, die eigenen Eltern nunmehr ausdrücklich eingerechnet. Wenn sich der Pionier- oder Klassenleiter völlig verrennen konnte, warum dann nicht auch die Väter und Mütter, die uns zu Gammlern stempelten?

Denke ich an das, was das Kind zu Beginn der sechziger Jahre im Prenzlauer Berg hauptsächlich bewegte, dann spielt all das nur eine untergeordnete Rolle. Dann tauchen Sommer aus der Erinnerung auf, die natürlich immer heiß und sonnig waren; Hydranten, die die Bürgersteige säumten, allesamt intakt und jederzeit bereit, erfrischende Abkühlung zu spenden; Lastwagen, die an besonders warmen Tagen von Haus zu Haus fuhren, große Eisblöcke auf der Ladefläche, die gegen ein geringes Entgelt zerkleinert wurden, so daß sie in die mitgebrachten Eimer paßten und, in die Wohnung getragen, einen Kühlschrank simulierten; stickige Hinterhöfe, in denen wir mit Matchboxautos oder fein marmorierten Glasmurmeln spielten, jeder Verlust ein Stich ins Herz. Aber auch sonst gab es reichlich Attraktionen. Der Alexanderplatz war noch ein metropolitanes Drehkreuz, wo Straßenbahnen um die Wette kreischten. Von dort war's nurmehr eine halbe Stunde bis zum Müggelsee oder zur sonstigen Umgebung, die zum Bad, zu Eis und Brause lud. – *Ein* Platz wird mir immer unvergeßlich bleiben, urbane Krönung von ganz Ostberlin und Lieblingssujet der Filmemacher – Berlin, Ecke Schönhauser, der schönste Platz der Welt. Hier, am U-Bahnhof Dimitroffstraße (heute Eberswalder), konnte ich stundenlang verweilen, inmitten von Autos, Trams und rasselnder Metro, die immer neue Menschenströme ausstieß oder einsaugte. Keine zweihundert Meter weiter in westlicher Richtung, die Eberswalder Straße hoch hin zur Bernauer, begann das vielleicht größte Kindheitsabenteuer, der Westen.

Wieder und wieder passierte ich den Grenzübergang, meist an der Hand meiner Mutter. Sonderbarerweise sind sämtliche Begleitumstände der Passage restlos gelöscht, ausgenommen einen: es roch in dieser Welt ganz anders, frischer, verführerischer, nach Weintrauben, Bananen, Zitrusfrüchten. Versammlung aller Sinne zu einem einzigen, dem Geruch; zielsichere Vorwärtsbewegung bei geschlossenen Augen; dann Ankunft vor den übervollen Ständen und erster Blickkontakt mit den sich geradezu schamlos präsentierenden Objekten. So und nicht anders mußte sich ein Voyeur fühlen, der nach langer Entbehrung endlich den Augenblick einer unziemlichen Entblößung erhascht. Ich wüßte keine Gemütsbewegung jener Jahre zu benennen, die dieser einen, periodisch wiederkehrenden auch nur annähernd vergleichbar gewesen wäre. – Man sollte meinen, daß die Schließung der Grenze, der Mauerbau, in diesem so heftigen Affekt ein für allemal aufgehoben, dem Gedächtnis daher mühelos verfügbar ist, als schmerzlicher Verlust, als eine Art Vertreibung aus dem Paradies. Doch nichts dergleichen findet sich in diesem eigensinnigen Archiv. Für die Erinnerung bildet die Mauer ein Faktum, aber keine Zäsur. Erfolglose Fahndung nach Gesprächen mit Erwachsenen oder Klassenkameraden, die um dieses Ereignis kreisten, oder nach schulischen Unterweisungen, die es in den rechten Zusammenhang stellten; gänzliche Anamnese bei dem Versuch, Mimik und Worte von Nachbarn und Bekannten zu reproduzieren, die all die Jahre in Westberlin gearbeitet hatten und die sich nun ohne Ausflucht in die obwaltenden Verhältnisse fügen mußten; beklemmende Leere, wenn ich nach Mitschülern oder deren Eltern fragte, die plötzlich »wegblieben«; statt dessen Vorspiegelung einer den Einschnitt übergreifenden, ihn gleichsam entschärfenden Kontinuität. – Daß dieses Trugbild Caché einer Schockerfahrung, daß das scheinbar Vergessene nur verkapselt war, ging mir 1989 auf, am Tag der Maueröffnung. Wie bei Tausenden anderen stieg plötzlich etwas schwer zu Beschreibendes tief aus dem Inneren auf, fast möchte ich sagen: aus den Eingeweiden, und manifestierte sich in der einzig angemessen Form, in Lachen und Weinen. Mit fast dreißigjähriger Verspätung antwortete der Körper auf ein Erlebnis, das die Seele weder verarbeiten konnte noch wollte.

Die Erinnerung ist der wahre Souverän des Lebens, gegen den der Wille nichts vermag. Daß Walter Ulbricht den Staat personifizierte, in dem ich meine Kindheit und Jugend verlebte, unterliegt keinem Zweifel. Auch bin ich gewiß, daß oft von ihm die Rede war – in Schulbüchern, bei Pioniernachmittagen und im ganz anders eingestellten Alltag. Rückschauend bleibt dieses Wissen ohne jede emotionale Prägnanz. Offenkundig war mir der Staatslenker ebenso fern und gleichgültig wie ich ihm. Die identifikationsbedürftigen Triebe hefteten sich an echte Helden, an Gustav Adolf Schur, an Eckstein, Hagen, Weißleder, die Friedensfahrer, desgleichen an German Titow, Nachfolger Gagarins, und Valentina Tereschkowa, die erste Frau im All. Wie diese im offenen Wagen ins Rund des Strausberger Platzes einfuhren, weiter in Richtung Alex, ist mir höchst gegenwärtig. Der Erste Sekretär steht mit im Fond und winkt den Schaulustigen zu. Ich aber, zwei kleine Fähnchen in der Hand, die Flagge der DDR und der Sowjetunion symbolisierend, ignoriere ihn und jubele nur den Sternenfahrern zu. Derart mit Mißachtung gestraft, schlüpft er ganz in die Person meiner Helden und zieht dank dieser

Camouflage einen Teil meiner Begeisterung auf sich. So tauschen wir am Ende doch noch patriotische Gefühle aus. Ob ich ihn für diesen Trick bewundert oder verabscheut habe, weiß ich nicht zu sagen.

Fahrten mit der S-Bahn waren immer ein Erlebnis. Und natürlich wußte ich sämtliche Stationen aus dem Kopf, von einem beliebigen Punkt zum anderen. Stieg ich, wie das meist geschah, am Bahnhof Prenzlauer Berg ein, um mich in Richtung Süden zu bewegen, durchlief ich die Streckenführung vorab schon wie im Schlaf – Greifswalder Straße, Leninalle, Zentralviehhof, Stalinallee … Diese Abfolge war ein Inbegriff der Ordnung, ein Gesetz. Eines Tages, es muß im Frühjahr 1963 gewesen sein, saß ich im Abteil meinem Vater gegenüber und memorierte wie stets halblaut den Namen des Bahnhofes, in den wir als nächsten einfuhren. Beim Blick auf das gewohnte Schild glaubte ich meinen Augen nicht zu trauen. Nicht »Stalinallee« stand darauf zu lesen, sondern, als wäre es schon immer so gewesen, »Frankfurter Allee«. Hier war die Welt aus den Fugen. Ich bestürmte meinen Vater mit Fragen und erhielt zur Antwort, daß dem ein amtlicher Beschluß vorausgegangen sei. Stalins Rolle in der Geschichte müßte wohl noch einmal überdacht werden. Das sagte er auf eine Art, die weiteres Insistieren unterband. Nolens volens entschloß ich mich, die Umbenennung als eine Denkpause der Regierung zu verstehen. Sie hatte sich in einer wichtigen Angelegenheit geirrt und mußte sich neu orientieren. Wenn sie wieder Klarheit gewonnen hätte, würde sie mich sicher davon in Kenntnis setzen. Ich hörte dann nichts mehr und merkte mir zweierlei: Selbst die festgefügteste Ordnung kann urplötzlich Risse bekommen. Auch spricht eine Regierung nicht gern über ihre Irrtümer. Sie zieht es vor, sie stillschweigend zu korrigieren. – Ich glaube, ich empfand diese Schwäche als etwas sehr Menschliches. Meinem Respekt vor den Staatslenkern tat diese unverhoffte Nähe Abbruch.

Wir sehr ich dennoch von ihnen abhing, erfuhr ich ungefähr zur selben Zeit. Diesmal ging es um die kubanische Revolution, mit der ich wohl hauptsächlich ihres Führers wegen sympathisierte. Halb strenger Commandante, halb anarchoider Robin Hood, verkörperte er jenes Charisma, das der eigene Sachwalter so restlos vermissen ließ. Als die Kubakrise ausbrach, stand ich selbstverständlich auf Castros Seite und auf der der Russen, die ihn stützten. Ich dachte an nichts wirklich Böses, bis ich ein Gespräch meiner Eltern belauschte, in dem das Wort Krieg fiel. Ich begriff sofort, daß kein ferner Krieg gemeint war, sondern einer in Europa, in Deutschland, und daß ich selbst davon betroffen sein würde. Ich konnte lange nicht einschlafen und malte mir die Schrecken eines atomaren Schlagabtausches in allen meiner Naivität zu Gebote stehenden Farben aus. Unfähig, mir den eigenen Tod vorzustellen, imaginierte ich den meiner Erzeuger. Dem Elend und der Willkür anderer schutzlos ausgeliefert, irrte ich als Waise durch Berlin. Am nächsten Morgen hatten die Totgeglaubten alle Mühe, mich zu beruhigen. Freilich auch gute Argumente. Denn nachts zuvor hatte Chruschtschow nachgegeben und den Abzug der auf Kuba stationierten Sowjetraketen befohlen. Der ostdeutsche Staatschef hatte die Weisheit dieses Schrittes umgehend gewürdigt und den Weltfrieden zum höchsten Gut erklärt. Während das Kind noch unruhig träumte, hatte er gewacht und obendrein die erlösenden Worte gesprochen. Das Leben konnte weitergehen. Dafür war ich dem Sachsen unendlich dankbar. So lebten auch wir beide noch eine Weile in Frieden.

Tilo Köhler

Der FAVORIT fuhr KOWALIT

Wer in jenen Jahren als Kind zu spät kam, den bestrafte oft das Radlerleben damit, daß er auf den Plätzen, aber nicht im Fahrradständer seiner Schule landete; denn junge Radrennfahrer gab es damals viele, aber stets zu wenig Raum, sie alle aufzunehmen. Echte Landeskinder also lernten früh, daß man mit seinem Rad sehr schnell im Regen stehen konnte, wenn man unbedacht den Anschluß an die klugen Führenden verlor. Der Wettbewerb der Halbwüchsigen wurde daher oft mit großem Ernst von unseren Pionieren der Pedale auf dem Pausenhof organisiert, und damals drehte er sich noch in erster Linie um die Art der Bremsvorrichtung ihrer Räder.

Wer zum Beispiel noch die alte Stangen- oder Backenbremse und auch Omas abgelegtes Damenfahrrad fuhr, war beinah schon gesellschaftlich geächtet, denn die Felgenbremse hatte jeden Fuhrpark vor dem Schulgebäude längst erobert. Für die Jungen war der Umstieg von der einen auf die andere Bremse ein sozialer Aufstieg, der nur dem der Eltern glich, die es vom Tischfernseher endgültig zum Standgerät, wenn nicht zur noblen Fernsehtruhe brachte, oder dem der Westverwandten, deren PKW es in den Fünfzigern von der geteilten Frontscheibe zur durchgehenden bringen mußte. Wer von unseren strampelnden Eleven sogar zwei der tollen Backenzwingen für die Tempodrosselung nutzte und sich vor den Jugendfreundinnen im Leerlauf drehen konnte, war beinah so etwas wie ein pubertärer Parvenü, ein Aufsteiger, der es wohl irgendwann einmal zur Lichtgestalt, zum Markenzeichen und Idol des ganzen kleinen Landes bringen konnte und dem niemand gleichen würde – außer »Täve«, Gustav Adolf Schur, der zweifache Gewinner der berühmten Friedensfahrt, der schon in Frankreich 1958 auch den ersten Amateurweltmeister-Titel für die DDR nach Hause fuhr und damit so berühmt geworden war, daß selbst ein Uwe Johnson nicht umhinkonnte, ihn mit einem Buch zu würdigen.

»...Täve Schur an zweiter Position, ein Italiener ist vorn, ein Sturz, ein Italiener stürzte, Täve zweiter, Venturelli, Täve, komm, Täve Weltmeister, ich glaub, Täve Schur oder, ja, oder ein Belgier, der noch aufkam, es war furchtbar zu erkennen, ich sage Ihnen, sind Sie mir nicht böse, 100 Meter sind wir hinter dem Ziel, Täve Schur hat einen unwahrscheinlichen Sprint, ein Italiener war gestürzt, Venturelli, Italien, lag vorn, dann kam Täve, und Täve kam, aber auch ein Franzose, Simon, oder war es Armon, konnte da noch aufschließen, wir können gar nichts sagen, es gibt eine Millimeterentscheidung, einen Entscheid der Zielrichter, vielleicht gar der Zielfotografie ...«

1959 wiederholte er das Meisterstück just in den Niederlanden, und er widerlegte damit alles Eintagsfliegensummen, zweifellos war er zu dieser Zeit der spurtstärkste und beste Radfahrer der Welt. Doch zur Ikone, zum Idol alleine hätte ihm dies längst noch nicht gereicht: als guter Mensch vom Sachsenring galt »Täve« jedoch spätestens seit 1960, da gewährte er dem Mannschaftskameraden Bernhard Eckstein generös die Vorfahrt und verzichtete auf seinen dritten Sieg bei einer Amateurweltmeisterschaft – zumindest jener Fama nach. Es wäre immerhin ein triumphaler Hattrick auch für die sportive DDR geworden, Täve aber schanzte lieber seinem Stallgefährten den mondialen Lorbeer zu und wurde so endgültig zur Legende – da war er noch keine 30 Lenze alt.

»Es ist nicht genau zu erkennen, der Abstand ungefähr, ja, hier im Blickfeld, 1 Kilometer, aber ich glaube, es ist ein einzelner DDR-Fahrer, rund 100, 150 Meter dahinter die Verfolger, es ist Bernhard Eckstein, Bernhard Eckstein rast herein, hier am Schneckenberg in Staßfurt–Ziel, Bernhard Eckstein, ist das möglich, Bernhard Eckstein wird der Weltmeister, ich bin ja so glücklich, ist das denn möglich, ich habe kopfgestanden, ich hab ein Rad geschlagen ...«

1955 hatte Täve Schur zum ersten Mal die Friedensfahrt gewonnen, ein Triumph, der ihm im Jahre 1959 noch einmal gelang: das legendäre internationale Rennen zwischen Prag, Berlin und Warschau, das man anderswo gern auch als »Tour de France für Arme« abfahren ließ, geriet alljährlich zum ganz sicher größten Volksfest eines sonst an Attraktionen eher kargen Alltags. Hunderttausende in manchen großen Städten und Millionen insgesamt bevölkerten die Straßenränder, um die Champions jubelnd zu empfangen.

Friedensfahrer, Friedensfahrer,
jedes Jahr im Mai
stehen wir winkend an der Straße,
husch, seid ihr vorbei.

Hinterher ging's in die Konsum- und HO-Gaststätten, und man freute sich aufs nächste Jahr, wenn's wieder dieses »Husch« zu sehen geben würde – es muß wirklich ein an Attraktionen ziemlich armes Leben für den Rest des Jahres vorgeherrscht haben, um dieses »Husch« als Volksfest zu empfinden – doch: als solches wurde es gefeiert, und zwar »Jedes Jahr im Mai«, wie selbst der Titel einer Operette über das berühmte Rennen lautete. Und selbstverständlich war das Zugpferd immer wieder Täve Schur, der wie kein anderer den boy next door, den netten, gut gekämmten Arbeiter von nebenan, doch auch den explosiven Fighter gab und den in jedem Jahr Millionen sehen wollten. Angefangen hatte alles 1955, da gewann er seine erste Friedensfahrtetappe überhaupt.

»Der erste große Schrei steigt zum Himmel, ein Tornado von Beifall deckt Gustav Adolf Schur zu, Täve Schur im Stadion, vor Verhelts, mit 20 Metern vor Verhelts, jetzt können wir vor Freude schreien, aber ich muß noch meine Stimme etwas eindämmen, Täve Schur wird eine Etappe gewinnen, das ist jetzt ganz, ganz sicher, 100 Meter noch, Verhelts kommt auf, Verhelts kommt auf, Täve Schur hält, Täve Schur hält, Täve Schur, Lothar Meister II dritter, Detlef Zabel sechster, Ruper achter, ungefähr – wir haben gewonnen, wir haben gewonnen, jetzt sind wir glücklich, jetzt sind wir so glücklich, das können Sie sich vorstellen, die siebte Etappe ist vorbei, die Sieben ist eine ausgesprochene Glückszahl für uns gewesen, endlich, endlich hat es Gustav Adolf Schur geschafft, ich freue mich so unsäglich, für ihn, für uns alle, hören Sie die Sprechchöre, Täve, Täve, Täve, Täve ...«

Zweifellos war er seitdem der populärste Fahrer dieses alljährlichen Rennens, aber heute noch ist Täve zwischen Fichtelberg und Kap Arkona eine Ausnahmeerscheinung wie Fritz Walter zwischen Bayern und der Nordseeküste.

Als sich Täve 1964 vom aktiven Sport zurückzog, waren viele, wenn nicht alle Jungen ziemlich ratlos, was nun werden solle; sie beschlossen, schnell das Loch zu füllen, und begannen flugs, zum Ruhm des Vaterlandes und zu ihrem eigenen Nutzen, durch den Wald zu hetzen, ihre Waden zu trainieren und vor allem ihren schlappen Willen: Täve nämlich war als Sportler und Persönlichkeit nicht nur für alle Kinder hierzulande das weit größte Vorbild – Rennfahrer und Mensch dazu, wie stolz das klang, ganz anders als die schnöden Mammonstrampler, die im Westen stets nur ausgebeutet wurden, was den volkseigenen Amateuren gottlob allezeit erspart blieb. Wenn die Kinder ab und zu, als schlechte Pioniere etwa weitaus öfter als gelegentlich getadelt wurden, blickten sie betrübt auf Täves strahlendes Porträt. Denn damals ging man noch von malerischen Perspektiven aus, so hatte selbst der Rektor der Berliner Kunsthochschule unseren Täve schon ins Bild genommen. Auch zwei Bücher hatten unseren Sympathieträger aus Anhalt bereits durchmassiert: das erste hieß noch ganz bescheiden »Täve«, doch nach weiteren Siegen nannte man das zweite patriotischer schon »Unser Täve« und behauptete im Titel, daß es sich vom ersten unterschiede.

Soviel literarische Präsenz war, wie schon angemerkt, sogar dem Mecklenburger Zigarilloraucher Uwe Johnson, welcher Jahre früher von der Ostseeküste auf die Insel Westberlin getrieben war, ein Grund zur Unruhe, und verfertigte ein drittes Buch, nicht über Täve, sondern einen Strampelmann, der Achim hieß. Und das beschrieb die Schwierigkeit, im Angesicht der deutschen Teilung einen Nationalhelden zu porträtieren, und die Rezensenten all der volkseigenen Gazetten pflichteten ihm hierin nur zu gerne bei – sie warfen ihm die Irrtümer gleich bergeweise hinterher. Der realistischen Verwechslungen der wachsamen Kollegen seinerzeit noch nicht genug, griff drei Jahrzehnte später, 1992, abermals ein absitzender Täve-Anwalt nach dem Thema und verfaßte noch ein viertes Buch, um zu beweisen, daß der Dichter nicht nur seine Heimat undankbar verlassen hätte, sondern auch als Autor nur ein flüchtiger Skribent gewesen sei. Düpierend, fanden Kenner und beschafften jenem Werk für alle Zeit ein Unterkommen im Panoptikum der sportlichen und literarischen Kuriositäten der dahingegangenen DDR. Nur in der Bibliothek des Paradieses steht es längst schon auf dem Index, schließlich ist es ein Gebot der Pietät, Autoren der Fasson von Uwe Johnson ungeschoren in Erinnerung zu behalten. Der schrieb 1961, immerhin im Jahr des Mauerbaus: »In der Gegenwart sah er die Starts prächtig umgeben von ungezählten Zuschauern jubelnd beurlaubt vom Arbeiten auf ansehnlichen Platz geschickt inmitten der Städte, in hoch umstehenden Fensterreihen flatterten weiße Tücher, lächelnde Polizisten stemmten sich gegen den Andrang, oft in der Zeitung gütig genannte Personen aus dem Leben der Kultur traten applaudiert und applaudierend vor das Startband und schnitten es durch, und alle waren vereint unter Schwärmen losgelassener Tauben etc., selbst am frühen Morgen bei Einzelstarts im Stadion fanden die Fahrer die Ränge weiß und blau belebt mit den Hemden und Halstüchern schulfreier Kinder in Uniform, zierliche Stimmen brüllten im Chor, in Fahnen gewirkte Embleme und Antlitze knitterten an weithin geschwenkten Stangen, Armeekapellen marschierten über den taufeuchten Rasen und glitzerten eckig bewegt in der mageren Sonne, keine Sekunde war leer …«

Mutmaßungen über Täve bleiben eher müßig, denn die volkseigene Vita unseres Champs ist eine der ganz seltenen, die hierzulande ohne jeden Neid betrachtet wird. Und dies, obwohl die DDR sich bis zu ihrem Ende fest auf ihn verlassen konnte, denn rund drei Jahrzehnte saß sich Täve seinen durchtrainierten Hintern in der Volkskammer als deren Abgeordneter geduldig wund. Trotz alledem: der selbst politisch eigenwillig geradlinige Matador wurde noch 1990 offiziell zum populärsten Sportler der verschwundenen Republik gekürt, ein selten sportliches Verhalten auch unter den umgebrochenen Fahnen damaliger Druckerzeugnisse. Denn hierzulande haben ihm die Menschen nie vergessen, daß er ihnen, ähnlich wie der Fußball-Weltmeister im Westen, wieder das Gefühl gegeben hatte, wer zu sein.

> »… den Lutz quält ein Gedanke nur,
> er will so sein wie Täve Schur,
> doch wie fängt man das richtig an,
> daß man so stark sein kann?
> Ist der Weg auch weit, Kleinigkeit,
> jederzeit start-be-reit …«

Spätestens seit 1958 fühlten viele hierzulande wieder so etwas wie Stolz auf ihre frisch gestärkte Republik, die nunmehr nicht nur über einen weit zurückliegenden Arbeiteraufstand, sondern auch über einen frischgebakkenen Weltmeister verfügte: Heimat konnte wieder lauter ausgesprochen und sogar empfunden werden, wenigstens einmal im Jahr: im Mai, im Mai, da rief nicht nur der Kuckuck, sondern Täve an die Straßenränder. Wenn die bunte Truppe unserer Amateure durch die Straßen wehte, wurden die, so jedenfalls ein Kommentator seinerzeit, zum »Logenplatz« für eine bessere Welt, und Rennfahrer wie Logengäste waren sich einig: für den Frieden lohnte es, sich abzustrampeln. Ganz besonders, wenn die Kinder dafür aus den Klassen und die Werktätigen von den Arbeitsplätzen fliehen konnten, um jetzt rotbäckig und wie unsere Spaliertomaten, die Straßen in die Zukunft fröhlich zu umranken. War das Ziel der Fahrer dann auch noch das neu erbaute Walter-Ulbricht-Stadion, verfielen die Reporter gern in weidmännische Bilder: große Rudel stürzten sich ins Stadioninnere, das zum Schlachtfeld wurde und von Positionskämpfen erbebte.

Längst schon war der Namensgeber der Arena anwesend und wartete mit sechzigtausend Friedensfreunden auf die Spitzengruppe – die jedoch schien ihre Führungsqualitäten auf der Strecke zu vertrödeln und für den Gesamtverlauf bahnbrechende Verwechslungen herauszufordern. Denn bei größeren Verspätungen konnte es leicht geschehen, daß sich die Begeisterung versehentlich statt auf die kluge Führung auf die überfälligen Athleten richtete und all die Ovationen, welche auf die Ehrengäste von den brechend vollen Rängen niedergingen, als nur sportlich mißverstanden werden konnten – dann jedoch erschienen sie, und in der Abendsonne blieb die schreckliche Verwechslung aus. Schon hundertmal und mehr hatte der Generalsekretär seinen Strohhut in die Luft geworfen, als der erste Fahrer in der Stadioneinfahrt auszumachen war.

»Es kann also losgehen, und wenn jetzt dort drüben über dem hohen Zuschauerwall auch dunkle Regenwolken herandrohen, das macht nichts aus, selbst wenn jetzt ein Guß kommen würde, ich glaube, wir merkten ihn kaum, denn jetzt müssen, dort aus der Kurve, die kleine, steile Fahrt hinunter, die Friedensfahrer in das Stadion hineinkommen. ... Und Täve Schur ist als erster, glaub' ich, vorn, ein Belgier hinter ihm, das müßte der Belgier Delahay sein, ja, diese beiden sind zuerst im Stadion, unbedingt ein DDR-Fahrer, es ist schwer zu erkennen, im Innenraum sind sehr, sehr viele Helfer und Betreuer, ein DDR-Fahrer und ein Belgier machen den Spurt unter sich aus, von den anderen ist nichts zu sehen, oh, ja, das ist Täve Schur, Täve Schur, er gewinnt, Täve, komm doch, Täve vor Willi Vandenberghen, Menschenskinder, bin ich glücklich, Täve bringt sich selbst ein Jubiläumsgeschenk, holla, holla, Täve Schur Gewinner der ersten Etappe ...«

Das Feld hatte den herzlichen Empfang vom Vortag noch nicht völlig ausgeschwitzt: mit echtem Schultheiß-Patzenhofer hatte es die Bürgerschaft von Treuenbrietzen zwischen unserer Messemetropole und der Hauptstadt im gewaltigen Erfrischungszelt begrüßt. Schon nach dem dritten Bier gefielen sich die Sportberichterstatter in bisweilen höfischer Diktion und schlugen unsere abstinenten Flitzer flugs zu Rittern der Pedale, als welche sie eine Lanze gleichermaßen für den Frieden wie für unsere werktätigen Frauen und Mädels an der Piste brachen. Die nämlich bestaunten und bejubelten die gutgebauten Friedensboten ohne Unterlaß: nur Schwarzwaldmädels mußten leer und ohne solche Burschen ausgehen – da war Adenauers Unmut vor, dem diese gut zweitausend Kilometer für den Frieden allenfalls als linke, durchsichtige Tour erschienen.

»Patrioten in Ost und West
hassen Adenauer wie die Pest«,

behaupteten verwegene Redakteure damals metrisch unanfechtbar; einheitlichen Übermut hingegen zeigten unsere festlich aufgeputzten Menschen, denen die willkommene Flucht von ihrer Werkbank oder von den Tafeln ihrer schulkreideverkalkten Kabinette die schier abenteuerlichsten Possen eingab. Keine Blumen werfen!, warnte jede zweite Zeitung, wenn auch die Begeisterung im Volk, besonders bei der Schuljugend, verständlich sei – man sollte dennoch von der heiklen Geste Abstand nehmen, hieß es, und im übrigen auch weitere Hinweise beachten.

Landsleute zum Beispiel, die in ländlicher Umgebung unserer stolzen Metropole lebten, sollten unbedingt ihr Kleinvieh einsperren, damit es wenigstens in diesen Stunden keinen Mist anstelle. Auch vor falschem bäuerlichen Mitleid wurde gewarnt, und ein Kommentar wies dringend an, nicht eimerweise Wasser auf die

Fahrer zu gießen, was ganz offenkundig in den Vorjahren häufig geschehen war. Um vieles noch gefährlicher war freilich, einem Ritter der Pedale bei Defekten beizuspringen, schließlich konnte man gerade so den Sportsfreund völlig aus dem Rennen werfen. Friedensfahrer waren Friedenskämpfer, die auch ohne fremde Hilfe fest im Sattel sitzen mußten, denn sie hatten – holte man die alte Losung aus der Arbeiterbewegung sozusagen auf die Straße – nichts als ihre Ketten zu verlieren!

»Aber bitte, bewahren Sie Disziplin, bewahren Sie Disziplin, nicht das Winken mit den Fähnchen vergessen ...«

Näherkommen würde man sich ohnehin, denn es war längst ein guter Brauch, den fleißigsten Betrieben überall, in Stadt und Land, am Ende eines jeden Rennens schlemmernde Visiten zu vergönnen; bei den sogenannten »Patronaten« kamen unsere tapsigen Idole schließlich wieder mit den Füßen auf die Erde, wenn die ihnen zugeteilten Tänzerinnen mit gewissem Nachdruck forderten: Du mußt die Führung übernehmen.

Jubel, Blumen, lachende Gesichter, aufgeputzte Werktore sahen nicht nur die Kollegen hierzulande, die dafür bezahlt wurden und in Artikeln jene keinesfalls nur potemkinsche Begeisterung verfügten – bei den meisten der Dabeigewesenen hat sich wenigstens die alljährliche Frühlingswoche in ihren Erinnerungen so erhalten, wenn sie zweifellos auch ein politisches Ereignis war:

»Wir besiegen Täve Schur,
denn wir wählen vor acht Uhr.«

Ausnahmen bestätigen wie immer lediglich die Regel: Als die Strecke in den Sechzigern durch eine neu erbaute Werkanlage führte, hielt sich der gewohnte Spaß bei einigen Kollegen ungewollte in Grenzen – schuld war, wie so oft, ein Lapsus in der Zeitung. Für das Industrieprojekt, so hieß es, würden riesengroße Rammböcke und rund eine viertel Million Kubikmeter Beton ins Erdreich eingetrichtert, klar, daß dies für unsere Häusle- oder auch nur kleinen Datschenbauer nicht die besten Jahre waren, als solche Unmengen des hochgefragten Materials aus Sicht der Unbeteiligten ganz einfach in die Grube fuhren. Wieviel war das eigentlich, zergrübelten sich die geprellten Bauherren die Stirn, kaum vorstellbar: die Masse würde reichen, schrieb das Blatt, um eine Straße aufzuschütten, länger als die ganze Piste, welche alljährlich die Friedensfahrer absolvierten, Donnerwetter!

Aber was waren rund zweitausend Kilometer, wenn dafür an ihnen nicht ein schmuckes, neues Häuschen stehen würde? Bange Frage, denn bis zu dem wagemutigen Vergleich waren die Trikotträger den hiesigen Kollegen überaus sympathisch, und ihr unverhoffter Sinneswandel schien nicht einfach zu verstehen, als sie mit einem Mal erklärten, daß sie immer schon viel lieber an der grauen Kegelbahn als an den lärmenden, geputzten Straßenrändern rumgestanden hätten. Auch wenn die Kinder mit so manchen zusätzlichen Altstoffsammlungen die Republik gerade in solchen Tagen stärken mußten oder die Brigaden unseren Radsportlern zu Ehren vorzeitig Quartalspläne erfüllten – Gustav Adolf Schur blieb vielen volkseigenen Bürgern ein privater Bürge, nicht so ganz umsonst gelebt zu leben. Und auch ihr Idol, das seinen Namen Adolf seinerzeit nur allzu gerne gegen Täve tauschte, sah sich später kaum genötigt, nochmals das Trikot zu wechseln. Allzugroß schien ihm wohl die Gefahr, noch einmal in das Feld gewiefter Taktiker zu rutschen, die sich abermals an den erprobten Radfahrer und Hinterbänkler hängen und in seinem Windschatten zu unverdienten Siegen kommen wollten. Sonst jedoch hält Täve seinem Heimatkreis die Treue: der hieß übrigens schon immer »Jericho-Land«, und wie dieses dürfte ihm vielleicht auch das Gemeinwesen im ganzen manches Mal schon vorgekommen sein.

Peter Voigt

Der geht nicht unter, der tut nur so

Verschwundene Orte, verwischte Spuren. Die Ostberliner Bohème der fünfziger Jahre

»Gut!« sagte die Katze und bewerkstelligte ihr Verschwinden diesmal sehr langsam. Es begann mit der Schwanzspitze und endete mit dem Grinsen, das noch eine Weile übrigblieb, nachdem der Rest schon weg war.

»Na, Katzen ohne Grinsen hab ich schon oft gesehn«, sagte Alice – »aber Grinsen ohne Katzen! Das ist das Wunderlichste, das ich je erlebte.«

Alice in Wonderland

PUMPT MÜHLE KEIN GELD – stand in der Telefonkabine im Caféhaus angeschrieben – SCHENKT ES IHM!

Und jeder hier wußte, wer Mühle ist.

Wer heute im Postmuseum ein Ostberliner Telefonbuch vom Anfang der fünfziger Jahre hernimmt, es durchblättert und sich darein vertieft, den berührt ein Hauch vom Wirkungskreis der Legenden:

Brecht, Bertolt, Schriftsteller; Weigel, Helene, Schauspielerin; Eisler, Hanns, Komponist – und: Ernst Busch, Wolfgang Langhoff, Anna Seghers, Arnold Zweig, Elisabeth Hauptmann, Paul Dessau, Johannes R. Becher … Sie waren zu erreichen, gegebenenfalls anzurufen, ansprechbar, von der Telefonzelle für 2 Groschen Ost.

PUMPT MÜHLE KEIN GELD – SCHENKT ES IHM!, diese Losung resignierender Humanität ist verschwunden; die Kabine, an deren Innenwand sie angeschrieben war, ist weg, wie das ganze Etablissement weg ist. Niemand wird je noch einmal das berühmte Pressecafé betreten.

Die Fassade, der Gründerzeitbau mit Muschelkalk gleich am Bahnhof Friedrichstraße, steht noch. Der verschwiemelte Golddunst aber, der dich hier beim Eintreten umfing, hat sich verzogen, mitsamt der goldgelben Wandbespannung und dem Messing. Eingezogene Wände parzellieren jetzt den ehemaligen Saal, man sieht klar. Nicht mehr nötig, daß ein livrierter Portier (Paulchen) über den Eingang wacht wie in den fünfziger Jahren, als Hochbetrieb die Drehtür nicht zum Stillstand kommen ließ.

Hier verkehrten die routinierten Architekten der Leipziger Messen, lässige, gutbetuchte Herren, und andere, die beim Eintritt erst nachzuweisen hatten, daß sie die 60 Pfennige für ein Glas Tee beihaben, Studenten, junge Literaten, die in feuchten Ladenwohnungen unordentlich lebten. Hier kriegten die Modellmädchen aus der Modebranche gefaltete Zettelchen diskret neben den Eiskaffee gelegt (»von den Herren am Fenstertisch«) und DEFA-Stars Autogrammwünsche neben das Sektglas (»von den junge Damen auf der Empore«).

Man traf, stets gemeinsam, den jungen, schlanken Schauspieler Manfred Krug und den Philosophiestudenten Jurek Becker, die sich als leibliche Brüder vorstellten. Im Pressecafé wurden mit Freischaffenden Verträge besprochen, Honorare ausgehandelt und mit sowjetischem Brandy besiegelt, hier wurden bei überhäuften Aschenbechern Projekte auf Bierdeckel skizziert – Projekte, die, wäre der Pappdeckel nicht beim Aufbruch unter den Tisch gefallen, der Fachwelt in Ost und West den Atem verschlagen hätten!

Es gab die Runde der selbstbewußten DDR-Formgestalter; unter ihnen der bedächtige Lutz Rudolph (»Robinson«, als er noch Jazz machte), dem es gelungen war, eine kostenunaufwendige Stehlampe ohne gefälliges Zierwerk bei der Industrie unterzubringen. Die Rudolph-Lampe gelangte in jede Intellektuellenwohnung und macht ihrem Schöpfer Ehre bis zum heutigen Tag.

Das Pressecafé am Bahnhof war für die Nachmittage da und hieß, im Hinblick auf das Pensum späterer Stunden, Werk Eins. Die übrigen Werkteile lagen allesamt jenseits der Weidendammer Brücke.

Nobelrestaurant und Künstlerkneipe

Bis 1945 eine lottrige Kaschemme gleich neben dem Schiffbauerdamm-Theater, überkommen aus der Kriegszeit, lange Biertheke und niedriger Bretterplafond, der Schwulentreff. Dann wurde das Lokal zugemacht und wieder auf Vorkriegsstandard gebracht, bürgerliche Samtportieren, Stuck, barockene Putti. Die Restaurierung wurde dem Architekten Henselmann zugeschrieben, Erbauer der Stalinallee, und galt als seine löblichste Leistung.

Nobelrestaurant Ganymed/HO – das Glanzstück der Ostberliner Gastronomie. Kellner mit langen französischen Schürzen, Violine und Piano, Dezenz und frischgestärkte Servietten. Hier, beim Lunch im Ganymed, begab sich, daß der Komponist Hanns Eisler sich bei seinem Kollegen Paul Dessau beklagte, zu Recht, daß er kulturpolitisch geschnitten werde: »Ich werde nicht aufgeführt!«, so daß Dessau, seinen Freund zu trösten, das Instrument des Unterhaltungsgeigers erbat und stehenden Fußes Eislers Nationalhymne der DDR aufführte. Die Gäste waren unsicher, ob sie sich jetzt vom Essen erheben müßten.

Weit verdienstvoller als das Ganymed war für die Szene ein kleines Lokal ein paar Häuser weiter am Schiffbauerdamm: Der Trichter, ein schlicht geführtes Etablissement, das auf seine Unbehaglichkeit bestand. Rauchig-graue Wände, kahl. Das Deckenlicht trüb, die Stühle abweisend. An der hinteren Wand hat das alte Sofa gestanden und der Stammtisch, da war das Zentrum. Aber die nächststehenden Tische spielten auch mit, weil nicht alle im Zentrum sitzen konnten; die Gespräche passierten von Tisch zu Tisch.

Der Inhaber des Lokals hielt sich hinter der Theke auf, der dicke alte Eduard Lukasch, seine dicke Frau stand in der Küche am Herd und kochte böhmisch. Niemals hat man den schlurfenden, stieräugigen Lukasch auch nur anflugsweise lächeln sehen. Und er verwaltete seine Gaststätte als absoluter Souverän. Wenn ihm an einem fremden Gast das Gesicht nicht gefiel, dann wurde der gar nicht erst Gast: »Sie bekommen bei mir nichts« – eine Begründung dafür gab es nicht. Eduard Lukasch war ein wortkarger Wirt, es war selbst für Stammgäste schwierig, ihm zur Begrüßung auch nur ein Kopfnicken abzugewinnen; seine Freundlichkeit war gründlicher: Zwei Studenten der Medizin hat er über ein paar Semester mittags unentgeltlich durchgefüttert. Diese schmucklose Kneipe am Schiffbauerdamm mit ihrem Minimum an Aufwand wurde das, was sich nicht projektieren läßt: ein Künstlerlokal. Mit Mittagstisch und abendlicher Würfelrunde.

Der Dichter Manfred Bieler löffelte hier still seine Suppe, während Hartmut Reck vom Brecht-Theater wütend Kündigungsabsichten hervorstieß wegen des Regiekrachs auf der Vormittagsprobe. Am Nebentisch tratschten vier Gruppentänzer vom Friedrichstadtpalast über die unerträglichen Kostüme für das nächste Programm. Auf trat mit dem berühmten wiegenden Schritt der Starschauspieler Wolf Kaiser (»Lupus Caesar«), wohlwollend nach allen Seiten grüßend, und ein Kunststudent brachte die letzte »Polen« mit, eine avantgardistisch aufgemachte Monatsillustrierte aus dem sozialistischen Nachbarland, die am Kiosk unterderhand wegging.

In Australien hatte sich ein Mann einen neuen Bumerang gekauft; beim Versuch, den alten wegzuwerfen, wurde er wahnsinnig. Alle faulen Witze hatten auf dem Trichter-Sofa ihre Premiere.

Lemuren

Es waren die Jahre des lebendigen Brecht. Er hat hier gelebt und gearbeitet und war öffentlich zu besichtigen gewesen. Und doch gibt das gesamte staatliche Filmmaterial aus jenen Jahren gerade mal zwei höchst unlustige

Aufnahmen her; und nicht eine von seinen legendären Inszenierungen mit dem Berliner Ensemble. Solange er Chef des DEFA-Augenzeugen sei, hatte der Chef der DEFA-Wochenschau postuliert, komme Bert Brecht nicht in den Augenzeugen. Und Kameramänner, vergeuden nicht teure Filmmeter an etwas, was nicht genommen wird.

Die zerklüftete Kulturarena der fünfziger Jahre.

Auf seiten der auch im Schöngeistigen führenden Partei stand die Front der Lemuren, ehrliche Lemuren und solche mit Hautgout. Sie waren in der Mehrzahl und Leute mit allerhand Einfluß, die in Brechts Arbeiten ihr Konzept vom Sozialistischen Realismus gefährdet sahen wegen Formalismus und Proletkult.

John Heartfield ließen sie links liegen – eine Antiquität – und Ernst Busch, dem Sänger des Proletariats, haben sie schon 1952 seine Plattenproduktion gestoppt und alle Aufnahmen vernichten lassen; stolz meldete der Chef vom Rundfunk: »Alle Bänder von Busch sind gelöscht!«

Es gab seitdem nicht nur keine Armstrong-Platten hier. Überliefert ist auch die Äußerung eines höheren Kulturinquisitors (Rodenberg) in geschlossener Runde: »Dieses Berliner Ensemble muß ausgebrannt werden!« – Doch die Theaterexperimente Brechts wurden hoch subventioniert. Die zerklüftete Kulturarena der fünfziger Jahre war eine miserabel verwaltete Manege des Verrats mit epochalen Hervorbringungen, ungenutzt.

Die aus den Theatern und Zeitungsredaktionen zusammenkamen und in den Szenelokalen um den Schiffbauerdamm zusammenhockten, kannten die Wolkengebirge, die sich damals vor die Sterne schoben, es gehört zu ihrem Lebensfundus und hat sie weise gemacht.

Klapperdürrer Carl

Der Chefästhet des Brecht-Theaters, Peter Palitzsch, lebte korrekt. Von den niederen Vergnügungen mit Würfelbecher und Klatsch hielt er sich fern. Abends saß er zu Hause und arbeitete, jeder wußte das. Doch an manchen Sonntagen konnte man ihn die Friedrichstraße entlangschreiten sehen, Schulter an Schulter mit einem klapperdürren Menschen mit langer Nase. In ihre Regenmäntel gehüllt, strebten sie zum Sportstadium, zum Fußballspiel. Der Klapperdürre war sein langjähriger Freund: der Journalist und Kritiker Carl Andriessen.

Carl aß wohl nie. Es hieß, er habe Maggiwürfel in der Manteltasche, zum Lutschen, davon nähre er seinen dürren Leib. Den Rest besorgte das Bier. Und je mehr er davon bestellt hatte, desto erpichter war Carl Andriessen auf Disput. Seine Dispute gerieten freilich unhinderbar zu Monologen, die er mit Verve und mit fliegenden Händen vortrug, in einem unnachahmlich gurgelnden Sächsisch. Dabei bemerkenswert diszipliniert. Hätte er Mitte voriger Seite einen Satz begonnen, dann hätte er diesen Satz etwa hier zu Ende gebracht, genuschelt zwar und krächzend, gleichwohl ohne je den Faden verloren zu haben. Wer sich auf die Anstrengung einließ, die es kostete, diesem Faden zu folgen, der konnte seiner logischen Präzision am Ende kaum etwas entgegenhalten. Carl Andriessen wertete jedes kulturpolitische Phänomen wie ein Fußballspiel – mit Meinung und Urteil, gegründet auf differenzierenden Fachverstand. An seinen Kollegen vom westlichen Journalismus stellte er schiedsrichterlich fest, »daß diese Muschkoten völlig außerstande sind, auch nur einen anständigen Satz aufzuschreiben. Interpunktion kennen sie nicht; sie machen immer einen Punkt. Sie schreiben ruckweise und bringen die Sätze auf Vordermann.« Man muß sich das sächsisch vorstellen.

So las man es in der »Weltbühne«, für die er regelmäßig schrieb, manchmal bis zu drei Artikel in einem Heft. Wobei auch mal die Bemerkung abfiel: »Umgang mit Angetrunkenen ist nichts Besonderes, zumal man sich gelegentlich unter ihnen befindet.«

Der Komödiant

Die bestimmenden Figuren in diesem Milieu waren natürlich Soldaten der deutschen Wehrmacht gewesen, Kriegsteilnehmer. Der Krieg, der in jedem von ihnen steckte, motivierte ihre Sicht auf die Ost-West-Nachkriegsidylle und deren geteiltes Ethos. Für die einen wurde der Kriegsschock zum lebenslangen Agens. Der Schauspieler Rolf Ludwig, dem Alkohol schwermütig zugetan, war Bordkanonier in einem Bombenflugzeug gewesen. Nun stand er auf der Bühne im Deutschen Theater oder in der Volksbühne und vor der DEFA-Filmkamera. In Fragebögen vermerkte er unter der Rubrik Beruf: Komödiant. Ludwig hatte nach 1946, noch in britischer Kriegsgefangenschaft, ein pazifistisches Wolfgang-Borchert-Programm gemacht. Er hat es mitgenommen, und es wurde zu seinem festen Repertoire. Er zog mit seiner Ein-Mann-Veranstaltung durch die Clubs und Kulturhäuser der DDR.

Als die Wochenschau die ersten Einheiten der Kasernierten Volkspolizei aufmarschieren ließ, als FDJ-Gruppen mit Gewehren präsentiert wurden, als die Fotografien der neu gegründeten Bundeswehr durch die Zeitungen gingen und die ersten Rekruten der Nationalen Volksarmeee ihre frisch geschneiderten Uniformen vorstellten – der schwermütige Volksschauspieler führte über Jahrzehnte seinen einsamen Partisanenkampf (und führte ihn über das Ende der DDR hinaus weiter). Er trat bei NVA-Einheiten auf und mutete ihnen Borcherts pazifistische Texte zu, die Politoffiziere holten den Star vom Podium. Als 1956 zum erstenmal auf dem Ostberliner Weihnachtsmarkt eine Schießbude auftauchte, hat Rolf Ludwig mit einer Film-Tagesgage den ganzen Ramsch aufgekauft.

Die Silberplatte

Ein Bündel Fünfzigmarkscheine in der Hand, kam Kurt Mühle ins Pressecafé, lehnte sich an eine Säule und rief: »Alle anstellen, jeder kriegt 'n Fuffziger!« Damit war sein Honorar von der Leipziger Messe unter die Leute gebracht. Mühle war kleinwüchsig und agil, verwüsteten Gesichts und leicht schwankenden Gangs. Mühle trug jederzeit ein blütenweißes Hemd zum zerknitterten grauen Anzug. Mühle war freundlich und sächsisch (nahezu jeder in der Ostberliner Szene wurzelte in Sachsen, kaum einer war Berliner). Mühle war charmant und ein Frauenheld. Unter der schwarzen Ponyfrisur, ließ er wissen, sei eine Silberplatte, herrührend von einem Fallschirmabsturz direkt in den Garten der Mutter, ein Kriegsdefekt. Mühle hatte keine Feinde, aber ungezählte Gläubiger hatte er. Wo Stimmung war, war Mühle, wo Mühle war, war Stimmung, oft die ausgelaugte, wenn die Stühle schon auf den Tisch gestellt wurden. Mühle assistierte manchmal Architekten und Designern, einmal aber fiel ihm ein Staatsauftrag zu. 1954 war in diesem Teil Berlins eine internationale Außenministerkonferenz, und Mühle hatte sie auszugestalten, die Götter wissen, warum Mühle. Das beträchtliche Honorar war schnell und spendabel durchgebracht; Nonchalance in Gelddingen war allgemein vorausgesetzt. PUMPT MÜHLE KEIN GELD – SCHENKT ES IHM!

Der geht nicht unter, der tut nur so.

Die graue Albrechtstraße, rechts ab vom Schiffbauerdamm. Ein ödes Geviert mit kümmerlichem Gesträuch, aufgereihte Müllcontainer, von einer Brandmauer begrenzt; links daneben ein Imbißwagen. Hier befand sich bis Ende 1956 eine eminent wichtige Institution, die legendäre Hajo Bar. Die Ostberliner Friedrichstadt, natürlich, lebte auch zur Nacht.

Das Entree war der Garderobenraum, in dem der Einlasser sich aufhielt, der Rindfleisch hieß und von innen her das Türgitter aufzuschieben hatte, wenn die nächtlichen Stammgäste ankamen. Im ersten Barraum war der Tisch des Chefs, Hans-Joachim (Hajo) Keller, und seiner Gattin. Hanns Eisler traf ein, guten Abend, gnädige Frau, und ließ sich in der Chefrunde nieder. Da saßen schon der Chefkommentator des ostdeutschen Rundfunks, Karl-Eduard von Schnitzler, und die stolze Inge Keller vom Deutschen Theater, der Dokumentarist Karl Gass und der Bildhauer Fritz Cremer mit ihren aufregenden Frauen sowie einige sonstige Prominenz von Bühne, Film, Ballett und aus den Zeitungsredaktionen. Es war noch nicht, daß man sich in sein Auto setzte und alles im Stich ließ, man setzte sich zusammen (die Heimfahrt im billigen Taxi), war amüsierbereit, klatschbegierig, auf Polemik aus.

Wo jetzt die Müllcontainer stehn, war das Tanzpodium mit dem Bartrio, die magere schwarzhaarige Sängerin hieß Mäuschen: »Wenn du denkst, der Mond geht unter, der geht nicht unter, der tut nur so...« Die Wände waren mit einer buntscheckigen Phantasiewelt bemalt, und wenn auf dem Tanzpodium ein Schwankender sich in Krakowiak versuchte, war es Kurt Mühle. Im letzten Raum hinten hatte der beleibte Stammgast Erich Schmitt große Witzfiguren an die Wände gezeichnet (in seinem bürgerlichen Beruf karikierte er täglich den Kriegstreiber Adenauer für die »Berliner Zeitung«). Bei Anita an der hinteren Bar, kriegte man noch immer einen Gin nach 4 Uhr, wenn alles vorn sich schon an der Garderobe drängelte.

In der Hajo fand man fast immer alle wieder, die ganze Runde vom Trichter-Sofa und manche geschlossene Tischgemeinde vom Pressecafé. – Man traf den smarten Charlie Weber, Jungregisseur bei Brecht (heute Professor in Stanford/Cal.), der als weltläufig galt, er war in amerikanischer Kriegsgefangenschaft gewesen und konnte englisch plaudern; man traf den stets bezechten Komponisten Eberhardt Schmidt, in jungen Jahren in Spanien Interbrigadist, danach Internierungslager, der nun Kampflieder für die FDJ schrieb und die Operette »Bolero« mit spanischen Rhythmen; ein alerter Dandy-Adonis an der Bar, Michael Henselmann, Sohn des Architekten, der mitunter französischen Touristengruppen Ostberlin wies, denn er hatte ein Jahr in Frankreich zugebracht; man lief Gefahr, von Gustav Seitz' Meisterschüler Werner Stötzer mit Ausführungen über Humanismus und das Arbeiten am Stein eingedeckt zu werden, so daß Manon Damman, die Balletteuse, die eben bei dir ihren Liebeskummer loswerden wollte, sich schließlich gelangweilt woandershin verzog; und gegen 2 Uhr früh hatte der ephebische Ekkehard Schall, just im Aufstieg zum Brecht-Star, genug Cognac, daß er streitlustig wurde und weiterzog, dorthin, wo die Kneipen rauher waren.

Es saß auch die wunderbare Elisabeth Shaw unter den Gästen am Cheftisch, eine Lady mit wachen schwarzen Augen. Sie hat die Großen der damaligen Ost-Kultur porträtiert, in kleinen szenischen Karikaturen. Anna Seghers, John Heartfield und dessen Bruder Wieland Herzfelde, Stefan Hermlin jung, Stefan Heym, Brecht von rechts und Brecht von links, die Weigel, Erich Engel, Wolfgang Langhoff – Elisabeth Shaws grafischer Almanach ist komplett wie das alte Telefonbuch.

Ein Palast für die Bohème

1956 wurde die Hajo-Bar zugemacht und abgerissen, ihr Besitzer war nach Westberlin geflohen. Eine bis dahin kaum beachtete Möglichkeit wurde entdeckt, geprüft und von der Szene in Besitz genommen. Es war das ehemalige Palais des Reichskanzlers von Bülow in der Luisenstraße, darin Die Möwe, eine Gastronomie mit etlichen Sälen.

Bei Nacht aber zählte nur der Barraum.

Den hatte der Malereistudent Rudi Ebeling zugerichtet, mit roten und blauen Rupfenwänden und schrottreifen Oldtimer-Jazzinstrumenten, die von der Decke hingen. Aber die Musik kam aus dem Radio – AFN – The American Force's Network – Midnight in Berlin. Die Möwe wurde schnell zum Zentrum des Ostberliner Kulturnachtlebens und blieb das über die fünfziger Jahre hinaus. Sie wurde geführt, das war das Besondere, als »Club der Bühnen- und Filmschaffenden«, verwandte Gewerke eingeschlossen. Hier saßen sie also auf eigenem Territorium, die Maler und Malerinnen und Bildhauer mit den Theaterleuten und disputfreudigen Journalisten, und die Getränke kamen billiger als sonstwo. Den frühen Abend über dudelte das Radio an der Bar ins Leere, gegen halb elf kamen die ersten, da waren die Theater aus, dann wurde es voll und ging bis 4 Uhr früh.

Unterbezahlte (Regieassistenten, Schauspieleleven) hatten am Geldtag zunächst ihre offene Rechnung in den Kantinen beglichen, waren zur Mittagsstunde die Schulden in Eduard Lukaschs Trichter losgeworden, am Abend lieferten sie den Rest an der Möwe-Bar ab und ließen aufs neue anschreiben. Angeschrieben wurde, wenn die Barfrau Traudel einen kannte. Also mußte man regelmäßig hier sitzen; hier, wo die Kümmerlichen wie die Renommierten ihre gemeinsame Heimstätte hatten.

Klatschbörse und Prinzipienschmiede, Trainingsgelände für Poseure und Weltschmerzsüchtige auf Barhockern, Amouren und Eifersuchtsduette. Die kraftvolle Singstimme der Brecht-Aktrice Elsa Grube-Deister, wenn sie in Stimmung kam; Armin Müller-Stahl, der feinsinnige jugendliche Held Ostberlins mit dem gepflegten Flair dezenter Ironie; ein 16jähriges Büromädchen im Leopardenkleid mit dem klangvollen Namen Angelica Domröse saß schüchtern bei einem Gin Fizz und schmachtete die DEFA-Filmstars an; und der gänzlich unbehaarte E. O. Fuhrmann, der Papst in Erich Engels »Galilei«-Inszenierung, tanzte in früher Morgenstunde auf einem Tisch und hielt sich für Gustav Gründgens.

Wer aber nach 4 Uhr noch Unaufschiebbares auszutragen hatte, wußte eine kleine Tür neben der Friedrichstraße, da, wo die Oranienburger Straße anfängt; diese kleine Tür war bis 6 Uhr früh offen.

Im Esterhazy-Keller mischte sich die Künstler-Szene mit der des Personals der schon geschlossenen Nachtbars. Es ging ziemlich steil treppab hinter der kleinen Tür. Holzgetäfelte Kellerräume, dicht bei dicht gerahmte Autogrammfotos von Boxern und Varietékünstlern, ein Akkordeonspieler, der auf Zuruf reagierte. Wer die Pachttoilette verließ, ohne seine drei Groschen in den Teller gelegt zu haben, der kriegte von der Toilettenfrau heimtückisch ein Bein gestellt.

Vor dem Esterhazy-Keller war auch die Stätte jener Schlacht, die Ekkehard Schall und sein Gefährte, der Schauspieler Horst Kube, ausgetragen haben – im Morgengrauen, Rücken an Rücken gegen die Besatzung eines Streifenwagens der Volkspolizei. Schall kriegte einen Knüppelhieb quer über den Kehlkopf und konnte am Vormittag auf der Bühnenprobe nicht sprechen, was ihn sehr besorgte. Dies fiel in die Tage, wo er den DEFA-Film »Berlin Ecke Schönhauser« drehte, in dem auch sein Kombattant Horst Kube mitspielte (einen Volkspolizisten). Als Helene Weigel mit Freunden diesem Kellerlokal einen Abendbesuch abstattete, hat sie sich beim Akkordeonspieler das Lied vom armen Gigolo bestellt: »... denkst du denn noch an die Zeiten...«

Ost – West

Anfang 1957 machte ein neu eingerichtetes Nachtlokal Sensation. Es eröffnete in der Invalidenstraße. Halbseidenes Ambiente mit Perlenvorhängen, das Ostberliner Amüsierlokal Koralle, nahe der Sektorengrenze nach Westberlin. Pin-up-Aktbilder, die Modelle aus der DDR, schmückten die Wände – nirgendwo sonst gab es das in Ostberlin. Der bullige Einlasser im schwarzen Anzug, der auch Rausschmeißer sein konnte, hieß Kuchen-Karl, in seinen Knabenjahren hatte er auf dem schwarzen Markt mit Kuchen geschoben. Nur bei Kuchen-Karl an der Garderobe der Koralle – nirgendwo sonst in Ostberlin – konnte man ganz offen unterm Tisch Westzigaretten kaufen, zum Tageskurs 1:5 in Ostgeld.

Das Lokal in der Invalidenstraße wurde geführt von dem polnischen Juden Jurek Klieger und seiner eleganten Frau in China-Brokat. Wo am Tisch neben dem zweiten Fenster eine Gesellschaft stets bestens gelaunter Gäste größere Rechnungen machte: Jugoslawen und Bulgaren, die sich majestätisch bewegten und schwere schwarze Autos fuhren. Denn in Jurek Kliegers Koralle,hieß es, wurden gewisse Ost-West-Geschäfte besiegelt, unter der Camouflage von Amüsement und Flirt; von »Embargoschmuggel« war die Rede, »im DDR-Staatsauftrag«. Boris, der mächtige Jugoslawe, wenn er voll und melancholisch war, aß Cocktailgläser, die er anderenabends zerknirscht rückerstattete.

Irgendwann später verschwand diese sympathische Bande aus der Landschaft, mitsamt ihren schweren schwarzen Autos. Nur einer, ein kleiner, runder Bulgare, blieb zurück – stillvergnügt als Kellner im Ganymed.

Epilog

An einem Morgen im heißen Sommer 58 überraschte eine Westberliner Gazette in großer Aufmachung mit dem Namen des Koralle-Chefs: Menschenhändler Klieger gefaßt! Kriminalbeamte, als Bananenverkäufer verkleidet, hätten seit Tagen auf der Westseite des Grenzübergangs Brunnenstraße auf K. gewartet, endlich sei der Erwartete gekommen, sei in eine Boutique geschlendert, und als er die Hand ausstreckte nach einem Modejournal, hätten die Handschellen zugeschnappt. (Er sollte in irgendeine Entführungssache verwickelt gewesen sein, mit politischem Hintergrund, Betäubungsmittel in einem Glas Wein.)

1961, wenige Wochen nach Grenzabriegelung und Mauer, kam auch das Ende des Esterhazy-Kellers. Als nämlich entdeckt wurde, daß der Wirt, zusammen mit Stammgästen und Personal, die Kellerwand durchbrochen hatte, die an den benachbarten Nord-Süd-Tunnel der West-U-Bahn grenzt. Fluchtgeschäfte, es stand in keiner Zeitung.

Arno Fischer

Fotografien 1953–1969

Spalier am Trauerzug für Wilhelm Pieck, Köpenicker Landstraße, Berlin 1960

36 | Erster Besuch von N.S. Chruschtschow, Dimitroffstraße/Leninallee, Berlin, August 1957

V. Parteitag der SED, Ausstellung vor der Werner-Seelenbinder-Halle, Berlin, Juli 1958

38 | An der Müritz, 1956

Weidenweg mit Blick auf die Stalinallee, Berlin 1956

40 | Weberwiese, Berlin um 1958

Friedensfahrt, am Walter-Ulbricht-Stadion, Berlin 1957

42 | Maidemonstration, Unter den Linden / Friedrichstraße, Berlin 1957

Tag der Republik, vor der Sporthalle, Stalinallee, Berlin, 7. Oktober 1958

44 | Weihnachtsmarkt im Lustgarten, Berlin 1953

Kronprinzenpalais, Unter den Linden, Berlin, 1. Mai 1956

 Friedensfahrt, Berlin-Mitte 1957

Tag der Republik, Stalinallee / Frankfurter Tor, Berlin, 7. Oktober 1958

48 | Stalinallee / Jacobstraße, Berlin um 1958

Alexanderplatz, Berlin 1958

 Ostseestraße/Prenzlauer Allee, Berlin 1959

Bauarbeiter, Alexanderplatz, Berlin um 1965

52 | Tag der Republik, Pionierpark Wuhlheide, Berlin, 7. Oktober 1957

Maidemonstration, Marx-Engels-Platz, Berlin 1959

 Berlin-Prenzlauer Berg 1956

Hochschule für Bildende und Angewandte Kunst, Berlin-Weißensee 1959

 Berlin-Mitte um 1958

Spalier am Trauerzug für Wilhelm Pieck, Köpenicker Landstraße, Berlin 1960

 Tag der Republik, Stalinallee, Berlin, 7. Oktober 1958

Jugendclub im Kreiskulturhaus Mitte, Berlin 1969

60 | Tag der Republik, Stalinallee / Frankfurter Tor, Berlin, 7. Oktober 1958

Volkspark Friedrichshain, Berlin 1958

 Stalinallee, Berlin 1957

Strausberger Platz / Stalinallee, Berlin 1958

64 | Blick zum Strausberger Platz vom Alexanderplatz, Berlin um 1958

MITROPA-Gaststätte, bei Berlin 1958

66 | S-Bahn auf dem Ostring, Berlin 1956

Lutz Rathenow

Und ewig währt die DDR

Der Versuch eines Tagebuches

1. 10. 1999

Gestern waren sie wieder da. Eine ziemlich merkwürdige Angelegenheit. Ich dachte sofort an die Stasi, als es an die Tür klopfte und vor ihr zu lärmen begann. Eher aus Routine zerkaute ich die Notiz über den nächsten Treff mit Pierre, dem ich für seine Schweizer Zeitung einen Geburtstagsartikel liefern sollte. Eine längere, gut honorierte Beschimpfung zum Tag der Republik. Der 7. Oktober nähert sich unerbittlich, allein von meinem Fenster aus sind zwei Transparente und ein Plakat zu sehen, die an die fünfzigjährige Existenz der DDR erinnern. Die Schweizer kümmern sich auffallend um dieses kleine Land, in dem ich ein Dissident bin. Vielleicht erblicken sie darin einen Zerrspiegel ihrer Existenz, die beiden letzten Außenseiter in dem sich rapid ineinander vereinigenden Europa.

Ich schluckte dann noch einen Zettel mit einer Meldung, die ich (für solche Fälle planvoll engzeilig) auf einem Drittel der Seite zusammengequetscht hatte.

»Aufmachen! Ministerium für Staatssicherheit! Öffnen Sie, oder wir treten die Tür ein!« Es hörte sich an wie in einem der schwachsinnigen Actionfilme, die bei allem Feuerwerk vergessen, daß gewisse Dienste vor allem versuchen, leise und unauffällig in der Öffentlichkeit zu wirken. Als ob sie gar nicht existierten. Bei uns häufen sich in letzter Zeit Nachrichten von prügelnden Polizisten einer brutalen Geheimpolizei, als würden die ihre selige Zeit des blanken Terrors kopieren und wieder auferstehen lassen. Natürlich kriselt es in der DDR wie immer. Es gibt dies und das nicht, gerade mangelt es an Eierlöffeln, braunen Lederschuhen für Herren und Damenfahrrädern. Sicher haben sie die gesamte Jahresproduktion verkauft, Devisen gehen halt vor. Wie immer. Gemessen an den weltweiten Problemen wirkt der Staat leider stabil und sicher. Ein Kuriosum, an das sich die Welt gewöhnt hat. Und es vielleicht sogar braucht, dachte ich, als die Holzfüllung der Tür splitterte.

Das ging eindeutig zu weit. Sie haben doch Nachschlüssel für die Wohnung und können sich jederzeit Zutritt verschaffen. Sie beweisen mir das mit jeder »konspirativen Wohnungsdurchsuchung«. So nennen sie das in ihrem Amtsdeutsch, hatte mich Kurt vor einem halben Jahr aufgeklärt, als er meine Anzeige wegen Einbruchs aufnahm. Im Polizeirevier Friedrichshain, in der Etage, die sich die Stasi reservierte. Ich kannte das Gebäude von Zuführungen. Als ich dort herumsaß und die Art der vermutlich von den Einbrechern begutachteten Gegenstände schildern sollte, fand ich plötzlich meinen Einfall nicht mehr so gut. Doch dann verlief das Gespräch vor allem seltsam. Ganz früher hatte ich einmal Respekt vor diesem Staat. Vielleicht liebte ich ihn und seine Ziele, wenn Liebe zwischen Mensch und einem abstrakten System möglich ist. Dann enttäuschte er mich nach und nach in fast allem, und ich bekam Angst vor seinen Möglichkeiten.

Spätestens nach der ersten Verhaftung 1976 oder zwei Jahre später, voller Angst, wieder mit einer Hausdurchsuchung und Verhaftung rechnend, haßte ich das Gebilde mit dem Namen, der mich stets an das Insektenvernichtungsmittel DDT denken ließ. Das alles verblaßte mit der Zeit, und eine erstaunliche Gleichgültigkeit setzte ein, die ein normales Leben auch als Staatsfeind ermöglichte, für das Schreiben anregend und gefährlich war.

»Nennen Sie mich Kurt«, sagte der Offizier, der das Protokoll mit »Major« unterzeichnete. Er kam mir bekannt vor, obwohl ich ihn nicht kennen konnte. Ich traf mich nicht mit Offizieren dieser Firma wie Sascha, der mir das am ersten Abend nach seiner Wiedereinreise gestand. Auch deshalb ließ man ihn aus dem Westen in die DDR zurückkehren. Er durfte den Paß behalten und spielte gern gefährliche Spiele auf Kosten anderer Leute.

»Ich möchte Sie nicht Kurt nennen!« verbat ich jede Vertraulichkeit.

»Sie dürfen mich gern auch mit Genosse Major anreden«, dozierte der ältere, drahtige Herr lächelnd. »Ich war übrigens in Ihrer Wohnung. Das werde ich nachher natürlich nicht zugeben. Wir machen ein schönes Protokoll, die Polizei ermittelt wegen Einbruchs und versuchten Diebstahls. Stellt nach sechs Wochen das Verfahren ein. Oder wünschen Sie sieben? Ich halte es für bequemer, selbst die Sache zu übernehmen. Warum erstatten Sie erst jetzt Anzeige? Ich bin alle sechs bis acht Wochen bei Ihnen. Wir kennen uns anderweitig. Woher, verrate ich nicht. Sie müssen sich schon ein wenig bemühen. Ich empfehle Ihnen Gedächtnistraining. Sie verwechseln in letzter Zeit manches. Das macht den Dissidenten rasch unglaubwürdig. Uns liegt an Ihrer Glaubwürdigkeit. Schön, daß Sie die Anzeigen wegen ›Einbruchs‹ und versuchten Diebstahls stellen. So lernen wir uns persönlich kennen. Sie ahnen gar nicht, wieviel mir das bedeutet. Der Begriff ›Einbruch‹ ist übrigens falsch, in jeder Hinsicht. Wir nennen so etwas ›konspirative Wohnungsdurchsuchung‹.«

»Ja, ja«, redete ich gegen seine Selbstsicherheit an und ahnte schon, als empörtes Opfer den schwächeren Text zu haben, »ja, ich weiß, daß Sie sich mit Ihren Spitzeln in konspirativen Wohnungen treffen.«

Auch das nahm er lächelnd auf. »Falsch«, belehrte er mich, »vielmehr, nicht sehr richtig. Sie und Ihre weniger werdenden Freunde haben sich eben ungenau informiert. Über den Spitzel diskutieren wir jetzt nicht. Wir nennen das übrigens IM, Inoffizieller Mitarbeiter. Konspirative Wohnungen gibt es, richtig, aber eine konspirative Wohnungsdurchsuchung kann nie in einer konspirativen Wohnung stattfinden. Verstehen Sie?«

Ich log und nickte, Kurt, wie ich ihn mir gegen alle vorhandenen Aversionen zu nennen angewöhnte, belehrte mich weiter. Ich frage mich, warum er mir lauter Interna erzählte. Sonst mühte ich mich, dem Staat Geheimnisse zu entreißen und zur Nachrichtenmeldung oder in einen Artikel im Westen zu verwandeln. Und nun sprudelte eine Quelle direkt vor mir und tippte wie zur Tarnung in die überalterte Schreibmaschine ein belangloses Protokoll.

Mir war nicht wohl. Daß die dauernde Tätigkeit in einem Dienst wie dem MfS krank machte, hatte ich ja oft genug beschrieben... Ich wollte mit Kurts Krankheit möglichst wenig zu tun haben. Er erzählte, als nerve es ihn, diese Geheimnisse nur mit seinen Genossen teilen zu dürfen. »Allein die Sprache«, erklärte er, »wenn Sie wüßten, wie viele Worte deutscher Sprache wir neu geschaffen haben. Und unser System, Wissen zu organisieren, das gibt es kein zweites Mal in der Welt. Zu gern würde ich Ihnen unsere Akten zeigen. Zum Beispiel die über Sie. Wir sind jetzt beim zwanzigsten Band und archivieren nur das Wichtige. Beinahe hätten wir im Herbst 89 mit dem Vernichten begonnen.«

»Beinahe?!« konterte ich instinktiv.

»Ja, ein paar Sachen wanderten schon durch den Reißwolf. Jammerschade. Das stellt schriftliches Kulturgut dar. Ich bin sicher, Sie würden das den bedeutendsten modernen Roman nennen, den die DDR zustande brachte. Ich kenne ja selbst nur einen Bruchteil davon. Ihr ›Operativer Vorgang‹, wieder so ein Neuwort, stellt ein postmodernes literarisches Werk dar.« Sicher übertrieb er. Trotzdem fühlte ich mich nach dem Gespräch derart verunsichert, daß ich keine Meldung über meine Anzeige in die Westmedien lancierte, wie ich das sonst bei jeder Kleinigkeit tat. Das war eben politischer Kampf. Und eine private Manie, eine Krankheit – diese Berichte bewiesen mir mein Vorhandensein. Und kleine Sensatiönchen verbreiten die Medien am liebsten. Die verbotene West-Lesereise eines DDR-Autors melden Zeitungen lockerer als die Existenz einer Einsatzgruppe für das Inszenieren von Störfällen in Atomkraftwerken. Für jeden Wahlkampf und jede politische Erpressung aus Ostberlin ausleihbar, mehrere Störfälle scheinen bei uns bestellt und von uns arrangiert worden zu sein. Doch die Beweiskette ist dünn. Kein Westjournalist traut sich da ran. Solche Tatsachen sind schwer zu recherchieren und handeln dem Veröffentlicher oft Ärger ein. Und die Politik spielt sie ohnehin herunter. Und dann verbreitete DPA doch einen Bericht über meine Anzeige und die Scheinbeschäftigung der Volkspolizei mit dem Einbruch. Er war perfekt formuliert und wurde in einigen Lokalzeitungen gedruckt. Ein Rundfunkinterview dazu stellte die wichtigste Frage nicht: Warum lancierte offenbar ein Offizier der Staatssicherheit eine Meldung an die Westpresse. Und sie erzeugte Mitleid mit dem Opfer. Ich hätte es nicht besser formulieren können. Das hatte etwas Demütigendes. Wollten sie beweisen, im Zweifelsfall auch besser gegen die DDR zu arbeiten? Das MfS als Organisation der wahren Staatsfeinde? Ich darf nicht so sprunghaft schreiben. Auf was will ich eigentlich hinaus? Ich muß in die Geschichte zurück und die wichtigen Fragen finden.

Vor zehn Jahren fühlte ich mich besser. Dabei begann damals, im Herbst 89, mit der Absetzung von Erich Honecker alles. Und mit der Ermordung Schabowskis, als dieser bei einer Pressekonferenz am 9. November eine Erklärung verlesen wollte. Jemand erschoß ihn genau in dem Moment und sprengte sich unverzüglich weg. Löste sich wirklich in Luft auf. Pulverisierte sich und fünf Journalisten spurlos. Deren Namen kennt man, den des Attentäters hat man bis heute nicht ermittelt. Beim Verschwinden einer Person durch Explosion spricht man kurioserweise von »vermißt«. Zehn weitere wurden verstümmelt, die anderen Verletzungen dürften inzwischen verheilt sein. Schabowski lag tot auf der Tischplatte, inmitten des wimmernden Chaos, und hielt ein Blatt in seiner rechten Hand. Als müsse er gerade dieses Papier vor der Vernichtung bewahren. Das Foto ging durch die Weltpresse. Und dann war dieses offenbar zum Verlesen bestimmte Blatt verschwunden. Ein Jahr später verunglückte der Fotograf beim Segeln. Die Spekulationen hörten nicht auf. Der unbekannte Text regte die Phantasie der westlichen Welt an. Der SPIEGEL enthüllte jedes Jahr eine neue Version: vom geplanten Rücktritt der gesamten politischen Führung über die Genehmigung aller damals gestellten Ausreiseanträge bis zur geplanten Erneuerung und Umbenennung der Partei. Zwei Monate später wurde aus ihr wirklich die SEDDR. Die Sozialistische Einheitspartei der Deutschen Demokratischen Republik machte damit deutlich, daß sie die sozialistische Perspektive nur noch für das Gebiet der DDR beanspruchte. Ich weiß noch, wie innig Günter Gaus diesen Schritt als Zeichen tatsächlicher Reformbereitschaft lobte. Und wie man Karl-Eduard von Schnitzler seinen »Schwarzen Kanal« verbot, weil er eine Sendung lang gegen diese Entscheidung wetterte: damit würde der Anspruch eines weltweiten revolutionären Prozesses zum Kommunismus hin auf sträfliche Weise aufgegeben.

Diese Umbenennung könnte ein Grund der Pressekonferenz am 9.11. gewesen sein. Sie erklärt aber nicht den Schuß. Irgend jemand (und wahrscheinlich mehr als einer) wollte mit dem Mord etwas verhindern, das weitgehende Folgen gehabt hätte. Man tötete in der DDR nicht so rasch und vor allem kein Mitglied der politischen Führung. Vielleicht waren es diese letzten auch im Westen bekannt gewordenen und von der DDR-Führung zu verantwortenden Toten, die einen immer mehr erschlaffenden Antikommunismus in der Bundesrepublik am Leben hielten. Eigentlich wollte die BRD den kleinen deutschen Staat längst nicht mehr als Feind betrachten, sondern ihn lieber als Kuriosum unter »extravagante Touristenmöglichkeiten« verbuchen. Der tote Arbeiter in der Untersuchungshaft Gera 1981, die letzten erschossenen Flüchtlinge 1989 und 1990, die 16 Opfer der niedergeschlagenen Montagsdemonstration Ende November in Leipzig beschäftigen den Staat bis heute. Daneben gibt es ungeklärte Fälle, die mit dem kurzen »Leipziger Herbst« in Zusammenhang gebracht werden. Ich war wirklich zum ersten Mal richtig froh, immer im Osten geblieben zu sein, als fünf Westberliner Freunde und gute Bekannte nacheinander mit dem Auto verunglückten. Drei andere erkrankten fast gleichzeitig an Blutkrebs. Und einem Mediziner entführte man die einzige Tochter, nachdem er im Fernsehen diesen Krebs mit möglicher radioaktiver Strahlung in Verbindung brachte, denen die Schwerkranken ungewollt ausgesetzt gewesen sein mußten. Bei entsprechender Dosierung genügt kurze Zeit. Die Entführung endete glücklich, und der Professor gab keine Erklärung mehr ab. Diese Fälle irritierten schon, trotz der fast zwei Millionen Menschen, die die DDR noch einmal freiwillig ausreisen ließ. Und die die Bundesregierung dazu nötigten, die Staatsbürgerschaft der DDR anzuerkennen, weil sie weitere Flüchtlinge nicht mehr verkraftete.

Es muß einen schwerwiegenden Grund gegeben haben, Schabowski zu killen. Ein Bekennerschreiben tauchte auf und irritierte durch seine Albernheit:

DEN SOZIALISMUS IN SEINEM LAUF / HÄLT AUCH NICHT SCHABOWSKIS ERKLÄRUNG AUF! / MAG DIE WELT AUCH UNTERGEHEN / DIE DDR WIRD NOCH LANGE BESTEHEN.

Bücher über Bücher deuteten diese Vorgänge, der »Leipziger Herbst« geriet zu einem der beliebtesten Themen der bundesdeutschen Geschichtsschreibung, Soziologie und politischen Wissenschaften. Der Verrückteste wartete mit der Hypothese auf, die Machthabenden der DDR hätten an diesem Abend durch Schabowski die Maueröffnung erklären lassen wollen. Das klingt leider zu absurd, auch wenn es schön gewesen wäre. Nichts weist auf solche Absichten hin. Ich schrieb zu diesem Buch eine satirische Besprechung. Vielleicht habe das Politbüro, überspitzte ich, nur das bereits seit längerem angekündigte Reisegesetz verkünden lassen wollen. Und es war ja etwas aus der Übung gekommen, klar zu formulieren, was es wollte und meinte. Andere einflußreiche DDR-Kreise bekamen möglicherweise in letzter Minute Angst vor Mißverständnissen und ungeplanten Auswirkungen dieser Erklärung. Wer bei jedem Gedicht eine gegnerische Plattform wittert, kann auch ein Reisegesetz als Freibrief zum Öffnen der Mauer mißverstehen?

Was natürlich Unsinn ist. Wahrscheinlich bin ich von diesen DDR-Neurosen genauso befallen.

Ich werde den Eindruck nicht los, als laufe die Geschichte seitdem nicht richtig ab. Als wäre etwas aus den Fugen geraten. Schon die Maßnahmen gegen die eigene Opposition gerieten der DDR-Führung sanft, gemessen an der Wucht der Demonstrationen, die sich im Herbst 89 abspielten und die zwangsläufig auf einen Umsturz hinausliefen. Selbst die Ermordung Schabowskis und das brutale, aber im Vergleich zu China deutlich lustlose Gemetzel in Leipzig führten zu keinen Hausdurchsuchungen oder Verhaftungen in oppositionellen Kreisen. Die meisten reisten ja dann auch aus. Bei zwei kurzen Vernehmungen im Frühjahr 1990 stellten sie mir ein neues Pappbilderbuch für Vorschulkinder in Aussicht, um die Liberalität des Staates zu beweisen. Ich hatte das Gefühl, sie wollten ihre letzten Feinde nicht verlieren. Eine sicher von Eitelkeit geprägte Stimmung. Ansonsten gab sich der Offizier noch sehr unbeholfen und grimmig. Nicht so wie Kurt in den letzten Monaten...

Ich muß schließen. Gleich kommt das japanische Fernsehen. Ich darf in dreiundzwanzig Sekunden etwas gegen die DDR sagen. Auf englisch, ich übte schon dafür. Dann noch eine Aufnahme vom Zimmer und eine Einstellung, wie ich am Schreibtisch tippe. Es klingelt, Japaner sind pünktlich.

2. 10. 1999

Es ist eben nicht alles nur ein Spiel. Auch wenn Stasi-Kurt diesen Eindruck erzeugt. Spätestens, seit er Anmerkungen auf meinen Blättern hinterläßt, die er in meiner Wohnung inspiziert und kopiert. Die Hinweise geraten immer kritischer und weisen einen irritierenden Ernst auf. »Lasch« oder »inkonsequent« nennt er neue Entwürfe und ahmt die Schrift eines Freundes nach. Die Seiten rufen unter Bekannten nur Achselzucken hervor. Niemand glaubt, daß ein Offizier des MfS mich lektoriert und zu staatsfeindlicheren Texten animiert. Ich würde so etwas auch nicht glauben. Und der imitierte Freund kann nicht helfen. Er säuft sich kaputt und weiß nicht mehr, was er in inspirierten Augenblicken noch zu Papier bringt oder auf Blätter notiert.

Ich will die Hausdurchsuchung von vorgestern zu Ende schildern. Sie steht heute als Meldung in den meisten Westzeitungen. Eher klein. Nur BILD bringt sie auf der Titelseite mit Foto. Eingeklemmt zwischen zwei Notizen, die wieder einmal den Schneemenschen in Tibet und Erich Honecker in Kuba gesichtet haben wollen. Viele glauben nicht, daß Honecker ganz normal an Krebs in Chile gestorben ist. Ständig tauchen Gerüchte auf, er würde von irgendwo aus die Rückeroberung der Macht in der DDR organisieren. Das dürfte nicht leicht sein, nachdem ihn Rußland aus dem Land nötigte und China ihn auch rausschmiß, weil der Staat planmäßig die freie Marktwirtschaft einführte und keine Altlasten aus sozialistischen Ländern braucht. Wenigstens wurden wir so seine Frau mit los. Daß Margot ihn begleitete, wunderte alle. So wurde Markus Wolf der neue Bildungsminister. Und es gibt auffällig viel Wolf in den neuen Lehrplänen: Friedrich am meisten, Konrad als Vertreter der Filmkunst, ein Erinnerungsbuch vom Minister persönlich (als Beispiel für notwendige und richtig verstandene Kritik), selbst Christa profitiert davon, obwohl sie mit dieser Familie nichts zu tun hat.

Vorgestern schüttete ich mir also Tee nach, um die zerkaute Meldung rascher hinunterzuwürgen. Trotz all des Trainings dauerte es seine Zeit. Dabei achte ich auf Papier mit wenig chemischen Zusätzen. Die Mitarbeiter donnerten und trampelten ewig an der Tür herum. Als bräuchten sie zerkleinertes Brennholz statt raschen Zugang zur Wohnung. Die Tür kann man mit einem gezielten Tritt unterhalb des Schlosses mühelos auftreten. Zweimal habe ich mir (schlüssellos) so Einlaß in die eigene Wohnung verschafft und gemerkt, daß das Wort »Zutritt« mitunter wörtlich zu verstehen ist. So blöd konnte die Stasi nicht sein. Für wen führte sie dieses Theater auf? Über den Gedanken an Schauspieler, die Stasi spielten, weil sie wegen drohender Arbeitslosigkeit von ihr eingestellt worden sind, mußte ich dann doch lachen. Und spuckte einen Rest zerkauten Papiers aus. Der Meldungsvorschlag war nicht mehr lesbar. Er hing mit dem geplanten Tunnel zwischen Kuba und der DDR zusammen. Die beiden letzten sozialistischen Staaten der Welt wollen sich vereinigen. Vor allem die DDR-Bevölkerung soll regelmäßig Urlaubsplätze in einer warmen Region angeboten bekommen. Seitdem Polen, Tschechien, Ungarn und Rußland in die Europäische Gemeinschaft und die NATO wollen, geht da für DDR-Geld nichts mehr. Allein in die Slowakei und nach Kasachstan fahren ein paar versiegelte und bewachte Urlauberzüge. Doch deren Kapazität reicht nicht aus. Die Reisebedürfnisse der Ostdeutschen scheinen unersättlich. Flugzeuge und Schiffe genügen in puncto Kuba nicht.

Ich übte gedanklich das Formulieren meiner vernichteten Meldung, um sie später sofort parat zu haben. Sechs bekannte Geologen aus vier Ländern waren verschwunden. Ich hatte einigen Grund zu der Annahme, daß sie in die DDR entführt worden waren. Nein, genauer schreibe ich das jetzt nicht auf. Auch nicht, zu welcher Nachrichtenagentur ich damit gehen will. Natürlich bevorzuge ich jene, die meine Informationen mit dem Code »Wie aus gut unterrichteten Kreisen mitgeteilt worden ist« beginnt. Zwei andere sind nur zu der Floskel »wie aus unterrichteten Kreisen« bereit. Die darf ich auch nicht vernachlässigen. Ich frage mich sowieso, wie konkret ich in so einem Tagebuch werden soll. Wollen Kurt und andere Offiziere mehr als nur Informationen abschöpfen? Bis vor wenigen Jahren hätte ich jede andere Möglichkeit ausgeschlossen. Ich mache ja aus meinem Lancieren verdrängter DDR-Nachrichten an die Westpresse längst keinen Hehl mehr. Seit den Demonstrationen im Herbst 89, als ich mit Korrespondenten über die Anzahl der Teilnehmer am Telefon streiten mußte. Sie vertrauten zu sehr den offiziellen Angaben, die immer niedriger waren als jene, die mir teilnehmende Bekannte übermittelten. Auch am Telefon, denn die Notwendigkeit zur Eile zwang zum Verzicht auf bestimmte konspirative Tricks. Das MfS wußte im groben längst, was ich tat. Nur im Detail waren die konkreten Methoden der Informationsgewinnung störbar. Einige bundesdeutsche Journalisten und Diplomaten fühlten sich sehr wohl in der DDR und wollten Fakten der peinlichen Rahmenbedingungen dieser Staatsexistenz kaum zur Kenntnis nehmen. Ich darf dem MfS keine Anhaltspunkte zu weiteren Störungen meiner Beziehungen zu ausländischen Bekannten liefern. Für organisiertes Kaputtmachen von Beziehungen haben sie auch einen eigenen Begriff. Kurt hat ihn mir genannt: »Zersetzungsmaßnahme«.

Ich springe schon wieder zuviel. So komme ich nie zu einem übersichtlichen und druckbaren Tagebuch. Ich sollte alles aufschreiben, rücksichtslos, erklärte mir der Major gestern ganz am Schluß. Als fast alles vorbei war und wir allein in der leicht verwüsteten Wohnung saßen.

»Dann schreibe ich auch diese Aufforderung auf«, drohte ich, auf die Erkenntnis bauend, daß Geheimdienste sich vor nichts so sehr fürchteten wie vor der Öffentlichkeit.

»Ja, schreiben Sie, erfinden Sie, drohen Sie, machen Sie die Sache spannend. So wie Sie unsere neue Politik schildern, glaubt Ihnen keiner. Das liest sich alles wie eine Fiktion. Ihren Satiren droht sowieso eine bestimmte Abgeklärtheit. Sie geraten so verwaschen. Als ob Sie die Lust verlieren, unser Feind zu sein. Tun Sie mir das nicht an! Ich liebe Ihren Haß auf uns.«

Wir tranken Whiskey und beobachteten drei Zimmerleute, die verdächtig rasch und ohne Flüche und Fragen die neue Tür einbauten. Kurt erzählte mir, daß das MfS in den letzten Jahren unaufhörlich aufgebläht worden sei. Die Betriebe in der DDR standen nach dem Ende ihrer Verbündeten faktisch vor dem Zusammenbruch. Wenige konnten sich auf dem Weltmarkt behaupten. Der Staatshaushalt war nicht in der Lage, sie auf gewohnte Weise weiter zu subventionieren. So mußte das Ministerium für Staatssicherheit einen Betrieb nach dem anderen übernehmen und die Arbeiter zum Schein weiterbeschäftigen. Es durfte keine Arbeitslosen geben. Stabile Preise für Grundnahrungsmittel, Arbeit für jeden und jede, niedrige Mieten, kostenlose Erziehungsstätten für Kinder jeder Altersstufe blieben die Standards im Lande. In einer Zeit, in der die Arbeitslosigkeit in Westeuropa hoch ist und die ehemals sozialistische Welt einen schmerzhaften Transformationsprozeß in die Marktwirtschaft durchlebt. Ich weiß manchmal selbst nicht mehr, ob ich noch gegen die DDR bin oder ihr nur aus Routine zu schaden versuche. Auch der Mangel an moderner Technik, vorsintflutliche Kommunikationsbedingungen (wie gern hätte ich ein Faxgerät und einen Copy-Shop in der Nähe), eine langweilige Presse und ein Benzinpreis von 10 Mark pro Liter lösen nicht nur Aversionen aus. Gerade die nützliche ökologische Komponente der hohen Benzinpreise drosselte natürlich die Nutzung der Autos und löste bei einigen Wessis Begeisterung aus. Umweltgestaltungshelfer wurden zur Müllbeseitigung eingestellt. Da der DDR wie immer Rohstoffe fehlten, recyclete sie sorgfältiger als andere Staaten. Und war plötzlich ein Vorbild für Umweltschutz. Dabei riecht es in Bitterfeld so penetrant wie eh und je. Nur etwas gemixter, seit den Abgasen Duftstoffe zugesetzt werden, deren Wirkung in Verbindung mit den anderen Gasen freilich nicht immer vorhersehbar ist.

Wie ich erfuhr, verfügte das MfS jetzt über knapp zwei Millionen Mitarbeiter und vier bis fünf Millionen Angestellte. Bei fünfzehn Millionen Einwohnern. Es vergab Wohnraum, der nach der letzten Ausreisewelle reichlich vorhanden war, und der Geheimdienst zerfiel in verschiedene Interessengruppen, die auch gegeneinander arbeiteten oder das zumindest vortäuschten. Liberalisierung ohne Demokratisierung, schreiben ausländische Analytiker. Striptease und Pornozeitschriften waren plötzlich nicht nur gestattet, eine Abteilung des MfS übernahm ihre Produktion und ihren Vertrieb. Für den Internet-Zugang dagegen galten weiterhin strenge Genehmigungsregeln. Und wenn ich Kurt richtig verstand, will seine Abteilung zur Bekämpfung der PUT (Politischen Untergrundtätigkeit) künftig auch als Agentur arbeiten, die diese Untergrundtätigkeit vermarktet. Denn sie sollten einen Teil ihrer Arbeitsmittel selbst erwirtschaften. Ziel sei es, staatsfeindliche Bücher, politische Schriften, Videos und andere Materialien über alle möglichen Kontakte in den Westen zu verkaufen.

So erklärte sich auch der weitere Verlauf der Wohnungsdurchsuchung. Nachdem sie die Tür zertrümmert hatten, standen drei Stasi-Mitarbeiter im Raum. Zwei weitere Mitarbeiter postierten sich rechts und links mit Videokameras. Dann erst sprang einer auf mich zu und schlug mich. Ich fiel instinktiv zu Boden. Er brüllte barbarisch, die zwei anderen rissen Bücher aus den Regalen und wirbelten die Papiere auf dem Schreibtisch durcheinander. Und einer leuchtete von hinten mit einem Scheinwerfer in die Szenerie hinein, weil die Lichtverhältnisse in meinem Zimmer ungünstig waren. Ich stand auf und protestierte aufrichtig empört gegen diese Behandlung. Wieder bekam ich einen Schlag, der komischerweise kaum schmerzte. Nur mein Verstand und die Kameras hinderten mich an Dummheiten. Ich ließ ein paar druckreife Verteidigungssätze heraus, während ich das Gefühl nicht los wurde, die beiden mit den Kameras tanzten im Zimmer herum. Sie wichen einander aus. Und zwar derart, daß jeder bemüht war, den anderen mit der Kamera nicht auf seinen Film zu bannen. Nach meiner flammenden Rede zur Verteidigung der Menschenrechte samt Bemerkungen über die Unverletzlichkeit der eigenen Wohnung mußte ich erst einmal Luft holen.

»Sehr schön. Genug«, sagte eine Stimme aus dem Hintergrund. Der Scheinwerfer erlosch prompt, die Kameras senkten sich und wurden ausgeschaltet. Die drei bis dahin randalierenden Mitarbeiter richteten sich auf und gähnten. Kurt trat von irgendwoher in die Mitte des Raumes: »Sie haben eine gute Figur gemacht. Ich glaube, da ist uns ein schönes Filmchen gelungen.« Er entschuldigte sich für Schläge und winkte einen Sanitäter heran, der meinen Blutdruck maß und Salben verabreichte. Ich fühlte mich sprachlos, als die Stasiknechte ihr Durcheinander rückgängig machen wollten und mit Aufräumen begannen. Sie gaben sich Mühe. Die Papiere ordnete ich aber lieber selbst. Dafür wischte einer die Bücher mit dem Staublappen ab. Kurt erklärte, daß das alles nur in meinem Interesse abgelaufen wäre. Ein Satz, den ich seit früher Kindheit immer wieder hörte – von den Eltern, den Lehrern, dem Jugendverband, der Partei, Universitätsmitarbeitern, den Offizieren in der Armee und natürlich der Polizei, die mich in meinem Interesse immer wieder mal kontrollierte. Wahrscheinlich lehnt man dieses System ab, wenn man diesem Satz nicht mehr glaubt. Und wer diese Erkenntnis nach außen verbirgt, begibt sich in einen Zustand, den man gern »innere Emigration« nennt. Wer es nicht tut, wird zwangsläufig zum Oppositionellen. So trotzte ich laut und energisch zurück: »Ich bestimme meine Interessen selbst. Und Sie sind als Verbündete darin nicht vorgesehen!«

»Ja, aber verstehen Sie doch«, erklärte Kurt fast nachsichtig, »nach diesen Bildern im Fernsehen kommt kein ausländischer Korrespondent an einem Interview mit Ihnen vorbei. Endlich zeigen wir wieder einmal, daß es eine breite Opposition in diesem Land gibt, die ernstgenommen und bekämpft wird. Zumindest von jenem Teil der Geheimpolizei, der Reformen verhindern will, die ein anderer Teil des MfS anstrebt. Der ideale Raum für Debatten, Spekulationen, Sachbücher, Talk-Shows – kurzum: für alles, was der westliche Medienbetrieb braucht. Und wir bedienen ihn. Sollen wir als Zeichen weiterer Öffnung ein Streitgespräch zwischen Ihnen und Wolf gestatten?«

»Im Westfernsehen?« staunte ich perplex und nippte gegen meine Vorsätze von dem Whiskey, den er mir anbot, in einem Glas aus meiner Küche, er schien sich auszukennen.

»Was denn sonst, es soll ja schließlich jemand sehen. Die Einschaltquoten unserer Programme sind doch jämmerlich. Bis auf die RTL-Übernahme von »Tutti-Frutti«, der »Volksmusik« und dem »Ratgeber für den Gartenfreund«. Da passen Sie wirklich nicht hinein. Oder sollten wir die Geschichte über ihren Stacheldrahtgärtner verfilmen? Dachten Sie schon mal über Video-Clips nach? Diese ganzen Musiksender, da müßte was zu machen sein, da ist Knete zu holen. Ein Rap gegen die Zensur, wir zerhacken unsere Videomitschnitte zum Rhythmus – Sie entwerfen einen Text.« Und so plauderte er weiter, bis die Tischler kamen.

Eigentlich will ich nicht mehr schreiben. Schon gar kein Tagebuch. Eine leichte Arbeit machen und nicht immer eine Meinung haben müssen. Kartenabreißer im Kino. Vielleicht in einem von denen, die sich Kopien heimlich aus Westberlin kommen lassen. Jeder bezahlt den fünffachen Eintritt für einen unzensierten oder sonst gar nicht gespielten Film. Offiziell gibt es diese Aufführungen nicht. Da soll das MfS auch drinhängen. Sie versuchen, aus allem Geld zu machen. Die amerikanischen Verleiher aktzeptieren das offenbar. Ist dieser Staat zu klein oder zu mächtig? Es klingelt schon wieder.

3. 10. 1999

Das chinesische Fernsehen. Sie standen fast stramm, während die Dolmetscher erklärten, daß nun auch in China der Kampf der antisozialistischen Opposition in den Medien gewürdigt werde. Ich bekäme vier Minuten, unglaublich viel. Als ich mich zu freuen begann, drückte mir einer der sechs Besucher einen Zettel in die Hand. Ich verstand nicht gleich richtig. Ich sollte alles ablesen. »Kapitalismus ist Realismus«, begann der Beitrag. »Nieder mit Krenz, weg mit der DDR!« Ich schüttelte den Kopf und schickte die Genossen, die keine mehr sein wollten, weg. Die haben dort sowieso einen Tick, seit sie 1993 per Militärputsch die Kapitalisierung um jeden Preis einführten. »Marktwirtschaft ist Leben« lautet der Slogan auf einem Lieblingsplakat der neuen Führung. Spekulieren an der Börse ist Pflicht für jeden. Karatekurse auch, um sich besser durchsetzen zu können. China ist schon verblüffend und beginnt in der westlichen Philosophie einige Grundsatzfragen neu aufzuwerfen. »Die totalitären Dimension der Marktwirtschaft« heißt nicht umsonst ein neuer Bestseller. Beängstigend lustig finde ich den auf Plakaten in Peking oft verbreiteten Spruch, der im Original sprachlich wuchtiger wirken muß: MACHE JEDEN TAG PROFIT – SONST BEGEHE SUIZID. Auch das taucht die DDR in ein milderes Licht. Und hätte meine Unlust trösten sollen. Zumal es den Menschenrechts- und Friedensgruppen noch schlimmer zu gehen scheint. Sie verkraften das Abbröckeln ihrer Bedeutung seit dem Frühjahr 1990 einfach nicht. Ständige Diskussionen, was man hätte anders und besser machen müssen. Ob nicht die Macht auf der Straße gelegen hätte und nur zu übernehmen... Ich kann es nicht mehr hören. Das Stürmen der Stasi-Zentralen benennen die einen als Hauptversäumnis, das Besetzen des Fernsehfunks die anderen. In Wirklichkeit interessiert die ganze Debatte nur noch Historiker. Das NEUE FORUM diskutiert seit fünf Jahren seine Selbstauflösung. Und als ich gestern der Sitzung einer Untergruppe eines Stadtbezirkes beiwohnte, endete alles in einem Besäufnis. Die Oppositionellen leisten sich nicht einmal richtige Drogen und zerstören lieber ihre Leber mit drittklassigem Alkohol. Kurz nach Mitternacht gestaltete sich die Stimmung derart weinerlich, daß ich mich nach einem polizeilichen Auflösen der nicht genehmigten Versammlung sehnte. Ich wollte gehen und hätte beinahe den Höhepunkt des Abends verpaßt. Plötzlich gestand X, Mitglied der Staatssicherheit zu sein. Y nickte sofort, und Z blühte auf, als er merkte, daß er nicht als einziger in der Runde für die arbeitete. Es stellte sich binnen kurzer Zeit heraus, daß alle zehn

Anwesenden das waren, was das MfS »IM« nennt. Nur ich konnte nicht damit dienen. Aber ich kannte den Begriff, den ihnen ihre Verbindungsoffiziere wohl vorenthielten.

»Du redest also auch mit denen!« höhnte X. Ich mußte wahrheitsgemäß verneinen, was alle mißtrauisch machte. Was ich wohl auf dem Kerbholz hätte, mutmaßte einer, wenn das MfS nicht mit mir zusammenarbeiten würde. Oder ich nicht mit ihm. Ich verließ die Versammlung im Zorn.

4. 10. 1999

Ich will einfach kein Dissident mehr sein. Es macht keinen Spaß mehr. Allerdings dürfte dann Katrin nicht mehr kommen. Ihr Mann ist sehr streng und eifersüchtig. Nur das MfS kann ihr ein glaubwürdiges Alibi für die wöchentlichen Besuche bei mir geben. Sie hatte es eilig und zog sich sofort aus. Katrin erweist sich immer neu als erfrischend unkompliziert. Keine Intellektuelle. Sie signalisierte mir, vor dem Feiertag noch einen Bericht über mich abliefern zu müssen. Meist tippe ich ihr Stichpunkte, die sie dann ihrer Vorgesetzten als geschickt entwendete Notizen verkauft. Ihr Mann arbeitet auch bei der Firma und ist so eifersüchtig, daß er für seine Frau einen weiblichen Führungsoffizier verlangt hat. Dementsprechend tobte sich K. heute bei mir aus. Wir machten es gleich auf der Couch, in Nähe des Telefons, mit dem sicher die Wohnung abgehört wird. Sie sollten im Bilde sein. Sie stellte mir die Fragen auf ihre raffiniert naive Art. Und entlockte mir die Facts, die ich mitzuteilen wünschte. Zwischendurch stand sie auf und schrieb etwas auf einen Zettel. Ich schimpfte ein wenig, weil wir uns auf einem Gedichtentwurf von mir gerieben hatten. Das Blatt lag nun zerknittert und punktuell befeuchtet da. So sinnlich muß Lyrik wirklich nicht sein. Ich las ihren Zettel, während sie sich wieder zu mir legte und mit Bewegungen begann, die ich leicht als Massage hätte mißverstehen können. Sie habe kürzlich den Vaterländischen Verdienstorden in Bronze für ihre zahlreichen wichtigen Berichte über mich bekommen. Geld hinge auch dran. Allerdings empfahl ihre Vorgesetzte vertraulich, sie solle mich zu frecheren Texten und Aktionen beeinflussen. Ich wirkte abgeschlafft. Das ließe sich in den Berichten nur eine Weile kaschieren, dann würden die aufgewendeten Mittel gekürzt, auch ein IM könne abgezogen werden...

Das trübte doch meine Lust entscheidend, und wir stoppten unsere aneinander und bald auch ineinander ausgeführten Gleitübungen. Ich kündigte heftig flüsternd eine große Aktion zum 50. Jahrestag der Republik an, sie solle es ja keinem weitersagen. Sie nahm es fröhlich nickend zur Kenntnis und vertrieb mit ihrem Deospray alle Geruchspartikel meiner Existenz von ihrem Körper. Sind wir eigentlich der letzte Staat der Welt, der dieses die Ozonschicht schädigende Treibgas verwendet? Ich brachte Katrin die Treppe hinunter und versprach ihr, weiter ein richtiger Staatsfeind zu bleiben. Um zu verhindern, daß sie abgezogen werde und die männerlosen Abende (er war oft im Auslandseinsatz) in ihrer Frauengruppe mit genervten Kolleginnen verbringen müsse. Die männlichen Offiziere legten großen Wert auf eine allseits entwickelte Frauenbewegung innerhalt des MfS. Jede tratschte über jede. Dieses System, über alle Probleme allabendlich zu reden, funktionierte als Überwachungsvariante noch besser als das Spitzelnetz für die normale Bevölkerung.

Als ich Katrin kußlos vor der Haustür verabschiedete (in der Öffentlichkeit gab es nur den Handschlag als Begrüßungsvariante) und mit der Tageszeitung in die Wohnung zurückkehrte, schlug ich sie auf und erblickte eine über drei Seiten ausgewalzte Rede unseres Vorsitzenden Egon Krenz. Wenn sich auch vieles im Staate verändert hatte, das »Neue Deutschland« blieb langweilig bis ätzend. Auch das wirkte in einer Welt verwirrender Informationsüberflutung irgendwie reizvoll. Das ND betrieb Eigenwerbung mit dem Slogan ENDLICH EINE TAGESZEITUNG, DIE SIE WIRKLICH BERUHIGT. In Westberlin lag der verkaufte Tagesdurchschnitt knapp vor der taz und leicht hinter dem der WELT. Seit zehn Tagen erschien das Blatt in Farbe – anläßlich des Jahrestages. Der Vorsitzende und Erste Sekretär von WerWeißNichtAllem grinste einen vierzehnmal auf drei Seiten an. Sie hatten seit kurzem auch das rosarote Zeitungspapier einer Wiener Zeitung übernommen, die hier natürlich keiner kannte, und betonten so ihre politische Herkunft auch farblich.

Zum Test tippe ich mit dem Zeigefinger irgendwo in die Rede hinein: »Es ist großartig, was die werktätigen Menschen unter Führung ihrer kampferfahrenen Partei zustande bringen. Das neue Jahrtausend leuchtet uns im Glanz seiner sozialistischen Zukunft entgegen. Lassen wir uns von zeitweiligen Rückschlägen und Verrätern nicht verwirren. Den Sozialismus in seinem Lauf halten weder die BRD noch China auf! (Zustimmendes Gelächter)«

Vor zehn Jahren wäre es noch »lang anhaltender Beifall« gewesen. Wann änderten sie das? Bedeuten solche Umstellungen etwas? Sind sie nur Taktik, Verstellung? Krenz: »Es ist geradezu gesetzmäßig, wenn der fünfzigste Jahrestag unserer Republik den Jahrtausendwechsel einleitet. In der unerschütterlichen Existenz der DDR bestätigen sich die positiven Traditionen dieses Jahrtausends. Das ist einfach Realität. Wir dürfen glücklich sein, in dieser Epoche zu arbeiten und zu leben. Deshalb benennt sich unsere führende Partei neu und drückt damit die gesetzmäßige Entwicklung anschaulich aus. Da will der Staat nicht zurückstehen: Denn die DDR, das sind wir. Und während des Festaktes nach der Militärparade am 7. Oktober werde ich die Umbenennung der Deutschen Demokratischen Republik in Deutschere Demokratischere Republik vornehmen. (Jubel, tosender Beifall)«

Warum schreibe ich das noch auf... Was machen sie, wenn die deutsche Sprache keine weitere Steigerungsform bereithält? Warum beunruhigt mich die Rede, die Selbstgefälligkeit, diese ganze – ENTWICKLUNGSVERMEIDUNG. Genau. Das richtige Wort für einen schwer erträglichen Zustand zu finden, das tröstet doch ungemein.

5. 10. 1999

Lustlos Telefoninterviews gegeben. Das Interesse war schon einmal größer. Aus Japan, Schweden, Frankreich und Polen reisen die meisten Journalisten an. Es wird eine anstrengende Woche. Ich warne und spotte und analysiere und finde mich nicht mehr so überzeugend wie früher. Wenigstens die Meldung muß vor der Feier raus.

Von meinem Bekanntenkreis bekam ich das Arbeitspapier einer geheimen Forschungsgruppe. Leider verstehe ich nur die Hälfte. Unter dem Stichwort »Plattentektronik« arbeiten sie an dieser Tunnelverbindung DDR/Kuba. Das wäre mit Abstand der längste Tunnel der Welt. Es gibt nur mehrere Probleme, die damit zu tun haben, daß die Erde aus Platten besteht. Indien kam zum Beispiel von der Antarktis und knallte gegen die eurasische Platte. Durch den Atlantik geht gewissermaßen ein Riß, die Untertunnelung würde Magmaausbrüche provozieren. Siehe Island, wo sich immer wieder Inseln aus solchen Eruptionen bilden. Und die DDR entführt offenbar jene Wissenschaftler, die sie für die Lösung dieses Problems als kompetent betrachtet. Mein Informant nahm an so einem Werbegespräch teil. Denn natürlich versucht man die Geologen zu bestechen, um sie freiwillig zum Dableiben zu bewegen. Zwei nutzen wohl gern die Chance, sich durch Verschwinden von ihren Familien und ihren Schulden zu lösen. Wer genau entführt worden ist, kann mein Bekannter nicht ermitteln, da sie alle auf die Insel Rügen gebracht wurden. Ein halbes Jahr nach meiner Satire in der taz mit dem Vorschlag, die DDR-Regierung solle sich auf die Insel Rügen zurückziehen und dort eine Mini-DDR neu errichten, wurde diese Idee Realität. Das landschaftlich schöne Gebiet bleibt Staatsreserve, falls mit der DDR was schiefgeht. Auf den kleineren Inseln ringsum sollen geheime biologische oder chemische Experimente stattfinden. Selbst Hiddensee ist mit sozialistischen Regierungschefs a.D. fast verstopft. Private Unterkünfte sind dort untersagt.

Soll in die Meldung rein, daß auch Karl-Eduard von Schnitzler mit in einer speziellen Forschungsgruppe sitzt und ständig Reden hält? Was als Ruhigstellungsposten gedacht war, macht ihm zunehmend Spaß. Er will die Möglichkeit gezielter Magmaausbrüche erforscht haben. Also jene, die wir selbst durch Bohrungen provozieren. So könnte man eine Kette künstlicher Inseln erzeugen und sie zu einem Teil der DDR oder Kubas erklären. Mein Bekannter verwies auf die Verdreifachung der Kontingente für die Zulassung zum Geologiestudium. Mir fiel auf, daß selbst der Sandmann für die kleinen Kinder seit kurzem öfter als Geologe auftrat und seinen Schlafsand durch einen Vulkan verstreuen ließ.

Mehr konnte Y mir auf der Toilette des Cafés nicht erzählen, an dessen Tischen wir uns nicht zusammen zeigen dürfen. Seit ich Katrin zum Abschied die große Aktion zum Festtag angekündigt habe, werde ich wieder regelmäßig bewacht. Drei Leute am Nachbartisch taten dies heute nicht sehr eifrig. Nicht mal auf das Klo latschten sie mir hinterher. Ich hätte mühelos durch das Fenster und zwischen den Neubaublocks entwischen können. Wie es Y sicher praktizierte, während ich das Überlieferte notierte, Eiskaffee schlürfte und meine Beobachter verstohlen beobachtete. Sie grinsten mich an. Ich werde das Gefühl nicht los, daß die mich gar nicht mehr als Feind betrachten. Die sehen in mir einen von ihnen, nur auf der anderen Seite? Winkte da einer? Immerhin müssen sie mir hinterherlaufen und ich nicht ihnen. Ich zahlte und scheuchte sie noch kräftig durch die Botanik. Denen vergeht schon noch ihr dämliches Grinsen.

6. 10. 1999

Gerade die neueste Nachrichtenmeldung: Rußland und Weißrußland stellen den Antrag, in die NATO aufgenommen zu werden. Und der Schweizer Bankrat beschwert sich, daß illegal erworbenes Geld immer häufiger in der DDR gewaschen werde. Gerade die Schweiz. Es ist nicht zu leugnen, auch auf dem Gebiet der Finanzmanipulationen erreicht die DDR langsam Weltniveau. Die Industrie ist ja weitgehend kaputtgegangen oder wird aus arbeitstherapeutischen Gründen eher künstlich am Produzieren gehalten. Aber das Land lebt vom Drogenhandel, Waffenschmuggel, illegalen Verkauf von Geheimtechnologie an faktisch jeden in der Welt. Es lebt vom Verleih billiger Bauarbeiter nach ganz Europa und teilt sich mit der chinesischen Mafia die Vermarktung des Sextourismus in Thailand. Das MfS bildet Soldaten und Terroristen aus. Für vier Staaten, so Kurt, die Terroristen und gleich die Spezialisten, die sie bekämpfen sollen.

Die DDR boomt, obwohl sie wie ein Fremdkörper an diesem Kontinent klebt. Wie ein Parasit, der auf konsequente Nutzung aller kriminellen Möglichkeiten bei gleichzeitiger sozialer Fürsorge gegenüber seinen Staatsbürgern achtet. Inzwischen würden genügend Leute gern in diesen Staat übersiedeln, nicht nur Asylsuchende, Obdach- oder Arbeitslose. Illegal Einreisende riskieren es, erschossen zu werden. Die Politik Ausländern gegenüber ist sowieso zum Kotzen. Aber die Mehrheit der Bevölkerung scheint gerade mit diesem Teil der Politik zufrieden zu sein. Sogar der Dienst in den Grenztruppen wurde beliebt, seit praktisch keiner mehr aus dem Lande abhaut.

Ein Interview zum Jahrestag mit einem Offizier schnitt ich mir aus der Armeewochenzeitung aus. »Es macht wirklich Spaß, an der Grenze zu stehen und auf einen Ausländer zu warten, der unsere Grenze verletzen und illegal ins Land eindringen will. Ich weiß, was ich dann zu tun habe. Er wird einmal in deutsch und einmal in englisch zum Stehenbleiben und Heben der Hände aufgefordert. Das ist international in der Bekämpfung von Kriminellen üblich.« Der Oberleutnant zeigte stolz seine neue MPi, die innerhalb einer Minute das Doppelte an Geschossen ausspucke. Und dennoch leiser funktioniere.

Ich habe gerade das Schreiben unterbrochen, weil das Telefon klingelte. Jetzt ruft Kurt schon an. Hat er keine Hemmungen gegenüber den abhörenden Kollegen? Mein Hausdurchsuchungsprügelfilm sei im chinesischen Fernsehen gekommen. Groß an zweiter Stelle in den Nachrichten, gleich nach der sensationellen Meldung eines Historikers, der die Handschrift von Maos berühmten Spruch »Laßt tausend Blumen blühen« gefunden haben will. Mit dem Nachsatz: »um sie gewinnbringend zu verkaufen«. Kurt ist eine richtige Stasi-Quasselstrippe. Ich solle ja das Haus nicht verlassen, weil mein Verleger mich heute nachmittag überraschend besuchen wolle. Er wolle mir irgendein gutes Angebot machen.

Kurt klang richtig erfreut. Leider hätten sie nicht genau verstehen können, was er in der Wohnung seines Westberliner Kollegen exakt sagte. »Unsere Technik ist doch ziemlich störungsanfällig, darüber können Sie auch mal eine Satire schreiben!«

»Wollen nicht Sie künftig der dissidentische Schriftsteller sein!« sagte ich mehr, als ich es fragte.

»So weit dürfen wir noch nicht gehen. Obwohl Sie als Offizier durchaus Perspektiven...« Ich habe aufgelegt. Mir geht es nicht gut. Ich habe sehr selten Kopfschmerzen. Jetzt habe ich welche. Bis nach Mitternacht hatten gestern Panzer gedröhnt. Die Militärparade findet alljährlich direkt auf der Allee statt, in die unsere Straße mündet. In dieser Hinsicht zeigt sich der Staat stabil. Seit mehrere westliche Fernsehsender die Parade live übertragen, ist sie auch ein Wirtschaftsfaktor. Wo in der Welt bietet eine Armee noch so viel Stechschritt. Den müssen sie allerdings nachts nicht üben, das machen sie woanders. Nur die Technik wird zwei bis drei Abende vorher die Paradestrecke entlanggescheucht. Es rollen die Panzer und Lafetten für die Raketen zur Probe. Bis sie es wohl im Schlaf können. Ich hatte mich per Taxi rasch zur anonymen Spätvorstellung eines Westfilmes fahren lassen. Mein Fahrer ließ einen guten Spruch ab, als er ständig den diversen Absperrmaßnahmen für die Parade ausweichen mußte. »Das üben sie nun an die fünfzig Jahre und haben es immer noch nicht begriffen.« Der Kinobetreiber konnte wahrscheinlich schlecht Englisch und verwechselte James Bond mit dem Film »Jackie Brown« von diesem Tarantino. Ein richtig guter Film zwischen Parodie und Ernst. Das Publikum hatte sich leider auf Action eingestellt und vermasselte mit seinen blöden Bemerkungen den ganzen Film.

Und ich schlief schlecht. Schlief schlaff und schlecht. Weitere Adjektive mit »sch« in diese Richtung suchen. Schleimig. Schlierig. Schlief schlimm? Der Spruch des Taxifahrers kommt mir verdächtig bekannt vor. Ich träumte übrigens, alle Leute lachten mich aus.

Der Verleger, der heute nachmittag kam, war nett. Nett wie immer. Aufbauend und desillusionierend gleichermaßen. Eigentlich brauchten sie nur noch übersetzungsfähige Bücher. Ob ich nicht endlich den Roman oder wenigstens eine Autobiographie... Ich kenne den Text und zeigte meinen Tagebuchanfang. So ein Tagebuch könnte man bei einer gewissen Länge auch Roman nennen. Tagebuchroman. Wichtig sei, nicht nur zu reflektieren, sondern eine Handlung stattfinden zu lassen. Und der Stasi-Offizier und die spitzelnde Frau könnten für Handlung sorgen. Vielleicht könnte ich den verdrängten erotischen Komponenten in diesem Land ausführlicher nachgehen. Das interessiere die Leute immer.

Er machte mir zahlreiche Vorschläge, von denen einige interessant klangen. Ich holte die Whiskeyflasche, als die Panzer wieder zu dröhnen begannen. Er ging erst kurz vor Mitternacht und erklärte, daß er in der Nähe seiner Wohnung den Lärm der Love-Parade ertragen müsse. Der sei noch schlimmer, und die Teilnehmer der Veranstaltung hinterließen mehr Dreck. Er versteht es immer wieder, mich zu trösten. Sein Grundeinwand zu meinem Tagebuch schmerzt mich gerade deshalb. Es stimmt, es ist noch zu gewöhnlich, zu alltäglich, in vielen Details einfach zu nah an der Realität. Und in München oder Wien interessiert sich niemand für die DDR. Zu sehr Dokumentarliteratur, einfach schrullig normal. Ich müßte verfremden und mehr mit dem Thema spielen. Wir einigten uns, die Erzählsituation nicht einfach

auf das Notieren der erlebten Wirklichkeit zu beschränken. Die Sache mit Kurt sei in ihrer Merkwürdigkeit schon gut, aber die Grundsituation. Wir grübelten, und ich hatte den rettenden Einfall. Ich werde alles umschreiben. Das könnte endlich einmal etwas werden. Die Idee müßte mich über zwei- bis dreihundert Seiten tragen. Das ist mir noch nie gelungen. Obwohl ich im Minus bin, will der Verleger über einen Vorschuß für dieses Projekt nachdenken. Wir ändern einfach die politischen Zeitläufe und machen das Tagebuch zu einem fiktiven. Ein ehemaliger Dissident in einer nicht mehr existierenden DDR berichtet über sein Leben nach der deutschen Vereinigung im Herbst 1990.

»Wie soll das vonstatten gegangen sein?« lachte der Verleger.

Ich hatte eine schöne Theorie und schilderte alles so plausibel, daß er verblüfft nickte. Mein Ausgangspunkt war die vom erschossenen Politbüromitglied Schabowski nie verlesene Erklärung vom 9.11.89. Auch von einem Dissidenten wollte ich erzählen, der sich vielleicht nach seiner Gegnerschaft zurücksehnt oder, was origineller wäre, gut mit der neuen Zeit zurechtkommt in einem Umfeld ehemaliger Mitbürger, die diese neue Marktwirtschaft innerlich ablehnen.

»Das könnte wirklich etwas werden, streng Dich an, Lutz«, sagte der Verleger zum Abschied. Wir waren die letzte Stunde unwillkürlich zum Duzen übergegangen. Der Ton seiner Abschiedsworte kam mir bekannt vor. Ich wollte das angenehme Gefühl der Übereinstimmung nicht durch böse Gedanken beeinträchtigen und unterdrückte alle Bedenken. Beim Weggehen sah ich ihm nach. Und mit jedem Schritt, den er in Richtung U-Bahn entschwand, erinnerte er mich mehr an Kurt.

Peter Wawerzinek

Als Peter noch klein war

Wenn ERNTEFEST oder Parteigeburtstag war, wurde in Rerik auf den zentralen Platz ein Traktorenhänger bugsiert. Der Anhänger war mit beschriftetem roten Fahnentuch und Blumensträußen, je nach Jahreszeit und gegebenem Anlaß, geschmückt. Auf dem Ackerwagen stand ein verziertes Rednerpult, von einer Losung, einem Emblem wohlüberlegt punktiert. An die Seite war eine gewöhnliche Leiter gestellt, über welche die Kampfgenossen und deren Gäste entschlossen den Festhänger erklommen. An den staatlichen Freudetagen umstand das Volk den improvisierten Kampfwagen. Es lauschte den von oben frohlockenden Genossen, die sich um das Podium des Bürgermeisters drängten. In Erinnerung ist mir geblieben, daß der Großteil der Frauen derartigen Amüsements fernblieb. Der Bürgermeister sprach ernst, aber nicht laut. Wir Kinder taten, als hörten wir zu. Die Männer hielten sich schadloser. Sie nickten, sagten kurze Formeln wie *Tje* und *So isses*. Oder klatschten an Stellen, die einen unbedarften Beifall verlangten. Sie spendeten ihre Akklamationen eher unterkühlt als großstädtisch. Die Ansprachen waren so kurz, wie gute Witze sein sollten. Die Führung stand auf dem Traktorenhänger. An der Tribüne riß häufiger der Wind am Fahnenstoff, daß Ösen wie Lederknöpfe sprangen. Man sah taktvoll zum Redner und verzog keine Miene, wenn ein Malheur passierte, wenn der Wind dem Redner die Mütze vom Kopfe schlug. Man nahm ungewürzte Pointen hin wie keine Pointen.

Die prachtvollsten Individuen schleppten mancherlei Standarten und rote Fahnen mit. Die Frauen, bei den Männern untergehakt, froren. Man konnte erkennen, wie sie in jeder Hinsicht an den Feiertagsbraten im Küchenherd dachten. Die Genossen Bauern trugen das Abzeichen der Partei am Kragen. Der Schwimmeister, der Dorfbulle, die Männer von der Fischfabrik, die Fußballer und Konsorten vertraten sich die Beine. Sie wollten endlich in die Eckkneipe. Daß die Kneipe nach dem feierlichen Ende der Veranstaltung sofort rammelvoll war, erwähne ich nebenher. Die Fahnen standen dann eingerollt neben dem Kneipentisch.

Der Traktorist, der den Hänger am Morgen auf den Platz gezockelt hatte, bestieg die Tribüne, reichte das Katheder vom Traktorhänger einem Kollegen herunter. Der trug es über den kleinen Platz, von dem sich das Volk längst wie Spatzen in unzweideutige Richtung verstreut hatte. Dann fuhr der Traktorist die entthronte Tribüne auf sein Gehöft, wo sie der Hofhund bebellte.

Die Frauen fanden an solchen Tagen vor ihren Haustüren zusammen und standen Stunden auf ein kleines Wort vor dem Schmaus. Die Männer auf ein langes und vor allem garantiertes Prosit in der Kneipe wissend. Wir Kinder hatten den Tisch zu decken.

Ich erinnere mich an Oma Piesches Aufregung. Als die erste künstliche Mainelke aufkam, weigerte sie sich zum Ersten Mai, sie an ihre Latzhose zu heften. Blumen in die Politik reinzuzerren! »Gebe ich«, schimpfte sie, »meinen Schweinen Sand zum Fraß, liefere ich Schweine aus Pappe?« Und dann kam sie mit dem Hühnerschreck. In Holzpantinen und Stallmontur fuhr sie bis ans Rednerpult. Die Lenkstange voll mit künstlichen Nelken umwickelt, glich ihr fahrbarer Untersatz einem Traualtar in einer italienischen Touristen-Grotte. Sie ließ den Motor laufen und schrie zum Bürgermeister, der die Rede unterbrach: »Schau Bürgermeister. Mein Mobil und eure falschen Nelken – das paßt sich gut zusammen. Für Frieden und Freundschaft!« Ballte die Faust und fuhr knatternd ab.

In der Kneipe kam bis Mitternacht keiner aus dem Lachen heraus.

Hinterm Kurhaus gab es eine schmale Treppe, Katzenstieg geheißen, weil da die potenteren Männer des Ortes lungerten, um einen Kurschatten aufzureißen. Auf dem Berg an der Steilküste, da, wo früher eine Aussichtsplattform stand, hatte der Grenzschutz einen Bunker gestellt. Über den Strand ging helles Scheinwerferlicht. Nächtliches Baden galt schon als versäumte Republikflucht.

Ich schätze kleine Tüfteleien. Meine Freunde fühlen sich mehr den körperlichen Leibesübungen verpflichtet. Sie waren von kräftiger Statur und außergewöhnlich gute Läufer. Wer kein guter Läufer ist, kann gedanklich sein Ausland in allen Gegenden suchen.

Man lief an der Fischereiproduktionsgenossenschaft Fünfter Parteitag vorbei bis zum Leuchtturm. Man schwitzte und keuchte und schaute aufs Meer. Man sah die Gischt und freute sich auf die kommenden Mannesjahre. Versprach sich viel vom blanken Dasein in großer Gemeinschaft. Hinter sich die grüne Saat, die schon ein wenig im Winde rauschte, weil das Brot und das Fleisch nicht im Lande einfach wuchsen, sondern in schwerer Arbeit von den Bauern produziert wurden.

Im Klassenzimmer und sonstwo in Schulgebäuden oder auf geschmückten Straßen prangten Bilder mit Köpfen großer Despoten. Schwachkolorierte Gestalten zwischen treuem Ernst und dünkelhafter Zier. In Tintenblau lärmten grobe Formeln künftiger Vorhaben. Von den Transparenten tönte es »Wir« und »Werden« sowie in naive Verse gebrachte höchste Parolen. Fahnen des neuen Jahrtausends. Zukunft, wohin man blickte. Die hohen Stimmen der Mädchen im Chor der Jungen Pioniere föhnten die Marschblöcke.

Der Russe war unser Freund und der Ami ein Feind. Auf beide war Verlaß. Die Bürger sollten zum Jahrestag ihre Schuppen auf Vordermann bringen oder sie würden abgerissen. Aus der Koppel des Bauern Möller wurde der Stadtpark. Im neuen Stadtpark wurde ein kleiner Brunnen gemauert. Auf dem Brunnenrand prunkte ein kleiner Frosch. Aus dem Maul des Frosches sprudelte ein kleiner Wasserstrahl. Nach ein paar Tagen war der Brunnenfrosch zerstört.

Der Lehrer sagte, die Widersacher stünden uns nur noch absehbar im Wege. Man bekam eine Jahreszahl zum Beleg genannt und dachte nicht weiter darüber nach und nickte. Man fragte sich nicht, wie die Überrundung des einsamen Radlers durch sich selbst vonstattengehen sollte.

Der Vater stand vor dem Trabant in Pose.

Auf dem Schrank im Wohnzimmer strotzten zwei kerzenlose Keramikkerzenständer. In den Bücherregalen standen populärwissenschaftliche Bände zur allgemeinen Gesundheit. Daneben versuchten ein paar auserlesene Kochbücher und die Gesamtausgabe von Brehms Tierleben die Besucher zu beeindrucken. In der Ecke, anfangs noch von einer unscheinbaren Wolldecke eingehüllt, fristete der Fernseher sein Dasein. Bekanntlich war zu jener Zeit ein Fernseher kein selbstverständliches Möbelstück wie eine Fußbank.

Die Mutter ging mit einem rumänischen Henkelkörbchen, das ihr der Vater von seiner ersten Ferienfahrt mitgebracht hatte, einkaufen. Die Frauen trugen Kittel und Blumenkleider. Die Jungen und Mädchen sprangen von der Seebrücke. Machten Köpper oder Bombe. Die Alten sahen es mit Schrecken und redeten von Querschnittslähmungen. Der Zahnarzt sprang jeden Abend in die See, schwamm bis zur Boje, die er unters Wasser zu drücken versuchte, bevor er den Strand entlanglief. Bis in den November betrieb der drahtige Mann seinen Gesundheitskult. Der Vater kriegte von seinen Kollegen zum Geburtstag einen Präsentkorb mit Konfekt, Salami und Sekt. Die Mutter führte vor, wie man ein Konfekt erst auf den Teller legt, bevor man es sich munden lassen darf.

Die Lehrer, wenn wir sie nach der Zukunft aushorchen wollten, kamen nicht in Verlegenheit, sondern sprachen von der ideologischen Kraft, die unser sei und allem widerstünde. Wir notierten es in unsere Notizbücher.

Wir saßen in unseren Bänken und kauten wie Rinder vermitteltes Wissen nach. Wie die Möwen, die den Fisch im Ganzen schlucken, würgten wir altväterliche Erkenntnisse. Wenn man etwas von sich gab, das nach feindlicher Unterwanderung schmeckte, hatte man kritisch Stellung zu beziehen. In unsere Hefte schrieben wir den Satz: »Ich mache mit, wenn es um ein besseres Leben in unserem Dorf geht.«

Die Augen sahen große Schiffe am Horizont vorbeiziehen. Der Bregen versetzte uns in andere Kontinente. Wir lebten in Zwischenbereichen. Auf der einen Seite stand das Hier und die Schweinemast. Auf der anderen Seite war Amerika und Seidenunterwäsche. Und hinter der Ostsee lag Schweden im Schein der Sonne.

Heute erinnere ich mich weniger der sozialistischen Aufmärsche, der dröhnenden Feiertage, der weihevollen Wanderungen zu den Mahnmalen des vergangenen Krieges, der Bastelnachmittage im Kampfrock des Friedens oder der Sonderstunden mit Dichtern und Veteranen, Wegbereitern, die uns zu unserer Zukunft beglückwünschten.

Immer wieder mal wurde der Verkauf von Wurst und Schaschlik reduziert. Oder es war von Montag bis Donnerstag ganz verboten, Fleisch über den Ladentisch zu schieben. Und der Urlauber erhielt 120 Gramm Fleisch am Wochenende auf seinen Teller. Oder die Milch wurde rationiert, nur an Mütter mit Kleinkindern und Kranke abgegeben. Der Bevölkerungsrest wurde mit Magermilch befriedigt. Und es durfte keine Eiscreme hergestellt werden. Schlagsahne wurde aus Pflanzenfett gemixt und streng nach Kundenliste angeboten. In der Kneipe erhielt man höchstens zwei Fleischgerichte. Der Kneipier bot Eier in allen Varianten. Und Schnittkäse wurde nur an die Einheimischen veräußert. In manchen Sommern konnten keine Rettungsschwimmer gestellt werden. Und die muskulösen Abiturienten waren im Ernteeinsatz. Die Zukunft war datiert auf das Jahr 2000. Unsere Mägen wären geschrumpft. In den Apotheken würde es Tabletten für die wöchentliche Ernährung geben. Aus Seetang zauberte man ein Schlückchen Rotkohl mit Entenbrust. Eine Pille Erdbeeren und Schlagsahne als Nachtisch. Die Arbeit wäre ein lustiger Zeitvertreib, eine Art Kurzurlaub. Es käme eine Glitzerepoche, in welcher man Element sein würde einer aller Probleme entledigten frohen Menschengemeinde. Die den Krebs gebannt, das Atom sich nutzbar gemacht und Afrikas Wüsten zu Getreidefeldern gewandelt hatte. Man entzückte sich an den Prophezeiungen. Und ständig wurde die Brückenbeleuchtung kaputtgeschmissen und wieder hergerichtet, bis man es ganz ließ, sie in Ordnung zu bringen. Am Haff wurden fünf farbenfrohe Bänke aufgestellt, die mit der Zeit verschwanden.

Denke ich an die Ära zurück, in der ich Kind war, kratzt der Samen von Heckenrosen, den wir Juckpulver nannten, in meinen Handflächen. Samen, den wir den Mädchen zwischen Wolle und Haut stecken. Ich höre die Pappeln rauschen und nicht die krachende Stimme des Politlehrers. Ich höre die Großmutter von Marco Polo lesen und sehe sie die Glocke von Schiller rezitieren, ein langes Gedicht, das sie auswendig aufzuführen wußte. Die Texte unserer Siegeshymnen behielt ich nicht.

Ich raufte mich nicht gerne. Ich bin vor harmlosen Kühen oft weggerannt. Die Tölen der Bauern, besonders den gemeinen Spitz, konnte ich überhaupt nicht leiden. Denn die Tölen der Bauern, allen voran der Spitz des Bauern Glöde, haben mir ins Bein gebissen.

Ich sehe die Störche auf Telegrafenmasten Nester bauen. Sehe flinke Eissegler zwischen den Ästen der Schulbäume halsbrecherische Kurven ziehen. Meine Gedanken schlichen im Schilf umher. Dort, wo sich die Wasservögel mit ihrer Brut versteckten. Wenn Staatsbürgerkunde war, träumte ich von nackten Mädchen jauchzend beim Bade.

Nicht ohne Grund sahen sich die Dörfer meiner Kindheit so gleich. Selbst wenn in ihrer Mitte nicht die Kirche an einem Löschteich stand. In allen Teichen standen Seerosen. Unter den Weidenzweigen naakten grünbraune Enten. Und zwischen den Wasserblumen sprangen Frösche. Die Dörfer waren von sanft hügligen Landschaften umstellt. Dunkelblaugrün stand der Wald hinter den Hügeln.

In den Dörfern meiner Kindheit lümmelte an warmen Tagen der Wirt an der Tür. Seine weiße Weste ruckte im Wind. Mähdrescher zogen am Gasthaus vorbei. Selbstgebastelte krachende Fuhrwerke staubten den Himmel ein. Hinter den Traktoren, die die Erde brachen, lauerten Möwen in Scharen. Die Leute konnten neuerdings mit einem Paddelboot übers Haff gleiten. Der Rat ließ zehn weitere Strandkörbe aufstellen. Man kaufte ein schönes Motorboot mit Außenmotor, um Rettungsschwimmer anzulocken. Die vorhandenen Pralinen durften erst in der dritten Dekade ausgeliefert werden. Die Einrichtung einer Fernsehreparatur wurde in Erwägung gezogen. Die Bauern wehrten sich gegen die Anschuldigung der Nichterfüllung des Planes, wofür sie eine Vertragsstrafe aufgebrummt bekamen, da sie der Meinung waren, der Plan sei kein Vertrag, also in dem Sinne nur ein Vorhaben ohne strafrechtliche Folgen für sie.

Mit vier jungen Bauern allerdings mußten gewissenhaft Aussprachen geführt werden. Sie hatten eine Karte aus dem Gebirge irgendwie über Hamburg an ihre Heimat-LPG gesandt. Das konnte auf keinen Fall mehr als Jungenstreich gesehen werden, zürnte der Vorsitzende. Er habe den Eindruck, daß durch diese Tat bewußt Unruhe in die Genossenschaft gebracht werden sollte. Man muß ihnen aufzeigen, daß es einem Bauern heutzutage noch nie so gut gegangen wäre, wie es ihm in unserem Staat ginge, schlug eine verdiente Bäuerin vor. So ein Streich könne böse internationale Verquickungen nach sich ziehen, meinte eine Melkerin. Auswirkungen von nie gekanntem Ausmaß. Schließlich müsse man so schnell wie möglich den Kapitalismus ökonomisch überholen. Gerade weil es an Fahrradreifen, Glühbirnen, Kaffeemaschinen und Rheumawäsche noch mangele.

Eines Tages sah ich den Greifswalder Dom. Da wollte ich Architekt werden. Die Wismarer Altstadt, die mehr und mehr zerfiel, wiederaufbauen. Greifswald mochte ich, weil dort der Caspar David, von dem mein Zeichenlehrer in Hochachtung sprach, so tätig war. Den Caspar lobte mein Zeichenlehrer, der kein Mecklenburger, sondern Berliner war, als genial, weil der Caspar mit seinen Ruinen zu Eldena das schlafende Mecklenburg weltweit bekannt gemacht hatte. Berühmter jedenfalls als Bismarck mit seiner neuen Verfassung. Der Caspar durfte in den Huldigungen der demokratischen Prachtprospekte nicht fehlen. Solide, prächtig aufgemachte Bände, aus denen es zu jener Zeit wundersam tönte: »Versonnen, hier und dort auch neckend und scherzend, spazieren die Werktätigen aus allen Teilen der Deutschen Demokratischen Republik über die gepflegte Promenade. Blumenbeete, in ihren Farben sorgfältig abgestimmt, säumen die grünen Rasenflächen, von künstlerisch angelegten Steingärten reizvoll unterbrochen. Weiße Bänke, deren Plätze oft nicht besser hätten gewählt werden können, laden zur Ruhe und Besinnung ein. Ein paar Schüler plaudern vom Bade heim.

Das verglühende Licht des scheidenden Tages spielt mit blauen Schatten über die weißen Bauten des Badeortes und läßt sie märchenhaft schön erscheinen. Würden die Häuser noch von schlanken Pappeln umgeben sein, wäre es schwer, sich nicht in einer südlichen Landschaft zu wähnen.

Zur Ordnung gerufen, kehren die Gedanken gehorsam zurück, denn wir sind im Norden Deutschlands, und die in Rot, Violett und Gelb spielende Ostsee ist nicht das Mittelmeer.«

Die Fremden, die ich sah, lagen oft leblos wie Leichen am Strand. Sie hatten ihre Seltersflaschen ins seichte Wasser gegraben und klatschten in die Hände, wenn sich die kleinen Strandläufer, die ich ins Herz geschlossen hatte, näherten. Ich glaubte, sie mochten die kleinen flinken Vögel, welche auf zerbrechlichen Beinen am Ufer langfegten, nicht.

Der Junge, der ich war, wollte wie all die anderen Jungen Mecklenburgs sein Leben an der Küste bleiben. Und Matrose werden. Und dann nach Rio schiffen. Und dort mit verführerischen Frauen tanzen.

Wir Kinder kamen am unpolitischen Strand zusammen, wenn der Wind nicht mehr so heftig wehte, wenn ein Boot angespült wurde. Wenn im Schaum kleine seltsame Dinge wippten, sammelten wir Hühnergötter, Seetang, bunte Gläser.

Wir schliefen in Betten, die aus den Planken gesunkener Schiffe getischlert waren.

Wir waren leichtgläubige Menschen. An stürmischen Tagen traten wir vor unsere Türen. Den Kopf zur Erde gesenkt, sangen wir den Elementen Mut.

Unsere Leiber waren wetterseitig. Bemoost. Wenn wir Heiliges malten, malten wir einen Dorsch. Wir schworen, unsere Frauen unter Wasser zu heiraten. Wer nicht aufpaßte, handle sich eine Gebirgsfrau ein, hieß es, würde unglücklich werden.

Man darf, um Mecklenburg zu lieben, nicht nur an der Steilküste sitzen und aufs unendliche Meer sehen, hat mein Zeichenlehrer gesagt. Man solle das unendliche Meer in den Augen der Menschen suchen. Der Rest ergäbe sich von ganz allein.

Einmal mietete sich übers Wochenende eine Berliner Familie ins Kurhaus ein. Sie wartete den Montag ab, um mit einem motorbetriebenen Schlauchboot, wenn die Frühaufsteher zur Arbeit gingen, gen Westen abzurauschen. Allerdings hatten sie wenig Sorgfalt bei der Pflege und Motorwartung walten lassen. Denn hinter der Dreimeilenzone würgte der Außenborder ab, und die Berliner trieben ganz gegen ihren heftig rudernden Willen ans Land zurück. Pitschnaß tapsten die Wasserratten ausgerechnet ins Kurhaus zurück, sich aufzuwärmen. Denn es war Ende März oder April, jedenfalls das Wasser kein Warmbad. Der Pförtner war nicht auf den Kopf gefallen. Meldete die unterkühlt wirkenden seltsamen Naßgäste der entsprechenden Behörde, die ihn ob der Umsichtigkeit mit einem Präsentkorb und einer kleinen Geldzuwendung belobigte. Unser Land hatte einen Helden mehr. Der Bürgermeister nutzte die Gelegenheit, Klarheit in den Köpfen über die wichtigsten politischen Fragen zu schaffen. Und manch einer lästerte gehässig über die Großmäuler aus der Hauptstadt.

Nur wenige, die uns besuchten, waren echte Mecklenburger. Meine Ziehmutter mochte deren Aussprache nicht. Sie kam bisweilen, weil sie unterwegs platt angesprochen wurde, höchst verärgert vom Einkauf. Sie regte sich laufend über die Mecklenburger auf. Die schätzte sie äußerst gering, weil sie ihr partout nicht in der Lage schienen, ein vernünftiges Deutsch auszustoßen. Ich erwähne, daß meine Mutter sich etwas auf ihr feines Hochdeutsch, welches sie von höchster Töchterschule aus Oberschlesien mitbrachte, einbildete. Auch fand sie die Menschen Mecklenburgs zu plump und von einer ausgeprägten Primitivität und vor allem ohne Geschmack gekleidet. Immer wieder konnte sie sich darüber ereifern, daß die Fischerbengels mit ihren beinlangen Stiefeln in jeden Laden polterten und Kautabak kauten. Sie fand keinen rechten Gefallen an den breitgedrückten Häusern. Die widerlichen Schilfdächer der für ihren Geschmack armseligen Katzenkaten wühlten in ihrem Gemüt. Allein der Umstand, daß unter so einem Schilfdach allerlei Getier und Fledermäuse sich regelrecht festnisteten, bereitete ihr Schauder wie Stromschläge. Daß die Tölpel ihre mehrfachen Hinweise wie: »Es gibt nichts Besseres als Ziegeln auf dem Dach« stur ignorierten und weiterhin Häuser mit Schilf versahen, nahm sie als Beleg dafür, daß beim Mecklenburger in der Birne recht wenig vorhanden sei. Und manchmal, wenn sie ganz versonnen die alten Fotoalben durchsah, hauchte sie leise Befürchtung, daß die bessere Gesellschaftsform die bessere Gesellschaft wohl definitiv abgeschafft habe.

Einen Mecklenburger hätte die Frau nicht geschenkt zum Ehemann genommen. Einen, der Kautabak malmt und sie dann noch küssen will.

Die Mecklenburger gingen krawattenlos ins Lokal und ließen sich beim Essen gehen und wirbelten mit dem Besteck so fürchterlich laut und schmatzten beim Puddingessen. Es war eine Qual, ihnen zusehen zu müssen, wie sie vergeblich versuchten, die fremdländischen Spaghetti zu zähmen. Sie sangen nicht: »Trink ich den Wein, der schlecht, ist mir der Name Hans ganz recht. Trink ich einen mit Genuß, nenne ich mich Antonius.« Sie kippten die harten Schnäpse. Sie stießen mit Biergläsern an. Und hoben ihre Gläser nicht in Kinnhöhe. Sie schauten sich beim Prosit nicht in die Augen. Sie tranken ein Gesöff mit Worcestersoße und Eigelb und Zitronensaft mit Weinbrand und Öl gemixt. Sie ließen, wenn sie Sekt tranken, die Korken fliegen. Sie klingelten ungeduldig an ihren Gläsern oder riefen gleich durch die Kneipe nach dem Chef vom Ganzen. Sie schnitzten sich aus Streichhölzern Zahnstocher, daß einem übel wurde. Sie saßen nicht leger nach vorne gebeugt zu Tische. Ihre Handgelenke waren sonstwo zu befürchten, nur nicht auf dem Tischtuch. Ihre Mahlzeiten hielten sie ohne die von meiner Mutter oft zitierte räumliche Gesamtatmosphäre ab. Wo sie speisten, fand keine gemütliche Zusammenkunft der Gaumenfreunde statt. Es war ihnen nicht gegeben, über ein schönes Buch zu sprechen oder einer Platte Gehör zu schenken. Sie veranstalteten keine Cocktailstunde, hielten nichts von Offenen Abenden. Und Fünfuhrtee. Auch schienen sie nichts von Behaglichkeit und schönerem Wohnen zu halten. Die Flure waren beladene Gerümpelkammern und hinterließen alles andere als einen angenehmen Eindruck.

Die Mecklenburgerinnen gingen mit Lockenwicklern im Haar einkaufen. In den Badestuben waren keine besonderen Haken für Gästehandtücher vorgesehen. Ihre Fenster blinkten nur selten im Sonnenlicht. Ihre Verköstigungen wirkten wie primitive Abfütterungen. Sie übergaben einem die Blumen verpackt. Sie entfernten das Preisschild nicht vom Geschenk. Sie überreichten ihre Mitbringsel wie nebenher. Ohne freundliche Worte.

Es hieß: Der Mecklenburger geht verkehrtrum die Treppe hoch, damit er sehen könne, was ihm aus der Tasche fällt.

Der Mann meiner Mutter war Gott sei Dank kein Mecklenburger. So wie sein Kollege Walter, der das dörfliche Heimatmuseum gegründet hat, kein Mecklenburger war. Wie der Bürgermeister, der oft vorbeikam und ausdrückte, er besäße vorbehaltlos mecklenburgische Eigenart, und fürchterlich sächsisch sprach. Wie der nette Schulrat nicht von hier kam. Und auch sein korrekt gekleideter Vertreter.

All diese Nicht-Ureinwohner konnten bei meiner Mutter landen. Sie waren ihr, weil sie Weltlichkeit verspritzten, mehr als nur ein angenehmer Besuch. Die Kinder von ihnen waren proper betucht und hatten eine feine Art zu artikulieren, daß es der Ziehmutter jedesmal ganz warm ums Herz wurde.

An den Kindern der formlosen Mecklenburger sollte ich mir nicht entfernt ein Vorbild nehmen. So ein Einfluß stelle einen ins Abseits. Man könne sich mit dieser vulgären Sprache nirgends um einen Studienplatz bewerben. Wenn der Fleischer im Laden stünde, mache sie jedesmal einen großen Bogen, denn den Kerl würde man überhaupt nicht verstehen. So unter Niveau, daß sie eine Gänsehaut vom bloßen Gedanken daran bekäme. Zudem seien die Männer der Region ausnahmslos schlecht rasiert.

Wenn sie sich nicht unmittelbar empörte, verwunderte sie immer wieder neu der Tatbestand, daß die Männer von ihren Frauen nicht ordentlich die Leviten gelesen bekämen. Da sie darauf keine Antwort wußte, blieben ihr nur dutzendfache Seufzer. Die Frau des Fleischers, sagte sie im Anschluß jedesmal, habe in der Fleischerei nicht knapp zu tun. Den Tag sehe man sie schuften. Und schuften müsse sie auch in den hinteren Hallen, wohin sie verschwinde, wenn im Laden keiner sei. Und man wisse, Fleisch sei schwer. Aber zu all der Last einen solch primitiven Mann zu ertragen, sei, wie einen Storch vor einem Frosch die Straße hoch. Und dann brach die Mutter den Vergleich ab und schwieg den Rest des Tages.

Einmal sagte sie, das Drogistenehepaar an der Straßenecke spreche auch ein sehr tadelloses Hochdeutsch. Sie unterwies mich gerne in die Chancenlosigkeit aller Schlechtsprecher und riet, ich solle das Drogistenehepaar ruhig öfter aufsuchen. Eine Kleinigkeit wie Kernseife, die man immer im Haushalt gebrauchen könne, oder einen Kamm erwerben, nur um den Leuten auf den Mund zu schauen, zuzuhören und mich wie sie daran zu erfreuen. Sie ermahnte mich, an meinem Charakter rastlos zu formen. Und zu bedenken, wieviel dichtbeschriebenes Papier große Schriftsteller in den Papierkorb geworfen haben mögen, ehe sie eine gelungene Seite aus ihren Händen gaben. Wie oft dem hervorragenden Dreher und Aktivisten Zabel, von dem man so Erstaunliches erfuhr, wohl sein Stahl zerfetzt sei, ehe er ein neues Wirtschaftswunder auf den Gabentisch der Republik legen konnte.

Freya Klier

Wie ich stolzer Pionier wurde

Eines Tages, ich mag in der zweiten oder dritten Klasse gewesen sein, erwischte ich meinen Vater beim *Deutschlandfunk*-Hören. »Weißt du, was du bist« – vor Empörung lief ich rot an, »ein Bonner Ultra!«

Bonner Ultra, das war so ähnlich wie Adolf Hitler.

»Verschwinde!« schnauzte mein Vater und preßte sein Ohr noch dichter an den runden Stoffkreis – der Empfang feindlicher Sender war im Tal der Ahnungslosen stets mehr von rauschender denn berauschender Qualität.

Bevor ich mich in die Küche absetzte, drohte er mir noch Prügel an, falls ich was in der Schule ausplaudern sollte…

Meiner Mutter petzte ich den Verrat an unserer Arbeiterklasse sofort. Ihre Hände ruderten durchs Abwaschbecken. Mama schwankte sichtbar zwischen dem Guten und dem Bösen, also der Arbeiterklasse und meinem Vater. Doch plötzlich bekam ihre Stimme einen flehenden Ton: »Wenn du das in der Schule erzählst, kommt Vati ins Gefängnis!«

Was war Gefängnis? Nachdem sie mir den Ort in düsteren Farben geschildert hatte, fand ich die Strafe zu hart. Meine Idee allerdings, Vati solle doch eine Selbstverpflichtung übernehmen, nie wieder Hetzsender zu hören, stieß auch nicht auf Mamas Gegenliebe. Wieso eigentlich nicht – in der Schule übernahmen wir schließlich jeden Tag eine Selbstverpflichtung? »Davon verstehst du nichts«, würgte Mama meinen Eifer ab, um sich wieder ganz der Abwaschplärre zuzuwenden. Und ob ich was davon verstand!

Meinem Vater wegen der Selbstverpflichtung direkt auf die Pelle zu rücken, traute ich mich nicht – ich kannte ihn, er würde mir eine kleben. Über unsere Pionierorganisation machte er oft gemeine Witze, und als ich eines Tages stolz verkündete, von der Klasse zur stellvertretenden Gruppenratsvorsitzenden gewählt worden zu sein, war er ausgerastet, als hätte ich eine 5 im Diktat nach Hause gebracht. Im blauen Halstuch am Abendbrottisch zu sitzen zog einen Platzverweis nach sich.

Nein, auf der Seite des *Fortschritts* stand mein Vater nicht. Am schlimmsten aber war es, wenn er über mein Vorbild Walter Ulbricht herzog, dann war ich jedesmal den Tränen nahe.

Daß mein Vater die Errungenschaften unserer Arbeiterklasse so geringschätzte, hatte einen handfesten Grund. Damit allerdings rückte er erst heraus, nachdem ich bereits selbst ein wenig vom Glauben abgefallen war:

Eines Samstags, es war 1953, fand das Abendbrot nur mit Oma statt – mein Bruder, Oma und ich. So was kam öfter vor und war äußerst gemütlich. Unsere Eltern, zwei Arbeiterkinder so Anfang Zwanzig, hatten sich mal wieder stadtfein gemacht, um zum Tanz zu fahren. Dresden war noch eine zerstörte Stadt, die Straßenbahnen fuhren unregelmäßig, und an den offenen Eingängen hingen stets Trauben von Menschen.

An diesem Samstag auch meine Eltern, sie hatten einen Platz auf dem Trittbrett ergattert. Ein folgenschweres Örtchen. Denn als die Bahn bereits anfuhr, kam noch ein anderer junger Mann angerannt: Rüde zerrte er am Selbstgenähten meiner Mutter, bis die auf die Straße fiel … zack, schon hatte er selbst einen Platz. Allerdings hatte er nicht mit dem Temperament meines Vaters gerechnet – der drückte dem Fiesling die Faust ins Gesicht, worauf der Mama aufs Pflaster folgte.

So weit, so schlecht. Verletzte gab es nicht, nur Mamas Kleid war dahin. Für diese Geschichte fand sich mein Vater allerdings kurz darauf im Gefängnis wieder – der Rüpel hatte eine Polizeiuniform getragen, mein Vater sich somit an der Staatsmacht vergriffen. Das brachte ihm ein Jahr ein.

Es war genau das Jahr, in dem mein Bruder und ich plötzlich ins Kinderheim mußten, in dem für eine Ewigkeit der Satz auf uns lastete: »Vati ist im Krankenhaus.«

1953, da war ich drei, mein Bruder nur ein Jahr älter. Weder wußten wir, daß *Krankenhaus* einen Steinkohleschacht in der Nähe von Zwickau meint, noch, daß meine Mutter – als Mitschuldige – ans Fließband im Dreischichtsystem versetzt worden war. Wir wußten nur, daß im Wochenheim, in dem wir nun jeden Montag abgeliefert wurden, keine so freundlichen Erzieherinnen auf uns warteten wie im bisherigen Kindergarten.

Das Heim, eine große alte Villa, nur wenige hundert Meter von der MfS-Zentrale entfernt, war offenbar die Kinderstrafe für die Erwachsenenrüpelei: Zwar stand die Erziehung zum »neuen Menschen« damals noch nicht auf dem offiziellen Programm unserer Altersstufe, doch marschierten wir bereits spürbar im Takt des *Fortschritts*: Den Tag durchzogen Appelle, es gab Brüllerei und einen Erziehungsplan, bei dem sich Freundlichkeit ausschließlich an erfüllte Planpunkte knüpfte.

Und die bleiben unvergessen. So mußte ich in regelmäßigen Abständen im Treppenhaus stehen – schon im Nachthemd, eine Decke über den Schultern, das Gesicht zur Wand. Ich sollte darüber nachdenken, warum mein Vater (von dem Mama jeden Sonntag traurig berichtete, er müsse noch immer im *Krankenhaus* bleiben) ein Staatsfeind sei und welche Selbstverpflichtung ich zu übernehmen gedächte, um das wiedergutzumachen.

Was war ein Staatsfeind? Ich wagte nicht zu fragen.

Das Schielen aus den Augenwinkeln zeigte mir, daß ich offenbar nicht die einzige mit Staatsfeind-Vater war; auch andere Kinder mußten die Wand anstarren. Und manchmal erspähte ich sogar meinen Bruder...

In solch trostlosen Stunden wartete ich auf Väterchen Stalin. Wenn meine Beine schwer und die Lippen vom Weinen aufgeplatzt waren, mir aber noch immer nicht die passende Selbstverpflichtung eingefallen war, träumte ich davon, daß ich hier rausgeholt und die bösen Erzieherinnen bestraft würden – von meiner Mama und Väterchen Stalin.

Er war für mich die Güte schlechthin. Jeweils morgens und abends versammelten wir uns gruppenweise in der Gedächtnisecke, um ihm von unseren Verfehlungen zu berichten und Selbstverpflichtungen zu übernehmen. Väterchen Stalin war ein Bronzekopf mit freundlichen Augen und einem mächtigen Schnurrbart. Er thronte auf einen Sockel vor blauen Butzenscheiben, umsäumt von Fahnen und einem Gesteck aus Blumen, das sich als künstlich erwies, als ich es einmal anfaßte.

Die Stimmung in der Gedächtnisecke war stets feierlich. Die Erzieherinnen sprachen, sobald wir uns im Halbkreis um Väterchen Stalin scharten, gedämpft, statt wie üblich zu schreien. Für mich war der Bronzekopf schon nach wenigen Wochen eins mit dem himmlischen Herrn – wenn ich im dunklen Schlafsaal mein »Lieber Gott, mach mich fromm...« abflüsterte, stand mir schon bald kein Rauschebart mehr vor Augen, sondern ein Schnurrbart.

Und plötzlich war alles anders. Eines Morgens hasteten die Erzieherinnen mit tränenüberströmten Gesichtern durchs Haus. Das steckte an: Was jedes Kind bis dahin im Bett oder beim Strafstehen für sich allein absolvieren mußte – das Weinen – , brach sich nun im Kollektiv Bahn, noch bevor wir überhaupt wußten, was passiert war. Schlimmstes mußte passiert sein. Der Appell in der Gedächtnisecke, bei dem uns mitgeteilt wurde, daß Väterchen Stalin nun tot sei, wollte denn auch kein Ende nehmen. Was war *tot?*

Im Sprechchor und unter heftigem Schluchzen gelobten wir dem Bronzekopf, er werde in unseren Herzen weiterleben, auf ewig. Dann kratzten wir alle Selbstverpflichtungen zusammen, die uns einfielen. Von den

Erzieherinnen auf kleine Zettel notiert, wurden sie anschließend auf einen Strick gefädelt und ums Väterchen gehängt wie eine Girlande. Von nun an waren die Tage noch trostloser.

Später versuchte ich mich zu erinnern, wie viele Kinder wir in diesem Heim gewesen sein mögen – den Bankreihen im Speisesaal nach vielleicht dreißig oder vierzig; Mahlzeiten und Mittagsschlaf wurden mit einer Glocke eingeläutet, die noch vom Vorbesitzer stammen mußte, denn ihr Klang wirkte angenehmer als die schrillen Stimmen der Erzieherinnen, denen oft genug eine Ohrfeige Nachdruck verlieh.

Am meisten litt ich darunter, daß mein Bruder in einer anderen Gruppe war als ich. Vor dem Kinderheim waren wir meist Hand in Hand gegangen, manche Erwachsene hielten uns für Zwillinge. Nun aber waren die Gruppen strikt voneinander getrennt; der Marsch in Zweierreihe zum Appell fand nacheinander statt, überhaupt durfte man sich nur in Zweierreihe durchs Haus bewegen. Die Jungen schliefen in einem anderen Raum, und der Platz meines Bruders im Speisesaal befand sich ausgerechnet in meinem Rücken.

Lediglich beim Hofrundgang gerieten die Reihen mitunter etwas durcheinander. In solchen Momenten arbeiteten wir aufeinander zu, und wenn es geklappt hatte, fielen mein Bruder und ich uns schluchzend um den Hals...

Im Laufe des Jahres aber begann sich sein Gesicht mehr und mehr zu verschließen; einmal sagte er gar mit einer Erwachsenenstimme »Heul nicht!« und schob mich weg.

Irgendwann war Vati aus dem *Krankenhaus* zurück, wir durften in einen normalen Kindergarten überwechseln. Mit meinem Bruder gab es von nun an Erziehungsprobleme – er galt als renitent und kämpfte gegen Ungerechtigkeiten mit einem ohnmächtigen Zorn. Kaum in der Schule, hagelte es Einträge wegen mangelnder Unterordnung.

Ich dagegen ordnete mich zuverlässig unter. Ich wurde ein glühender Pionier, gierte nach Lob und wollte vor allem eines nie wieder – ausgestoßen sein. Inzwischen war die gesamte Erziehung auf *Fortschritt* umgestellt, unsere Kindergeneration die erste der DDR, die per Totale zum »neuen sozialistischen Menschen« zu schmieden war. Ich habe das als positiv erlebt, die ersten Jahre jedenfalls. In der Schule galt ich als besonders *fortschrittlich*: Leidenschaftlich bastelte ich an der Wandzeitung, in meinem Ranzen herrschte vorbildliche Ordnung. Ich sang im Pionierchor und durfte oft der Lehrerin zu Unterrichtsbeginn melden, mit wie vielen Schülern die Klasse zum Unterricht angetreten sei, bevor mit einem »Seid bereit! – Immer bereit!« die Stunde begann. Es waren andere Kinder, die nun in der Ecke stehen mußten – zwar nicht im Nachthemd, doch immer noch mit dem Gesicht zur Wand. Vom Väterchen Stalin hing kein Bild mehr im Klassenzimmer, dafür eines von Wilhelm Pieck.

Meiner Familie ging ich mit meinem Eifer auf die Nerven. Sobald ich mein neuestes Wissen von unserer Arbeiterklasse mit Walter Ulbricht an der Spitze kundtun wollte, schnitt Vati mir das Wort ab. Nicht mal mein Bruder wollte etwas davon hören, der »ganze Pioniermist kotzt mich an«, maulte er. Mama schwieg meistens.

Als dann der antifaschistische Schutzwall gebaut wurde, damit uns die Bonner Ultras nicht länger ausplündern, war ich die einzige am Abendbrottisch, die ein glückliches Gesicht zog. Vati hing den ganzen Tag am Radio, er hörte nun ganz ungeniert Feindsender. Mutig setzte ich mich mit meiner Pionierzeitung daneben und blätterte so lange geräuschvoll darin, bis Vati mir eine langte. ...

November 1997

Jutta Voigt
Immerblond

Sylvie zog die Wäschegarnitur nur an, wenn sie in den Saalbau ging, es war ihre beste, ein Einsegnungsgeschenk; Unterrock und Schlüpfer aus hellgrüner Charmeuse. Man hat jetzt Nylon, sagte Bärbel, Sylvies Freundin, Charmeuse ist altmodisch. Bärbels Vater arbeitete bei Siemens in Westberlin, Bärbel ging niemals in den Saalbau, sie trug Petticoats mit mehreren Etagen Nylonspitze und weiße Handschuhe, sie war Fotomodell bei der »Sybille« und verliebt in einen Künstler.

Schneewittchen, Schneewittchen, keen Arsch und keen Tittchen, riefen die Jungs hinter Sylvie her. Sie war fünfzehn, einsdreiundsiebzig groß und wog zweiundfünfzig Kilo. Sylvie wohnte in der Greifswalder Straße, eigentlich aber in der Grünen Stadt. Da, wo das Bötzowviertel zu Ende geht, hatte man in den fünfziger Jahren eine Neubausiedlung hingesetzt, feldgrau, mit kleinen Fenstern und dem ewigen, unerklärlichen Geruch nach Bunker in den schmalen, ordentlichen Treppenhäusern.

Am Tag des Umzugs, einem blauen Frühlingstag, hatte Sylvies Mutter ihr neues Pepitakostüm angezogen, sich ein Sträußchen Veilchen gekauft und war spazierengegangen, sie fand Umzüge ungemütlich. Der Vater blieb allein im frischen Farbgeruch und schraubte Tütenlampen an Wände, deren Tapete wie ein Fahrplan gemustert war. Der Spätheimkehrer war stolz, daß er für seine guten Leistungen im sozialistischen Export von Druckmaschinen eine Neubauwohnung zugewiesen bekommen hatte.

Sylvie fühlte sich fremd im Neubau. Schon zum Frühstück ging sie zurück in die Greifswalder, Gartenhaus zwei Treppen, wo die Familie zu fünft in zwei Zimmern gelebt hatte, bis Sylvie zwölf war, jetzt wohnten die Großeltern allein dort. Der Saalbau lag dazwischen, zehn Minuten entfernt von der einen wie von der anderen Wohnung. Wenn Sylvie die Abkürzung hinter der Schule nahm, konnte sie es in fünf Minuten schaffen.

Jeden Sonnabend das Saalbau-Ritual. Auf einem Hocker in der Küche stand die weiße, blau umrandete Emailleschüssel mit warmem Wasser, daneben die Flasche mit Immerblond, einem Präparat, das Sylvies Haar hell hielt, es begann langsam dunkler zu werden. Sylvie hatte bemerkt, daß die Chancen der Mädchen mit der Blondheit ihrer Haare stiegen. Liane, das Mädchen aus dem Urwald mit Marion Michael, Die blonde Hexe mit Marina Vlady – die Marlon Brandos im Saalbau waren kinokundig, sie wußten Bescheid, sie nannten alle Mädchen Blondi.

Sylvie hätte auch ins Badezimmer gehen können, aber der Badeofen war kalt, und vor allem stand in der Küche das Radio. Rock around the Clock sang Bill Haley, an den Sonnabendnachmittagen immer, meistens im AFN. Das war besser als Arividerci Roma und besser als My Teddybear von Elvis Presley. Bei Rock Around The Clock drehte Sylvie die Lautstärke bis zum Anschlag, sie fühlte, das war der Anfang. Der Anfang eines Lebens, in dem alles immer besser werden würde, immer schöner, immer fortschrittlicher, der Sozialismus würde siegen. Rock around the Clock war der Anfang von Sylvies Leben, es war der Rausch vor dem Start, den man nie vergißt.

Jugend aller Nationen, uns vereint gleicher Sinn, gleicher Mut, sang der Chor der Heinrich-Schliemann-Oberschule. Bei Deutschland, du liebe Heimat, besonders an der Stelle Drum schlag deine Augen auf und sieh, neu der Tag beginnt, unsre Lieder und die blauen Fahnen wehen im Wind – an der Stelle mußte Sylvie immer weinen, obwohl sie nicht in der FDJ war. Sie war aus den Jungen Pionieren ausgetreten und konnte deshalb nicht in die Freie Deutsche Jugend übernommen werden. Außerdem verübelten ihr einige in der Klasse, daß sie mit Regina befreundet war, der Reaktionärin. Reginas Vater war Grenzgänger, er arbeitete als Bananenspezialist auf dem Fruchthof im Westen. In den Pausen aßen sie Bananen, manchmal auch während der Stunde, unter der Bank. Der Direktor, der Geschichte unterrichtete, warnte die Klasse vor den Verführungen des Klassenfeinds.

Auch Regina kam nicht mit in den Saalbau. Sie wurde von ihren Eltern dazu erzogen, einen Rechtsanwalt zu heiraten. Außerdem fand sie ihren Busen zu groß, sie quetschte ihn in zu kleine Büstenhalter; dabei wäre sie mit dem Busen groß rausgekommen, im Saalbau konnten die Busen der Mädchen nicht groß genug sein, viele stopften ihre tütenspitz zulaufenden Büstenhalter mit Watte aus, damit sie aussahen wie die Lollo. Nur Regina wollte nicht aussehen wie Gina Lollobrigida.

Brust raus, Bauch rein, forderte Sylvies Großmutter, und daß ein Mädchen kleine Schritte macht und niemals ohne Hüfthalter geht. Sonnabend nachmittag, wenn Sylvie sich für den Saalbau zurechtmachte, roch es in der Küche nach Steckenpferdseife und Make-up von Coloran, Meek öp, wie Sylvies Mutter behauptete, sie hatte nach dem Krieg einen amerikanischen Freund gehabt. Die Wimperntusche befand sich in einem kleinen Kasten, man mußte draufspucken, damit sie flüssig wurde und man sie mit einem Bürstchen auftragen konnte. Sylvies Opa fand das eklig, er gab ihr Geld, daß sie sich am Gesundbrunnen eins zu fünf Westwimperntusche kaufte. Das bedeutete was, der Opa, ein alter Sozialdemokrat, war strikt gegen Strauß und Adenauer, er hörte noch nicht mal Westradio, außer der Sendung Der Insulaner verliert die Ruhe nicht.

Wenn das Küchenfenster offenstand, vermischte sich der Geruch nach Glätt-Frisiercreme mit dem nach gemahlenen Knochen, der von Machmüller, dem Schlächter, über den Hof hochzog, zu einem Duft, den Sylvie ihr Leben lang nicht vergaß, den Saalbauvorfreudeduft. Sonnabend für Sonnabend seifte sie sich von Kopf bis Fuß ab, zog die grüne Charmeusegarnitur an und das schwarzweiß gestreifte Kostüm von VEB Fortschritt. Der Rock war so eng, daß Sylvie Schritte machen mußte, die kleiner waren, als die Oma in ihren kühnsten Vorstellungen zu hoffen wagte. Sie malte sich lächelnde Mundwinkel und versuchte, bescheidene Fülle in ihr dünnes Haar zu bringen. Vor allem glatt mußte es werden, blond, lang und glatt. Sylvies Haar lockte sich, wenn sie nicht aufpaßte, mit Locken ging man nicht in den Saalbau, mit Locken sah man nicht aus wie Marina Vlady, die blonde Hexe.

Der Saalbau war akzeptiert in Sylvies sozialdemokratischer Familie. Manchmal, an Sommersonntagen, kamen die Eltern in den Biergarten, aßen Buttercremetorte und tanzten nach Ramona, zum Abschied sag ich dir Good bye. Sylvie mußte aufpassen, daß sie nicht mitkriegten, wie sie Pfefferminzlikör trank, sie war erleichtert, wenn nebenan im Ufa-Filmtheater die Abendvorstellung anfing und die Eltern endlich im Kino verschwanden; es war Sylvies Saalbau, auch wenn er Tradition hatte. Erich Weinert war da aufgetreten, Ernst Busch, Clara Zetkin. Walter Ulbricht und Joseph Goebbels hatten sich dort Wortgefechte und Saalschlachten ihrer Mannschaften geliefert. Wacht auf, Verdammte dieser Erde gegen Die Fahne hoch, die Reihen fest geschlossen, Lied um Lied, Zahn um Zahn. Der Saalbau ist im Krieg zerbombt und als HO-Provisorium wieder aufgebaut worden. Wie Sylvie rausfand, waren Provisorien das wahre Leben. Sie liebte Rummelplätze und Laubenkolonien; selbst Laufmaschen und zerlaufene Schminke sah Sylvie gelassen, auch Schönheit war eine Improvisation, vielleicht die utopischste. Provisorien sind Hoffnung, sie nähren die Illusion, daß alles nur besser werden kann, Provisorien verlängern die Vorfreude. Sylvie erwartete vom Leben hauptsächlich Vorfreude.

»Offen tanzen verboten« stand auf den Pappschildern in der Nähe der Tanzfläche. Wer offen tanzte, den holten die Saalordner von der Tanzfläche, zehn Minuten später war er wieder drauf. Offen tanzen war amerikanische Unkultur. Die Jungs im Saalbau »machten nen 'Kaner«, sie machten auf Ami, sie trugen V-Form und Ente. In der hinteren Hosentasche steckte der Kamm, sie kämmten sich in jeder Tanzpause die Tolle.

»Offen tanzen verboten« – Sylvie und die vom Saalbau hatten Übung im Übertreten von Verboten. Kreppschuhe, Nietenhosen, Rock'n'Roll – alles verboten, alles erlaubt. Rebellion kann so leicht sein. Sylvie brauchte nur das Fenster aufzureißen, wenn Elvis Presley im Radio den Jailhouse Rock sang, schon brüllten die Erwachsenen: Ruhe! Sie zog ein Sackkleid an und spazierte mit ihren Freundinnen, die auch Sackkleider anhatten, durch die Greifswalder. Zieht euch erst mal anständig an, kreischten die Alten. Sie tanzte im Saalbau offen, schon rückten die Ordner an.

Wenn die Kapelle zu spielen begann, kamen die Jungs in Scharen über die Tanzfläche und verbeugten sich: Darf ich bitten? Die Mädchen konnten sich aussuchen, mit wem von dreien oder vieren sie tanzen wollten. Auch Sylvie konnte wählen. War keiner dabei, der ihr gefiel, sagte sie: danke oder der Tanz ist bestellt oder ich wollte gerade mit meiner Freundin tanzen. Sylvies Freundin Carmen machte es eindeutiger. Verfatz dich, du halber Hahn, zischte sie und verzog ihre schönen Lippen zu einem verächtlichen Schmollen, mit krummen Rücken zogen die Gedemütigten ab, zur nächsten.

Sylvie haben die Jungs immer leid getan, sie behandelte sie höflich und distanziert. Dankbar registrierte sie die Zahl der Bewerber. Mit den meisten tanzte sie, die Unterhaltung hatte ein einfaches Muster: Sind Sie zum ersten Mal hier? Blaue Augen, Himmelssterne, lieben und poussieren gerne, oho. Darf ich den nächsten Tanz vorbestellen? Man tanzte Tango, Mambo und English Waltz. Mit Ausnahme von Rock'n'Roll hatte Sylvie fast alle Gesellschaftstänze in einem Kursus gelernt, den Fräulein Blumentritt, die Russischlehrerin, an der Schule durchführte; im Chemieraum, auf der einen Seite die Mädchen, auf der anderen die Jungs. Rock'n' Roll lernte man im Saalbau.

Manchmal saß Sylvie vor ihrer Limonade und zitterte, ob der, auf den sie wartete, an ihren Tisch kam. Und hoffte, daß unter den drei Titeln der Runde ein langsamer wäre, einer, nach dem man »auf Liebe« tanzen konnte. Sie wartete auf einen, den sie Killer nannten, er war Anführer einer Bande, wenn ihm was runterfiel, hoben die anderen es für ihn auf. Killer sah gut aus, breitschultrig, schwarzhaarig, wie der italienische Schauspieler Raf Vallone, den Sylvie in einem Film auf der Freilichtbühne Friedrichshain gesehen hatte. Wie Raf Vallone mußten Männer aussehen oder wie Marlon Brando, nicht wie Günter Puff aus ihrer Klasse. Killer nahm Sylvie nicht ernst, er war schon zwanzig. Wenn er aber sah, daß andere sich ihr näherten, schritt er ein, wie ein Bruder seine Schwester beschützt, wie in italienischen Filmen mit Raf Vallone eben. Sein Terrain waren Volksfeste und Rummelplätze, da kannte er die Schausteller und bekam Gratiskarten für die Luftschaukel. Sylvie sah zu, wie er in der Luftschaukel stand, in schwarzem Anzug und weißem Hemd, das schwarze Haar glänzend von Pomade, allein. Mit wenigen Schwüngen schaffte er Überschlag auf Überschlag. Zwischendurch, ganz von oben, warf er das Jackett nach unten, einer aus der Clique fing es auf, ein Kofferradio spielte Just Walking in the Rain. Im Saalbau tauchte Killer nur ein einziges Mal auf.

Dafür kam Manfred, der hatte Wimpern wie ein Mädchen und war Schwimmer in der DDR-Nationalmannschaft. Gehen wir ein bißchen raus, Sylvie, schlug er schon nach der ersten Runde vor. Gegenüber war der Friedrichshain, es roch nach Sommer, Liebe und Holunder. Manfred brachte Sylvie nach Hause in den Neubau. Sie küßten sich im Torbogen, da sagte er, ich liebe dich. Die drei Wörter haben Sylvie in Panik versetzt, Männer wollen alle nur das eine, hatte Sylvies

Oma gesagt. Sylvie sah Manfred erst wieder, als er nicht mehr schwamm, sondern als Barkeeper in einem Interhotel arbeitete, wo er Devisengäste für die Stasi observiert haben soll.

Ich steh auf Modern Jazz, sagte Pit zu Sylvie. Er hatte nachtschwarze Augen und ging aufs Graue Kloster, eine Elite-Schule, wo sie Griechisch lernten. Nachts spielte er Posaune in Bars in Westberlin. Im Saalbau sind nur Proleten, sagte Pit und nahm Sylvie mit zum Medizinerball, wo er Musik machte. Pit sah beim Solo mit Posaune prima aus, schrieb Sylvie in ihr Tagebuch. Nach Jahren erkannte sie ihn auf einem Foto im Schaukasten vom Café Nord, er war dick und hatte Ringe unter den Augen. Pit war Tanzmusiker geworden und ist es geblieben, kein Cool Jazz, keine Elite. Er verachtete den Saalbau, es hat ihm nichts genützt.

Im hinteren Teil gab es eine Bar mit rotem Licht. Es gab welche, die sagten beim Tanzen: Sie sehen so anständig aus, Fräulein, Sie passen nicht hierher. Was heißen sollte: Wir beide, Sie und ich, passen nicht hierher, worauf eine Einladung in die Bar folgte, zu einem Gin-Fizz oder einer Prärieauster. Wer in der Bar saß, war was Besseres. Manchmal kreuzten da Jungs auf mit Römer-Haarschnitt, in Existentialisten-Anzügen aus Popeline. Die erzählten von Dixieland in der Eierschale, Jungs von drüben.

Einmal sind Fotografen von der Neuen Berliner Illustrierten dagewesen, sie suchten Mädchen für einen Titelbild-Wettbewerb, Sylvie machte auch mit. Gewonnen hat ein Mädchen mit dunklem Pferdeschwanz und Sechsen vor den Ohren, sie hieß Angelica und ging in Sylvies Schule. Im Saalbau Friedrichshain begann Angelica Domröses Karriere. Sie kam aufs Titelbild und wurde für den Film entdeckt. Angelica übte Rock'n'Roll zu Hause an der Türklinke, sie war perfekt. Dafür wurde sie von Sohni, dem buckligen Rock-König des Saalbaus, auf die Tanzfläche geholt. Sylvie und Angelica trafen sich, als sie lange erwachsen waren. Sie tanzten zusammen Rock'n'Roll, gerieten außer Puste und erinnerten sich an den Saalbau. Sohni, sagte Angelica triumphierend, Sohni hat nie mit dir getanzt. Weil ich zu groß für ihn war, sagte Sylvie. Warum hatte Sohni, der King des Rock'n'Roll im Saalbau Friedrichshain, nie, auch nicht einmal, mit Sylvie getanzt.

Thomas Rosenlöcher

Die Heimat hat sich schön gemacht

»Haben Sie eine DDR-Identität?«
»Ich war bei den Jungpionieren.«
»Wie bitte?«
»Nichts«, sagte ich.

Allein die Art der Erinnerungen bewirkte Gedächtnisschwund. Und der plötzliche Zeitenwechsel kam einer Hirnwäsche gleich. Denn alles war anders geworden, vom Wetter abgesehen. Und auch das Wetter war anders, wenn alles anders war und es die Scheibenwischer auf den Autobahnen nur noch beiseite wischten. – Rasch hatte die neue Käsevielfalt den Einheitskäsegeschmack unauffindbar gemacht. Und das neue Toilettenpapier schon nach wenigen Metern den Schmirgelcharakter der Vorgängerrolle aus dem Gedächtnis geräumt. Ohne Dank übrigens, weil auch zur Dankbarkeit Erinnerung gehört.

Nicht, daß hier, was hart macht, gelobt werden soll. Doch wenigstens in einer Hinsicht ist dieser Staat einmalig gewesen: Durch die Lautlosigkeit, mit der er verschwand. – Doch ist mit diesem Staat wirklich nur ein Staat untergegangen und nicht auch ein wenig von uns? Die Art, über die Straße zu gehen mit einem gewissen Nachschlampern im Schritt? Die Methode, Fahrrad zu fahren, als wäre, Taschengeschlenker am Lenker, die Konsumkaufhalle gar nicht das Ziel: aufrecht, halb zurückgelehnt, bei jedem Pedalentritt rechts links auswärtsspähend, was da wohl vorrätig wäre? Um ernstlich abzusteigen, wenn ein Bekannter kam. Sollte, wie jetzt die Vordenker meinen, ein solches Fahrradverhalten tatsächlich allein dem Druck der Diktatur geschuldet gewesen sein? Wie habe ich mich denn verändert in den letzten Jahren? Bin ich wirklich schon freiheitlicher geworden? Oder nur neonbehauchter im Inneren meines Jacketts? Stringenter im Gesichtsausdruck? Windschutzscheibengeeigneter? – Strikter Fahrrad fahre ich schon, wenn ich noch Fahrrad fahre. Und Absteigen erübrigt sich, insofern kaum ein Bekannter mehr kommt. Und auch die anderen längst Auto fahren, so daß eine Kontaktaufnahme vermittels Verkehrsunfall noch die wahrscheinlichste ist.

Wie mögen wir erst aussehen, wenn wir uns einmal in zehn, fünfzehn Jahren auf einem Vorwendefoto betrachten? Werden die Ohren nicht durchscheinend sein vom Mangel an Blattsalat? Und die Gesichter kellerartig vom vielen Kohlenholen? Und sonderbar flackrig der Blick vom Warten auf die Straßenbahn? Verloren, als wäre der Terminkalender soeben abhanden gekommen? Falls es damals Terminkalender schon gab; wer wird das dann noch wissen. – Etwas Fünfzigerjahrehaftes werden wir haben. Etwas von Kurz-nach-dem-Krieg. Und unsere Enkel werden allmählich Honecker mit Hitler verwechseln. Und Hammer, Zirkel, Ehrenkranz für eine Art Hakenkreuz halten. – Nein, mit der DDR ist nicht nur die DDR untergegangen, sondern auch eine produktionsverhindernde Produktionsmethoden unfreiwillig zementierende Zeit, die vor allem die Eigenschaft hatte, reichlich vorhanden zu sein. – Auch als gestern heute war, sind wir ein wenig von gestern gewesen; ein Umstand, für den wir uns ausnahmsweise einmal nicht schämen sollten. Der altmodische Mensch kann durchaus der modernere sein, insofern er den Verhältnissen angemessener lebt. Auch ein Gedanke, dessen Vergeblichkeit garantiert werden kann.

Da wir ein Stück Leben gewannen, ist uns ein Stück Leben verlorengegangen. Das ist der Lauf der Welt. Nur daß es in unserem Fall gar zu plötzlich und gründlich geschah. So daß es von heute auf morgen unmöglich wurde, noch eine Suppe von gestern zu kochen. Weil uns die Zutaten fehlten, mitten im Überfluß. Die spezifische Ostfadennudel. Und keiner mehr sagen konnte, wie sie noch gestern schmeckte. Wodurch sie sich eigentlich von ihrer Westkollegin unterschied.

Versunken am Grund einer Ostnudelsuppe ist unsere Identität.

Muffig hat sie geschmeckt, meinte mancher Westkollege. Als hätte sie unsereins nicht auch zu würzen gewußt. Und sei es nur, indem er mit einem gewissen Humor auf die Fettaugen blickte. – Muffig hat sie geschmeckt, meinte mancher Ostkollege. Und während ich noch nachdachte, wie sie wirklich geschmeckt haben mochte, kam ihr Name Muffig schon im Fernsehen vor. Und erst allmählich merkte ich, Muffig meinte auch mich. Denn welche Suppe färbt nicht auf den Esser ab? Und während der Westkollege schon in den fünfziger Jahren gut roch, schleppte unsereins seinen Kellergeruch mit in das neue Deutschland hinüber. Ja, vielleicht hängt mir der Kellergeruch unmerklich selbst heute noch an, trotz der Verwendung von Frischhaltebeuteln. So daß mich auf diese Weise doch noch ein Rest jener Identität umweht, die mir offiziell immer abgesprochen wird. Ach, besser muffig im Kollektiv, als vierzig Jahre lang gar nicht vorhanden gewesen zu sein. In der Gemeinschaftsküche. In der wir die Suppe auslöffeln mußten, ob sie nun schmeckte oder auch nicht. Und die noch lange zu reichen schien, weit in das neue Jahrtausend hinein: eine Art Ewigkeitssuppe. So daß wir uns abermals über sie beugten, im sozialistischen Löffelprozeß. Mit zunehmendem Magengeknurr. Falls einer nicht gleich den Löffel abgab und in den Westen ging. Worauf die verbliebenen Mägen noch etwas lauter knurrten: ein unterirdisches Landesgegrummel, das jene ganz andere, uns einst versprochene Suppe beschwor und uns auf die Köche fixierte, die uns diese Suppe eingebrockt hatten. Versunken am Grund unsres Magengeknurrs ist unsere Identität.

Weniger künstlerisch ausgedrückt: Indem das Zwangssystem vorgab, sich der Utopie zu nähern, setzte es Kräfte frei, die diese Utopie einklagten, *und* band sie durch sie an sich; war sowohl Gegner als auch Adressat. Machte hier sehend, dort blind, in einem aufmüpfig und anpassungsfähig. Noch der Ruf »Wir sind das Volk« meinte, daß jetzt die Volksherrschaft käme, die es angeblich schon gab. Der »Geist der Unruh« war in die Köpfe gefahren. Das unheimliche Gespenst, von dem das Kommunistische Manifest sprach, hatte sich zu Leipzig persönlich zusammengerottet. Daher die Verblüffung der Macht. Weil plötzlich wirklich kam, worauf sie sich dauernd berief, so daß sie es selber herbeizitiert hatte. Nicht proletarisch-knochenhaft kam es, doch immerhin nach Gespensterart mit lauter Kerzen bestückt. »Keine Gewalt«, sagte es und schaute drein, als ob Weihnachten wäre. So daß es gar nicht so einfach zu erschießen war. – »An die Laternen hätten wir sie hängen sollen«, sagte mancher Ostkollege, weil schwer zu ertragen ist, wie die alten Funktionäre auf einmal auch keine Schuld mehr haben. »An die Laternen hättet ihr sie hängen sollen«, sagte mancher Westkollege, weil schwer möglich sein konnte, daß wir hier auch einmal etwas zustande gebracht haben sollten: einzig durch das Umhergehn mit Kerzen – und das nach Feierabend. Doch wann hätten die Richtigen jemals an den Laternen gehangen? – Offenbar widersprach es der neueren Brachialdenkweise, daß Gewaltlosigkeit unter Zuhilfenahme einiger glücklicher Zusatzumstände einmal Gewalt verhindern geholfen haben sollte. Und daß es gespenstischerweise genügte, »ich bin das Volk« zu sagen, damit die Macht zurückwich.

Freilich stand das Gespenst hernach recht ratlos auf der Straße. Keine Ahnung hatte es, wie es in Wirklichkeit vorkommen sollte. Blies die Kerzen aus, verschwand. Ist nie mehr gesehen worden, weil es Gespenster nicht gibt. Und Leute kamen mit Fahnen daher. Und bald schon war die Banane die greifbarste Form der Volksherrschaft. – Auch an seinen Verheißungen ist das Zwangssystem zugrunde gegangen. Denselben, die seine Verbrechen erst ermöglicht hatten. So daß sich weiteres Nachdenken in dieser gespenstischen Richtung für weitere hundert Jahre verbietet. Und jeder, oder doch fast jeder, mittlerweile so tut, als habe er schon immer nur in den Westen gewollt. – Doch auch wenn alles anders wurde, ist doch nicht alles anders geworden. Und selbst das Wetter ähnelt sich, wenn es dauernd angestarrt werden muß: 12. Fenster von links, dritte Reihe, wo Arbeitslosigkeit herrscht. – Ja, auch die Westnudelsuppe wird nur mit Wasser gekocht. Weshalb sie nie im Leben ohne Geschmacksverstärker auskommt. – Und was ist eigentlich in Bäcker Matschkes Brötchen gefahren? Groß und blaß und selbstzufrieden liegen sie vor uns auf dem Frühstückstisch. Als wollten sie die Meinung des Auslands über die Deutschen darstellen. Und sind doch früher bescheidener gewesen, charakterlich knuspriger.

Bäcker Matschke, dieser Schuft,
bläst die Semmeln voller Luft.

»Was sagten Sie?«
»Nichts«, sagte ich.
Und doch war ich bei den Jungpionieren.

Wie selten das Wort vorkommt. Fast schon wie Hitlerjunge. Und selbst meine Tochter sieht mich bloß an mit ihren Unschuldsaugen. Und schüttelt ihr Ohrgehänge, als wäre sie schon immer beteiligt gewesen am weltweiten Ohrgehängegeschüttel. So kurz dabeigewesen, daß es ihr keine Mühe macht, nicht erst dabeigewesen zu sein. Und der kleine Ludwig meint, daß sein kleines Brüderchen gar nicht mehr wissen würde, daß es in der DDR geboren worden ist. »Weißt du, Mutti«, sagt er, »das sagen wir ihm gar nicht erst.« – Ob Ludwig sein Brüderchen schonen will? Ihm einen Verlust ersparen? Oder gar den Schock über seine rote Säuglingsvergangenheit? – Nein, nicht nur der plötzliche Wechsel der Zeiten, nicht nur die Fatalität unserer Erinnerungen bewirken Gedächtnisschwund: die Dominanz der Gegenwart löscht das Erinnern aus. Noch nie war das Neue so neu. »Einfach köstlich« steht über unseren Köpfen geschrieben. Und die Geschmacksverstärker vertiefen den Augenblick. Daher dieses Überangebot an lässigen Schritten, bis hinein ins Altersheim. Uns momentan erschauern zu machen, erscheinen die Menetekel auf der Leinwand. Und was von früher ist, wird so lange erneuert werden, bis es auch von heute stammt. – »Vergessen und versunken, er plakatierte nicht«, sagte ein Plakat, das für Plakate warb. Wozu sich da erinnern? Wozu erst madig machen, was man verkaufen will? – Auch mir gelingt es allmählich, auf ein »Wie geht es Ihnen?« nicht mehr von vornherein in lautes Klagen zu verfallen und mir nach Ostlerart selbst einen Vogel zu zeigen.

»Ob Sie so etwas haben wie eine DDR-Identität?«
»Können Sie mich nicht was anderes fragen?«
»Was?«
»Wie es mir geht, zum Beispiel.«
»Nun gut, wie geht es Ihnen?«
»Blendend«, sagte ich.
Und doch war ich bei den Jungpionieren.

Freilich, in Form von Verklärung ist noch Erinnern zu haben. Die gute Ostnudelsuppe als Hort der Geborgenheit. Nostalgie als Versuch, die eigene Anpassung vor sich selbst zu verbergen: Denn wenn es so übel nicht war, war auch die Anpassung nur halb so schlimm. Oder, umgekehrt, die Ostnudelsuppe als eine Art Höllenpfuhl, in dem nur die anderen Löffel herumgelöffelt haben konnten. Wie ja nach dem Zusammenbruch manch einer Zeuge der eigenen Tapferkeit wurde. Und forsch von den Roten sprach, nachdem sie verschwunden waren. Von der Schuld der anderen, um selber keine Schuld haben zu müssen. So daß es immerhin zum ersten Mal in der deutschen Geschichte zu einer Aufarbeitung der deutschen Geschichte kam, was dadurch erleichtert wurde, daß dieses Mal die deutsche Geschichte die meisten Deutschen gar nicht betraf. Ihnen nur bestätigte, dieses Mal ausnahmsweise auf der richtigen Seite gestanden zu haben. – Ach, wie hätten sich die Bayern über den Sozialismus geäußert, wenn über dem Hofbräuhaus der Sowjetstern geleuchtet hätte?

Doch bitte: Ob es ganz ohne Verklärung überhaupt ein Erinnern gibt? Wie habe ich tagtäglich still vor mich hin gekotzt, wenn ich aus dem Briefkasten ein Neues Deutschland zog. Und es doch nicht abbestellt; nicht nur, weil es fast kostenlos war und wir Papier für das Hamsterklo brauchten, sondern auch, um meiner Morgenwut aufzuhelfen. Noch die fatalsten Alltagsbanalitäten erzeugen, indem sie ja auch zum Damals gehören, eine winzige Leere durch Abwesenheit. Und obwohl ich nun wirklich froh bin, im Briefkasten kein Neues Deutschland mehr vorzufinden, habe ich beim Kauf einer Frankfurter Allgemeinen versehentlich »Neues Deutschland« gesagt. Lag wohl nicht nur an der vergleichbaren Dominanz beider Blätter – sondern auch am Beharrungsvermögen der grauen Zellen im Kopf. Wie überhaupt Identität (was für ein Trompetenwort), wenn jemals überhaupt, im nachhinein erst spürbar wird, als eine Art Vergangenheitsbohren. Nicht näher benennbar wie alle Gefühle.

Hat daher der DDR-Nostalgievorwurf nicht auch etwas Pharisäerhaftes? Ob er nicht sogar Nostalgie erzeugt? Wie auch der Umstand, daß sich viele in den Beschreibungen damaliger Umstände nur halb wiederfinden? Vor allem, wenn wieder mit Hilfe des Damals das Heute ausgeblendet wird? Etwa, wie sehr mit dem Verlust der gewohnten Arbeit auch Lebenszusammenhänge verlorengegangen sind, die im Osten ungleich wichtiger als im Westen waren. Ohne daß jener Kollege jemals auch nur im entferntesten damit gerechnet hätte, plötzlich ohne Kollegen zu sein. Den ganzen Tag vor dem Fernseher sitzen zu dürfen und fortwährend Bier zu trinken. Ja, ich bekenne es: Darüber würde auch ich zum Nostalgiker werden.

Freilich, wie haben uns unsere Altvorderen mit dem Hinweis genervt, daß Hitler doch die Autobahn baute. Aber erstens sind Kriegsbetonbahnen ein bißchen was anderes als die bis zum Überdruß zitierten Kindergärten, selbst wenn es in diesen Kindergärten auch kriegsspielzeugschwenkende Tanten gab. Und zweitens ist Hitler nicht Honecker; würde ihn, wäre ich Dante (schön wär's), jedenfalls doch einem anderen Höllenkreis zuordnen.

Wünschenswert wäre ein Erinnern, das heute weder das Damals beschönigt noch mit dem Damals das Heute zu beschönigen sucht.

»Keine DDR-Identität?«

Ich schüttelte den Kopf.

»Nie im Leben«, sagte ich.

Und war doch bei den Jungpionieren.

»Das ist doch kein Pionierknoten, Kind«, sagte die Pionierleiterin. Und beugte sich zu mir herab, ein sanfter Halskitzelschauer, ehe ich wieder zurück in die Reihe mußte und wir alle gemeinsam das »Lied der jungen Naturforscher« sangen.

> Die Heimat hat sich schön gemacht
> und Tau blitzt ihr im Haar.

Wobei es mir die umwerfende Zeile: »Mit Fuchs und Dachs und Vogelwelt stehn wir auf du und du« besonders angetan hatte. Und ich, spätestens dann, Sehen wir einmal von Paasch ab, der viel älter war als wir, waren Falk und ich, jeder an seinem Ort, die einzigen, die Louis Armstrong von Charlie Parker unterscheiden konnten. Sie können mit beiden nichts anfangen? Wir werden Ihnen die Sache erklären, Mann. wenn bestimmte Mädchenstimmen einfielen, in meinem Kinderseelchen den heftigen Wunsch verspürte, daß alles sich richten möchte. Eine Art Restreligiosität, die mich immer neu auf einen richtigen Sozialismus hoffen ließ. Zu meiner Blindheit beitrug, mich benutzbar machte. Und die ich doch nicht missen möchte, auch nicht im nachhinein. Das Prinzip Hoffnung, ja, wenn auch nun hoffentlich durch das Prinzip Skepsis ergänzt: mich vielleicht doch davor zu bewahren, ein bloßer Joghurtesser zu werden.

Fritz Rudolf Fries

Jazz Me Blues

Sehen wir einmal von Paasch ab, der viel älter war als wir, waren Falk und ich, jeder an seinem Ort, die einzigen, die Louis Armstrong von Charlie Parker unterscheiden konnten. Sie können mit beiden nichts anfangen? Wir werden Ihnen die Sache erklären, Mann. Das muß so um 1951 gewesen sein, in Leipzig, als Falk, den die Ignoranten in seiner Klasse Samba nannten, in die 10a der Helmholtz-Schule ging und ich in die 10b der Leibnizschule. Die Sambapartei in Falks Klasse hörte »Schlager der Woche« und kommentierte die Titel, auch wenn der Unterricht schon begonnen hatte, von Bank zu Bank, Flüsterparolen vom RIAS, der mit den »Schlagern der Woche« unsere Republik unterminierte. Auf den Leim, Mann, gingen wir, Falk und ich, nicht, und von Paasch soll noch die Rede sein. Wir zapften die Quellen an, von denen sich diese Schlager kärglich nährten, wir hörten AFN, The American Force's Network, George Hudaks Fünfuhrnachmittagssendungen »Frolic at Five«. Uns konnte man nichts vormachen, wir waren dabeigewesen, als die Amerikaner in den ersten Maitagen mit ihrem 69. Infanterieregiment durch die Schrebergärten rollten; die elegante Kurve, die ihre Jeeps beschrieben, bestimmte unser noch unausgebildetes ästhetisches Gefühl; die kaugummikauende Gelassenheit wurde zur Maske unseres Hochmuts und verbesserte nebenbei unsere Aussprache im Englischunterricht. Und so saßen wir an den Rundfunkgeräten, die unsere Eltern durch den Krieg gerettet hatten, und wenn Paasch dazukam, der im zweiten Semester Zahnmedizin stand, debattierten wir über die Versuche des frühen Bebop, sich aus der Stall- und Bettwärme des traditionellen Jazz zu befreien, ohne deshalb gleich, wie später das Modern Jazz Quartet, nach Europa zu gehen, zu Boulez und Stockhausen. Immerhin vertraten wir drei schon damals die Partei der Avantgardisten mit Monk, Gillespie, Bud Powell, Shearing und Tristano als ferne Bundesgenossen. Paasch fand heraus, wie diese Leute den alten Kontrapunkt in den Jazz einbrachten, so daß wir zuweilen unter den Thomanern Sympathisanten fanden.

Durchaus propagierten wir unsere Musik in der Öffentlichkeit. Nur verfügten wir über wenig Material. Einige zerbrechliche Schellackplatten waren unser ganzer Besitz. Etwa die Amiga-Serie eines Konzerts mit Rex Stewart, Westberlin 1948. Das war guter heißer Jazz, wenn auch von gestern, doch dafür sehr schwarz, sieht man von wenigen weißen Einsprengseln ab wie Schulz-Reichel und andere, die ihre Kriegsschlager mitbrachten und vom Kornett Rex Stewarts verjazzen ließen. Es war mehr eine Art *Verlachen*; denn das Gelächter in dieser Musik ist dominant, ist das Salz, das Count Basie vom Klavier in die Menge streut.

Und so schleppten wir ein Grammophon von der Größe einer Hundehütte in die Schule, in den FDJ-Nachmittag. »Was ist Jazz?« hieß das umstrittene Thema. Die Lehrer hielten sich zurück. Der FDJ-Sekretär in kurzer Hose und Seitenscheitel verschoß seine Munition, die beim Stichwort Dekadenz explodierte, ohne Schaden anrichten zu können. Imperialistische Unkultur, volksfremd, antihumanistisch, Musik der Wallstreet, wo die zigarrerauchenden Ausbeuter saßen und ihre Cowboystiefel auf den Schreibtisch legten.

Wir ließen die heiligen Schriften zum Jazz unter der Schulbank, vergaßen, was wir in stillen Abendstunden in der Deutschen Bücherei bei Joachim-Ernst Behrend gelernt hatten. Hier mußte simpel argumentiert werden. Der Hinweis, daß Jazz die kreative Kunst des Improvisierens förderte, konnte unterbleiben. Hier mußte direkt und mit der Sprache des Gegners argumentiert werden: Es ging um eine Musik des Protests der ausgebeuteten Massen, denn wo kam der Jazz her, wenn nicht von den schwarzen Landarbeitern und vom städtischen Proletariat in Chicago und New York?

Leider hatten wir nicht die richtigen Platten, das vorzuführen, und auf die gängigen Sendungen aus den Wellen des Klassenfeindes hinzuweisen, verbot sich. Wie alle DDR-Bürger hatten auch wir ein feines Gespür, wie weit wir gehen konnten.

Überzeugten wir unsere Mitschüler? Von den Mädchen erhofften wir nichts; die hatten ihre Schlager im Kopf, und die besangen so ziemlich das Klassenziel im real existierenden Sozialismus. Und die derbe Erotik des gesungenen Jazz hätte sie, falls sie den Texten folgen konnten, entsetzt.

Wir zogen wieder ab mit unserem Grammophon. Wir blieben eine Minderheit. Eines Tages aber würde auch unser Funke, frei nach Lenin, zur revolutionären Flamme entfacht werden. Und wir blieben nicht allein. Es gab einen Dozenten der wirtschaftswissenschaftlichen Fakultät, der zog durch die Hörsäle, der eroberte den Rundfunk in Berlin, Hauptstadt der DDR, der machte Jazzsendungen, die viel besser waren als bei AFN. Allerdings wurde hier auf deutsche Art mehr gequasselt, und ehe dem Hörer der *swing* in die Beine fuhr und der Schrei der Trompeten den Kalk in den Köpfen sprengte, mußte er durch ein Lexikon der Einspieldaten und stilistischen Termini. Wir blieben skeptisch, wir verfolgten die Avantgarde. Paasch fuhr zuweilen nach Westberlin und schmuggelte ein paar ganz neue Scheiben durch die Zugkontrollen. Sein Stipendium reichte für eins der neuen Tonbandgeräte. Nun konnte er aus nächtlicher Radiowelle herausfischen, wonach uns der Sinn stand. Goldene Zeiten, indes wir uns um die Belange der »Republik« nicht mehr kümmerten – oder doch nur soviel, wie es die Schule verlangte.

In den achtziger Jahren beteiligte ich mich ein paarmal an der Sendereihe von DDR II »Ich höre Jazz«. Was für eine goldene Nische dieser Sender war, darüber will ich hier schweigen. Mit dem Jazz waren wir ein gutes Stück vorangekommen. Nur: was ich den Hörern auflegen wollte, mußte ich bei Westreisen selber einkaufen und am Zoll vorbei einschmuggeln. Ich tat es mit dem guten alten Gefühl aus den fünfziger Jahren: Jazz eine Musik, die schon die Mauern von Jericho zum Einsturz gebracht hatte.

Alles klar, Mann? Und im übrigen: Jazz Me Blues.

Peter Krone

Young Men Go East. Die Trasse

Für Wodkarinne, Wolodja und die anderen

Die Trasse hatte für jeden etwas zu bieten: Wer Fahnenschwenker war, konnte Fahnen schwenken, wer Kampfappelle liebte, konnte Kampfappelle organisieren, wer Losungen ausgeben, »Herausforderungen in den Kämpfen unserer Zeit bestehen«, Geld verdienen oder ins Fernsehen wollte, fand sein Betätigungsfeld. Die Blauhemd+Anzugträger kamen genauso auf ihre Kosten wie die damals noch auffälligen Jeans+Parkaträger, die Alten konnten wieder jung werden und die Jungen in drei Jahren zehn Jahre älter. Für den Kulturinteressierten gab es Kultur, für die Pichler den nötigen Stoff, und wer nur arbeiten wollte, konnte nur arbeiten. Es gab für jeden eine Aufgabe, und tatsächlich ist die Erdgasleitung »Drushba-Trasse«, die 1975 in der Ukrainischen SSR der damaligen Sowjetunion zu bauen begonnen wurde, pünktlich fertig geworden. Sie liefert bis heute Erdgas aus den Orenburger Lagerstätten nach Polen, Ungarn, Tschechien, Deutschland und Westeuropa und hat sich in jene Errungenschaften sozialistischer Planwirtschaft eingereiht, auf die wir Ehemaligen noch immer stolz sein können.

Daß wir heute in den meisten Haushalten unseres Landes das saubere Erdgas verbrennen, verdanken wir den Glücksrittern, Schweißern, Ingenieuren, Ungelernten, Ausreißern und lebenshungrigen Abenteurern, die sich aus ihren Biedermeieridyllen hinaus in die Ferne begeben haben, in Steppenlandschaften zu baggern begannen und mit enormem Aufwand überdimensionale Rohre aneinanderschweißten, Verdichterstationen bauten, Gebirge und Flüsse überwanden, die wirkliche Gebirge und wirkliche Flüsse waren. Daß auch der Westen ein Interesse an diesem RGW-Projekt hatte und es um harte Devisen ging, war uns durch die damalige Berichterstattung nicht bewußt. Wenn man sich an den einzelnen Baustellen jedoch genauer umsah, fiel einem auf, daß auf den zehn Meter langen und ein Meter vierzig dicken Rohren der Namenszug eines westdeutschen Konzerns stand, die Kräne und Zugmaschinen waren aus dem Westen, sogar Japan war im Geschäft und lieferte riesige Kettenfahrzeuge. Und es wurde auch gearbeitet mit dieser Technik, 12 Stunden täglich, kaum Stillstand, jeder hatte zu tun, und von Tag zu Tag mehr. Man nannte das in den DDR-Medien »heldenhaft« und reduzierte uns auf Vorzeige-FDJler, denen es allseits nachzueifern galt.

Die Berichterstattungen kündeten von heroischen Leistungen und Pioniertaten, die in der Aktuellen Kamera noch vor den Beiträgen über Planübererfüllung in heimatlicher Industrie und Rübenernte ausgestrahlt wurden, wenn auch in gebührender Rangfolge nach den Händeschüttelbildern zwischen Politbürochef und den jeweils ange(g)reisten Gästen. Es wurden Helden abgelichtet, die Kortschagin, dem frühsowjetischen Eisen-Bahnbrecher gleich, Rohr an Rohr schweißten, schwitzend bei Minus vierzig Grad, und als diese Heldenberichtersattung im Fernsehen anlief, war ich Gott sei Dank schon seit Monaten in der Ukraine, 2000 Kilometer entfernt, also nicht mehr im Sendebereich.

Die Motive der Trassenbauer, sich dem Sendebreich des DDR-Fernsehens zu entziehen, waren unterschiedlich. Es gab ganze Betriebsteile, die geschlossen auf Montage gingen, die ihre Arbeit genauso machten wie zu Hause, nur eben motivierter. Es gab Spezialisten, die schon auf Kuba waren, in Angola, Südamerika, für die

die Sowjetunion in keiner Weise interessant war, die abends nur in den Wohnbaracken hockten und sich zuschütteten. »Nur schnell die Zeit abreißen und dann endlich am Häuschen weiterbauen«, war genauso zu hören wie »vielleicht der Frau im Urlaub ein Kind machen und dann dem Windelstreß entfliehen«. Harte Knuffer machten harte Kohle. Aber es gab auch weitere Motive: Auto, Studienplatz, Wohnung, GENEX-Konto, mit dem man in einem speziellen Katalog Dosenbier und Westzahnpasta bestellen konnte. Und dazu gab es noch jene wie mich, die in der DDR einfach unter Fernweh litten und die Gelegenheit nutzten, endlich etwas anderes kennenzulernen auf dem vorgezeichneten Weg zwischen Kindergarten, Studium und Altersheim. Es hätte genausogut Rumänien sein können oder die Mongolei, ich war süchtig nach anderen Ländern, Erfahrungen, Entfernungen, Landschaften und Eindrücken, wollte, daß mein Blick auf den Globus nicht mehr so schüchtern war wie zuvor. Ich schrieb Gedichte und suchte andere Themen als DDR-Konkret. Ich war auch auf der Suche nach Helden, aber nach Helden Schukschinscher und nicht Ostrowskischer Prägung, und ich wollte endlich in freier Natur einen Wolf heulen hören. Ja, so jung war ich, fast einer der Jüngsten mit meinen zwanzig Jahren. Ich hätte fast jede Arbeit angenommen, nur um dabeisein zu dürfen.

Ein kleiner Fernmeldeanlagenbetrieb aus Leipzig beantwortete meine Bewerbung schließlich wohlwollend und nahm mich, den ungelernten Abiturienten, meiner Russischkenntnise wegen als Telefonist mit. Ein Blauhemd war nicht Bedingung. Und nicht die Lang- und Kurzrohrfotos, die Motive Großkran mit Bauwagen der FDJ-Bildbände prägen heute meine Erinnerungen an die Trassenzeit zwischen 1975 und 1977, sondern ein ganz normaler Alltag mit Telefonverkablern und Richtfunkstreckenbauern, Abende im kanonenofengeheizten Bauwagen sowie Sommernächte am Lagerfeuer nebst Fischfang und Wolodjas schwermütigen Liedern nach der zweiten Flasche.

Aus alten Aufzeichnungen:

TSCHERKASSY: Das Trassenwohnlager Tscherkassy verblüffte mich einigermaßen: wohlgeordnete Barackenzeilen, betonierte Wege, ganz verschämt am Rande einige Bauwagen. Wo war ich hier? Ich stand auf einem Mittelding zwischen Baustelle und Ferienlager. Baustelle bedeutete: im Bau befindliche Unterkünfte und Küchengebäude. Ferienlager: Zimmer mit mittlerem Hotelniveau. Ich war froh, als ich von der Vorläufigkeit meines Aufenthaltes hier erfuhr und hörte, ich würde bald auf eine richtige Baustelle nach Krementschug versetzt werden. In Tscherkassy war der Aufbaustab der gesamten Trasse, die aus den Ministerien, nur später würden dort Dispatchergebäude- und Wohnungsbau betrieben.

Es war noch schönes Wetter, Oktober, am Tage arbeiteten wir mit freien Oberkörpern, abends fror ich. Es galt, Technik aus Containern zu entladen, Holzkisten zu öffnen, die Geräte in ebensolche, nur anders numerierte Container umzulagern. Täglich kamen neue Container per Bahn und brachten Dinge, die alle irgendwo mal einen Sinn machen sollten an der Trasse. Ich hielt zum ersten Mal ein Nageleisen in den Händen. Ergebnis: Narbe auf der Nase. Es hat niemand gelacht. »Ich habe das Hebelgesetzt neu entdeckt«, kommentierte ich lakonisch. – »Bist wohl 'n Professor?« entgegnete ein Kollege. Ich hatte meinen Spitznamen weg.

An den Abenden nichts los im frischgefegten Lager. Nach einer Woche fiel ich abends nicht mehr todmüde ins Bett. Bei Unternehmungen in die Stadt entdeckte ich die guten Restaurants, in denen man für ein Spottgeld essen konnte – wenn man die Estradenmusik ertrug und die Toiletten. Eine Buslinie war eingerichtet worden, die uns direkt ins Stadtzentrum brachte. Unser Lager befand sich an der Peripherie der Stadt, nah dem Flugplatz. Ich stand gern am Rand des Lagers und sah den Fluggeräten beim Starten und Landen zu, es waren kleinere Maschinen, sogenannte Kaffeemühlen, wie man sie aus sowjetischen Kriegsfilmen kennt. Dabei hatte ich meine ersten Begegnungen mit Ukrainern. Trotz einiger Anfangsschwierigkeiten bemerkte ich, daß mein Russisch verständlich war und daß ich, von starken ukrainischen Akzenten abgesehen, sie gut verstand.

Vor dem Lagertor ein Minizoo mit einem Kamel. Kein Wolf. Das Kamel schien mich ständig um Görlitzer Spezial-Karieskaugummis zu bitten. Immer wenn ich vor ihm stand, begann es zu grinsen und seine Kiefer zu bewegen...

DIE FAHRT nach Krementschug. Ich sollte »umgesetzt« werden und bei einem Journalisten von der Zeitung »Junge Welt« einsteigen. B. war nicht pünktlich am Auto, weil er noch eine Besprechung hatte. Bei seinem Erscheinen sagte er scherzhaft, daß er noch bei einer Anleitung war, in der er erfahren hat, was er zu erleben habe. Irgendein besonderes Ereignis forderte ihn, ich glaube, es war die erste Schweißnaht oder der erste gefällte Baum am »Linearen Teil«. Endlich unterwegs, die eintönigen Wochen des Containerausladens und in neue Container Einlagerns waren vorbei. Zum ersten Mal sah ich das Land, in dem ich zu Gast war: die weiten Flächen der Steppenlandschaften, die winzigen Dörfer und die Ziehbrunnen am Straßenrand, Bilder, wie man sie aus den Schukschinfilmen kennt. Als der Journalist meine Begeisterung bemerkte, fuhr er extra für mich einen kleinen Umweg. Bald darauf befanden wir uns auf einer Sandstraße mit tiefen, ausgefahrenen Spuren, auf der wir mit dem Moskwitsch nur mühsam vorwärts kamen. Dann ein Dorf, das aus wenigen Lehmkaten bestand, die sicher der Zeit vor der Neuen Ökonomischen Politik entstammten. Keine Menschenseele. Sind das nun die Datschas der Städter, oder wohnen hier noch welche? fragte ich. Irgendwo dann doch ein Hundegebell. Ein paar Kinder mit Angelruten in der Hand rannten zur Straße und winkten. B. wollte aber meinen Blick nicht auf etwas Romantisches lenken, sondern auf die neue Zeit! Wir kamen an ein gigantisches Staubekken, das Krementschuger Meer. Wie viele dieser kleinen Dörfer unter den Wassermassen begraben liegen, wußte B. nicht. Ich stellte mir vor, wie es aussieht, wenn die Fische durch die alten Häuser mit ihren Ofenbänken schwimmen. Wahrscheinlich würden die Angler mit ihren Booten weit hinausfahren, weil an den ehemaligen Dorfläden die Fische größer sind als in den Gärten der ehemaligen Popen.

DAS FEST begann pünktlich. Jeder Neue wurde mit Neugier begrüßt und auf sein Fassungsvermögen hin geprüft. Ein Wunder, daß wir alle in einen Bauwagen hineinpaßten. Ich stellte einen Kasten Bier und fünf Flaschen Sekt auf den Tisch und ahnte, daß es mit dem Sparen nichts würde. Obwohl wir alle gleichgestellt waren und du zueinander sagten, gab es eine Hierarchie. Bauleiter, Monteur, Hilfsmonteur, Leute, die mit Steigeisen auf Masten konnten, und jene, die zu fett dazu waren. Mitleid erregten die, die einfach später mal studieren wollten und zum Beispiel einen Spitznamen wie »Professor« hatten. (Ich mußte wochenlang Abend für Abend Mütze und Netz nehmen und den Biernachschub heranschaffen, ein anderer, A., den ein Elektronikstudium interessierte, den ewig leiernden Kassettenrekorder allabendlich neu in Gang setzen und dabei noch Witze machen.) Zu später Stunde wurde angestimmt. »Wir gründen eine Bierpartei«, und irgendwann, gegen Morgen, hatte ich den Text drauf und sang mit...

WODKARINNE war überhaupt kein Wodkatrinker. Nur ein einziges Mal hat er sich zu einem Liter überreden lassen. Am nächsten Morgen hatte er mit dem Belorus einen Graben auszubaggern, aber sosehr man an den Rohren auch bog, es gab keines, das in diese Schlängelstrecke hineingelegt werden konnte. Wodkarinne hatte seinen Spitznamen völlig zu Unrecht, wie er immer wieder betonte. Er trank nämlich nur Likör.

DIE WEGE ZUM DNEPR: Eines Sonntags ging ich zum ersten Mal los. Ein wenig Schnee war gefallen, die Wagenburg sah schön aus so in Weiß. Meine Fußspuren waren die ersten des Tages, ich hatte mich der obligatorischen Sonnabendfeier enthalten. Ich ging zum »Hintenherum-Ausgang«, einer kleinen Pforte im Zaun, die vom Sicherheitsinspektor des Wohnlagers einmal wöchentlich zugenagelt wurde. Der Weg führte zunächst zum Steinbruch, an jenem Tag ungefährlich, sonntags hatten die Sirenen der Sprengkommandos zu schweigen. Dann verschneite Felder, gefrorene Sümpfe, der Ort Kriwuschi. Eine Bäuerin in Bastschuhen. Wurde hier der Film »Das russische Wunder« gedreht? Rote Sterne an der Pforte zeigten an, wie viele Familienangehörige im Großen Vaterländischen Krieg gefallen sind. Keine Pforte ohne Stern, Hundegekläff. Nirgendwo ein Wolf, obwohl es hier welche geben soll. Es dauerte etwa eine Stunde, bis ich den Dnepr erreicht hatte. Ab und zu schwammen Eisschollen in Ufernähe vorbei. Sicher hatte man sie an der Schleuse gelöst, um den Verkehr nicht vorzeitig zu behindern. Noch fuhren Tragflächenboote und Schleppkähne, sie zogen den Schleier des Schweigens der langen Winterzeit hinter sich her ...

DER TRAFO: Eines Tages, ich saß schon in der fertiggestellten Telefonvermittlung, kam Werner, der Bauleiter der Elektrikerbrigade, zu mir und bat mich, sofort mitzukommen, er benötige einen Dolmetscher. Ich versuchte, ihm von meinem technischen Wortschatz abzuraten, aber er meinte, er müsse dringend ins Autowerk einen Trafo besorgen und habe mich schon für ein Kilo Kabelschellen bei meinem Bauleiter für einen halben Tag eingetauscht. Für mich sollte an diesem Tag eine Karriere als Dolmetscher beginnen, und freudig folgte ich meinem Mäzen. Meine Aufgabe war es nur, uns zum zuständigen Natschalnik durchzufragen. Über die technischen Parameter verständigten sich die beiden Spezialisten mit einigen gezeichneten Symbolen auf dem Rand der fürs Zigarettendrehen ausliegenden »Prawda«: Transformator, Stern-Stern, 6 KV im Tausch gegen eine Anzahl Verteilerkästen und Muffen, die tatsächlich »Muftui« hießen, wie ich staunend vernahm. Einige Stunden später wurde ein Traktor ältester sowjetischer Bauart vor dem Materiallager der Elektriker abgestellt. Ein Anhänger mit irgendwelchem Zeug, der reine Schrott. Stundenlang stand er da. Niemand wußte, woher er kam und wer ihn wieder abholen würde. »He, du hast uns einen Traktor eingetauscht und keinen Trafo!« knallte mir Werner an den Kopf. Ich sagte kleinlaut, daß ich ihn gewarnt hätte, und viele genossen meine Verlegenheit, bis ich mich telefonisch noch einmal zum Autowerks-Natschalnik durchfragte und erfuhr, daß die Sachen auf dem Traktor nur Zwischentauschobjekte waren und in der Nacht von irgendeinem Sergej Sergejitsch abgeholt werden sollte, der dafür tatsächlich einen Transformator abstellen wollte. Abends fragte ich Werner, ob er das Märchen vom Zaubertraktor kenne, der sich eines Nachts in einen schönen hübschen Transformator verwandele...

FREUNDSCHAFTSTREFFEN waren sehr beliebt bei uns, da an der Trasse akuter Frauenmangel herrschte. Natürlich hatten wir auch Frauen auf den Baustellen, aber die meisten hatten zu Hause einen Unteroffizier in Wartestellung, dem sie den Fahneneid geschworen hatten. Ruth bekam ich einmal aufs Bett, aber leider nur, um mit ihr in einem Buch zu blättern. Ihr Mann war schon Unterleutnant, da war erst recht nichts zu machen. Also mußte ein Freundschaftstreffen her, und ich erbot mich, die Krankenschwesternfachschule zum Erfahrungsaustausch einzuladen. Die Bedingung, die die ältliche Komsomolzin mit mir aushandelte, war »Kein Wodka!«. Aber wer trank von uns schon Wodka. Die Krankenschwestern, alle so schön wie Katjuscha, entdeckten ihr Herz für Kirsch-Whisky, Wermut und sächsisches Bier. Meine Krankenschwester hieß Irina, und wir trafen uns so oft, bis es gut war.

WINTER (1) Noch immer hatte ich das Bauwagenabteil für mich. Nebenan waren ein Busfahrer und ein Tankwagenfahrer eingezogen, die Tag und Nacht an ihren Fahrzeugen schraubten. Wenn wir uns mal trafen, schimpften sie ständig über die schlechten Straßen und den hohen Schnee. Sie durften sich unterwegs nicht mehr grüßen, jedenfalls nicht mehr mit dem unter Kraftfahrern üblichen Heben der Hand. Die Kinder dachten, es wäre der Hitlergruß, und standen mit erhobenem Arm an der Straße. Wir wurden in die Schulen geschickt, um sie von unserer Andersartigkeit zu überzeugen. Ich hatte die Ehre, den Dichter W. Lindemann als Dolmetscher zu begleiten. Plötzlich begann er tatsächlich, ellenlange Gedichte zu lesen, und hatte die Vorstellung, daß ich sie simultan übersetzen könne. Zwangsläufig lachten die Kinder, dazu noch an den falschen Stellen, aber das Dolmetschen machte mir zunehmend Spaß. Manchmal, wenn in meinem Telefonamt stundenlang keine Verbindung zustande kam, saß ich vor meinen Knöpfen und hoffte, daß mich jemand als Dolmetscher mitnehmen würde – zur Post oder zur städtischen Tripperverwaltung – oder mir wenigstens eine Zeitung hereinbrächte. Einmal bekam ich eine, in der etwas über mich stand: B. hatte mich in seiner Reportage zu einem »feinfühligen FDJler« gemacht, der sich für die »Datschas der Sowjetbürger interessierte«...

WINTER (2) Alles eingehüllt. Mich faszinierte diese gewaltige und noch nie gesehene Schneelast, die sich ständig regenerierte, sooft wir auch schippten. In der Stadt schoben die Maschinen riesengroße Berge an den Straßenrand, doch immer mehr kam von oben, als wollte man uns verlachen. An die Kälte konnte ich mich schnell gewöhnen, sie war trockener als zu Hause. Anfangs war ich abends noch vermummt durchs Lager geschlichen, später konnte ich schon im T-Shirt auf die Toilette gehen und wurde kein einziges Mal krank davon.

Wenn nicht irgendwo Not am Mann war, war schlichter Alltag. Ich holte mir die dicksten Bücher aus der Bibliothek, setzte mich vor meinen knisternden Kanonenofen, auf dem sich auch hervorragend Wasser für Grog und Glühwein erhitzen ließ. Glühwein wurde für einige Monate unser Lebenselixier: GLÜHWEIN-TRINKEN // Die Sinne schmoren auf sonnigen Hügeln, / die Hände tasten den Schnee. / Wenn der letzte Wein getrunken ist, / wird er sich auf meinen Weg machen. / Der ist plötzlich lang wie ein Strick, / knotet fest meine Füße; / mit Nelken gewürzt, / mit Zucker gesüßt...

DER BALL DER BESTEN: Unser Bus hielt pünktlich vor dem Krementschuger Kulturpalast. Der Kulturnatschalnik mit den vielen Orden an der Brust hatte sich an unsere Pünktlichkeit gewöhnt und stand tatsächlich mit der engagierten Band »Altair« an der Künstlerpforte. Wieder war ich Dolmetscher, welche Karriere. »Bring die Band heil nach Tscherkassy, übersetze die Lieder (Oh, Himmel!), damit Egon Krenz was versteht, und bring die Truppe nachts nach Krementschug zurück«, lautete meine Aufgabe, denn wenn ich dolmetschen sollte, versuchte ich vorher immer herauszufinden, was meine Aufgabe sei, damit ich rechtzeitig nachschlagen oder mich auf die Umschreibungen der unbekannten Vokabeln einstellen konnte. Der Bus war noch nicht mal aus der Stadt raus, da kamen die Künstler schon in Stimmung, schließlich wußten sie, daß sie vor unserem großen FDJ-Chef auftreten sollten. Schon hatte einer eine Gitarre zur Hand, kurz darauf war das Motorengeräusch überstimmt, denn die Sängerin hatte Stimme. Nach einigen herzerweichenden Stücken erklang plötzlich »Arlt vie ein Paum mjochte ich wjerden ...«. In einer Pause versuchte ich diskret, ihre Aussprache zu verbessern, aber sie entgegnete schnippisch, daß sie es genauso singe wie Djitr Bjirr von den Putschis und ich bestimmt einen anderen Dialekt hätte.

Wieder in Tscherkassy, hier war inzwischen die Trasse fürs Fernsehen entstanden. Einige Baumaschinen in der Nähe des Tors waren deutlich als Kulissen zu erkennen, bisher hatte sich nur der Dokfilmer Tetzlaff direkt vor Ort in den Schlamm gewagt. Auch der Speisesaal festlich blaugewimpelt, in der Mitte ein Staatsbankett von Interhotelköchen gerichtet und bewacht. Gedeckte Tische, vor jedem Gedeck ein Kärtchen. Genosse Müller, las ich, während die Band aufbaute, Genosse Kaiser, Genosse Krenz, Genosse Ostertag ... Zum Ball der Besten waren nur die Besten geladen. Und das Fernsehen.

Das Fest sollte um 20 Uhr anfangen, aber es hatte schon am Nachmittag im »Tschaika« begonnen, und um 21 Uhr herrschte Gewißheit: die Besten waren bei einer einheimischen Hochzeitsgesellschaft versackt, gemeinsam mit Krenz. Sybille, die FDJ-Sekretärin, bangte um ihren Abend, ebenso die Band, die auf ihren internationalen Durchbruch wartete. Sybille rannte durchs Lager und organisierte unter den Nüchternsten die Nüchternsten, die allmählich den Saal füllten, denn freie Getränke und die am Spieß gebratene Sau waren zu verlockend. Die ersten Hochmeldungen: Egon Krenz habe sich von der Hochzeitsgesellschaft verabschiedet ... Egon Krenz sei am Eingang des »Tschaika« gesehen worden ... Egon Krenz habe doch ein Abschiedstänzchen mit der Braut gemacht ... Egon Krenz soll den Wagen bestiegen haben ... Da mit den Bestarbeitern nicht mehr zu rechnen war, wohl aber noch mit Egon, wurde ab 22 Uhr Sprechchor geübt. »Egon! Egon! Egon!« Da geschah es, daß mich einer von der Band, Wolodja, fragend ansah. Es gibt bei uns zwei wichtige Egons, erklärte ich ihm, und da ich annahm, daß er wie seine Kollegen den einen kenne und wisse, warum er hier sei, erzählte ich ihm von Egon Olsen, dem beliebten dänischen Kriminellen. Wolodja war ebenfalls Schauspieler, wie ich später erfuhr, und konnte den unschuldigsten Bauern geben. Und so geschah es auch: Die Scheinwerfer gingen an, Egon erschien mit seinem Anzugträgertroß, Sybille gab das Zeichen, und die Statisten skandierten: »Egon! Egon! Egon!« Egon war auch nicht mehr nüchtern, er hatte es sich in den Kopf gesetzt, allen im Saal eine Hand zu schütteln. Er lächelte dabei jeden einzeln an, selbst Wolodja, der plötzlich mit donnerndem Organ »Olsen! Olsen! Olsen!« dazwischenrief ...

Was meine Dolmetscherlaufbahn anging, so gab es an jenem Abend einen Karriereknick, aber ich hatte dafür einen Freund gefunden.

Angeln am Dnepr

Für Wolodja

Da eine Stunde
warten auf Fisch,
das Feuer
wird bald abgebrannt sein.

Der Kessel
steht leer im Gras,
und den Wodka
wollen wir endlich entkorken.

Aber nicht ungeduldig werden,
wir haben auch Brot genug,
mit dem Rest
könnten wir noch Fische füttern.

Wolodjas Birken

Wo der Fluß die andere
Richtung nimmt,
hat Wolodja Birken gepflanzt.

Eine für Jessenin,
die andere für Schukschin,
er spricht sie auch so an.

Wenn er betrunken ist,
gießt er sie mit Wodka,
stößt ihre Köpfe zusammen.

Wo der Fluß die andere
Richtung nimmt,
fällt manchmal ein Blatt in den Wind.

TRASSENLYRIK stand hoch im Kurs bei heimischen Redakteuren. Ein Dichter nach dem anderen wurde auf Dienstreise geschickt. Der Dichter G. E. kam gleich mehrmals und fing schon morgens an zu trinken. Er saß im Bademantel vor der Heizung und dichtete Lieder für FDJ-Singegruppen. Eines hieß: »Das sind die jungen Pferde, Budjonny.« Zu meinen Gedichten sagte mir ein Redakteur: Zu viel Bastschuhromantik, zu viel Wodka, mehr Realität … Zur Veröffentlichung wählte er aus:

AN DER TRASSE 1

Hier muß man
den harten Kampf beherrschen,
sich selbst zu besiegen.

Hier wird gefordert,
was in keiner Schule
gelehrt wurde.

Den Nutzen der Arbeit
sieht man jeden Tag,
der Tag aber ist lang.

Das schwarze Rohr
hat ihn lange überholt.

Mein Versuch mit der Realität scheiterte zwangsläufig, da ich nicht soviel soff, daß mir beim Anblick einer Baustelle Budjonnys Reiter einfielen. Also blieb ich bei dem, was ich sah; und den ersten Selbstgebrannten hat mir ein ukrainischer Dorfpolizist zum Kosten gegeben, damit das ein für alle Male klar ist!

WOLODJA brachte mir nicht nur das Angeln und das richtige Wodkatrinken bei, er gab mir auch den ersten Samisdat zu lesen, ein im Selbstverlag erschienenes, zerlesenes Typoskript, »Moskau–Petuschki«. Ein Moskauer Telefonkabelverleger (!), der nie den Kreml gesehen hat, weil er immer nur im Suff daran vorbeigefahren ist, macht mit einem Vorortzug eine Reise zum für ihn paradiesischen Ort Petuschki, kommt aber nie an, weil er entweder zu früh aussteigt im Suff oder daran vorbeifährt. Ich durfte es drei Tage behalten, dann wurde es nach einem unergründbaren Verteilerschema weitergereicht. Ich schenkte ihm mein Exemplar der Schukschin-Erzählungen. Er blätterte in dem Buch wie in einem Heiligtum. Ich entschuldigte mich, daß es leider nur in deutsch sei. »Das macht nichts«, entgegnete er, »ich kenne die Geschichten fast auswendig.«

WIR GENOSSEN eine prächtige Versorgung an der Trasse, das steht fest. Stets wurde für Nachschub gesorgt, und gab es mal einen Engpaß, konnte mühelos auf eine andere Sorte umgestiegen werden.

In den sowjetischen Läden wurde der Alkoholverkauf staatlich geregelt, kurz vor elf bildeten sich vor den einschlägigen Adressen Schlangen, die sich nach einer Stunde wieder auflösten. Mit einem kurzen Fingerschnipsen gegen den Hals verabredeten Interessierte den Kauf einer gemeinsamen Flasche. Dagegen waren wir privilegiert. Wer wie ich das Maß fand, konnte die Zeit unbeschadet überstehen und sogar ein wenig Geld sparen. Man mußte nur aufpassen, daß man sich nicht ausschloß. Ich erinnere, daß mich eines Tages mein Bauleiter zur Seite nahm und mir vorwarf, ich würde mich vom Kollektiv zurückziehen. Ich hatte es mir nämlich nach einigen Wochen Trasse zur Gewohnheit gemacht, abends eine Flasche Rotwein zu greifen und mich in den gemütlichen Bibliothekscontainer des Hauptauftragnehmers Kultur zu setzen. Also schaute ich auch wieder bei den obligatorischen Bauwagenfesten vorbei, bei denen im Sommer die Männer miteinander um Kabeltrommeln tanzten oder liebevoll das Fell eines zugelaufenen Hundes streichelten.

Vor jedem zweiten Wohnwagen bellten Hunde, die alle entweder Trassi oder Wodka hießen. Viele mochten auf ihr trautes Heim nicht verzichten und gruben nach Feierabend Blumenbeete vor ihre Baracken und Wohnwagen. Nur als es plötzlich dafür Punkte in einem Wettbewerb geben sollte, schliefen diese Verschönerungsaktivitäten ein wenig ein. Man wollte seine Nische von den offiziellen Dingen trennen. Bei Kranzniederlegungen, Festreden und Fackelzügen war es sehr beliebt, sich unabkömmlich zu machen. Bei uns fiel dann meist eine Richtfunkstrecke aus, und wir mußten mit dem Jeep über Land fahren und schauten dabei in jedes Kaufhaus, das sich auf unserem Weg befand. Wir hatten ja sechs Rubel pro Tag umzusetzen, und wir kauften uns herrliche Souvenirs, Küchengeräte aus Folkloreholz, »Mumpellampen«, in denen aus Wachs phallusartige Gebilde wuchsen, und Kaffeemaschinen, die tatsächlich funktionierten.

Nach drei an der Trasse verbrachten Monaten gab es mindestens drei Wochen Urlaub, in denen wir kostenlos nach Hause geflogen wurden. Einmal wurden wir in Kiew in eine falsche Maschine gesetzt. Unsere Bordkarten hatten zufällig dieselben Farben wie die für die Maschine nach Athen.

Bei allem Fernweh, auch ich bin ausgestiegen, denn wie hätte ich in Griechenland meine Freunde Wodkarinne und Wolodja treffen können? Und einen Wolf heulen hören wollte ich ja schließlich auch noch.

Berlin, 1978/1998

Christoph Dieckmann

Melancholie oder Mein Woodstock

Dem Renft-Dichter Gerulf Pannach, der in der Zeit dieser Niederschrift gestorben ist

An einem Juniabend des Jahres 1968 machte der sächsisch-anhaltinische Landpfarrer Hans-Joachim Dieckmann seinen drei Kindern eine fürchterliche Mitteilung. Wir saßen gemütlich im Sommerzimmer um den Abendbrottisch und löffelten Erdbeeren mit Milch, da sprach der Vater: Dies sind die letzten Dingelstedter Erdbeeren, die ihr zu essen bekommt. Wir ziehen fort. Anfang September. Über den Harz. Nach Sangerhausen.

Der Abschiedskummer war so unermeßlich wie die neue Stadt. Dreiunddreißigtausend Menschen hatte sie, zehn Schulen, vier Kirchen, ein Hochhaus mit zehn Etagen, einen Stadtbus, keinen Wald. Ihr zu Häupten ragte ein Kegelmassiv, die Halde vom Kupferschacht. Die neuen Klassenkameraden waren Bergmannskinder. Ihre Forsche konnte verstören. Sie zoteten. Sie begrabschten Mädchen, die hier *Weiber* hießen. Sie hörten aus Kofferradios hysterische Musik mit englischem Gesang.

Ich grabschte und hörte nicht. Ich sammelte »Mosaiks«. Erst seit Januar 1965, also ab Nr. 98, hatte ich das einzige und beste Comic-Heft der DDR selbst erworben. Alles Frühere mußte eingetauscht werden. Aber wie? Meine Matchbox-Autos *von drüben*, die auf dem Dorf den Wert von Kronjuwelen hatten, galten in der Stadt als Kinderkram. Pornophotos sollte ich beschaffen oder Bilder von Beatgruppen. Für »Mosaiks« tat ich alles. Mutter entdeckte die erstaunlichen Motive auf dem Rauchtischchen unter der evangelistischen Zeitschrift »Frohe Botschaft für jedermann«. Sie empfahl zügigen Weiterhandel.

So geschah es, doch ich merkte mir die Namen des monströs behaarten Volks: The Animals, The Monkees, The Archies, Dave, Dee, Dozy, Beaky, Mick & Tich. Ulli Mosdzien, der Klassenklopper, hatte sich derlei magische Wörter mit Filzstift auf die Federtasche gemalt, was den Weibern überaus gefiel. Ich tat es Ulli nach. Jetzt mußt du noch, lächelte Ulli , ganz groß The Colas schreiben, das sind die Schärfsten. Als dies geschehen war, kreischten die Weiber vor Hohn. The Colas, stellte sich heraus, hieß das Schubidu-Ensemble, in dem unser Physiklehrer Zöllner am Wochenende Baßgitarre spielte.

Die Stones? Mir unbekannt. Die Beatles? Oberpeinlich, seit ich »Obladi Oblada« vernommen hatte – ein Urteil, das erst an »Let it be« zerbrach. Immerhin hatte uns schon auf dem Dorf die Klassenlehrerin Ingrid Schmädig den russischen Genitiv auf denkbar unleninsche Weise eingetrichtert. She loves you, sang Frau Schmädig in den Raum, und die Klasse respondierte: Yeah, yeah, yeah!

1970, zur Konfirmation, schickte Patenonkel Reinhold aus Stuttgart das japanische Kofferradio »Concertone Super Sensitive«. Was ich damit empfing, wurde meine Musik. Carl-Ludwig Wolfs »Schlagerderby« vom Deutschlandfunk offerierte eine heute undenkbare Schlachteplatte aus deutscher Herzensergießung und angelsächsischem Haudrauf. Auf Heintje folgte Hendrix. Der Schnuckelbubi mißhagte mir so sehr wie der Gitarrenterrorist, doch insgesamt zog ich das Deutsche vor. Ich stand auf France Gall (»Ein bißchen Goethe, ein bißchen Bonaparte«), auf Peter Alexander (»Hier ist ein Mensch«), Karel Gott (»Einmal um die ganze Welt«) und Ricky Shayne (»Ich sprenge alle Ketten und singe yeah, yeah, yeah, yeah, yeah«). Die Sangerhäuser Kirchgemeinde St. Ulrici besaß ein polnisches Tonbandgerät vom Typ ZK 120, das der Verwaltung meines Vaters unterstand. Bei Wohlverhalten durfte ich es nutzen. Ich verdanke ihm die erste Bandaufnahme meines Lebens: Roy Black, »Ich hab geträumt, das Glück kam heut zu mir«.

Eines Morgens trat vor die Klasse 8a Genosse Rüdiger, der Schuldirektor, und zwar bebend. Unfaßbares sei geschehen. Acht Schüler dieses, jawohl, dieses Lernkollektivs hätten Kontakt zum Klassenfeind gesucht. Freilich nicht gefunden, dank unserer wachsamen Organe. Maßnahmen seien vonnöten. Andere Saiten würden aufgezogen werden. Unverzüglich, jawohl, unverzüglich müßten sich die Betreffenden freiwillig melden, falls in ihnen noch ein Fünkchen Ehre glimme.

Schweigen. Dann stand Bernd Grimm auf, der, weil er stotterte, fürs Beichten sehr geeignet war. Er wwisse auch nicht, wwas in ihn gefahren sei. Die Kkinks, »Llola«. – Das Lied »Lola« vom englischen Beatkollektiv The Kinks, so erfuhr Genosse Rüdiger, hatte den Jugendfreund Grimm derart feindlich-negativ beeinflußt, daß er, »Lola« wählend, nach Köln ans »Schlagerderby« schrieb und die Sudelei von sieben Klassenkameraden unterzeichnen ließ. Die Namen wurden vor dem Fahnenappell verlesen. Relegation unterblieb. Da die Sünder sämtlichen Westsendern abschworen, mußten sie nur den Schulgarten umgraben.

Ich zitterte noch Wochen, hatte doch auch ich an den Deutschlandfunk geschrieben, allerdings für Cliff Richard und »Good bye Sam, hello Semantha«. Das entging unseren Organen. Und in den Sommerferien kam aus dem Harz eine Urlaubskarte von Bernd Grimm: öEmpfang! Hessen kommt auch viehisch rein! Europawelle Saar pfeift kaum! Meine neue Nummer 1 heißt ›Ape Man‹ von den Kinks!«

1971 beerbte Honecker Ulbricht. Es schien ein bißchen, als beginne die DDR noch mal von vorn. Die Desaster des Sozialismus 1953, 1956, 1961 waren ja nicht meine. Und 1968 bin ich zwölf gewesen: ein Kind, das im dörflichen Schusterladen des Herrn Heyer erregte Radiokommentare aufschnappte. Das war nun so sehr Vergangenheit wie Ulbricht und das Dorf. Honecker verlegte den Zahltag des Sozialismus ins Heute vor. Honecker, im Herzen FDJler bis zu seinem Tode, wünschte als jugendlich zu gelten. Honecker sprach den denkwürdigen Satz, man könne die Westmedien *ein- und wieder ausschalten*. Und was die Jugend anbelange, so sei weniger ihr Äußeres entscheidend, als wie sie zu *unserer Sache* stünde.

Ich war *unserer Sache* nicht feind, solange sie mir Musik und lange Haare ließ. Musikalisch wie frisürlich hatte ich längst von Roy Black zu Deep Purple gewechselt. Mit dieser Mähne kein Schulabschluß! schwor Genosse Rüdiger immer wieder. Vor Honecker mußte er kapitulieren. 1972, bei der letzten Zeugnisübergabe, mahnte er elegisch: Erwerben Sie zu Marx' Frisur nun auch sein Wissen!

Ein langer Sommer folgte, Zwischenzeit. Sacht, aber unaufhaltsam trieb der Kahn vom Ufer ab. Die Kindheit blieb zurück. Das werktätige Leben war so lange fern, bis es begann, in einem Filmvorführer-Lehrlingsinternat im tiefsten Sachsen. Ich habe in meinem Buch »Time is on my side« die damaligen Dramen ausführlich erzählt und will es hier nicht wieder tun. Nur soviel, daß dieser Sommer mich mein erstes Rockkonzert erleben ließ: wahrhaftig die Puhdys.

Hierzu kleidete ich mich würdig. Beginnen wir unten, mit den schwarzen Schuh-Booten, unter die statt eines Kiels eine Art Schafott gezimmert war. Darüber glockte der riesige Schlag azurblauer Trevirahosen. Oben umlappte mich reizvoll das orange Batikhemd, überkrönt von Hornbrille und Matte. Derart festlich illuminiert betrat ich, sonntagnachmittags um drei, das Kreiskulturhaus Artern. Unfaßbare Mädchen girrten durchs Foyer. Sie nippten Buntes an der Bar. Sie reckten Blusenbrust und kämmten sich immerzu. Sie rutschelten in Superminis und gestrickten Hot pants auf dem kunstledernen Gestühl, bis im Saal das Licht erlosch und die Götter auf die Bühne sprangen.

Was waren die Puhdys laut! Und wild! Und schön! Drummer Gunter: Felljacke auf blanker Haut! Bassist

Harry: Lockenhelm wie eine Kaffeemütze! »Child in time« von Deep Purple brachten sie, »Gypsy« und »Bird of pray« von Uriah Heep, alles mit bravourösem Kastraten-Falsett. Ihre eigenen Werke hießen »Türen öffnen sich zur Stadt«, »Manchmal im Schlaf«, »Steige nicht auf einen Baum«, die Nummer mit dem Dudelsack und der Jugendweihe-Lyrik des Dichters Wolfgang Tilgner: *Steige nicht auf einen Baum / wenn du Fische suchst / dumm, wenn du den Spiegel an der Wand / und nicht dich verfluchst / Küche, Kammer, enge Welt / so entsteht kein Held.*

In der Pause witschte ich mit meinem feuerroten Kassettenrecorder KT 100 hinter die Bühne, um, wie beim Fußball, Star-Interviews zu führen. Leider erwiesen sich die Puhdys als moralisch ungefestigte Persönlichkeiten. Insbesondere der Gitarrist Hertrampf grabbelte in den Südharzer Maiden herum, als hätte ihn das Jugendmagazin »neues leben« nicht gerade erst glücklich verheiratet genannt. Wort und Tat bildeten bei Sportfreund Hertrampf wohl keine Einheit. *Warum, warum,* sang er brünstig in der zweiten Halbzeit, *sieht man manches erst so spät? Haben wir nicht Augen und Verstand, daß man diese Welt versteht?* Nach dem Konzert erlauschte ich vom Volk noch zweierlei: Erstens seien die Puhdys musikalisch viel besser als Renft. Zweitens könnten Renft auch klamottenmäßig niemals mithalten.

Die Historie hat aus der Klaus-Renft-Combo Helden der Opposition gemacht, aus den Puhdys DDR-Gewinnler – eine alte Seilschaft, die, natürlich auch heute obenauf, von Reklamewänden Ostberliner Bier ausruft. Dieser Scheideweg war damals nicht abzusehen. Renfts standen im Ruf saufender Böcke, die sich politisch gern mal ein bißchen die Schnauze verbrannten. Im übrigen spielten sie wie die Puhdys zunächst, was das dürstende Fanvolk von jeder guten DDR-Band verlangte: Stellvertretung für die großen Westidole, die nicht kommen durften. Renfts Verbot 1975 wegen unbotmäßiger Texte ehrte die Band, so wie es Klaus Renft heute ehrt, daß er sich in seinen Memoiren nicht als Widerstandskämpfer beschreibt, sondern als Lavierer, der um seiner Band willen die SED-Kulturerlauber zu beschwichtigen suchte.

Leider hat die Biermann-Ausbürgerung 1976 den frühen Schock des Renft-Verbots historiographisch zugedeckt. Biermann kannten damals wenige; das war nicht seine Schuld. Renft kannte jeder. Als Renft verstummen mußte, endete die Hoffnung Honecker für eine Jugend, die kritisch guten Willens hoffen wollte, daß sich der Sozialismus doch noch für sie eignen könnte und sie sich für ihn. In diesem Sinne hatte uns Ulrich Plenzdorf »Die neuen Leiden des jungen W.« geschrieben, hatte Hermann Zschoche »Für die Liebe noch zu mager« gedreht und Heiner Carow »Die Legende von Paul und Paula«. Wir waren die letzten, die hofften und auf die zu hoffen war. Nach uns kamen die Zyniker.

Es gab ein Datum, da fühlte ich mich der offiziellen DDR sehr verbunden. Der Putsch in Chile im September 1973 schockierte mich tief. Er war mein Prag. Drei Jahre lang, seit Salvador Allende regierte, hatte seine Unidad Popular mir als Nicht-FDJler und Pazifisten treffliche Argumente wider die Leninsche Revolutionstheorie geliefert. Allendes Chile bewies, daß der Sozialismus doch demokratisch, durch Wahlen, an die Macht kommen konnte. Jetzt triumphierte der Staatsbürgerkundelehrer und kündigte für das kommende Frühjahr die Landung der Roten Armee in Chile an.

Vorerst kämpften nur die Rockmusiker der DDR gegen General Pinochet. Lieder für Chile entstanden so rasch, wie sie entstehen sollten. Die Renft-Combo produzierte eilends »So starb auch Neruda« und »Chilenisches Metall« – Propaganda-Rock, für den ich damals dankbar war. Heute befremdet der Schwulst. Auch sonst hat Renft betrübliche Obskuritäten fabriziert, aber Stücke wie »Wandersmann«, »Apfeltraum« und »Als ich wie ein Vogel war« stechen den, der ihrer Gegenwart entstammt, immer noch ins Herz. Ihre ländliche Metaphorik barg verzweifelte Kraft. Wer sie hörte, fühlte sich moralisch in die Pflicht genommen. Nichts anderes wünschte ich: daß meine Musik mich in ihren Dienst beriefe, zum Schweizergardisten der Ehrlichkeit. Wenige schienen dazu auserwählt, was meinen Rang noch hob, turmhoch über alle *Unterhaltungskunst*. Mochte die Welt ihr Gedudel hören, Balzmusiken, Jodelschrott. Ich kannte den Gral.

Die Stimmung jener Zeit verlangte das große Gefühl. Heutig gesprochen: Coolsein war uncool. Was Yes, King Crimson, die frühen Genesis und Emerson Lake & Palmer symphonierten, gilt jetzigem Zeitgeist als die dunkelste Epoche der Rockgeschichte. Man vergesse nicht, was die *Art Rock-Herven* uneingestanden wollten. Künstler wünschten sie zu sein und ersehnten bildungsbürgerliche Akzeptanz, den Beifall der Konservatorien, denen sie oft entstammten. *Art Rock* ist ein urbritisches Phänomen. »Im Vergleich zu den Engländern sind die Amerikaner eigentlich glückliche Affen«, schrieb John Rockwell im »Rolling Stone«. »Die meisten amerikanischen Rockfans würden keine Beethoven-Symphonie erkennen, auch wenn sie mitten auf der Straße von einer überrollt würden.«

Auch im DDR-Rock der frühen siebziger Jahre plimperten Cembali, säuselten Flöten, brausten Orgeln auf. Die Electra-Combo besang Raffaels Sixtinische Madonna, Jürgen Kerth beblueste Gloriosa, die große Glocke des Erfurter Doms. Das machte den DDR-Jugendideologen keine Angst. Alle Aggressionen sublimierten sich. *Art Rock* war, wie klassische Musik, eine Kathedrale für jedermanns Gebet und Fluch. Tamara Danz sprach später treffend von Weltall-Erde-Mensch-Musik. Es ist aber besser, sich mit sechzehn lyrisch erhaben zu fühlen als *abgefuckt*.

Und Woodstock? War auch in der DDR die heilige Raunung für jeden echten Fan. Die Bänder kursierten. Jede Ansage kannte man auswendig. Die Aufnahmen zu bekommen war nicht mehr ganz so schwierig, seit ausgerechnet das tschechoslowakische Staatslabel Supraphon das legendäre Dreifachalbum veröffentlicht hatte. Der Mythos von *Woodstock Nation* verlangte nun allerdings, daß Rockmusik nicht einfach Traum und Halligalli sei, sondern Trägerin gesellschaftlicher Gegenentwürfe. Anarchie tat not, womöglich *Plattformbildung*, antisozialistischer Rabatz. Das war selten. Demnach hätte es in der DDR keine wahre Rockmusik gegeben? Tatsächlich verzeichnete nach dem Renft-Verbot die DDR-Rock-Umarmungspolitik steigende Erfolge. Immer mehr Pampe wurde produziert. Musiker tauschten Eigensinn für Karriere und Publizität in den Medien, die ja sämtlich der Staatsmacht gehörten. Drei Auswege blieben: in den Underground, in die Hochkunst, in den Blues. Die DDR ist immer ein Bluesland gewesen. Underground hieß Punk, Haßmusik gegen altvordere Etabliertheit. Es war ja begreiflich, weshalb die Punker den Prunkern in die goldenen Schüsseln schissen. Ich fand das arm. Ich wünschte nicht zu brüllen und abzukotzen. Ich wollte lauschen. Musik mit negativer Identität ekelte mich nicht minder als der Zwangsoptimismus der SED. Jedwede Ideologie, fand ich, verbaue Introspektive. Mein subversives Ideal hieß Individualität, mein Weg zur Freiheit *Via aesthetica*. Was für den Staat nicht mehr zu hoffen war, erschuf ich für mich selbst. Meine Musik brauchte melancholisches Talent.

Auch Pathos war willkommen. Ich stehe am Abrund der Halde hinterm Lehrlingsinternat und lasse volle Pulle Eric Burdon aus der Heule: *It's my life and I do what I want* … Ich renne, vom Ausbilder gedemütigt, wutdampfend durch den nebelnassen Wald und komponiere den ultimativen Schockrocker, und jählings weiß ich, hart und heiß, wie er beginnen muß: mit einem Schuß. Nachts kreide ich, um mich Jimis und Janis' Todesverachtung würdig zu erweisen, Freiheitsparolen ans Schwarze Brett der Parteileitung. Ich posiere für Photos als Hippie im Müll. Ich installiere Deep Purple »Fools« als Liturgie der Lehrlingsdisko. Ich verbiete Schlagerwünsche. Als ich aus der Lehre fliegen soll, gibt es ein großes Tribunal. Auch Lothar tritt auf, der FDJ-Sekretär. Eben war er noch mein Freund. Jetzt weiß er, wo er steht. Als Diskjockey, enthüllt Lothar, hat Christoph provokativ Titel gespielt, nach denen man nicht oder kaum tanzen konnte.

Lothars Erguß brachte das Faß meiner Asozialität zum Überlaufen. Ich wurde des Internats und aus Sachsen verwiesen. Schon am nächsten Morgen war ich Kohlenschipper im »Central-Theater« Sangerhausen. Meine Depression wich nach zwei Tagen, als ich auf NDR zwei herrliche Hendrix-Nummern mitschneiden konnte: »Changes« und »Power to love«, live, mit der Band Of Gypsys. Der inneren Auferstehung folgte bald die offizielle – dank der Klaus-Renft-Combo. Ein Freitag war's, ich machte Feierabend, um zum Renft-Konzert ins Kreiskulturhaus Artern abzureisen. Da ertönte oben aus dem Projektionsraum ein Schrei, sodann ein Plumps. Kollegen Mallack, dem Filmvorführer, war die Bandscheibe vorgefallen. Es erschien, in Panik, Genosse Clausen, der Kreisfilmstellenleiter, und beschwor mich, auf Renft zu verzichten. In einer halben Stunde erscheine die Kreisparteileitung, um sich eines kirgisischen Films zu erfreuen. Kollege Dieckmann, wenn sie das übernehmen könnten, also das würd' ich ihnen nie vergessen! – Ich ließ Renft fahren und spielte »Roter Mohn vom Issyk-Kul«. Das rettete Genossen Clausen, meinen künftigen Gönner, der übrigens auch ein Verbannter auf Bewährung war, nur daß er nicht exzessiv der Rockmusik obgelegen hatte, sondern Weibern.

Ein Jahr später bestand ich die Facharbeiterprüfung und begann in Leipzig mit dem Studium der Theologie. Wenn ich in diesem Jahr nicht Filme vorführte, hing ich am Radio. Es ist an der Zeit, meinen Erziehern Dank zu sagen: den wunderbaren Jugendradio-Leuten vom Hessischen Rundfunk. Sie hießen Volker Rebell, Tom Schröder, Christopher Sommerkorn. Sie betrieben Aufklärung. Emanzipation, Hauptmotiv jeder Jugendkultur, lief bei ihnen über Toleranz. In täglich anderthalb Stunden »Rumms« spielten sie Hendrix neben Mikis Theodorakis, Albert Mangelsdorff neben Fairport Convention und Neil Young. Sie erklärten Fado, Jazz und Irish Folk. Sie übersetzten Texte, besprachen Bücher und Filme und verkniffen sich die Wichtig-wichtig-Attitüde, die mich später am Westberliner Radio so nervte. Ob die Macher von »Rumms« als Linke einzutüten wären, als Achtundsechziger, das habe ich mich nie gefragt. Ich liebte die Intelligenz meiner Sendung, ihre antiideologische Poesie – und daß der Mensch am Mikrophon nicht während der Musik sprach, weil er wußte, daß meine Hand am Aufnahmeknopf lag.

Dann das Studium. Leipzig war Jazz. Ekstatische Konzerte im Felsenkeller und in der Kongreßhalle am Zoo. Sessions bis zum hellen Morgen in der Moritzbastei. Conny Bauers vergrübelt hupende Posaune, Joe Sachses spastisch geraspelte Gitarre, Günter Sommers Pauken und Lauschen. Manfred Herings Reisen zum Mittelpunkt des Altsaxophons. Manfred Schönfeld, der das Tenor blies, wie er hieß. Uli Gumpert mit Bigband und solo: ein Fleischer am Klavier. Bläser-Schulze mit dem Bart des Rübezahl. Hannes Zerbe mit der Eulenbrille. Der Sarkast Petrowski, der eifrige Dix, Graswurm mit dem weichen Flügelhorn …

Ihr glücklichen Ohren, was je ihr gehört – es sei, wie es wolle, es hat nicht gestört. Musikalisch focht der DDR-Free Jazz die Kulturbonzen kaum an, mangels Text. Alles mochte klingen, so scheußlich es wollte, wenn es nur nicht verbale Konterbande enthielt. Überdies wurden DDR-Jazzer prestigeträchtig zu internationalen Festivals eingeladen, wenngleich dies dem ZK der SED/Abteilung Kultur wohl weniger begreiflich war als die Erfolge unserer Schwimmerinnen. Leider entwickelte sich Free Jazz zum Sozialproblem. Behaarte Tramperscharen marodierten durchs Land, nächtigten unkontrollierbar und fraternalisierten mit Westmusikern, wenn etwa die einschlägig bekannten Subjekte Metag und Blobel in dem Städtchen Peitz bei Cottbus ihr Open air organisierten. Das kommt nie wieder: Tausende von Free-Fans im Schlamm, aufgeweichte Zelte, Moränen von Rotweinpullen und Hähnchengebein, und auf der Bühne die Europäische Union improvisierter Musik. Die Westmusiker brannten vor Glück. Bezahlt wurde mit Ostgeld, das sich wunderbar versaufen ließ bei diesem Mini-Woodstock in der DDR.

Fast hätte auch noch ein richtiges Woodstock-Festival in Honeckers Großreich stattgefunden – das zweite. Für eine Neuauflage stand der FDJ-Zentralrat in Verhandlungen mit Michael Lang, einem der vier Veranstalter von Woodstock '69, der 1988 schon Joe Cocker nach Ostberlin und Dresden gebracht hatte. Weshalb die Sache scheiterte, kann man ausführlich lesen in Michael Rauhuts vorzüglichem Buch »Schalmei und Lederjacke«. Nach endlosen Querelen verschob Lang sein Jubiläums-Revival auf 1994. Die FDJ hatte nun kein Mega-Rockkonzert mehr anzubieten, so daß unsere jungen Menschen die Errungenschaften unserer Republik vergaßen, nach Ungarn und in den Westen desertierten und schlußendlich den antifaschistischen Schutzwall seiner historischen Verdienste beraubten.

Was bleibt von der alten Zeit? Alles, was man sich nicht nehmen läßt. Cocker, Dylan, Springsteen in der DDR, Santana, Alvin Lee, Mitch Ryder im Palast der Republik gehören zu den dauerhaften Freuden meines Lebens. Und wie ich 1983 mit falschem Visum, gespielter Magenkolik und vierzig Westmark im Fleischsalatbrötchen ins Kriegsrechts-Polen einbrach, um beim Warschauer Jazz-Jamboree Miles Davis zu hören, das macht mir kein Wessi nach.

Nach dem Fall der Mauer begab sich Seltsames. Viele Ostfans von Jazz und Rock verließen ihre Musik, weil sie nun kampflos zu hören und zu kaufen war. Die Liebe hatte sich über den Mangel definiert, nicht aus sich selbst. Es klingt so banal, gemessen an Stasi und Mauertod, aber mein größtes *persönliches* Mißvergnügen an der DDR war, daß sie mich als Plattensammler dursten ließ. Ich danke Peter Brötzmann, Willem Breuker, Barbara Thompson, Albert Mangelsdorff, Alexander von Schlippenbach, Eberhard Weber ..., die sich von mir erfolgreich anbetteln ließen. Ich danke Patenonkel Reinhold aus Stuttgart, daß er dem Konfirmationsradio jahrein, jahraus zwei Jazzscheiben nachsandte. Ich danke Omi fürs Plattenschmuggeln. Ich danke Hans-Ulrich Klenner von ECM-Records München und Dieter Hahne von FMP Westberlin fürs Tauschen. Ich brauchte sie. Aber immer bitten, das tut weh, wenn man erwachsen ist.

Noch etwas passierte 1989/90. Der Westen verschwand, *Amerika*, die Traum- und Gegenwelt. Jetzt wurde alles real, also DDR, es sei denn, man hatte Träume, die sich nicht der Mauer verdankten. Der Mangel an *Amerika* jedenfalls ist inzwischen einem aggressiven Überfluß gewichen, dessen exaltierter Dämlichkeit ich mich aber ganz gut entziehen kann – immer noch mit amerikanischer Musik.

Drei US-Filme haben es in den Kinos der DDR zu Rock-Kultstatus gebracht. Erstens 1973 Stuart Hagmans »Blutige Erdbeeren« über die Studentenrevolte von Berkeley (Musik: Crosby, Stills, Nash & Young, Thunderclap Newman, Buffy Sainte-Marie). Drittens 1986 Martin Scorseses »The Last Waltz«, das Abschiedskonzert von The Band. Dazwischen lag 1982 »The Rose« von Marc Rydell und Michael Cimino, dem Leben Janis Joplins nachempfunden. Es gab da eine Szene, die mir immer nachging. Irgendwo im Country-Süden stürmt die Rocksängerin Rose, gespielt von Bette Midler, ein Aufnahmestudio, in dem Bluegrass-Musiker zugange sind. Rose, die dauerbesoffene Grölschlampe des Rock'n'Roll, winkt den biederen Kollegen mit der Flasche zum Gruß. Sie wird kalthöflich hinausexpediert mit dem Satz: Miss, wir wollen Sie hier nicht. – Rassisten, dachte ich damals, Haarabschneider, bigottes Spießervolk. Aber darum ging's nicht. Rose und ihre Musik waren diesen Unberühmten nicht gut, nicht tief genug.

Heute bin ich selbst Country-Fan. Das meint nicht Garth Brooks und all den Cowboy-Kleister, der aus dem Radio suppt. Meine Helden sind Townes Van Zandt, Guy Clark, Gram Parsons, Emmylou Harris, Steve Earle, Doc Watson, die Louvin Brothers, die ungezählten, kaum bekannten Bluegrass-Picker und Roots-Rocker, die niemals in Stadien spielen, aber auf der Veranda der Ewigkeit. Expansion ist ein Holzweg zur Größe. Freiheit braucht Maß. Erst im Rahmen entgrenzt sich das Bild. Folk und Country ruhen als Genre und wandern als Erkenntnis. Moden und Ideologien machen es umgekehrt.

Auch mein Woodstock habe ich gefunden, allerdings nicht 1994 beim Revival-Festival im Morast von Saugerties/New York. Das war ein ordinäres Großspektakel für 350 000 tätowierte weiße Bodybuilder. Ich floh am zweiten Tag, noch bevor Bob Dylan auftrat, als ich den ersten Toten liegen sah. Mein Woodstock wurde 1997 das South-by-Southwest-Festival in Austin/Texas, der Weltmetropole gesungener Dichtung und bodenständiger US-Musik. Man hat da die Wahl zwischen 36 Klubs und 750 Artisten. Man muß und kann sich entscheiden, denn nichts ist das Größte, nur die Musik. Als ich nach acht Tagen heimflog, hatte ich endlich, endlich des Guten zuviel. Und brauchte wieder Berliner Ärger und deutsche Distanz, damit die Musik nicht Alltag werde, sondern seine Mystik bleibe: *timestop*, Heimruf, Stimme von weither.

Jörg Albinsky

Mythos Wartburg Melkus

Wenn Heinz Melkus über die Bautzener Landstraße in Dresden geht, will er jemandem etwas zeigen. Schräg gegenüber von seinem BMW-Autohaus rottet eine alte Garagenkolonie vor sich hin. Dutzende mausgraue Blechtore, ein Schotterweg. Mit einem kräftigen Ruck reißt Heinz Melkus das ächzende Garagentor hoch und verschwindet im Halbschatten. Drinnen wartet das, wofür der 70jährige sein halbes Leben gearbeitet hat. Ein Zweisitzer steht da, ein elegantes Sportcoupé – pfeilspitz wie ein Ferrari. Der Wartburg Melkus. Sein stahlgewordener Traum. 70 PS, 165 Spitze. Die Karosserie scheint um die Räder herumzufließen. Flach an den Boden geschmiegt, reicht der silbrig schimmernde Flitzer dem Erbauer kaum bis zur Hüfte. Fast zärtlich streicht er über das Fließheck. Doch der eigentliche Clou sind die eleganten Flügeltüren, die sich nach oben öffnen. Wie ein Insekt vorm Abflug blickt das Auto aus der Garage. Heinz Melkus steht daneben – ein bescheidener alter Mann, ruhig, aber bestimmt. Was er will, setzt er mit seinem stillen Eigensinn durch und erreicht, was anderen nicht im Traum einfiele. Der Melkus RS 1000 ist der einzige serienmäßig produzierte Sportwagen im Osten. Kein Parteifunktionär erteilt den Auftrag dazu, kein Kombinatsdirektor will damit den Plan übererfüllen. Heinz Melkus entwickelt und baut das Auto aus eigenem Antrieb als privater Unternehmer, als Kleinkapitalist inmitten der Planwirtschaft – ein Gründerelan, der ihm später zum Verhängnis wird. Der RS 1000 ist die Geschichte des Heinz Melkus.

Kurz nach Kriegsende steigt der 17jährige in sein erstes eigenes Auto, einen Mercedes-Lastwagen, und wird so vom Flakhelfer zum Fuhrunternehmer. Zwischen den Trümmern der Neustadt bringt er seinen Holzvergaser das erste Mal in Gang. Eine Führerscheinprüfung hat er nie gemacht, Jahre später wird er die Fahrerlaubnis auch ohne Test bekommen. Von Brüssel nach Wien, von Kopenhagen nach Hamburg mit Pferden, Trümmern oder Marmelade an Bord – Melkus fährt durch das Europa der Nachkriegszeit und versucht, seinen Mercedes-LKW am Laufen zu halten. Jeder Fahrzeugschaden ist eine mittlere Katastrophe. Wer heil über die löchrigen Straßen kommen will, braucht Ideen und Ersatzteile, egal, ob getauscht, geborgt oder geklaut. Und irgendwo zwischen Autofriedhöfen und öligen Garagen wird aus der Not eine Tugend.

Im Juli 1950 ist er mit einer Ladung Bier unterwegs, die er von der Grenzquellbrauerei nach Dresden bringen soll. Doch heute ist er nicht allein auf der sonst leergefegten Autobahn, fast zweihunderttausend Menschen strömen zum Autobahnkreuz bei Dresden-Hellerau. Die Leute kampieren in Zeltstädten rechts und links der Straße. Manche sind schon seit zwei Tagen hier. Eisstand reiht sich an Würstchenbude. Eine unglaubliche Volksfeststimmung. Heinz Melkus wühlt sich mit seinem LKW durch die Menge. Die Zeit wird knapp, in zwei Stunden beginnt das Autorennen. Als er die inzwischen lauwarmen Fässer abgeladen hat, ist die Autobahn gesperrt, denn das Training beginnt, und Melkus muß bleiben. Ein phänomenales Treiben tobt um ihn herum, der Temporausch der Fünfziger. Das Höher-Schneller-Weiter der Aufbaujahre läßt sich auch in der Ostzone nicht unterdrücken. Motorsport ist Großereignis in der varietéfreien Zone, obwohl den Behörden der Rennsport suspekt ist; zuviel westlicher Touch, zu extravagant und teuer. Doch die Hunderttausende an den Rennstrecken zwischen Sachsenring und Schleizer Dreieck sind nicht zu stoppen.

Auch den 22jährigen Melkus hat der Größenwahn gepackt, und er beschließt, selbst einen Rennwagen zu bauen. Ein Jahr lang schraubt und schweißt Heinz Melkus mit vier Kumpels bis in die Nacht hinein an seinem ganz eigenen Auto. Das Herz ist ein Käfer-Motor, der Rest vom Schrottplatz aufgesammelt. Die beiden verbogenen Kotflügel stammen von verschiedenen Typen. Wenn mal eine passende Schraube da ist, rostet die Fassung durch. Irgendwann bewegt sich der Wagen doch. Der Rennleiter hat offenbar Humor, deshalb bekommen Fahrer und Wagen die Zulassung. Für die alten Hasen im Fahrerlager ist der Jüngling in seiner Seifenkiste vom Schrott nur ein Witz. Doch auf der Piste sollen sie schnell lernen, ihn ernst zu nehmen. Bei seinem ersten Rennen auf dem Sachsenring landet der blutige Anfänger sofort auf Platz 13. Ein Jahr später ist er Sieger. Mehr als dreihundert Rennen fährt er. Im Lauf der Jahre werden ihm achtzig Siegerkränze umgehängt. Sechsmal wird er DDR-Meister, dreimal Osteuropameister.

Mit dem Ruhm der Rennstrecken erreicht er manches, was in der DDR eigentlich nicht zu erreichen ist. Melkus darf eine private Fahrschule gründen, die einzige im ganzen Land. Mit einer Handvoll Männer fängt er an, bald kommt eine kleine Werkstatt dazu, in der die Wagen zu Fahrschulautos umgebaut werden, und bis zur Wende bringt es Melkus auf fast vierzig Angestellte. Doch Rennfahrer bleibt er mit ganzer Seele, und Rennautos kann man nicht im Konsum kaufen, deshalb baut er sie selbst, bald auch für andere Fahrer. Wo der schnelle Melkus nicht selbst siegt, gewinnt doch wenigstens ein Auto aus seiner Rennschmiede. Auch im Ausland will man seine Renner fahren, so daß 1964 der erste Großauftrag eingeht. Die Sowjetunion bestellt 30 Rennwagen für 15 000 Mark das Stück. Nun wird in der Melkus-Werkstatt Tag und Nacht gearbeitet. Tagsüber die Fahrschulautos, nach Feierabend die Rennwagen. Die Wartburgwerke liefern monatlich einen Motor plus Getriebe; jede Frage nach behördlicher Genehmigung zum Fahrzeugbau hat sich ohnehin erübrigt. Der große Bruder hat gesprochen.

Die kleine Werkstatt in der Leipziger Straße in Dresden spricht sich herum. Auch aus Prag und Budapest kommen nun Aufträge. Inmitten der Euphorie – Melkus als bescheidener Triumphator mit immer größeren Plänen. Jetzt will er ein Auto für die Straße bauen, kein überzüchtetes Rennmonster wie die Wagen, die er bis jetzt entwickelt hat. Eine Zulassung für den ganz normalen Straßenverkehr müßte es haben. Mal schnell nach Warnemünde und zurück. Im silbernen Pfeil durch das trabantene Grau. Etwas Nobles soll es sein. Ein ganz individueller Flitzer unter der sozialistischen Devise: Überholen ohne einzuholen! Das ist neu und bleibt ohne Nachahmer. Melkus hat die Idee, die ihn endgültig zur Legende machen wird.

Sommer 68. Voller Elan beginnt Heinz Melkus mit der Konstruktion des RS 1000. Erste Entwürfe entstehen, und schon ist die Grenze erreicht. Ein Serienfahrzeug! Wer soll im Reparaturfall die Ersatzteile liefern? Woher die vielen Motoren und Getriebe, den ganzen Schnickschnack der Armaturen? Im sozialistischen Plan ist restlos jedes Schräubchen, jeder Dichtungsring bilanziert, und er will Autos aus dem Nichts zaubern? Außerdem kann ihm seine Idee gefährlich werden: Der Sportsfreund Melkus, dessen Rennautos auch die sozialistischen Brudervölker lieben, dient der Völkerverständigung, doch wird die Arbeiter-und-Bauern-Macht einen kleinen Henry Ford dulden?

Heinz Melkus findet einen Weg, wie er immer einen gefunden hat: die Bildung einer sozialistischen Entwicklungsgemeinschaft. An der Kunsthochschule Berlin-Weißensee schaben die Designer ein Modell aus einem Gipsblock – Melkus hatte die fertigen Zeichnungen dabei. Die TU Dresden berechnet die Aerodynamik. Für die Karosserie wird in Buna ein großes Faß angestochen – glasfaserverstärkter Polyester, natürlich kontingentiert, das Beste vom Besten. Die Reifen entwickelt das Pneumant-Forschungslabor. Die Motoren aus Eisenach, von 50 auf 70 PS frisiert, machen noch die wenigsten Sorgen. Wo der sozialistische Weg allein nicht zum Ziel führt, greift Melkus zum Telefon und läßt seine Beziehungen spielen. Als Fahrlehrer hat er Tausende durch die Prüfung gebracht, manche sind inzwischen zum Betriebsdirektor aufgestiegen. Den einzigen Windkanal weit und breit gibt es im strengbewachten Flugzeugwerk bei Dresden, dessen Direktor ist ein guter Bekannter von Melkus. Melkus telefoniert und macht das Unmögliche möglich: Zwei Sonntage lang steht das Modell im Sturm, wird schlanker und eleganter, bis Ende 69 der Prototyp vom Hof rollt. Der RS 1000 auf Jungfernfahrt. Noch zögerlich tastet er sich durch Dresden. Die Passanten stehen kopf.

Ein paar Monate später darf er offiziell die Produktion aufnehmen. Da stehen bereits zehn RS 1000 auf dem Hof. Die Polyesterverkleidungen liefert Robur aus Bautzen. Der Rest ist Handarbeit. Aus dem Wartburg mit Frontantrieb wird der heckgetriebene Melkus mit Mittelmotor. Kein Teil kann bleiben, wie es ist, überall wird gefeilt, gefräst, geschraubt, gegossen. Melkus ist korrekt, fast penibel. Wenn der Chef morgens um sechs Uhr die Werkstatt betritt, berät man, woher heute wieder die Teile kommen sollen. Was nicht unterderhand abgewickelt wird, passiert nie. Dutzende von Fernfahrern und Musikern haben bei ihren Reisen Melkus' Einkaufsliste dabei und räumen in der ganzen Republik die Ersatzteilgeschäfte leer. In gewissem Sinne wird der Melkus RS 1000 so tatsächlich zum sozialistischen Gemeinschaftsprodukt mit Teilen und Teilchen von Wartburg, Škoda, Lada, Saporoshez, Polski-Fiat und sogar Trabant. Ein begeisterter Betriebsdirektor stellt den Melkus sogar auf die Schiene. Fortan jagt er als Spielzeugauto über die Prefo-Rennbahn durch ostdeutsche Kinderzimmer.

Wer auch immer den Werkstatthof betritt, will ihn sehen, den RS 1000. Und jedesmal klappt Heinz Melkus für die staunenden Besucher die Flügeltüren hoch. Einmal geöffnet, offenbart das Wunderwerk jedoch ganz irdische Einblicke. Um hineinzugelangen, setzt man sich am besten auf das seitliche Bord, fädelt die Beine unters Lenkrad und läßt sich in den Sitz rutschen, eine Art liegende Hocke, bei der die Knie ans Lenkrad stoßen. Jetzt werden die Flügel eingeklappt. Frontscheibe und Armaturen erinnern nur allzu deutlich an den Wartburg. Zur Steuerung dient ein mit Leder umwickeltes Bootslenkrad, das jedem TÜV-Prüfer heute den Schweiß auf die Stirn treiben würde. Jetzt erst recht: die Schlüssel rein, und los geht's. Das Auto erregt Aufsehen, selbst da, wo es nicht hinkommt. Trotz der inneren Bescheidenheit – der Melkus sticht heraus aus der zäh fließenden Verkehrsmasse. Mit den anderen groben Klötzen an der Ampel hat er nichts gemein. Ein Prestigeobjekt, gleichzeitig beargwöhnt und bewundert. Und wie alles, was anders ist, auch ein Stück Ungehorsam für den, der es sich leisten kann und es zeigen will. In Handwerkerkreisen läuten die Glocken.

Die Mehrzahl der Käufer sind Selbständige, die 28600 Mark für einen Zweitwagen auf den Tisch legen können. Zehntausend mehr als für den Durchschnittswartburg – also etwa drei Jahreslöhne eines Arbeiters. Ärzte und Rechtsanwälte klingeln bei Melkus, Bäckermeister, Uhrmacher und Goldschmiede, kurz, die etwas reicheren und etwas schöneren DDR-Bürger. Ohne die gewisse sportliche Einstellung bezwingt man den Wagen nicht, und ohne das richtige Mitgliedsbuch darf man ihn nicht kaufen. Offiziell gilt er als Sportgerät, weshalb nur Mitglieder des Motorsportverbandes den RS 1000 erwerben können. Mit der umständlichen Prozedur wollen die Behörden unterbinden, daß das Auto vom Sportartikel zum bürgerlichen Statussymbol wird.

Helga Heinrich ist sauer, stinksauer. Seit 1958 fährt sie Motorradrennen. Als einzige Frau unter knapp dreißig Männern. Die blonde Schönheit mit dem vogtländischen Akzent und dem lauten Lachen ist ihnen ein rotes Tuch. Rundenrennen, Bergrennen, die Pokale stapeln sich in ihrer Wohnstube in Mylau. Sie hat alles gewonnen, was es zu gewinnen gibt. Die Jungs können ihr das nicht verzeihen, also wird sie einmal gezielt von der Seite gerammt und landet für sechs Wochen im Krankenhaus. Doch Helga setzt sich wieder auf ihr Motorrad und gewinnt rotzfrech weiter. Jetzt, 1969, ist sie längst jedes DDR-Rennen gefahren und beantragt die internationale Lizenz. Doch die wird ihr verweigert. Die Begründung lautet schlicht: Frauen im Motorradsport, das gibt's nicht! Entnervt wirft sie das Handtuch und beschließt, überhaupt nie mehr anzutreten. Da kommt Heinz Melkus zu Besuch und schlägt ihr vor, auf Autos umzusatteln. Er sucht dringend Rennfahrer für sein neues Auto, den RS 1000. Ende 1970 reist sie nach Dresden und kehrt mit dem Melkus Nummer 11 ins Vogtland zurück. An einer Tankstelle bei Karl-Marx-Stadt gestikuliert der Tankwart erst, um sie dann von der Zapfsäule für Benzin-Gemisch wegzuzerren. Wie soll er auch ahnen, daß unter der knallroten Motorhaube ein Wartburgmotor steckt.

Am Ende der Saison hat Helga Heinrich es geschafft. Sie belegt Platz 4 der Gesamtwertung. Mit der internationalen Lizenz in der Tasche rauscht sie mit dem RS 1000 bei den Bergeuropameisterschaften in der Tschechoslowakei sogar vor dem Konstrukteur des Wagens ins Ziel und wird frenetisch gefeiert. Werktags steht Helga Heinrich brav im Farbenladen ihres Mannes; am Wochenende wird sie zur knallharten Rennfahrerin. Vergessen sind die Vorurteile der Funktionäre, die Leute lieben sie, wo immer sie mit ihrem feuerwehrroten Melkus den Männern davonrast.

Eines Tages ruft die DEFA an und braucht sie als Stuntfrau für den Film »Hallo Taxi«. Helga Heinrich sagt zu. Mit dem Motorrad soll sie einer schwarzen Limousine in die Seite fahren, über die Motorhaube springen und das Ganze möglichst überleben. Klar, das kann sie. Doch was die Filmleute nicht können, ist, genaue Kommandos zu geben. Das Taxi kommt aus einer Nebenstraße und ist bis zum Aufprall nicht zu sehen. Funkgeräte gibt es nicht, also muß man es einfach probieren; doch der Fahrer im Auto und Helga auf dem Motorrad verpassen sich. Drei-, vier-, fünfmal rasen sie haarscharf aneinander vorbei – Zielschießen. Dann, beim sechsten Schuß der Treffer: Das Motorrad schlägt auf, Helga springt, stürzt auf die Straße und bleibt unverletzt. Die Filmleute sind glücklich – alles im Kasten.

An einem Mittwoch im Jahre '76 hält ein schwarzer Wolga vor dem Farbenladen Heinrich in Mylau. Drei junge Männer steigen aus und zuletzt: Karl-Eduard von Schnitzler. Er will den RS 1000 sehen und mal mitfahren. Herr von Schnitzler telefoniert. Die Genossen der Volkspolizei sperren die Autobahn, und Helga gibt Gas. Der Propagandist ist blaß und beeindruckt – der geht ganz schön ab, aber kaufen wird er sich keinen. Dann verschwindet er, wie er gekommen ist. Der Herr vom Schwarzen Kanal hätte womöglich auch nicht in die verschworene Melkus-Gemeinde gepaßt, glühende Sozialisten sind hier nicht zu finden. Die Fahrer verbindet mehr als das Auto. Man läßt es sich gut gehen und versucht so zu tun, als gäbe es die DDR gar nicht. Eine kleine Elite der Besserverdienenden mit Westkontakten und einem eher unpolitischen Freiheitsdrang findet zueinander im Land der begrenzten Möglichkeiten. Einmal im Jahr treffen sich alle Melkus-Fahrer mit Frau und Kind in Mylau bei Helga Heinrich. Sie mieten den Saal der Felsenschänke und feiern rauschende Feste. Der Kaviar kommt aus Rostock, das Buffet aus Berlin, der Chef des Interhotels Gera besorgt kistenweise französischen Champagner. Wer Melkus fährt, hat es auch sonst zu etwas gebracht und kennt die geheimen Quellen, aus denen munter sprudelt, was es sonst nicht gibt. Wenn im Jahr darauf jemand fehlt, raunt man von Tisch zu Tisch – abgehauen.

Im Frühjahr 1975 rollt der fünfundsiebzigste Melkus-Sportwagen vom Hof. Noch glauben alle, daß der RS-1000-Boom anhält. Doch bald schon nehmen die Sorgen zu. Das Hauptproblem – die Ersatzteile. Dem Handel unterderhand sind Grenzen gesetzt. Was nützt es, Geld zu haben, wenn die Materialien fehlen. Achthundert Mark Gewinn wirft jeder RS 1000 ab. Den Großteil des Geldes steckt der Autofetischist sofort wieder in die Werkstatt. Eine goldene Nase verdient sich Melkus nicht. Der RS 1000 bleibt ein Kind der Mangelwirtschaft. Die Wege auf den Fluren der Genehmigungsbehörden werden länger. Eine Barriere folgt der nächsten. Niemand sagt ihm direkt, daß er aufhören soll, doch man läßt ihn spüren, daß er nicht mehr gebraucht wird. Inzwischen kann man auch in der DDR echte Westautos kaufen, ohne Wartezeit, aber nur dann, wenn man viel Geld der richtigen Sorte hat. Jeder Wartburg-Melkus könnte ein devisenbringender Westwagen weniger sein, also wird den Dresdnern der Hahn abgedreht. Der Schwung, die Hoffnung der Aufbauzeit sind der Langeweile gewichen, die sich bleischwer über die Entwickelte Sozialistische Gesellschaft legt. Noch bis Mitte der siebziger Jahre rollt der RS 1000 zum 1. Mai in der Parade mit, als Heinz Melkus eines Tages bedeutet wird, sein Auto das nächste Mal doch bitte in der Garage zu lassen. Hier soll besser niemand sehen, was alles möglich ist. In Dresden, ohne Westfernsehen, will man den Bürger nicht verwirren. Dann eben nicht. Melkus hängt zehn Nelken in die Werkstatt und feiert den Kampftag der Arbeiter mit seinen Leuten im Betrieb. Drei Tage vor Weihnachten 1979 parkt ein Herr Steger aus Sonneberg sein Auto in der Leipziger Straße und läuft in die Werkstatt. Er will seinen RS 1000 abholen und mit nach Thüringen nehmen. Die Stimmung heute ist äußerst gedrückt. Die neuesten Autos fahren alle mit Lada-Motoren, der Wartburg hält der Konkurrenz nicht mehr stand. Überhaupt stehen Aufwand und Nutzen längst in keinem Verhältnis mehr. Die Zeit hat rechts überholt. Es macht einfach keinen Sinn mehr für Melkus. Herr Steger aber fährt frohen Mutes mit dem RS 1000 Nummer 101 davon. Heinz Melkus, die Mechaniker, sie stehen und schauen hinterher. Das war es also. Der letzte RS 1000 rollt vom Hof.

Michael Blum ist happy. Der Angestellte aus dem Ruhrgebiet hat den Fang seines Lebens gemacht. Entzückt steht er vor seinem Auto, diesem Insekt, das mit den Flügeln schlagen kann. Das westlichste Auto des Ostens ist ihm ins Netz gegangen, ausgerechnet in einer verkommenen Scheune im Niemandsland der Magdeburger Börde. Zurück in Essen, gründet er aus seinem Überschwang den Freundeskreis Wartburg-Melkus. Lange Zeit recherchiert er nach ehemaligen und heutigen Besitzern des RS 1000 und entdeckt noch an die fünfzig Autos – verteilt über ganz Deutschland, Ost wie West. Drei von ihnen fahren als Oldtimer bei historischen Wettrennen mit. Der Melkus gilt als Veteran und bringt, gut restauriert, bis zu 40 000 Mark. Nur ein Problem konnte auch die Marktwirtschaft nicht lösen: Ersatzteile sind heute rarer denn je. Hier läuft nach wie vor nichts ohne Beziehungen. Dafür treffen sich die Melkus-Freunde einmal jährlich im thüringischen Dornburg zum Rosenfest. Bei der Oldtimerschau gilt: Je älter und skurriler, desto willkommener. Da rattern die Veteranen wie Horch, Dixi und DKW hintereinander über den Asphalt. Mechanische Blinker klappen raus. Einer drückt stolz seine Dreiklanghupe. Wagen eben, in die man einsteigt, ohne den Hut abzunehmen. Nur ein Auto will nicht so recht in die Seniorenstaffel passen. Ein Melkus ist eben ein Melkus.

Alexander Osang

Lohn der Angst

Bulgarien sehen. Und sterben

Ich hatte von meinem älteren Cousin zahlreiche Geschichten von Manövern der Nationalen Volksarmee gehört, in denen Soldaten von Panzerketten zerquetscht worden waren. Ein furchtbarer Tod, und mein Cousin kannte Prozentzahlen. Prozentzahlen waren ziemlich wichtig seinerzeit. Bei jedem Manöver sterben zwei bis drei Prozent der Männer, erklärte mein Cousin. Damit rechne man. Mal mehr, mal weniger. Besonders blutig gehe es auf Manövern zu, an denen unsere Waffenbrüder beteiligt wären. Ich hatte schreckliche Bilder im Kopf, und aus irgendeinem Grund schien es mir wahrscheinlich, daß ich zu den zwei bis drei Prozent gehören würde, die es erwischte. Ich war nicht kräftig, vielleicht lag es daran.

Mein Rücken war schwach.

Ich litt unter Scheuermannscher Krankheit und hatte noch andere Schäden an der Wirbelsäule. Die Erkrankungen verboten mir, Volleyball zu spielen und Gewichte zu heben, und ich hatte bis zuletzt gehofft, daß sie mir auch die Armee ersparen würden. Zur Einberufungsuntersuchung hatte ich ein Attest einer Orthopädin mitgebracht, das ich auszugsweise kannte. Es war nur mit Büroklammern zusammengeheftet, man konnte vorsichtig hineinschmulen. Soweit ich erkennen konnte, empfahl die Orthopädin dem Einberufungsarzt, mich vom Wehrdienst zurückzustellen. Drei bis vier Jahre. Ich betrat gebeugt das Wehrkreiskommando in der Schwedter Straße. Ein unvollkommener Felix Krull. Der Arzt las das Attest, dann lachte er und erklärte mich für tauglich. Ich hatte den Eindruck, daß er meine Not genoß. Ich stand mit nacktem Oberkörper in einem kleinen Kabuff des Wehrkreiskommandos Prenzlauer Berg. Der Armeearzt grinste mich an. Der Tod trug einen weißen Kittel.

Es war Frühling 1981, das Ende war nah. Im Herbst mußte ich zur Armee. Ich hatte meinen letzten Sommer vor mir. Ich wollte noch einmal die Welt sehen.

Bulgarien also.

Gemeinsam mit vier Freunden meiner Lehrlingsklasse plante ich die letzte Reise meines Lebens. Andreas Just kam wie ich aus Berlin, wir nannten ihn Step. Eine Kurzform von Steppke, er war nicht besonders groß. Matthias Richter kam aus Halberstadt und Frank Bönecke aus Rostock. Wir waren Lehrlinge beim VEB Wasserversorgung und Abwasserbehandlung in Neubrandenburg und standen kurz vor unserer Facharbeiterprüfung als Instandhaltungsmechaniker für Pumpen und Kompressoren. Wir bestanden sie alle, und wir bekamen auch alle ein Visum. Für Reisen, die weiter führten als bis nach Polen oder in die ČSSR benötigte man ein Visum. Man mußte es mindestens einen Monat vor Beginn der Reise bei der Polizei beantragen. Visa in die sozialistischen Länder bekamen die meisten, aber die Behörden gaben einem immer das Gefühl, daß selbst die Genehmigung einer Bulgarienreise eine Angelegenheit war, die schnell den Weltfrieden gefährden könnte.

Ich beantragte mein Visum in der Berliner Keibelstraße, wo die Volkspolizei einen unheimlichen, eckigen Riesenbau mit vielen Türen und langen Fluren bewohnte. Ich wußte damals noch nicht, daß in dem Gebäude auch Untersuchungshäftlinge eingesperrt waren. Es hätte mich nicht überrascht, das zu erfahren. Ich füllte Formulare aus, wartete, wurde aufgerufen, gemustert, ging, kam wieder, wartete, wurde aufgerufen, gemustert und bekam schließlich mein Visum. Zuletzt dachte ich dann wirklich, daß ich mächtig Glück gehabt hatte. Es war das erste Visum meines Lebens, eine Eintrittskarte in die Welt. Ich betrachtete es wie einen Schatz, steckte es in eine Schutzhülle, aus der ich es immer wieder rausholte und ansah. Bei der Sparkasse auf der Klement-Gottwald-Allee in Berlin-Weißensee tauschte ich 300 Mark in vier verschiedenen Währungen um. Ein bißchen Kronen, ein bißchen mehr Forint, ganz wenige Lei und am meisten Lewa. Denn in Bulgarien wollten wir am längsten bleiben. Und in Bulgarien waren die Zeltplätze am besten bewacht, hieß es. Wer beim Schwarzzelten erwischt wurde, so hörte man, sollte 100 Lewa Strafe bezahlen. Das waren 300 Mark. Zwei Lehrlingsmonatslöhne.

Wir trafen nur die nötigsten Reisevorbereitungen. Klar war, daß Step einen kleinen Campingkocher mitbrachte. Ich das Zelt. Ein Zweimannzelt aus Leinen. Nicht klein, nicht leicht. Ich hatte eine Karte von Ungarn und der ČSSR und einen Stadtplan von Budapest. Step hatte noch eine Seite Osteuropa aus einem Schulatlas und Sonnencreme. 1981 war die Existenz von verschiedenen Lichtschutzfaktoren in der DDR noch unbekannt, aber Steps Sonnencreme half auch gegen Insekten.

Matthias und Frank trafen wir in der Mitropa des Dresdner Hauptbahnhofes. Sie saßen beim Bier. Wir tranken noch ein paar halbe Liter und nahmen dann einfach den nächsten Zug nach Děčin. Zeit hatten wir ja. Bis zur Grenze tranken wir eine Flasche Apricot-Brandy aus. Apricot-Brandy war seinerzeit sehr beliebt. Wir bauten im Regen unsere Zelte auf und tranken dann noch eine Flasche Pfefferminzlikör am Beckenrand des verlassenen Freibades von Děčin. Pfefferminzlikör war ebenfalls sehr beliebt. Es regnete in Strömen, und in der Nacht kotzte Step unser Zelt voll. Seinen Schlafsack traf es am schlimmsten. Am Morgen regnete es noch heftiger als am Abend zuvor. Überhaupt hat es in der ČSSR meiner Erinnerung immer sehr viel geregnet. Im Jahr zuvor hatte ich bei einer Pragreise erlebt, wie ein Unwetter große Teile eines Zeltplatzes in die Moldau gespült hatte.

Es stank fürchterlich. Step war leichenblaß. Er schleppte die vollgekotzten Sachen wortlos nacheinander zu dem kleinen Waschhäuschen des Děčiner Zeltplatzes. Es war der erste Morgen der letzten großen Reise meines Lebens, und ich dachte zum erstenmal daran, sie abzubrechen. Wenn die Waschräume so klein und überfüllt gewesen wären wie die Waschräume der Zeltplätze, die ich auf späteren Reisen an die Ostsee kennenlernte, wäre ich vielleicht umgekehrt.

Ich meine, ich hatte nicht mehr viel Zeit. Ich wollte sie nicht in einem Zelt vertrödeln, das nach Kotze stank.

Zwei Stunden später standen wir an der Straße. Ich war oft von Neubrandenburg nach Berlin getrampt, aber nie zu viert. War ein komisches Gefühl. Es war, als stünde man am Sonnabend an der Bushaltestelle in Königs-Wusterhausen, wo 100 Leute auf 50 Plätze im Bus nach Teupitz warteten. Man fing an, die anderen als Gegner zu betrachten. Es war klar, daß wir nicht alle zusammen ankommen würden, aber niemand redete darüber. Ein Skodafahrer nahm uns noch mal alle zusammen nach Mladá Boleslav mit. Vier Mann, vier Rucksäcke, ein Fahrer. Es war ein normaler Škoda S 100. Der Mann war nett, er nahm uns mit, obwohl er die Kofferhaube nicht mehr richtig zubekam. In der Dämmerung schafften wir es in einem Bus voller besoffener Polen bis nach Prag. Als wir an der Autobahn nach Brno standen, war es richtig dunkel. Zwei Mädchen, die nach uns kamen, wurden sofort mitgenommen. Zwei Stunden später kamen zwei weitere Mädchen, die ebenfalls sofort weiterkamen. Eine Viertelstunde später hielt ein Citroën Pallas, der Fahrer bot an, zwei von uns mitzunehmen. Und er fuhr auch nicht nach Brno, sondern nach Tábor. Das lag eigentlich nicht auf unserer Strecke. Step und ich stiegen trotzdem schnell ein. Vielleicht, weil es ein Citroën war. Vielleicht, weil wir nicht zurückbleiben wollten. Vielleicht, weil wir die Berliner waren. Wir verabredeten uns mit den anderen beiden in

Bratislava. Wir sahen sie nie wieder. Wir haben später erfahren, daß sie Bulgarien nie erreichten. Sie gaben in Budapest auf.

In Tábor begann es wieder heftig zu regnen, als wir das Auto verließen. Wir zahlten den Zeltplatz und bauten in Ruhe unser Zelt auf. Es war ja sowieso noch naß. Am nächsten Tag schien die Sonne. Tabor lag südlich von Prag, wir schafften es relativ schnell bis nach Jihlava und von da bis zur Autobahnauffahrt nach Brno. Dort standen wir dann 13 Stunden in der Sonne. Wir verbrannten uns die Waden, da wir unsere Jeans vor der Reise abgeschnitten hatten, und waren in ständiger Furcht vor der tschechischen Autobahnpolizei. Tschechische Polizisten galten als sehr bissig. So wirkten wir etwas unentschieden. Unentschlossene Tramper sind schlechte Tramper. Als es dunkel wurde, hielt ein hektischer Mann in einem MB 1000 an. Er hatte einen fiebrigen Blick, und kurz vor Brno ging ihm der Sprit aus. Wir liefen die letzten Kilometer in die Stadt hinein und fragten einen Jungen in unserem Alter nach dem Zeltplatz.

Er hieß Pepa, sprach kein Deutsch, kein Russisch und auch kein Englisch, signalisierte uns aber, daß wir ihm in die Kneipe dort hinten folgen sollten. Sicherlich befanden sich dort Dolmetscher. Aber darum schien es dann doch nicht zu gehen. Wir sollten den Rum probieren, zeigte Pepa. Es war süßer, brauner Rum. Wir tranken tschechisches Bier dazu und aßen fettige Würste, die wir in milden Senf tunkten. Wir redeten den ganzen Abend miteinander, obwohl wir uns nicht verstanden. Pepa war mal in einem Ferienlager in Neubrandenburg gewesen. Er sagte: »Neubrandenburg«, wir freuten uns und sagten »Budějowice« und »Plzeň« und »Jiři Korn«, worüber sich Pepa freute, und dann tranken wir weiter. Irgendwann machte die Kneipe zu, wir zeigten auf unser Zelt. Pepa zahlte, führte uns zu einer Straßenbahnhaltestelle, umarmte uns kurz und verschwand im dunklen Brno. Nach einer halben Stunde kam eine leere Straßenbahn, wir fuhren erst mal los. Nach einer knappen Stunde stiegen wir aus, weil wir offenbar dabei waren, die Stadt zu verlassen. Wir hatten Bäume gesehen. Es gab keine weiteren Zelte, aber wir waren in der Natur. Wir bauten das Zelt auf, dann gingen wir kotzen. Irgendwie gehörten Trinken und Kotzen damals zusammen. Tut mir leid. Am nächsten Morgen klopfte jemand gegen unser Zelt. Es war noch sehr früh, und der Mann hatte einen dieser Piekser, mit denen man Papier aufspießt, in der Hand. Im Hintergrund sah ich weitere Männer mit Gartengeräten auf unser Zelt starren. Sie sahen mich an wie einen Außerirdischen. Ich hatte sehr lange Haare damals, und unser Zelt stand mitten im Stadtpark von Brno.

Wir schliefen noch eine Stunde auf den Bänken des Bahnhofes Brno, dann wurden wir auch dort vertrieben. Wir waren sehr müde, diesmal erwischten uns die Polizisten auf der Autobahn. Sie hatten Motorräder und wollten von jedem 300 Kronen haben. Wir hatten zusammen nur 120. Da nahmen sie unsere Personalausweise mit. Step und ich standen auf der Autobahn hinter Brno und sahen zu, wie zwei tschechische Polizisten auf zwei Jawas mit unseren Ausweisen am Horizont verschwanden. Die letzte Reise meines Lebens näherte sich offensichtlich ihrem Ende. Wir hockten am Autobahnrand. Zwei Stunden später tauchten die Motorräder wieder am Horizont auf. Einer der Polizisten drückte uns wortlos die Ausweise in die Hand.

Wir gelangten auf Nebenstraßen nach Bratislava. Wir krochen durch ein Loch im Zeltplatzzaun, bauten unser Zelt auf, suchten halbherzig unsere Freunde und vertranken die verbliebenen Kronen. Am späten Nachmittag des nächstes Tages erreichten wir Budapest.

Ich konnte es nicht fassen. Ich war 19 Jahre alt, aber so eine Stadt hatte ich noch nie gesehen. Sie roch anders, sie bewegte sich schneller, vor allem aber war sie bunt. Es gab Werbeplakate an den Straßen. An einem Haus hing eine riesige Leuchtreklame für Dr. Oetker. Und Dr. Oetker klang damals ganz anders als heute. Die Menschen saßen in Cafés auf der Straße, es gab Glaskästen und Vitrinen, die an den Häuserfassaden für klitzekleine Boutiquen warben, die sich in kühlen Höfen versteckten, über denen sich Laubengänge türmten. Die Boutiquen waren vollgestopft mit gefärbten Windelkleidern, bedruckten T-Shirts, Ledertaschen mit wackligen Schlössern und nachgemachten Jeans. Gleich am ersten Nachmittag betrat ich aus guter alter Gewohnheit einen Plattenladen. In Berlin besuchte ich dreimal am Tag einen Plattenladen. Es war reine Glückssache, eine Lizenz-Platte zu bekommen. Man mußte eigentlich dabeisein, wenn sie ausgepackt wurden. In Budapest war das etwas anders. Aber das wußte ich nicht. Ich sah die Police-Platte Zenyatta Mondatta und griff zu. Ich sah mich um und packte sie. Ein Glücksgefühl durchströmte mich. Kaufen hatte damals viel mit Jagen zu tun. Die Platte kostete umgerechnet etwa 35 DDR-Mark. Ich sah mich noch mal um. Ich hatte sie. Police. Eine glänzende Police-Platte. Eine echte, nicht eine, die in so lieblose matte Pappkartons gehüllt war, wie die bei uns zu Hause.

Step, der draußen auf mich gewartet hatte, war weniger begeistert. Ich hatte die Hälfte unseres ungarischen Geldes ausgegeben. Meinen Anteil. Ich lebte die nächsten 48 Stunden von seinem Geld, gut, aber schließlich war ich es, der die Platte bis nach Bulgarien tragen mußte. Und dann wieder zurück. Es war die schlechteste Platte, die Police jemals gemacht hatte. All das wußte ich damals noch nicht. Und es wäre mir auch egal gewesen.

Es gab bunte Zeitungskioske, es gab sogar einen Fastfood-Laden mit Hamburgern, es gab Obstverkäufer auf der Straße, Popcorn-Automaten und alte Kaffeehäuser mit turmhohen Decken. Ich war überwältigt. Lange Jahre habe ich gedacht, daß es so sein wird, wenn ich zum erstenmal den Westen betrete. Oder noch besser. Und so war ich entäuscht, als ich im November 1989 den Westen zum erstenmal in Gestalt von Westberlin sah. Es kam mir klein vor. Ordentlich und gepflegt. Die Verkehrsschilder waren geputzt, und die Autos standen in kleinen Parkhäfen. Budapest war anders gewesen.

Drei Tage lang taumelten Step und ich durch die Stadt. Abends spielten Bands auf der Straße und in Höfen, nachts schliefen wir auf der Margaretheninsel in unseren Schlafsäcken. Einmal hielt neben meinem Kopf ein blau-weißer Lada der ungarischen Polizei. Er kontrollierte unsere Ausweise. Zu unserem Schutz hieß es. Denn vor nicht allzu langer Zeit sei auf der Insel ein DDR-Tramper von Zigeunern erstochen und ausgeraubt worden. Gute Geschichte. Sie paßte in diese Tage. Es war die schönste Zeit der Reise. Wir hätten noch ein bißchen bleiben sollen. Aber wir hetzten weiter. Wir wollten im Plan bleiben. Genießen zählte nicht zu dem, was ich mit Reisen verband. Ich wollte abhaken. Orte abhaken. Länder abhaken. Wie ein amerikanischer Tourist in Europa.

Ich habe noch lange Zeit nach der Wende Länder und Städte gesammelt wie Trophäen. Im Juli 1996 habe ich meine übermüdete Frau und meinen quengelnden Sohn zu einer Reise von Newport, Rhode Island, nach Connecticut überreden wollen. Es war so sinnlos. Es war spät, wir hatten noch keinen Platz zum Schlafen, wir waren den ganzen Tag gefahren. Aber die Grenze war so nah. Und Connecticut befand sich noch nicht auf meiner Liste der amerikanischen Bundesstaaten, die ich betreten hatte. Ich hatte es noch nicht abgehakt. Und ich bin heute noch ein bißchen traurig darüber, daß ich sie damals nicht überreden konnte. Vielleicht hört das ja nie auf.

Wir erreichten Rumänien, fuhren mit einem deutschstämmigen Busfahrer in einem leeren VW-Bus von Oradea direkt bis nach Bukarest. Es war eine schöne Fahrt, vor allem die Route durch die Karpaten, wir kamen nicht auf die Idee auszusteigen. Wir freuten uns, daß wir mit einem Mal durchkamen. Der Busfahrer schimpfte die ganze Strecke auf den Kommunismus und seinen Vertreter auf Erden, Nicolae Ceauşescu. Wir sahen aus dem Fenster. Bukarest war furchtbar. Es war gerade Universade in der Stadt, aber es war trotzdem furchtbar. Kein erkennbares Zentrum. Wir gaben unsere

Lei für zehn Bier aus. In dem Restaurant küßte mich eine betrunkene vollbusige Kellnerin überraschend auf den Mund. Es sollte das einzige erotische Erlebnis der gesamten Reise sein.

Zwei große goldene Mercedes mit westdeutschen Nummernschildern und türkischen Fahrern, die uns eigentlich nur nach dem Weg fragen wollten, brachten uns zur Donaubrücke bei Ruse. Mein Mercedes war mit deutschen Mitbringseln vollgestopft. Auf dem Vordersitz stand ein Fernsehapparat. Darauf hockte ich. Um mir die Fahrt zu erleichtern, legte der Fahrer eine Kassette mit türkischen Schlagern ein. Und drehte auf laut. Es war furchtbar.

Wir überquerten die Donau bei Nacht, auf der bulgarischen Seite standen acht nagelneue, orangefarbene Mercedes-Kipper. Ich fragte einen Mann, ob er uns mitnehmen würde. Er war Österreicher und wollte zuerst nicht. Er überführte mit den anderen Männern die Laster in den Irak. Es war nicht viel Platz in den Fahrerhäuschen. Aber nach einer Weile einigten wir uns darauf, daß ich in seinen LKW stieg und Step in den zweiten. Unsere Rucksäcke warfen wir auf die Ladefläche der Kipper. Mein Mann fuhr voran, er fuhr zügig und ungeduldig. Er war brummig, aber er baute sich an den Abenteuergeschichten auf, mit denen er mich beeindrucken konnte. Er erzählte von türkischen Gegenden, in denen man beschossen würde. Es hätten schon viele vor ihm ihr Leben lassen müssen, die versucht hatten, LKWs durch die Türkei zu bringen. Es war ein Himmelfahrtskommando, eine moderne »Lohn der Angst«-Geschichte. Irgendwann sagte der Mann einen Satz, den ich nie vergessen habe: »In Edirne gehn mia erst ma ins Puff.«

Acht verwegene Männer gehen in Edirne in den Puff. Für einige von ihnen wird es der letzte Sex des Lebens sein. Sie werden in heißer, staubiger Einöde auf die Hupen ihrer Lenkräder fallen, hingestreckt von türkischen Heckenschützen mit langen schwarzen Bärten.

Je tiefer mein österreichischer Held und ich in die Welt der Abenteuer abtrieben, desto wilder wurde sein Fahrstil. Er bretterte wie ein Wahnsinniger durch schlafende bulgarische Nester. Womöglich durch die Aussicht »aufs Puff« getrieben. Wer weiß. Jedenfalls waren die anderen irgendwann aus dem Rückspiegel verschwunden. Wir hatten sie abgehängt. Der Mann fuhr an den Straßenrand und wartete. Er sagte nichts, ich auch nicht. Er schien zornig zu sein. Die anderen kamen nicht. Irgendwann gab er wieder Gas und fuhr zurück. Ich machte mir auch langsam Sorgen, weil Step sämtliche Papiere hatte. Die Ausweise, die Visa und auch das Geld. Wir dröhnten durchs dunkle Bulgarien, mein Fahrer fluchte darüber, daß die »Bulgaren net deitsch schreiben können«, und in Stara Zagora sahen wir plötzlich die Rücklichter eines anderen LKW. Ich betete, daß es ein Mercedes-Kipper war, und ich betete, daß Step drinsaß. Gott hörte mich. Sie schmissen uns an einem Parkplatz hinter Stara Zagora raus und fuhren weiter. Ins Puff.

Wir schliefen zwei Stunden unter freiem Himmel und erreichten noch am selben Abend Primorsko. Eigentlich wollten wir weiter bis nach Achtopol. Wir wollten den Punkt erreichen, der am weitesten von Berlin entfernt war. Aber wir blieben in Primorsko hängen. Einem Ort südlich von Burgas. Vielleicht, weil wir die Schnauze voll hatten. Vielleicht, weil wir uns mit Todor anfreundeten, dem tumben Zeltplatzwart. Wir führten stundenlange Gespräche über Fußball.

Todor sagte: »Rummenigge«. Wir sagten: »Beckenbauer«. Todor: »Müller«. Wir: »Hoeltzenbein«. Und so weiter. Todor brachte immer frisches Gemüse zu unseren Fußballstammtischen mit. Wir mußten den Zeltplatz nicht bezahlen.

Wir blieben drei Wochen in Bulgarien, aber mehr aus schlechtem Gewissen. Wir verbrannten unsere weißen Rücken, wir machten uns Tütensuppe auf Steps Spirituskocher warm, wir redeten mit Todor, badeten im lauwarmen Wasser des Schwarzen Meeres. Ich las sechs Krimis der DIE-Reihe und die »Aufzeichnungen aus einem Totenhaus« von Dostojewski, die ich mir von unserem Zeltplatznachbar borgte. Einmal sammelten wir Muscheln, die wir auf einem großen Blech garen wollten. Man muß die Muscheln auf das Blech kippen, sagte unser Nachbar, ein erfahrener Bulgarienurlauber, und sie genau in dem Moment runternehmen, in dem sie aufspringen. Wir hatten zwei große Plastebeutel voll Muscheln und warteten fünf Stunden, bis das Blech endlich frei war. Dann wurde es dunkel. Wir konnten nicht mehr erkennen, wann sie aufsprangen. Die Hälfte unserer Muscheln verbrannte, die andere war noch roh. Wir warfen sie weg, tranken zwei Flaschen süßen bulgarischen Rotwein und krochen ins Zelt.

So schlugen wir die Zeit tot. Zurück nahmen wir den Zug.

Die Reise war eigentlich an dem Tag vorbei gewesen, als wir in Bulgarien ankamen. Der Rest war Langeweile. Stillstand.

Reisen war für mich Bewegung. Unterwegssein. In meinen Erinnerungen an Reisen in der DDR hetze ich über Bahnsteige, warte ungeduldig in der Schlange vorm Fahrkartenschalter, mir reißen die Riemen meiner Jesuslatschen, mein Rucksack drückt bei jedem Schritt mehr. Ich hoffe, daß jemand anhält, ich hoffe, daß ein Bett in der Jugendherberge frei ist, ich hoffe, daß niemand mit einer Platzkarte mein Abteil betritt. Reisen war Unruhe und Hatz und Ungewißheit.

Ich kann mich an die Nachtfahrten auf dem Rücksitz des alten Moskwitsch meiner Eltern erinnern, aus denen ich erwachte, wenn die Peitschenmastlaternen des Adlergestells ins Fenster schienen. Ich kann mich erinnern, wie ich im strömenden Regen auf der Fahrt nach Prag mit meiner TS 150 an der Autobahnausfahrt Freienhufen stürzte. Meine Freundin Sabine zerschrammte sich das Knie und mußte sich nun immer umdrehen, bevor wir überholten, weil der Außenspiegel abgebrochen war. Ich erinnere mich an 18-Stunden-Fahrten nach Budapest, die ich zusammengekauert auf meinem Schlafsack vor der Zugtoilette verbrachte, die von Stunde zu Stunde erbärmlicher stank. Ich erinnere mich gut an Bahnhöfe, an Parkplätze und an Straßenränder. An Zeltplätze. Weniger an Betten. Weniger an Drinks, die man gemütlich am Rande eines Swimmingpools nahm.

Wir waren viel unterwegs damals.

Der Weg war alles. Das Ziel war nichts. Vielleicht konnte man so vergessen, daß man an Grenzen stieß. Keine Ahnung. Ich weiß nur, daß ich noch später oft an Edirne dachte. Oder besser an den Puff von Edirne. Ich habe die Stadt auf der Osteuropaseite unseres Schulatlasses angeschaut, sie paßte gerade noch so rauf. Ich habe mir Frauen aus Tausendundeiner Nacht vorgestellt. Ich sah ihre Bauchnabel und die bunten Seidentücher, die ihre dunklen Leiber umwehten. Sie tanzten. Sie tanzten zu der Musik aus dem Kassettenrekorder des türkischen Gastarbeiters, der mich an die Donau gebracht hatte. Und der Puff, nun der Puff meiner Träume, sah überraschenderweise aus wie der Saloon aus der Fernsehserie »Rauchende Colts«.

Die Welt war noch etwas kleiner damals.

Volker Handloik

Komm mit, wir zelten!

Der Junge da. Mit den blonden Struppelhaaren und dünnen Beinen. Er trägt eine große, viel zu große Brille und ein tschechisches Nicki mit zwei kulleräugigen Teddybären drauf, die böse von seiner Brust herabstarren. Er sitzt vor einem großen Plastesack mit Spielzeug und erbricht sich pausenlos in ihn hinein. Blechautos, Propellerräder, Puzzles und ein blasses Stoffreh, das er Rehi nennt, all das wird ziemlich unansehnlich. Er kniet auf seinem dicken roten Federbett, auf das er auch auf dem Zeltplatz nicht verzichten möchte, und er hämmert an die metallenen Innenwände des Barkas 1000 und hämmert und hämmert: Anhalten! Anhalten!, aber der Wagen hält nicht an. Niemand hört ihn. Im Kastenaufbau des Kleintransporters ist es dunkel, kein Fitzelchen Licht, dazu schaukelt es und wankt, und es stinkt nach Benzin und Abgasen, und nach Krakow am See ist es noch sehr weit. Das war kein guter Anfang. Tja.

Von Rostock nach Krakow am See sind es fünfzig Kilometer Landstraße. Es sollten die längsten meines bis dahin recht ereignislosen Lebens werden. Denn der Junge in dieser Geschichte, der bin ich. Ich sitze also hinten im Kasten des Barkas. Ich wollte es so. Neben dem Fahrer sitzt meine Mutter mit meiner Schwester auf dem Schoß. Wir fahren zum Zelten, der Kasten, hinten, ist nebst mir voll anderer unnützer Dinge wie zwei Tüten Unterwäsche, vier Bände Schiller-Gesamtausgabe, zwei Hula-Hoop-Reifen, denn dies ist unser erster Zelturlaub; ich fand die Idee schon jetzt sehr fragwürdig, das sollte in den nächsten Sommern nicht anders werden: Zelten in Krakow am See. Furchtbar. Nicht nur wegen dem eigentümlichen Initiationsritus über dem Spielzeugsack.

Es gab da einen Zeltplatzwart. Der hieß Öhme. Er war ein alter Krakower, seine Daumen waren so groß wie Kinderspaten, und seine Nase sah aus wie ein zertretener Maiskolben. Er war proletarisches Zeltler-Urgestein. Wie alt er war, das weiß ich nicht, mir erschien er uralt. Herr Öhme hielt eisern Ordnung. Zelten war eine ernste Sache, Zelten wollte organisiert sein, das machte er jedem von Anbeginn klar. Sein Zeltplatz war unterteilt in Zeltplatzabschnitt, Zeltplatzgruppe und Zeltplatzstelle. »Zeltkamerad« und »Zeltkameradin« begrüßte er die Neuankömmlinge per du; das Wort »Camper« war ihm zu bourgeois. Noch bevor man aufgebaut hatte, kassierte er die Standgebühr, das war so eine Mark am Tag, länger als drei Wochen durfte man sowieso nicht stehen. Außer den »Alten«, die hatten die besten Stellplätze unter Bäumen, jedes Jahr dieselben, die kannten sich schon seit zwanzig Jahren – die durften auch mal vier Wochen zelten, das war aber auch das Höchste. Zeltplätze waren rar in der DDR, besonders im Norden. Zwei Millionen Zeltkameraden, bei 17 Millionen Einwohnern! Den richtigen Zeltplatz zu ergattern, das war eine Kunst. Man mußte seinen Bewerbungsschein schon im Februar ausfüllen, interessanterweise bei der Post oder in den Volksbuchhandlungen abgeben. Und dann bekam man seinen Platz zugeteilt. Transitcampen war nicht gern gesehen. Herr Öhme schüttelte sein Haupt. Sein graues Haar war seitgescheitelt und angeklebt wie nasses Seehundfell. »Halbstarke!« sagte er und schickte die Jungs auf ihren MZs weiter. Und die »Kameruner« erst, für die hatte er gar nichts übrig, wie sie da so dekadent nackt über den Wiesengrund hopsten und auf Naturburschen machten. Ich habe Herrn Öhme gemocht. Er mich auch. Ich saß den ganzen Tag in seiner kleinen Zeltplatzbibliothek und las Eberhard del Antonio, »Die Heimkehr der Vorfahren« und Benno Pludra, »Die Reise nach Sundevit«. Draußen auf dem Platz kreischten und schrien die Kinder im Wasser des Sees, und die Vatis grillten Halberstädter Würstchen, und ich saß am Fenster der Bibliothek, blaß wie Magermilchkäse, und reiste nach Sundevit und planschte am Ostseestrand und baute dort jeden Morgen im Seesand mein Zeltchen mit einem gelben Wimpel an der Firststange auf. Und abends sang ich Lieder mit freundlichen Efdejotlern, die mir sanft übers Haar strichen und dicke Butterbrote abgaben. So schön kann es in der Zeltplatzbibliothek sein. Ich lernte hier eine Menge. In einem Schaukasten vor dem Gebäude hingen Zeichnungen vom korrekten Entlüften der Luftmatratzen und wie man eine Hirtenkochstelle baut. Und da hingen viele Skizzen von Zelttypen mit TGL-Nummer. Da gab es Giebel- und Dachzelte, Hauszelte, Einmast- oder Spitzzelte, Kuppelzelte, Doppelsitz-Leichtzelte, Kurzfirstzelte, Rundzelte, Wohnzelte, Steilwandzelte. Wir hatten ein Steilwandzelt. Das hieß »Jalta«. Später kaufte meine Mutter ein 6-Mann-Zelt Marke »Palermo«, dazu ein Vorzelt, ein Zweisitzer-Paddelboot aus Pouch und eine Kühlbox mit Kühlakkus, die man jeden Tag in die kleine Konsum-Verkaufsstelle zum Einfrieren bringen konnte.

Da saß ich also neben meinem mißbrauchten Spielzeugsack auf einem braunharten Stück Rasen, der für die nächsten drei Wochen mein Zuhause sein sollte. Meine Mutter hatte das Säckchen mit Heringen vergessen. Zeltkameraden jedoch sind hilfsbereit zu Zeltkameradinnen, und so schenkte Platzwart Öhme meiner Mutter ein Säckchen mit hölzernen Heringen, ich weiß noch genau, die kosteteten 27 Pfennig das Stück, und zwei Männer bauten »Jalta« auf, wozu sie zwei Stunden brauchten, denn die Federstangen knickten immer ein. In dieser, der ersten Nacht stürmte und regnete es, und eine Zeltwand riß; sie war von den zwei sehr hilfsbereiten Zeltkameraden zu straff gespannt worden. Meine Mutter grub einen Graben um das Zelt, und ich wanderte weltvergessen in der dunklen Zeltplatznacht umher. Von diesem Schock habe ich mich nie wieder erholt. Ich bin nie ein guter Zeltler geworden. Später immerhin habe ich das Touristikabzeichen in Bronze gemacht (wie gesagt, irgendwie mochte ich Herrn Öhme), mit Kenntnissen der Körperhygiene, Laufen über einen Balken von 5 m Breite, Nachtwandern, Entfernungsschätzen und erschöpfendem Wissen über den sozialistischen Aufbau des Kreises Krakow am See. Und das kam so.

Staatsbürgerkundelehrer Rath stand am letzten Schultag vor mir. Er sah aus wie ein altgewordener HJ-Bursche, drahtig und sehr barsch: »Zelten also, was?« Er hielt mir ein kleines Büchlein hin. Dann holte er noch ein dickes heraus. Dann sah er mich streng an: »Zelten ist Gemeinschaft, spiel und sing mit den anderen zusammen. Aber erst einmal lies dies!« Es war offensichtlich: In der DDR nahm niemand Zelten einfach, man mußte vorbereitet werden, eingestimmt, geschult. In dem kleinen Büchlein gab es lustige Zeltplatzspiele für die Zeltplatzjugend. Zum Beispiel eine pädagogische Reise von Rostock nach Havanna, das war zwar irgendwie veraltet, denn die Schweinebucht lag schon ein paar Jahre zurück. Aber Lehrer Rath hielt es wahrscheinlich immer noch für opportun, mit Luftgewehren auf Kopfscheiben zu schießen, auf denen die Feinde des kubanischen Volkes dargestellt waren – US-Dollarmillionäre von »United Fruit« und Diktator Battista. Drei Treffer waren erforderlich, damit der nächste Spieler starten konnte. Überhaupt Zelten in der DDR! Wie verschieden vom aufgezogenen Moderummel in der BRD, mit der schiere Existenzangst vergessen gemacht werden sollte: Camping als existentialistische Flucht aus dem Heute aus Angst vor dem Morgen. Zelten ist das Lob der Gemeinschaft, Zelten ist Liebe zur sozialistischen Heimat, jedes Zelt, jedes Plastgeschirr im Rucksack lehrte uns, die Arbeit der Menschen zu achten und zu bewahren. Wir brauchten gesunde Hände und Hirne, um tatkräftig unsere Arbeit vollbringen zu können –

Wohlstand für alle auf allen Gebieten. Und da waren auch alle Formen des Zeltens inbegriffen. Warum ich mich so gut an diese Zeilen erinnern kann? Ich fand Zelten sehr lästig. Aber die Idee vom Zelten, die hat mir gefallen. Ich habe die beiden Bücher heute noch.

Aber warum gerade Zelten? Was war an diesem Wandervogelkram so schick? Meine Mutter hatte eine Freundin, Specki genannt (die kam aus Krakow am See), die mit ihren beiden Kindern aus der Stadtwohnung heraus wollte. Außerdem kannte Specki Zeltwart Öhme gut. Das war immerhin etwas. Aber wir? Wir hatten doch einen Garten!

»Ach«, sagte meine Mutter mit verständnisvollem Blick, »du brauchst ein paar neue Freunde.« Dabei hatte ich ja meine Efdejot-Freunde aus dem literarischen Sundevit. Die mit den Butterbroten.

Jedenfalls hatten die Menschen seit dem Ende der Fünfziger wieder einiges angespart. Sie wollten verreisen. Ins Ausland, das wurde immer schwieriger, und im Inland gab es nicht genug Hotels, FDGB-Heime und nur ganz wenige Pensionen. Also: Man erfand die Hinaus-ins-Freie-Bewegung. Bereist die sozialistische Heimat! Mit Zelt und Campinganhänger, mit Fahrrad, mit Motorrad! Mit Paddelboot!

Schon 1956 konnte man Renn-Ruderboote kaufen und Wellenbinder mit IFA-F-9 Motor und Wendegetriebe und Heckmotoren, die »Nixe« hießen und »Tümmler«. Und private Krauter stiegen ins Zeltgeschäft ein, wie die Martin Forker KG aus der Oberlausitz. Überall konnte man sich Ausrüstungen aller Art ausleihen; als meine Mutter auf ihre Zeltidee kam, gab es 93 Zentrale Ausleihstellen, 1 500 Verkaufsstellen für Zeltartikel, 530 Zeltplätze, acht Zelthersteller, drei von Campinganhängern; Zeltgemeinschaftsurlaube wurden von FDJ, DTSB, FDGB, GST, DKB, ADMV organisiert, es gab Kreis- und Bezirkskomitees des Staatlichen Komitees für Touristik und Wandern. Keine Chance für einen struppelhaarigen Jungen mit zu großer Brille. Wirklich nicht.

He, aufgewacht, ihr müden Geister!
Verschlaft nicht eure Ferienzeit!
Ihr seid des eignen Glückes Meister…
Heraus, heraus, es ist soweit!

Zuerst war tatsächlich das Gemeinschaftszelten das erstrebte Ziel der offiziellen Urlaubspolitik: Es sparte Platz und Mühe und hielt die Bürger vom Individualismus fern. Es wurden Domzelte angeboten, mit nur einem Mittelmast, und ringsherum bettete sich dann das Zeltlerkollektiv zur Nacht. Oder es gab die kleinen Hundehütten für je zwei Zeltkameraden, gemeinsam mit anderen Hundehütten bildeten sie dann eine Hundehüttenburg mit Reisewimpel, zentraler Feuerstelle und wechselndem Küchendienst. Aber dann erstarkte der Familiensinn der DDR-Bürger – immerhin wurden die Jugendkollektive älter –, und Steilwand- und Hauszelte kamen in Mode, dazu Klappfixe als Anhänger, Campingwagen, Wohnwagen, Stoffbahnen zum Abzäunen des eigenen Reviers, Minivorgärten mit Schuhabstreifer und schmiedeeisernen Gartenlampen und Mindestabstand zum Nachbarn. Dann wurden Stromanschlüsse gelegt, Zeltplatzstraßen eingerichtet, Zeltplatz-Kaufhallen gebaut. Waren die ersten Camping-Breviers noch überwiegend Benimm-Bücher, die beschrieben, wann man einen Bikini tragen darf und in welcher Farbe, und daß man ausnahmsweise sich während des Zeltens auch mal nicht rasieren brauche, und daß ein Trainingsanzug die beste Kleidung sei, und daß man sich nicht beim Lichte einer Taschenlampe die Augen verderben soll, so erklärten die späteren Tip-Geber lediglich, wie man einen Wohnwagenstabilisator baut oder sich eine Fernsehantenne bastelt. Aus den Wandervögeln waren Laubenpieper geworden. Die frische, proletarische Naturverbundenheit war der sozialistischen Vollversorgung gewichen. Ich glaube, Zeltwart Öhme konnte das auch nicht leiden. Einmal ist er über den Platz gegangen und hat die Vorgärtenzäune umgehauen. War aber nutzlos. Und in dieser Nacht, da sandte der Zeltplatz-Gott ein Zeichen. In einen riesigen und sehr häßlichen Dauercamperbetriebsbauwohnwagen schlug der Blitz ein. Es donnerte und regnete, und ich zog mir meinen neuen blaurotweißen Anorak an und rannte zur Brandstelle. Ich schlich mich durch die Absperrung. Dann stand ich da und sah die Funken prasseln, und die Funken prasselten auf meinen neuen blaurotweißen Anorak, das gab lauter Brandflecke. Herr Öhme sah mich und riß mich hinter die Absperrung und schlug mir auf den Kopf und brachte mich zu meiner Mutter. Er schrie sie an: »Nächsten Morgen, da kommt er zu mir! Der muß noch viel lernen.« Meine Mutter zitterte. Ich zitterte. Das Zelt zitterte.

Der Zeltplatzfunk begann um zehn Uhr morgens. Vor den beiden Zeltplatzwasserhähnen standen die Zeltler und warteten geduldig. Einer putzte sich die Zähne, einer wusch sein Campinggeschirr, einer holte Wasser. Das konnte dauern. Nachbargemeinschaften schickten ihre Kinder zum Brötchenholen in die Stadt, die nur einen Bäcker hatte. Herr Öhme gratulierte über Lautsprecher zum Geburtstag, gab bekannt, wann der HO-Bus kommt, wie das Wetter wird, wo Pilze wachsen, wann das Heimatmuseum in der Windmühle geöffnet hat und daß das Taxi die Nummer zwo-acht-null hat. Dann spielte er Musik von Regina Thoss. Die liebte er über alles. Aber nun kam's. Er kündigte einen Touristiklehrgang an, für Kinder ab 10. So kam ich zu meinem Abzeichen. Ich trug es mit Würde.

Eines Tages erschien auf dem Zeltplatz eine »Rehtraufe«. Und eine »Waldschänke«. Die Gastronomie war eingezogen. Jetzt gab es Pommes frites und Halbe Broiler mit Rotkraut und Rosinen und Faßbrause. Am Wochenende saßen die Zeltlerfamilien an den echt rustikalen Förstertischen und speisten von Papptellern, und sie verkleckerten Ketchup, das war auch neu, ja, eine ganz neue Zeit war angebrochen. Die Selbstversorger kochten nun keine grünen Bohnen mit Schmalzfleisch mehr und aßen nicht mehr aus dem Gemeinschaftsalutopf, sondern stellten sich in langen Schlangen vor der »Waldschänke« an. Die Propangasflasche, das Lagerfeuer waren Vergangenheit, jedenfalls nicht mehr alleinherrschend. Die Eckkneipe war auf dem Zeltplatz angekommen. Und damit auch der Stammtisch und sein Stammtischadel, meist runde Männer, die Wartburg fuhren und jeden Abend auf dem Holzkohlegrill Kaßler aßen und eine strombetriebene Kühlbox Marke »Mikki« und mindestens sechs bunte, dreifach verstellbare Liegesessel mit breiten Armstützen für 93 Mark hatten und die jedes Wochenende Besuch bekamen. Und nicht viel später baute man einen Jugendzeltplatz, am westlichen Ende der Anlage, wo Schilf stand und wo es daher viele Mükken gab, wo abends apfelbunte Lampions hingen und Bierkästen klirrten. Dem alten Öhme war das gar nicht recht. Die Jugendlichen standen am späten Nachmittag vor dem Zeltplatzkino aus Aluminiumröhren und schmissen Steinchen an die Außenwand, schepper, schepper. Drinnen lief meist »Die Olsenbande fährt nach Jütland« oder »Buck und der Prediger« oder »Die schöne Wassilissa«. Das war den Jugendlichen zu dumm. Ich war noch kein Jugendlicher. Ich hatte gerade meinen ersten Zündplättchenrevolver bekommen.

Jugendzeltplatz und Bürgerstammtisch, alles schön und gut, aber Herr Öhme hatte noch nicht aufgegeben, er hatte noch was vor, er war noch immer Zeltler und kein Camper. So kam er also eines Nachmittags mit seiner roten Armbinde durch die Gassen und verteilte Zettel zur Wahl eines Campingbeirates. Kinderfeste, Schachturniere, thematische Diskussionsabende, Grillpartys Herr Öhme war voller Einfälle mit Sinn fürs Kollektive.

Ich war nun ein Zeltler geworden, kein guter, aber immerhin. Ich hatte verstanden, daß Zelten kein Prärieleben ist, sondern eins mit Ausrufezeichen: »Am Tage tobe dich aus, des Nachts schlafe! Mit Bier und Brause kann man kein Essen kochen! Bei der Wahl für die Zeltwahl laß dich nicht ›blenden‹! Eine ›Schifferkrause‹ ist nicht unbedingt ein Zeichen von Erfahrung! Halte dein Zelt rein und lüfte dein Bettzeug!« Ja. Sei lustig. Sei aktiv. »Wirst du zum Lagerfest eingeladen, schließe dich nicht aus; trage dazu bei, dem Fest ein würdiges Niveau zu geben!«

Es war das dritte Jahr, ich hatte immer noch eine zu große Brille, aber durchaus schon den Wert von kurzen Hosen erkannt. Mittlerweile standen die Zelte dicht an dicht, kleine Siedlungen bildeten sich, überall hingen Antennen in den Bäumen. Laut Statistik waren auf den Zeltplätzen Anfang der Siebziger so viele Urlauber wie bei den Ferienträgern von FDGB und Reisebüro zusammengenommen. Im Bezirk Rostock gab es 1954 9000 Zeltler, 1972 waren es 516000. Dauercamping und Wintercamping waren aufgekommen, im Süden der DDR existierten nun zehn Wintercamping-Plätze.

Inzwischen gab es auf dem Zeltplatz in Krakow am See eine kleine Kaufhalle, hier hatte ich meine erste Rahmbutter gegessen, und es gab Pepsi-Cola in winzigen Flaschen mit gedrechselten Hälsen. In die Bibliothek war ein Fernsehraum eingezogen. Mir war das recht. Riesenschach stand groß in Mode. Paddeln auch. Ich haßte es.

Eines Tages kamen die GST und der ABV aus der Stadt, und Herr Öhme hatte eine Schirmmütze von den Kampfgruppen auf seinem seitgescheitelten Haar und funkelte mit seinen blaßgrauen Augen in der Gegend umher. Der ABV machte einen Einführungslehrgang in die StVO, erklärte, daß man beim Fahrradfahren auf dies und das zu achten habe. Alle Touristikabzeichenträger mußten Fragen beantworten, immerhin waren sie die Tourismuselite der Zeltplatzkinder. Die GST zeigte, wie man Motocross fährt, sich durchs Unterholz schleicht, ein Lagerfeuer ohne Rauch macht und wie man ein KK-Gewehr auseinandernimmt und pflegt. Herr Öhme verteilte dazu Handzettel. Keine Ahnung, ob die jemand gelesen hat. Zivilverteidigung wurde nun groß geschrieben. Ein paar Jahre später gab es dann das Fach »Vormilitärische Ausbildung« an den Schulen.

Ich mochte Zelten jetzt immer weniger, meist saß ich auf einem Hügel und schnitzte Kreuzritterschwerter und Indianerköpfe oder suchte Pilze; ich fand aber selten welche, aber Herr Öhme wußte, wo die besten Gründe waren. Platzwart Öhme habe ich nicht mehr oft gesehen. Ein Jahr später – 1975 – brannte nachts durch einen Blitzschlag die Windmühle auf dem Berg ab. Lichterloh. Der gesamte See war hell. Am Tage darauf konnte man geschmolzenes Bauernporzellan und Glastropfen in den schwelenden Überresten finden. Ich glaube, das hat ihm das Herz gebrochen.

Landolf Scherzer

Das Haus der Else Schulz

In meinem Taschenkalender des Jahres 1986 fand ich die Adresse wieder: Else Schulz, Bad Salzungen, Ortsteil Kloster, Am Lindenberg 27. Aber dort hatte ich sie erst später besucht. Zuerst traf ich die damals 74jährige in der Straße des 7. Oktober Nr. 14 im Salzunger Feierabendheim, in dem ich Informationen für mein Buch »Der Erste« sammelte. 260 ältere Menschen, davon mehr als 200 Pflegefälle, wohnten in dem Heim, außerdem wurden in der »Kinderstation« 25 »Kinder« (manche von ihnen waren schon 30 Jahre alt) mit schwersten Hirnschäden betreut.

Die gläserne Flügeltür zu dieser Kinderstation hatte viele Sprünge. Es sah aus, als hätte sie jemand einschlagen wollen, denn von innen war die Tür mit einer dikken Eisenkette verschlossen. Ich stand vor einem Käfig oder vor einem ..., ich scheute mich, das Wort auszusprechen, aber die Leiterin sagte: »Ja, wie im Gefängnis. Wir müssen die Kinder einschließen, denn einige können laufen...«

Eine alte Frau in weißem Kittel öffnete das Vorhängeschloß, ließ uns hinein. »Schwester Else, 74 Jahre alt, aber immer noch eine der arbeitsamsten Pflegerinnen«, sagte die Leiterin und führte mich in ein Zimmer, in dem Kinder lagen, die nie aufstehen würden. Zuerst suchte mein Blick Vertrautes, fand ordentlich gestapelte modische Plüsch- und Strickpullover auf der Kommode, am Kopfende der Betten bunte Bilder, auf den Nachttischen und Betten Teddybären und Kuscheltiere. Und dann sah ich knochendürre Ärmchen, Gesichter, die nur mit einer Grimasse auf Schwester Elses Stimme reagierten, schiefe Münder, die tierähnliche Laute herauspreßten. Die Schwester sagte: »Schauen Sie, er ist 25 Jahre alt, aber man muß ihn aus dem Bett tragen. Heben Sie ihn mal hoch, er ist nicht schwer.« Ein großer Wasserkopf. Sie schlug das Deckbett zurück. Anstelle von Beinen nur kurze abgewinkelte Knochen mit Haut. Ich konnte ihn nicht anfassen.

Ein Mädchen war mit Binden an das Bett gefesselt. »Sie schlägt sich sonst den Kopf an der Wand blutig«, sagte Schwester Else. Obwohl die Wand hinter ihrem Bett mehrmals weiß übermalt worden war, sah man dunkle Flecken.

Ein Kind zog sich den Kopf an den Haaren in die Höhe, als es Schwester Else hörte.

Einem Mädchen gelang sogar ein Lächeln. »Das ist unsere kleine Friedenstaube«, sagte Schwester Else, »sie heißt mit Nachnamen Daube.«

Eines der Kinder lag seitlich gekrümmt im Bett, es wuchs Tag für Tag enger zusammen, unaufhaltsam.

Ich war dankbar, als Schwester Else endlich mit mir aus dem Zimmer hinausging.

Sie schaute mich besorgt an, nahm mich an der Hand, führte mich in das Schwesternzimmer, setzte mich auf einen Stuhl (»Mein Junge, Sie sehen weiß wie ein Gespenst aus») und kochte mir einen starken Kaffee.

Wochen danach saß ich mit ihr in dem kleinen Haus am Lindenberg, das ihre Eltern mühevoll Stein für Stein gebaut hatten. Von dort kann man hinunter nach Bad Salzungen schauen. Und Else Schulz erzählte mir die Geschichte ihres Lebens, eines Arbeitslebens....

Als ich für dieses Buch meine »Erinnerungen an die DDR« aufschreiben sollte, mußte ich wieder an Schwester Else denken. Denn oft, wenn ich gefragt wurde, wie es gewesen sei, das Leben in der DDR, erzählte ich von Else Schulz.

Sie müßte inzwischen 86 Jahre alt sein. Oder gestorben...

Ohne mich zuvor anzumelden, fuhr ich nach Bad Salzungen. Das Feierabendheim steht noch im Neubaugebiet. Wie früher Nr. 14. Ein neues Schild neben dem Eingang: »Seniorenheim Diakonieverbund Eisenach«. Auch die Straße ist nicht mehr nach dem Geburtsdatum der DDR benannt, sie heißt jetzt »Straße der Einheit«.

Im Erdgeschoß, ganz in sterilem Weiß, neben der Eingangstür eine Oase großblättriger Grünpflanzen, dazu wie früher an den Wänden selbstgemalte bunte Bilder, Wandzeitungen mit Fotos (»Wir suchen Ostereier«...).

Die Verwaltungsangestellte Frau Kahn war schon 1986 hier. Sie erinnert sich. Ich frage sie nach der Station für die schwer hirngeschädigten Kinder und nach Schwester Else. Da schüttelt sie bedauernd den Kopf. »Ich darf Ihnen leider nicht antworten, ich bin nicht auskunftsberechtigt. Das darf nur die Chefin.«

Die Chefin, Frau Hannelore Uckert, 53 Jahre, arbeitete auch schon vor 1986 im Heim. Sie erzählt freundlich und ausführlich, obwohl es Montag ist, sie einen dringenden Termin hat und ich unangemeldet gekommen bin. Die »Kinder« habe die Diakonie 1996 nach Eisenach verlegt, zur Zeit würden 13 Erwachsene mit geistiger Behinderung in diesem Bereich wohnen. Zwei der Kinder, die ich damals besucht habe, seien immer noch hier, Cornett und Frank. »Er kniet im Bett, sie kann nur liegen.« ...

Wir fahren hinauf. Keine Eisenkette mit Vorhängeschloß mehr vor der Tür. Aber die Station – alle Betten sind ordentlich gemacht – ist menschenleer. »Im Gegensatz zu DDR-Zeiten, als die Patienten den ganzen Tag in der Station bleiben mußten, werden heute alle, auch die, die nicht laufen oder sitzen können, täglich zur Behindertenhilfe gefahren und betreut oder arbeiten dort.« Diese Behindertenzentrale sei nach der Wende im Gebäude der ehemaligen Salzunger Stasizentrale eingerichtet worden. ...

Im Gemeinschaftsraum der Station stehen Spiele, Bücher, Fernseher, und an der Wand, nicht zu übersehen, hängt das Kreuz. »Wie in jedem Diakonieheim.«

Die Chefin beantwortet meine Frage, bevor ich sie gestellt habe. »Nein, man hat von uns, die schon vor der Wende hier arbeiteten, nicht verlangt, daß wir in die Kirche eintreten, das ist auch kein Entlassungsgrund gewesen.« Toleranz neuer Art. Allerdings sei früher im staatlichen DDR-Feierabendheim »mit Wissen des Kreisarztes und der Partei« auch regelmäßig ein sonntäglicher Gottesdienst abgehalten worden. »Wir stellten dem Pfarrer kostenlos einen Raum zur Verfügung.« Natürlich habe so etwas nicht in der Zeitung gestanden, und mir habe man davon seinerzeit nichts erzählt... »Die Else ist auch gläubig gewesen.«

Nein, sie lebe nicht mehr, sei mit 82 Jahren gestorben...

Eine halbe Stunde später stehe ich am Lindenberg, der Wohngegend über der Stadt, die von der Lage herrschaftlichen Villen vorbehalten sein sollte. Aber das Haus von Else Schulz sieht eher wie ein Dienstbote aus. Ich klingele. Ein alter Mann, dessen verwaschenes T-Shirt über dem massigen Bauch spannt, öffnet mir. Umständlich erkläre ich, wer ich bin und daß mich interessiert, wie die Else Schulz ihre letzten Jahre verlebt hat, was aus dem Haus ihrer Eltern nun werden wird. Er läßt mich nicht ausreden, winkt ab, murmelt was von »Lügnern, von wegen IHR Haus«. Und als ich erkläre, Else Schulz sei mir immer ein Beispiel für die vielen fleißigen, bescheidenen Leute in der DDR gewesen, schneidet er mir wieder das Wort ab und flucht: »Die Else? Von wegen fleißig und bescheiden, alles Lüge, nichts mit Stein für Stein ... Miststück! Kein Wort sage ich Ihnen über die ...« und schlägt mir die Tür vor der Nase zu. Öffnet nicht mehr. Ich stehe verdattert da.

Später klingele ich nebenan bei Endter. Die beiden Häuschen stehen aneinandergelehnt wie Dienstmagd und Dienstbote. Die Tür wird einen Spaltbreit geöffnet, und eine alte Frau lugt argwöhnisch heraus. Sie hört sich meine Litanei an. Erst nach fünf Minuten läßt sie mich über die Schwelle treten. »Man kann als alter Mensch nicht vorsichtig genug sein bei all dem Gesindel, das einen heutzutage an der Haustür betrügen will.« Bedächtig erzählt sie, daß sie mit den Schulzes verwandt sei, oft mit der Else zusammengesessen habe: »Das war eine fleißige, ehrliche Frau, die Else, bis zur letzten Minute.« Der Mann, der mir die Tür vor der Nase zugeschlagen habe, sei der Mann von Elses Schwester. Weshalb dieser Haß? Darüber möchte sie nicht reden. Aber gleich überm Berg, am Ortseingang von Witzelroda, wohne Elses Sohn Egon. »Der kann's Ihnen erzählen.« Ob er zu Hause sei? »Ja, er ist arbeitslos.«

Sie entschuldigt sich. Sie müßte sich erst einmal setzen. Bietet auch mir einen Korbstuhl an. »Die Beine, wissen Sie, die Beine...« 23 Jahre habe sie, die jetzt 73 sei, 23 Jahre habe sie in 3 Schichten (»die jungen Weiber wollten ja zum Tanz und nicht zur Nachtschicht«) im Hartmetallwerk Immelborn in der Küche gestanden. »Immer nur gestanden, acht bis zehn Stunden... 23 Jahre ..., und die Beine wurden immer dicker... Geschuftet wie die Else, Gott habe sie selig.»

Als Else Schulz mir vor 12 Jahren ihr Leben erzählte, hatte sie auch mit Gott begonnen, mit ihrem Konfirmandenspruch. »Ich habe immer beherzigt, was mir als Konfirmationsspruch mit auf den Weg gegeben wurde: Ob du wanderst im finsteren Tal, fürchte dich nicht. Ich glaube, das galt mehr für mein Leben und nicht so sehr, wenn ich wirklich in stockfinsterer Nacht unterwegs war. Manche Leute fragen mich, wenn ich früh um 5 Uhr weggehe und dann eine Stunde bis hoch zum Feierabendheim nach Allendorf tappe: Hast du keine Angst, Else, so mutterseelenallein?

»Ich bin am 13. Dezember 1912 geboren. Mein Vater war Maurer und hat uns das Haus in Kloster gebaut, in dem ich heute wohne. Meine Mutter war eine Vollwaise, mußte als Kind von Almosen leben. Sie arbeitete in einem Pflegeheim in Hildburghausen, später in der Pension Zimmermann in Bad Salzungen. Meine drei Schwestern sind im Krieg geboren, die zweitälteste 1914 und die Zwillinge 1917. Mutter ging hamstern, damit wir nicht verhungerten, und ich mußte die Zwillinge großziehen. Als ich zehn war, schickte mich die Mutter als Kindermädchen zu einem Tüncher, dessen Frau in Immelborn in der Fabrik arbeiten wollte. Der Mann ist übrigens hier im Feierabendheim gestorben. Ich mußte bei ihnen nicht nur das Kind, sondern am Wochenende auch die Kühe hüten. Dafür bekam ich Brot und Suppe. Besser erging es mir, als ich die Kinder unseres Lehrers beaufsichtigen durfte. Nach der Schule brauchte ich nur die Treppe hinaufzusteigen, denn er wohnte mit seiner Frau und den zwei Kindern, eins vier Monate und eins 16 Monate, direkt über dem Klassenzimmer. Ich bekam reichlich zu essen, und wenn die beiden abends weggingen, schlief ich in ihrer Wohnung.

Als ich die Schule beendet hatte, blieb ich als Kindermädchen bei ihm. Sie gaben mir sechs Mark im Monat und die Kleidung. Für sechs Mark konnte man sich 12 Brote kaufen oder 10 Tafeln Schokolade. Jeden Monat wartete die Mutter auf meine sechs Mark, denn wir bauten das Häuschen und hatten nur Schulden. Wir pflückten Heidelbeeren und Himbeeren, die trugen wir in die Stadt – von dem Geld bezahlten wir das Haus Mark für Mark.

Einmal wollte ich der Mutter eine Freude machen, und ich habe ihr in der Salzunger Bahnhofstraße bei Kuno für meine sechs Mark Kleiderstoff gekauft. Sie hat vor Kummer geweint.

Mit fünfzehn bin ich zu Jung und Dittmann gegangen, das ist heute das Kaltwalzwerk. Obwohl ich klein und klapperdürr wie ein Gespenst war, arbeitete ich im Akkord von früh um sechs bis Viertel drei – ohne Mittag, nur eine Frühstückspause. Vier Jahre habe ich das ausgehalten...

Meinen Mann, den Hermann, habe ich noch bei Jung und Dittmann kennengelernt. Er war Werkzeugmacher und arbeitete später als Lehrausbilder. Mit 19 habe ich mich verlobt, und mit einundzwanzig haben wir geheiratet. 1936 wurde unser erster Sohn geboren. Weil mein Mann Ausbilder war, reklamierte man ihn in den ersten Kriegsjahren, doch als er keine Lehrjungen mehr hatte, die er ausbilden konnte, holte man ihn auch.

Er war dann Polizist in Allenstein in Ostpreußen, und nachdem unser zweiter Sohn geboren worden war, besuchte ich ihn dort. Ich sah, wie die Feldgendarmen eine Polin mit einem kleinen Kind zur Polizeistation brachten. Die Frau heulte zum Gotterbarmen, sie besaß keinen Ausweis, und wer keinen Ausweis hatte, wurde ins Lager gebracht. Mein Mann gab ihr heimlich einen Ausweis, und die Frau kniete vor mir wie vor einer Madonna, küßte mir die Hände und sagte immer wieder: ›Ich wünsche Ihnen goldene Hände..., ich wünsche Ihnen goldene Hände...‹ So etwas Gutes hat mir nie wieder ein Mensch gesagt. Die letzte Post, die ich von meinem Mann erhielt, war ein Luftbrief, abgestempelt am 6. März 1945 in Danzig...

Ich wohnte nach dem Krieg neben der Eisenbahn. Wenn ein Zug einfuhr und ich Stiefelschritte auf der Straße hörte, dachte ich: Jetzt kommt er. Noch heute höre ich manchmal im Schlaf schwere Stiefelschritte ... Auch die Männer meiner drei Schwestern kehrten nicht zurück. Einer fiel in Frankreich, einer in Stalingrad, und einer lernte im Krieg eine andere Frau kennen. Wir vier Mütter blieben allein mit acht Kindern. Unser Vater war ein todsterbenskranker Mann, schon im ersten Krieg hatte er bei Verdun eine Gelbkreuz-Gasvergiftung, nun noch einen Oberschenkelschuß – er ist bald danach gestorben. Um nicht zu verhungern, ging ich, die Schwächste von uns, in den Wald zum Harzreißen und Harzschröpfen. Dafür bekam ich Lebensmittelmarken für 300 Gramm Butter.

Wie ich damals die Furcht überwunden habe, weiß ich nicht mehr, ich weiß nur noch, wann es war. 1953 brachten die Bauern von Kloster ihre Kinder zum ersten Mal in einen Kindergarten. Und mich fragte der Bürgermeister, ob ich die Jüngsten betreuen würde. So kehrte ich zu der Arbeit zurück, mit der ich schon als Sechsjährige begonnen hatte. 1954 ging ich dann in die Polizei-Kinderkrippe und übernahm dort die Nachtwache., das wollte niemand machen. Über zwanzig Säuglinge betreute ich, und einmal die Woche fuhr ich abends zur Kinderschwesternschule nach Meiningen – einen freien Tag gab es dafür nicht. Und als eines Tages gefragt wurde, wer im Krankenhaus arbeiten möchte, habe ich mich gemeldet. Damals mußte mein Junge operiert werden – Blinddarm. Als er nackt auf dem OP-Tisch lag – die Ärzte und Schwestern kannten mich –, habe ich mich sehr geschämt, denn er war nur Haut und Knochen. Bestimmt dachten die Kollegen, daß ich eine schlechte Mutter sei, aber ich habe beiden Kindern vierundzwanzig Monate die Brust gegeben, mehr hatte ich nicht. Ein Jahr lang arbeitete ich auf der Isolierstation, und dann war ich siebzehneinhalb Jahre in der Hals-Nasen-Ohren-Abteilung bei Dr. Voigt. Zehn Tage Qualifizierung in Erfurt, das war alles, das andere guckte ich mir mit den Augen ab, ich konnte sogar Narkosen geben. Vor neun Jahren wurde unsere Hals-Nasen-Ohren-Isolierabteilung renoviert, und weil im neuen Feierabendheim dringend Schwestern gebraucht wurden, ging ich zur Aushilfe ins Heim. Ich dachte, wirst ja in einem Jahr selber Rentner. Und nun arbeite ich schon wieder fast zehn Jahre hier oben.

Wegen des Geldes müßte ich es nicht mehr machen, ich kriege die Mindestrente und noch fünfundvierzig Mark für meinen Mann, er hat ja immer geklebt. Ich leiste mir auch jeden Tag ein Gläschen Sekt, das helle Bier unserer Klosterbrauerei kann man nicht trinken. Mit der Arbeit aufhören? Die hirngeschädigten Kinder, die hier liegen, die erkennen mich schon am Schritt. Ich verstehe ihre Sprache, ihre Zeichen. Manchmal, wenn sie keinen Stuhlgang haben, schwillt der Bauch an und drückt die Blase ab. Aber sie können nichts sagen, sie jammern nur, dann muß man ihre Laute verstehen, sonst ist es zu spät. Den jungen Schwestern, die auf dieser Station anfangen, muß man diese Zeichen erst deuten helfen. Manche, die von der Schwesternschule kommt, erträgt das Elend nicht, die hört auf. Doch wenn eine junge Schwester erst einmal die Zeichen der Kinder als Hilferuf versteht, bleibt sie.

Ich arbeite auch noch sonnabends und sonntags, aber Nachtschichten mache ich keine mehr. Spätabends sitze ich, in eine Decke gewickelt, in meinem nun schon altersschwachen Häuschen, in dem es durch alle Ritzen zieht, und sehe oben in Allendorf die Lichter im Feierabendheim, das heißt, ich sehe nur die Lichter unserer Station. Ich weiß dann genau, jetzt badet die Nachtschwester die Kinder, jetzt windelt sie den fünfundzwanzigjährigen Marko. Wenn die Lichter in den Zimmern der Kinder ausgehen und nur noch das Fenster im Schwesternzimmer leuchtet, gehe ich schlafen…«

Elses Sohn Egon treffe ich nicht in Witzelroda. »Wahrscheinlich ist er wieder auf dem Amt, vielleicht finden Sie ihn auf dem Arbeitsamt«, sagt ein Nachbar. »Oder in Kaltenborn, dort wohnt sein Bruder, der Jürgen. Und dort ist auch die Mutter begraben.«

Weil ich die Adresse von Jürgen Schulz nicht kenne, frage ich auf der Kaltenborner Hauptstraße einen Mann, der mit seinem Traktor einen Hänger dampfenden Mist transportiert, nach den Schulzes. Der weiß es nicht, aber er steigt aus und läuft mit mir von Haus zu Haus, bis eine Frau sagen kann, wo der Schulz wohnt. Doch ich habe Pech: er ist mit seiner Frau zur Zeit in Tunesien. Also lasse ich mir den Weg zum Friedhof zeigen. Pflücke einen Wiesenblumenstrauß. Laufe suchend die Grabreihen hin und her.

Eine Frau zeigt mir das Grab. Roter Storchenschnabel und kleine Vergißmeinnicht blühen. Granitstein. »13.12.1912 – 8.6.1994.« Else Schulz. Und darunter »Zum Gedenken – Hermann Schulz«.

Die Frau will wissen, ob ich verwandt sei. »Sie hat einen guten Sohn und eine fleißige Schwiegertochter, haben die Mutter nicht in Salzungen begraben lassen, sondern hierher geholt, damit sie das Grab pflegen können. Hat's wohl verdient, diese Frau…«

Ja, die Kinder wären in Tunesien, aber die Enkeltochter sei zu Hause, wohne im Haus neben dem Friedhof. Diesmal habe ich Glück. Die junge Frau hängt Wäsche auf. »Ich bin gerade erst aus der Klinik zurück. Vor zehn Tagen ist unser zweites Kind geboren. Zwei Söhne – genau wie die Else.«

Ich erzähle vom Türzuschlagen. Sie ist nicht erstaunt. Dieser Haß existiere, seitdem das alte kleine Haus in bester Wohnlage plötzlich ein Vermögen wert sei. »Die Else hat ihre Haushälfte an die zwei Söhne vererbt, und Jürgen und Egon haben sie weiterverkauft.« Wie alles genau zusammenhänge, wisse sie nicht, aber seit der Hauserbschaft gebe es den Haß und auch die Lügen… Doch das sei mittlerweile wohl alltäglich: »Wenn man Immobilien bekommen konnte, werden Geschichten über das Leben in der DDR mal so herum erzählt und mal andersherum…«

Das Baby schreit.

Ich gehe noch einmal zurück zum Friedhof, denn ich hatte vergessen, den Wiesenblumenstrauß in ein Glas mit Wasser zu stellen.

Fritz-Jochen Kopka

Im toten Winkel

Von der Volksarmee

Wir standen wie Kühe im Morgengrauen und warteten, daß wir von der Weide geholt würden, wir warteten lange und wurden Kühen immer ähnlicher. Wieder und wieder kauten wir das vergangene Leben durch, von dem nichts bleiben konnte. Der Zug brauchte sechs Stunden von Berlin nach Brandenburg.

Dann wurden wir auf grüne Eisenautos verladen. Dann wurden wir ausgerüstet. Dann mußten wir unsere Kleidungsstücke in einem Pappkarton nach Hause schikken. Dann zogen wir den Kopf ein. Dann suchten wir jemanden, der vielleicht war wie wir. Dann konnten wir nicht schlafen. Dann gellte um drei Viertel sechs eine Pfeife. Dann mußten wir raus.

Bis zuletzt hatte ich geglaubt, sie kriegen mich nicht. Sie vergessen, übersehen, wollen mich nicht. Ich bin schon oft übersehen worden. Ohne Vorankündigung verschwand ich aus dem Bestand meines Betriebs; ich hatte nicht Bescheid gesagt, ich kam wortlos meiner Wehrpflicht nach, ich folgte dem Stellungsbefehl, im Betrieb wußten sie am 20. des Monats nicht, wohin mit meinem Gehalt. Ein Freund bezahlte meine Miete, 18 Monate lang, es war nicht so wahnsinnig viel Geld, wir lebten ja in der DDR, aber Geld war es doch. Und Freundschaft auch.

Ach, ich zog den grauen Anzug an, ich band die Schulterklappen fest, ich knöpfte die weiße Kragenbinde ein, ich legte den Stahlhelm ins Fach oder auf den Spind, ich zog den grauen Anzug an, aber erst mal die lange Unterhose, das langärmlige Unterhemd, denn der Stoff war rauh nach außen und innen, er hätte die Haut zerkratzt, und wir sollten nicht ein zweites Mal wund werden im Leben, jedenfalls nicht so; ich und hundert andere auch. Junge Männer, die bleich waren und schwarze Augenringe trugen. Von diesem Moment an verfügten sie nicht über ihre Zeit, die Probe auf die wahre Unfreiheit, die Probe auf Dienst und Unterordnung, auf Kopp zu und Augen geradeaus, das war doch Klasse irgendwie. Die Freiheit ist immer konkret, die Unfreiheit erst recht.

Der zerkratzte Plastetisch. An dem wir Brühe schlürften wie Bier aus blauen Plastetassen. Die Hocker, auf denen jeder sein Päckchen bauen mußte abends im rechten Winkel aus Uniform und Unterwäsche. Die eisernen Doppelstockbetten, die blauweißgewürfelten Bettbezüge. Die Spinde, in die man keine nackten Weiber heften durfte, aber das Foto der Verlobten, die unweigerlich einen Abschiedsbrief schrieb, und der verlobte Soldat Krott sprang in den Fluß, aber das Wasser war viel zu flach, er erreichte den Tod nicht, nur eine Erkältung. Männer ohne Frauen. Dreißig Schuß scharfe Munition. Beim Wäschetausch legten wir Wert auf Laken ohne Abgänge. Sperma ist härter als Seifenpulver. Da brauchte man viel Glück.

Die sozialistischen Offiziere sahen wie Bonner Ultras aus. Der Kompaniechef wie Adenauer, der Politstellvertreter wie Erhard und Strauß, der Zugführer wie Kai-Uwe von Hassel und der Bataillonskommandeur wie Adolf Hitler mit Halbglatze, Locken und Homo-Schritt, wenn das auch die falsche Schublade ist. Wir waren nicht in Bonn, wir waren in Brandenburg-Hohenstücken. Hohenstücken, Grab meiner Jugend. Als ich mitkriegte, wie es bei der Armee lief, war ich froh, daß ich schon so alt war. Ohne Gerechtigkeitssinn. Ohne Leidenschaft. Am besten, man schlief. Hundert Jahre Einsamkeit. Achtzehn Monate Halbschlaf.

Die Soldaten kamen aus Thüringen, dem Eichsfeld, der Magdeburger Börde. Sie hatten die DDR gemieden. Sie waren Handwerker und Hilfsarbeiter, keiner konnte ihnen im zivilen Leben zu nahe treten, sie kannten den Staat nicht, sie lernten ihn kennen bei der Armee. Ein Staat, der die Armee braucht, um Spuren zu hinterlassen bei seinen Bürgern, muß so enden, wie die DDR geendet hat.

Einen kannte ich aus Berlin. Ich kannte ihn, weil wir für eine Illustrierte die Jugendmode der DDR vorgeführt hatten. Ich weiß nicht, wie ich aussah, aber er sah aus wie ein Mensch, der in ein tiefes Unglück gestürzt war, aus dem es kein Entrinnen gab. Im Regimentsklub wurden wir gefragt, ob wir zeichnen, Fremdsprachen, Auto fahren, Schreibmaschine schreiben, Theater, Instrumente spielen konnten. Der unglückselige Dressman meldete sich jedesmal. Sie können ja wirklich alles, Genosse Soldat, sagte der Oberstleutnant. Das kommt durch das Studium, rechtfertigte er sich. Der Offizier grinste. Er wußte, daß er einen Mann vor sich hatte, der sich einen Druckposten in irgendeiner Schreibstube verschaffen wollte. Der sollte Dreck fressen, dieser Mensch, bei dem alles durch das Studium gekommen war. Laggs hatte ein laszives Gesicht, wellige Haare und große Augen. Seine Ideale waren, eine schöne Tasse Kaffee zu trinken und ein gutes Buch zu lesen. Wünsche, deren Erfüllung ihm die Armee versagte. Sie versaute ihm auch seine Frauengeschichten. Laggs war ein Frauentyp. Sie haben ja schon wieder Besuch, mobte der Hauptfeldwebel. Na ja, sagte Laggs und wagte ein Lächeln, frisch verlobt. Frisch verlobt! höhnte der Spieß. Laggs bekam keinen Urlaub und noch nicht mal Ausgang. Die frisch Verlobten hingen stundenlang im Aufenthaltsraum rum, sahen sich hungrig an und wußten nicht mehr, was sie sagen sollten. Später schloß sich Laggs einer kleinen Gruppe um den parfümierten Zugführer Jürgens an, da ging es ihm etwas besser, aber er mußte eine schwierige Balance halten. Der Zugführer wurde Jahre danach in Unehren entlassen, Laggs sah ihn als Kellner im Café Moskau wieder. Ich habe an ihm vorbeigesehen, sagte er.

In der Nacht lag ich wach, ich hatte ein kleines Radio, vielleicht verboten, vielleicht erlaubt, manchmal hörte ich leise Daliah Lavi, willst du mit mir gehen, Licht und Schatten verstehen: wollte ich, wäre ich, die hat wirklich eine Stimme wie eine klaffende Scheide, sagte der Soldat im Bett neben mir, der einen schönen Posten in der Bibliothek ergattert hatte. Bei der Armee entdeckten wir unsere ordinären Talente.

Das gelbe Turnhemd, die rote Turnhose, der schwarze Trainingsanzug. Alles Scheiße. Die Armee hatte auch Abkürzungen. MKE hieß Militärische Körperertüchtigung. OU hieß Ortsunterkunft, die Standorte waren für Zivilisten geheim. UE hieß Unerlaubte Entfernung. EK hieß Entlassungskandidat. Reservisten waren Resis. Männer, ein bißchen dick und ungelenk, die an ihre Familie dachten. Wir spielten Skat, meist Schieberamsch. Um Bier, das verboten war. Auf einer Kommandostabsübung, an der nur Offiziere teilnahmen und ein paar Soldaten für Sklavendienste, konnten wir Pilsner Urquell und Budweiser kaufen. Die Offiziere waren milde zu den Sklaven. Wenn sie uns Zigaretten holen schickten, öffneten wir vorsichtig die Banderole, klauten 3 bis 5 Lullen aus der Schachtel, klebten sie wieder zu und freuten uns, wenn die Offiziere sich wunderten, wie schnell sie eine Schachtel aufgepafft hatten. Soll ich neue holen, Genosse Major? Der Reservist verlor jeden Ramsch. Seine Frau (»meine Schnecke«) gab ihm nach jedem Urlaub Geld, er sollte Rauhfasertapete mitbringen, das Geld verlor er beim Skat, was spielt ihr hier mit mir? schrie er verzweifelt. Fotze! riefen wir aus einem Mund. Das Wort hatte bei der Armee die Funktion, die das Wort Scheiße im zivilen Leben hat. Humor war ein Überlebensmittel, er konnte nur dreckig sein, dreckig und gemein.

Die Armee hatte Kraft für sechs Wochen und drei Kompanien. Über die Sturmbahn hecheln, schießen, Geländemarsch, Gasmaske auf, Feldlager, im Schützenpanzerwagen durch die Botanik, sich eingraben und nach der Ausbildung Waffen reinigen. Nach der Grundausbildung war die Armee durchschaut und zerstreut. Sie bewachte sich selbst, sie beschäftigte sich mit sich selbst, sie genügte sich selbst. Sie wußte, daß sie untergehen konnte an Unordnung, an Langeweile, an zu hohem Benzinverbrauch. Einer erfror, er war mit einer Flasche Schnaps getürmt, einer wurde von einem Schützenpanzerwagen überrollt. Für solche Fälle gab es Offiziere, die zu den Eltern fuhren und sie benachrichtigten. Sie taten das, ohne sich zu sträuben und ohne sich schuldig zu fühlen. Wo Waffen sind, rebellisches Eisen, ist der Tod unvermeidlich; das ist akzeptiert.

Ein Offizier trieb einen Soldaten vor sich her über die Regimentsstraße. Der Soldat war ohne militärischen Gruß an ihm vorbeigegangen. Nun mußte er ein paar Schritte von dem Hauptmann weglaufen, sich umdrehen, auf den Offizier zugehen und die Grußerweisung leisten. Der Hauptmann fand stets einen Fehler in der Aktion und trieb den Soldaten durch das ganze Regiment. Ein stummer Zweikampf, der stumm und ergebnislos endete, es gab nur Verlierer.

Ein Trupp Innendienstkranker kreuzte unseren Weg. Soldaten, die wegen wirklicher oder angegebener Schäden aus dem Dienst mit der Waffe herausgenommen wurden. Sie trugen schwarze Arbeitsuniformen und reinigten Tage, Wochen und Monate das Regiment, das wieder beschmutzt wurde, ein sinnloser Kreislauf. Wobei sie hofften, daß man sie vorzeitig entlassen würde, weil sie nicht tauglich waren. Sie übertrieben ihre Leiden, indem sie hinkten, röchelten, stöhnten, wankten. Sie verhunzten sich die Frisuren und trugen die Käppis so skurril, daß man sie für Idioten hielt. Sie ließen sich abartige Persönlichkeitsmerkmale bestätigen. Sie träumten immer von zu Hause.

Das stehende Heer war visionär. Eine Arbeitsbeschaffungsmaßnahme mit achtzehnmonatiger, drei-, zehn-, fünfzehn- und zwanzigjähriger Laufzeit. Training der Fähigkeit, die Ausdehnung der Zeit zu ertragen. Erziehung und Selbsterziehung, Selbstbehauptung auf unterem Niveau. Das Zählen der Resttage war verboten. Da war die Seele der Berufssoldaten empfindlich. Die Inhaber der Druckposten trafen sich abends in der Bibliothek. Sie brieten Kartoffelpuffer, der Kellner des Ledigenwohnheims besorgte Bier, der Bibliothekar wählte die ARD, wir lernten die Les Humphries Singers kennen und dachten, darauf müßte das Leben hinauslaufen, wenn wir wieder draußen wäre, so ein Gemisch von Frauen und Männern, Schwarzen, Weißen, Gelben, Braunen. Andere verbargen sich in den Heizungskellern und duschten. Wer im Kompaniebereich aufgefunden wurde, war in Gefahr, mit Reinigungsarbeiten beauftragt oder kontrolliert zu werden und die Nerven zu verlieren. Bloß nicht so kurz vor Ende noch die Nerven verlieren.

Der Bibliothekar holte morgens die Zeitungen in der Poststelle ab. Die alleinstehende Zivilangestellte schloß die Tür hinter ihm zu und zog den Rock hoch. Sie hatten nicht viel Zeit und wenig Möglichkeiten; sie konnten sich nur im toten Winkel lieben. Gelegenheit macht Liebe, wie sie Diebe macht , sagte der Bibliothekar. Ist von Goethe. Das wußte er. Und was ist mit meiner Ehe und mit meiner Frau und mit meinem kleinen blonden Sohn? Das wußte er auch.

Wir saßen in der Zille-Stube, blickten auf den nach allen Seiten offenen Alexanderplatz und genossen den Moment, in dem wir begriffen, daß wir die Armee überlebt hatten. Wir haben die Armee überlebt, was man nicht von jedem sagen kann. Als ich in der Nacht nach einer endlosen Kette von Vergeblichkeiten ins Taxi stieg, konnte ich dem Taxifahrer nicht meine Adresse sagen, ich hatte die Straße vergessen. Ich sagte ähnlich klingende Namen, und er brachte mich irgendwie nach Hause. Und da bin ich jetzt. Aus dem Abstand von zwanzig Jahren erscheint mir die Armee als einziges kompakes Stück in meinem Leben, die einzige Phase von Belang, so absurd es ist.

Thilo Köhler

Hiev up!

Wenn man in den späten Sechzigern als künftigen Berufswunsch »Hochseefischer« angab, durfte man zwar gottlos dumm sein, aber keine Großmutter im Westen haben. Ich war gottlos dumm und hatte keine Großmutter im Westen, also ging ich umstandslos zu unseren volkseigenen Heringsbändigern. Ich war sechzehn Jahre alt.

Es gab in diesen Jahren eine wunderbare Einrichtung; die hieß »Zentrales Lehrstellenverzeichnis« und besaß, wie jedes gute Ding, zwei Seiten, besser noch, zwei Spalten: In der linken stand das jeweilige Handwerk, in der rechten nur das Kürzel »LWH« – für Lehrlingswohnheim. Oder ein drohender Strich, der warnte, daß zu Hause bleiben müsse, wer sich für ein gewöhnliches Gewerbe interessiere. Also fuhr ich mit der rechten Hand die Striche ab und hielt bei jedem »LWH« voller Erwartung inne, fuhr nach links und sah mir den dazugehörigen Beruf an. Alle landläufigen Professionen hatten diesen simplen Strich; um Bauarbeiter oder Schlosser, Klempner oder Dachdecker zu werden, mußte man nicht in die weite Welt hinaus. Exotische Berufe wie Matrose, Bergarbeiter oder Forstexperte aber hatten immer dieses »LWH« zur Seite, denn um sie zu lernen, mußte man in fern gelegene Bezirke und in eine Lehrlingsfeste ziehen, in der das frohe Jugendleben tobte.

Meine Finger also hatten sich im Norden und an dem Versprechen festgehakt, mit einer handfesten Arbeit und gepflegten Abenteuern vor den Küsten Labradors und Grönlands ordentliches Geld zumachen.

Der Ausbau einer volkseigenen Armada für den Fischfang war in jenen Jahren längst beschlossene Sache. Jedoch zwanzig Jahre lang fuhren die Schiffe schon hinaus, als in den späten Sechzigern die ersten Fischgaststätten ihre Schotten öffneten; obwohl sie echte Nichtraucheroasen waren, erfreuten sie sich riesiger Beliebtheit. Meine ersten Wendungen aus dem Lateinischen verdanke ich den Speisekarten im Rostocker »Gastmahl des Meeres« die, gelehrig auf den Deckblättern klotzten: »Maledictus piscis in tertia aqua«.

»Carl von Ossietzky« hieß der Logger, der mich als Moses und auf mancher Reise 150 Tage lang vor die gemütlichen Gestade von Neufundland führte. Als rund 35 Meter lang und gerade sieben Meter breit erwies sich just die Insel, die ich für die nächsten Jahre zum Eiland meiner jugendlichen Unabhängigkeit erklären wollte.

Einundzwanzig Jahre alt war meine neue Heimat, stahlummantelt und nur für eigentlich genau so viele Reisetage ausgelegt, wie es ihr Hersteller, die Volkswerft Stralsund, noch im Baujahr 1950 und im Schiffsbrief festgehalten hatte. Weiß der Himmel, warum daraus hin und wieder Exkursionen in den Nordatlantik wurden, die sich über Monate erstreckten.

Die Besatzung, zwei Dutzend Männer, in komfortablen Sechsmannkammern untergebracht, kämpfte fortan um die Fangprämie, die selbstverständlich damals noch als Wettbewerbsprogramm durch die Wandzeitungen des Käptn geisterte. Der wohnte, wie sein Steuermann und auch der Smut, in einer eigenen Kammer – letzterer genoß das Privileg der eigenen Wohnung aus Hygienegründen. Nicht etwa, weil sich der Koch nicht wusch; da hätte er auch gut bei den Matrosen wohnen können, die sich ihre knapp bemessene Freizeit nicht durch übertriebene Körperpflege selber noch verkürzen wollten. Bis zu mehr als hundert Tage standen sie, meist an die achtzehn Stunden lang, an Deck, in ihren hohen Stiefeln und bis zu den Hüften in den Tonnen frisch erbeuteter Sardinen, Heringe, Makrelen oder anderer, mittlerweile seltener ozeanischer Delikatessen. In der einen Faust ein Messer, in der anderen ein Bündel Fische, schnitten sie die Köpfe ab, rissen zugleich die Därme mit heraus, und schließlich warfen sie sie in die Fässer voller Salz. Und natürlich griff man da, in seinen kurzen Pausen unter Deck, nicht nach der Seife von Florena, sondern zitternd nach den Karten, um die Branntweinflaschen und die Filterzigaretten auszuspielen, die es für ein Viertel des normalen Ladenpreises gab und die das einzige an Bord waren, mittels dessen man versuchte, Alltag wenigstens zu simulieren. Nur am Sonntag gab es Spiegelei und Kuchen, ebenso am Donnerstag, dem sogenannten Seemannssonntag, denn es war ein Donnerstag, an dem die Titanic sank. Natürlich gab es an Bord keine Zeitung, nur die abgeschriebenen Stammeleien der heimatlichen Funksprüche über die neusten Produktionserfolge, deren knapp gehaltene Wiedergabe man als eher wohltuend empfand, und nach dem Wochenend die Spielergebnisse der überregionalen Fußballmannschaften. Noch weniger gab es bereits ein Satellitenradio, ganz zu schweigen von Videorecordern, die mit Filmkassetten jeden Abend hätten retten können. War man einmal aus dem Senderaum von »Rügenradio« heraus, begann der gnadenlose Einsatz eines Tonbandapparates, der über die Bordlautsprecher um und um nur Lieder spielte, die ein Instrukteur der hauseigenen Kulturabteilung eigens für die schweren Reisen sorgsam ausgewählt und aufgenommen hatte, um den kollektiven Optimismus, im Verbund mit den verbilligten Genüssen, hochzuhalten.

»Zickenschulze aus Bernau« verfolgt mich heute noch. Er lief mindestens ein halbes Dutzend Mal am Tag und hatte, um das Elend für den unbeweibten Jüngling, der ich war, ins Unendliche zu steigern, »schon die dritte Frau«, der er im Wechsel Pflaumenkuchen oder Milch in ihren tiefen Ausschnitt goß, und damals hat es mich oft sehr verstört, wenn Zickenschulze sang, die Milch zumindest wüßte, wo sie hingehört.

Das hätte ich wohl auch zu gerne selbst gewußt, wenn ich nach Monaten wieder festen Boden unter meinen Füßen spürte und allabendlich, im seemännischen Wiegeschritt, in ein angejahrtes Klubhaus wankte. Meist verblieben nach der langen Reise allenfalls zehn Tage, Rostocker Nordlicht zu erobern, ein fast auswegloses Unterfangen bei der Aussicht für die Auserwählten, einen Heringsbändiger zu erhalten. Teilnahmslos oder nachsichtig hörten sie gerade noch beim ersten Tanz meinen vermeintlich großartigen Abenteuern zu, wenn ich mit all den Sonnenaufgängen vor Labrador oder den Walen vor den Küsten Grönlands imponieren wollte, schon der zweite Anlauf scheiterte in aller Regel. Ich geriet in Panik, trank mehr Bier, als ich vertrug, ich rauchte Zigaretten, die man nur vom Hörensagen kannte, wedelte mit Hundertern herum, gab an wie die berühmte Lore Affen und versuchte, in zwei Wochen halbe Jahre eines ganzen jugendlichen Lebens nachzuholen.

Meine Klassenkameraden – die mit den erwähnten gewöhnlichen Berufen – warfen nicht mit Hunderten, dafür mit Dutzenden Affären um sich, brüsteten sich etwa mit Silvesterparties, die ich stets unter meinesgleichen und bei 32 Kältegraden vor den grönländischen Eisbergen statt mit Malimopullovern vor den heimischen Hügeln feierte. Zwar waren sie niemals in Begleitung, wenn ich sie zufällig traf, und hatten immer, jedenfalls nach eigener Verlautbarung, gerade die mindestens schon siebte Frau verjagt, ich aber glaubte ihnen eifersüchtig jedes Wort und suchte immer noch die erste, der ich, nur für das Versprechen, auch den zweiten Knopf zu öffnen, durch die halbe Republik gefolgt wäre.

Klein genug für höchstens vierzehn Tage Freizeit schien sie allemal, doch sie war immer noch zu groß, als daß die Sehnsüchte der volkseigenen Maiden in den hanebüchenen Geschichten eines seegängigen Spinners ein für alle Male Unterkunft gefunden hätten.

Ich verdiente, mit ein bißchen Fangglück, wenigstens zehntausend Mark in einem halben Jahr, ich hatte, nur mit hochgehaltenem Seefahrtsbuch, in jedem noch so noblen oder noch so anrüchigen Schuppen Zutritt; ich trug nur die neusten Jeans aus zollfreien Regalen, roch nach »Tabac Original«, ich schlief bei meinen amourösen Exkursionen noch im letzten Kaff im ersten Haus und dachte selbst im letzten Augenblick des Mißgeschicks: Verweile doch, denn Tage später würden sie von vorn beginnen, all die Monate der leeren Nächte und der vollen Fässer, der bedingungslosen Schinderei und jener Unterordnung, gegen die ich später selbst den Alltag der Kaserne als beinahe paradiesisch angesehen habe. Ich weiß, ich sollte mir so eine positive Sicht auf mein Rekrutendasein selbst nicht durchgehen lassen, aber immerhin: aus meiner Landserunterkunft verschwand ich einfach, wenn ein Streit die Kameraden zu entzweien drohte, und lief einmal um die grüngestrichene Baracke. Brannte allerdings auf hoher See die Luft, so konnte man nicht einfach eine Runde um den Logger drehen, es war wie eine halbjährige Untersuchungshaft, nur ohne Hofrunde. Und auch die Mitinsassen wirkten so, als hätten sie bereits das Höchstmaß abgesessen, denn wer noch mit Ende Zwanzig und bei bis zu fünfunddreißig Minusgraden dort an Deck stand, sah mit Sicherheit zehn Jahre älter aus. Er hatte meist einen allerletzten Wunsch, den er sich mit der Heuer dieser Reise gern erfüllen wollte, und natürlich auch längst die Marotten eines Lebenslänglichen.

»Nach diesem Turn ist Schluß!« war wohl der meistgebrauchte Satz an Bord; nur noch das Motorrad, die Schrankwand, klar, der Trabi oder eine Jolle vor dem Grundstück. Doch danach: Nie wieder!

Die so sprachen, waren die letzten, die sich nach dem Einlaufen im heimatlichen Hafen in den Zug nach Hause setzten, und die ersten, die sich, Tage vor dem Auslaufen, schon wieder in der Nähe des verhaßten Fischseelenverkäufers tummelten. Und jene, die schon in den ersten Tagen einer neuen Reise schwer gerührt auf ihre Fotos an den Kojenwänden starrten, hielten den realen Alltag mit den Porträtierten nicht einmal für eine Woche aus.

Da hatte man es denn als juveniler Junggeselle scheinbar doch ein wenig besser; wenn ich nach der langen Reise endlich wieder meinen Fuß an Land gesetzt hatte, so führte mich mein erster Weg in die Altstadt Rostocks. Denn dort residierte seinerzeit der ISC, so hieß das Zauberinitial für eine höchst soziale Einrichtung, den Internationalen Seemannsclub, der sich den Nöten und sprichwörtlichen Bedrückungen widmete, die Fahrensleute nach Monaten auf hoher See empfinden. Die Mehrheit der geschäftigen Kolleginnen waren werktätige Hausfrauen, deren Dienste die meist jungen Männer gern in Anspruch nahmen. Weit entfernt von allen möglichen Klischees der schwerbrüstigen, schmollippigen Edelhure, waren sie meistens Mitte Dreißig, auch schon mal Ende Vierzig und versahen ihre Dienste mit der freundlichen Routine von gelangweilten Ehefrauen, die jeden abgestiegenen Schauermann für einen plötzlich aufgetauchten Märchenprinzen hielten. Glücklich war ich selber nicht so recht dabei, ich wollte weg, von meinen blanken Fischen wie von meinen bleichen Nixen, schließlich hatte ich doch seit der Schulzeit meinen großen Plan im Kopf.

Denn immerhin, ich war ja nun nicht mehr diese als kleinbürgerlich eingestufte Rotznase, sondern ein ausgewiesenes Mitglied unseres Proletariats, ein Schaffender und, wenn man den Bestimmungen der volkseigenen Philosophen glauben wollte, glatt ein Machtausübender, ein Führender, der im Verein mit den befreundeten Werktätigen aus den Randgruppen der restlichen Bevölkerung an unserer lichten Zukunft werkelte. Fürs erste aber wollte ich schon einmal meine eigene zimmern und die Wirkung dieses hart erarbeiteten Privilegs erproben. Schließlich konnte ich nicht einfach aus den Stiefeln steigen, meine Mütze an den Nagel hängen, bei der Abendschule anklopfen und sagen: »Guten Tag, ich möchte hier mal eben in den nächsten Jahren kurz das Abitur nachholen – ich bezahl' es auch.«

Bis in die letzten Tage der dahingegangenen Republik bedurfte man, auch wenn man Schwielen an den

Händen hatte, einer Delegierung durch das Kollektiv, und dessen Weisheit, noch gesteigert durch die Einsicht in die volkswirtschaftlichen Notwendigkeiten, fand in der Funktion des Kaderleiters ihren rechtschaffenen Ausdruck. Häufig war der volkseigene Personalchef ein längst abgehalfterter Major der Volksarmee, der nun als Reservist in Menschenkenntnis machte und darüber richtete, ob der Kollege sich dem Abstieg in die Niederungen einer akademischen Karriere im Verein mit ökonomischen Erfordernissen wirklich auszusetzen hätte oder nicht. War er der Meinung, daß dies besser nicht geschehen solle, so mußte man den Dampfer wechseln und in einem anderen Betrieb mit einem neuen Kaderleiter sein Glück versuchen. Wer das allerdings zum dritten oder vierten Mal tat, galt als ähnlich zuverlässig wie die Frauen aus dem »ISC«.

Was tun, sprach Neptun, dachte ich in mancher langen Nacht im grönländischen Eis, die Kaderleiter sind besoffen, und du selbst hast keine Zugang zu den Göttern. Und natürlich, die Offerte, sich den ausgemusterten Majoren dadurch anzudienen, ihrem ehemaligen Verein für mindestens die doppelte Gefechtszeit als die ohnehin geforderte von achtzehn Monaten zu nützen, stand mir, nach den Unterordnungsritualen meiner bisherigen seemännischen Jahre, nicht so einfach zur Verfügung: Immerhin wäre dieser wirkungsvolle Trick ein Schlüssel zu meiner neuen Welt gewesen.

Die alte bestand aus heimlich gelesenen Büchern, säkularen Sausen mit verbilligtem Exportschnaps und aus den verschnittenen Tonkonserven »Zickenschulzes« und seiner dritten Frau. Aus allerlei Exzessen kulinarischer Natur, bisweilen etwa mehrwöchigen Eskapaden hummer- oder krabbenschwerer Notrationen, die sich tonnenweise in den Netzen, die für Rotbarsche und Besseres gedacht waren, verfangen hatten. Mehrtägige Skatturniere, die bei Windstärken bis weit über die zulässige Richterskala von den Wellenbergen ablenkten, gehörten ebenso dazu wie die Geschichten von der allerletzten Reise, auf der man sich wieder mal befand. Natürlich war auch meine eigene dabei, denn nichts galt seinerzeit als so sicher wie der eigene Abschied, nichts als größere Gewißheit, als daß man nur ein Vierteljährchen später der gefragteste Kollege einer großen, wenn auch weit zurückliegenden Ära wie der eigenen leidgeprüften Fahrenszeit sein würde, der man kummervoll Valet hatte sagen wollen.

Ich wäre außenbords gesprungen, hätte ich all das geglaubt und der Kapitän mich nicht hin und wieder »hochgeholt«: Dann ging es ganz bestimmt darum, im UKW die sowjetischen Fangkollegen von dem großen Fischschwarm fortzulocken, der gerade den Schirm des eigenen Echolots bevölkerte. Immerhin sprach ich die Sprache der Befreier noch genug unbefangen, um sie in weniger schwarmreiche Fischgründe zu schicken, und war stets verwundert, daß die Solidarität just vor den größeren, gemeinsamen Erfolgen für den RGW so schwer versagte. Ich sah meinen Kapitän, der seiner Frau stets erzählte, daß die Reise wieder sieben Tage länger dauern würde, wenigstens was das »Verladen« anging.

Ich war jung, ich wollte mich nicht fühlen wie der alte Mann im Häusermeer, wenn er nach Hause kommt, und ich sann danach, endlich davonzukommen, und natürlich wußte ich bereits, daß es den leichten Weg nicht gab. Es gab allein die Möglichkeit, ein paar Stufen höher, in die Steuermannskajüte, raufzustolpern, und es gab, ganz kurz gesagt, die Möglichkeit, als Käptn oder als gestrandeter Matrose und selbsternannte Fanglegende vor der Pier zu enden, als ein an den Strand gespülter Kabeljau, als armer, muffelnder, vom Fleisch gefallener Jäger, der nach neuen Ufern sucht, der in der Arbeitskräftelenkung nach Talenten fahndet – wenn ihn nicht schon längst der Schnaps auf Sand gesetzt hat.

Als ich zwanzig war, dachte ich, es wäre Zeit, endlich hinauszuschwimmen; denn ich sah den Sohn des Kapitäns: sein Vater hatte zwar längst abgeheuert und seine Träume filetiert. Doch der Junge, der war genauso gottlos dumm wie ich und hatte, klar bei einem solchen Vater, selbstverständlich keine Großmutter im Westen.

Jochen Staadt

Kaffeekochen mit Erich

Das Politbüro im Alltagsstrudel

Eine Sitzung ist der Sieg des Geistes über den Hintern oder umgekehrt. Ein Spitzengenosse wie Erich Honecker, der seit 1950 im Politbüro ansaß, hat dort bis zum bitteren Ende über 40000 Tagesordnungspunkte durch gesessen. Die Sitzleistung, die der saarländische Legionär im ostdeutschen Ausland insgesamt vollbracht hat, erreichte freilich durch den funktionsgebundenen ständigen Wechsel zwischen vielen Stühlen eine noch wesentlich höhere Marge. Honecker saß im ZK-Sekretariat, Staatsrat, Verteidigungsrat, im Warschauer Pakt, ja sogar in UNO-Vollversammlungen herum.

Es geschah also mit vollem Recht, wenn sich der drahtige Sitzenbleiber im Jahr 1976 nicht nur vom Ersten zum Generalsekretär umbenannte, er hat sich auch den Titel des Staatsratsvorsitzenden mehr als redlich verdient. Weder sein Amtsvorgänger Walter Ulbricht noch seine Nachfolger Egon Krenz, Gregor Gysi oder Lothar Bisky verstanden sich so aufs Vorsitzen und Sekretärsein wie Erich Honecker. Im übrigen wäre ihm die deutsche Ausrede, von nichts gewußt zu haben, nie über die Lippen gekommen. Er hat Nichtwisser und Nichtsgewußthabenwoller stets verachtet und wollte immer alles wissen. Das war eine Leidenschaft, die er mit zwei weiteren aufsichtführenden Erichs im Politbüro teilte – Mückenberger, dem obersten Parteikontrolleur, und Mielke, dem Herrn der hergebrachten Schnüffelbrigaden.

An Wissen hat es dem Politbüro schließlich auch nie gemangelt und auch nicht an Beflissenheit. Die in der DDR vorherrschende Arbeiterklasse besaß mit dem real existierenden Politbüro eine Einrichtung, die sich geradezu abmühte, auf der Höhe der Zeit den Mühen der Ebene tiefschürfend – wie man zu sagen pflegte – auf die Schliche zu kommen. Die Greise der Macht gaben Ratschlag auf Ratschlag, wie es immer vorwärts und nimmer rückwärts gehen sollte, verfaßten Plan um Plan, um den Aufbau des Sozialismus und sich selbst in Szene zu setzen. Es war keinesfalls ihr mangelnder Eifer, wenn am Ende ein Abbau dabei herauskam. Die Verhältnisse, sie war'n nun mal nicht so. Aber tausendmal hat Erich Honecker seine Paraphe EH auf Berichte und Beschwerden aus der Bevölkerung, auf Auswertungen oder Kennzifferkolonnen gesetzt, ebensooft sein »Einverstanden« auf Verbesserungsvorschläge, Neuerungsvorhaben und Fehlerkorrekturen.

Die schweigende Mehrheit in der DDR war in Wirklichkeit gar nicht so still, wie heute oft behauptet wird. Es wurde nicht nur hinter der vorgehaltenen Hand viel und deutlich gemeckert und kritisiert. Dies geschah zwar nicht offentlich, aber nach offiziell geregeltem Verfahren, das durch Verfassung und diverse von Partei- und Staatsorganen erlassene Verordnungen bzw. Durchführungsbestimmungen festgelegt war. Schon die erste Verfassung der DDR vom 7. Oktober 1949 sah für alle Bürger das Recht vor, Eingaben an die Volksvertretung zu richten. Davon wurde in den verschiedenen Phasen der DDR-Geschichte ausgiebig und nicht selten mit beachtlichem persönlichen Risiko Gebrauch gemacht. Eine genauere Betrachtung der heute in Archiven zugänglichen Eingaben zeigt, daß es in der DDR eine ausgeprägte Meckerkultur gab.

Das Eingabewesen konfrontierte das Politbüro mit einer Alltagswirklichkeit, die in ziemlichem Widerspruch zu dem offiziellen Selbstbild des realen Sozialismus stand.

Oft brachten die höheren und höchsten Orts vorgebrachten Klagen für die Beschwerdeführer eine Problemlösung, häufig Vertröstungen, nicht selten aber auch weiteren Ärger und Verdruß, Zurechtweisung, Drohungen und Konsequenzen bis hin zu operativen Maßnahmen der einschlägigen Staatssicherheitsorgane. Die immer wieder von den zuständigen Einrichtungen der Partei bzw. des Staatsapparates angefertigten Berichte und Analysen über die von Bürgerinnen und Bürgern der DDR schriftlich und mündlich vorgebrachten Beschwerden zeigen, wie genau die Spitzenfunktionäre der Staats- und Parteibürokratie auch aus erster Hand über die Alltagsprobleme der Bevölkerung in Kenntnis gesetzt waren und wie konstant diese Probleme über alle Jahre verwaltet, sorgfältig registriert, zum Teil gelöst, zumeist aber immer weiter vertagt oder zerredet wurden.

Der erste Jahresbericht der Kanzlei des Staatsrates über die Bearbeitung der Bürgereingaben, behandelt auf der 19. Sitzung des Staatsrates am 29. März 1962, enthält folgende Zahlenangaben: »Im Jahre 1961 gingen dem Vorsitzenden und den Mitgliedern des Staatsrates mehr als 180 000 Vorschläge, Hinweise, Kritiken, Beschwerden und Anliegen der Bürger zu.« In der öffentlichen Sprechstunde sprachen insgesamt 7 601 Besucher vor. »Viele Eingaben sind ein Spiegelbild noch vorhandener Mängel in der staatlichen Arbeit. Aber auch Ausdruck dafür, daß manche Bürger noch nicht alle Probleme und Schwierigkeiten verstehen, die in der Übergangsperiode vom Kapitalismus zum Sozialismus vorhanden sind.« Dabei blieb es im Prinzip bis zum Ende der Übergangsperiode im Jahre 1989.

Besonders wenig Verständnis brachten die Bürger gegenüber ihren Fürsorgeberechtigten in der Partei- und Staatsführung immer dann auf, wenn es um die kleinlichen Dinge des täglichen Bedarfs ging. Die Alltagszufriedenheit der Deutschen verbindet sich seit Ende des letzten Krieges mehr oder minder mit einer geregelten Versorgungslage. So schön die Erinnerung an die »schlechte Zeit«, die doch auch eine gute war, bei Kaffeeklatsch und Kuchen wohlige Gefühle zu wecken vermag, wer wollte schon wirklich wieder dahin versetzt werden, als aller Anfang schwer war. Im Jahr 1977, auf dem Höhepunkt der »Einheit von Wirtschafts- und Sozialpolitik«, sorgte das Wetter in einem fernen Erdteil dafür, daß so mancher Kaffeeklatsch zum Kladderadatsch wurde und auch nicht internationalistisch interessierte Kaffeetrinker die Folgen der Globalisierung sinnfällig auf dem Frühstückstablett serviert bekamen.

Der Vorfall war symptomatisch und offenbart die Ernüchterung besonderer Art, welche die Männer an der Spitze des Staates sich im aufreibenden Alltagsgeschäft zugemutet haben, weil sie ein mürrisches Volk zu führen hatten, das sich partout nicht als großer Wurf für die Zukunft des Menschengeschlechts erweisen mochte.

»Zu den Maßnahmen der Kaffeeversorgung häufen sich die Kritiken der Bevölkerung«, schrieb Hans Rüscher, ZK-Abteilungsleiter Leicht-, Lebensmittel- und Bezirksgeleitete Industrie, im August 1977 an seinen Kollegen Hermann Pöschel, Abteilungsleiter Forschung und technologische Entwicklung des ZK. Die Bevölkerung kaufe trotz verstärkter Auslieferung der Marke »Mona« vorrangig »Rondo«. In einigen Geschäften sei diese Marke deswegen bereits nicht mehr vorrätig. Geplant war die Angelegenheit aber ganz anders.

Im Jahre 1976 war es zu einer erheblichen Diskrepanz zwischen Importen und Exporten mit dem westlichen Wirtschaftsgebiet gekommen. Als sich die negative Handelsbilanz zu Beginn des Jahres 1977 von Monat zu Monat verschlechterte, wurden drastische Sparmaßnahmen unausweichlich. Es fehlten in der Planbilanz insgesamt 3,7 Milliarden. Die Wirtschaftslenker der DDR berieten laufend, was zu tun sei, um »die Zahlungsfähigkeit der DDR unter den Bedingungen der bestehenden außenwirtschaftlichen Belastungen infolge der bedeutenden Preiserhöhungen, insbesondere für Rohstoffe und Materialien, die von der DDR importiert werden müssen, zu sichern sowie die Schere zwischen Import und Export im nichtsozialistischen Wirtschaftsgebiet zu schließen«. Im Juni und Juli 1977 faßte das Politbüro dazu eine ganze Reihe einschneidender Beschlüsse, darunter auch solche, die die Versorgung der Bevölkerung mit Konsumgütern betrafen.

Erstmals lag dort am 28. Juni 1977 eine Vorlage »zur Produktion und der Versorgung mit Kaffee- und Kakaoerzeugnissen« vor. Es ging dabei um die Ablösung der Importe, die mit extrem hohem Devisenaufwand verbunden waren. Zwischen 1972 und 1975, den ersten Jahren der »Einheit von Wirtschafts- und Sozialpolitik«, mußte die DDR für den Rohkaffeeimport einen Valutaaufwand von durchschnittlich 150 Millionen aufbringen. Ende 1976 befanden sich die Kaffeepreise im Höhenflug, der Import von 53 307 t im Jahre 1977 kostete die DDR 667,2 Millionen Valutamark. Mit dem damit zu erzielenden Umsatz von 3,3 Milliarden DDR-Mark gehörte zwar »der Kaffeeumsatz wertmäßig zu den wichtigsten Einzelpositionen des Gesamtumsatzes im Einzelhandel«, war aber ein gravierendes Devisenproblem geworden.

Die Außenhandelsspezialisten um Alexander Schalck schlugen eine Radikalkur vor: »Alle bisher in der DDR produzierten und angebotenen Sorten Röstkaffee werden ab 1. 6. 1977 nicht mehr produziert.« Es sollte nur noch eine Sorte auf dem Niveau von »Rondo« zu einem Preis von 120 Mark pro Kilo und ab 1. Juli ein Mischkaffee »aus 50% Röstkaffee und 50% Surrogaten« angeboten werden. »Auf eine Kontingentierung beim Verkauf von Röstkaffee im Einzelhandel ist zu verzichten, da eingeschätzt werden kann, daß durch die Erhöhung des Kaffeepreises um ca. 100% ein Rückgang des Kaffeeverbrauches um ca. 25–30% zu erwarten ist. Weiterhin ist damit zu rechnen, daß durch diese Maßnahme eine Zunahme der Versorgung der DDR-Bevölkerung durch andere Quellen wie z.B. durch grenzüberschreitenden Päckchen- und Paketverkehr und den Abkauf im Intershop erfolgen wird. In Betrieben, Verwaltungen, Institutionen usw. sowie für Repräsentationszwecke ist der Verbrauch von Kaffee generell zu untersagen.« Das Angebot von Tee sollte dafür verbessert werden.

Erich Honecker ließ diesen geschmacklosen Vorschlag zur neuen Kaffee-Politik vertagen. Ihm war offenbar selbst mulmig geworden, als er merkte, was da zusammengebraut werden sollte. Albert Norden, ein alter Politbürohase und Kaffeeliebhaber, dankte ihm das sogar schriftlich: »Es ist für mich einfach unvorstellbar, daß wir den Ausschank von Bohnenkaffee in den Gaststätten völlig einstellen wollen, zukünftig nur noch etwa 20 Prozent der jetzigen Menge an Bohnenkaffee angeboten werden soll. Noch dazu als Mischkaffee, bei dem – wie es in der Vorlage heißt – wir weder Erfahrung über die Produktion noch über den Geschmack und die Verbrauchsentwicklung haben. (...) Ich befürchte, die Durchführung der in der Vorlage enthaltenen Maßnahmen wird auf kein Verständnis stoßen, große Unzufriedenheit auslösen.«

Honecker fuhr erst einmal in Urlaub und überließ die Angelegenheit Günter Mittag und Werner Lamberz. Am 7. Juli erreichte ihn in der Sommerfrische Post von seinen beiden Beauftragten, die einen Weg gefunden hatten, blaue in braune Bohnen zu verwandeln: »Mit Äthiopien verlaufen die Dinge recht gut. Genosse Schalck übt eine straffe und sichere Führungstätigkeit aus. Der Transport nichtziviler Güter auf dem Luftwege erfolgt normal. Rückstände in der Lieferung militärischer Güter unsererseits (Stahlhelme und Munition) werden wir mit Heinz Keßler klären. Die äthiopische Seite ist bereit, uns über die vertragliche Festlegung (5 000 t Rohkaffee) hinaus sofort 7 000 t zu liefern. Das ist ein ausgezeichnetes Entgegenkommen und zeigt das eindeutige Vertrauensverhältnis zur SED. Wir haben Genossen Schalck bevollmächtigt, Verträge bis zu 10 000 t Rohkaffee für 1977 abzuschließen, damit wir durch Gegenlieferungen mit DDR-Waren noch mehr freie Devisen ablösen und unsere Zahlungsbilanz weiter entlasten können.«

Auch aus Angola habe Schalck mit »rechtzeitigem und klugem Vorgehen wichtige ökonomische Positionen – einschließlich der gesamten Kaffeelinie« besorgt.

Lamberz und Mittag schlugen vor, »aus den durch die DDR bisher nicht verkauften Handelsbeständen ein Maximum in Angola abzusetzen und uns durch flexible Handelsmethoden neue Möglichkeiten für den weiteren Import von Kaffee und damit die Ablösung freier Valuta zu ermöglichen«. Mit den ansonsten international nicht absetzbaren Warenbeständen und nichtzivilen Lieferungen wurden nach Meinung von Mittag und Lamberz gleich zwei Fliegen mit einer Klappe geschlagen: Erstens handelte sich die DDR auf billigste Weise Kaffee aus Angola ein und zweitens in Afrika auch das positive Image, »daß die DDR schnell und effektiv den Kampf der Völker um ihre nationale Unabhängigkeit und soziale Befreiung unterstützt«.

Schließlich kamen Mittag und Lamberz auf den Punkt: »Versorgung der DDR-Bevölkerung mit Kaffee- und Kakaoerzeugnissen« und unterbreiteten Erich Honecker dazu ein »mit den verantwortlichen Genossen« abgestimmtes Konzept: »Aufgrund der uns streng vertraulich mitgeteilten Kaffee-Preis-Erhöhungen in der ČSSR ab 20. Juli 1977 und der dadurch entstehenden Lage, daß wir im Verhältnis zur ČSSR und zur Volksrepublik Polen die niedrigsten Kaffeepreise haben, sowie nach Prüfung verschiedener neuer Möglichkeiten schlagen wir Dir vor:
a) das Tempo für die Herstellung von Mischkaffee in der DDR zu beschleunigen, so daß bereits ab 1. August für Großverbraucher der DDR (Verwaltung, Armee, Betriebe, Gaststätten der Preisstufe III und II) weitgehend Mischkaffee eingesetzt werden kann. Ebenso sollte ab Anfang August mit dem Verkauf von Mischkaffee, der in attraktiv aufgemachter, werbewirksamer Verpackung angeboten wird, im Einzelhandel begonnen werden. Als Mischkaffeesorte schlagen wir eine Mischung 51% Kaffee (unter Verwendung von Kaffee aller Sorten) und 49% Roggen vor. Diese Entscheidung jetzt zu treffen ist sehr wichtig, da dementsprechend die Dosier- und Mischungsmaschinen für die zu errichtende Linie technologisch aufgebaut werden müssen.
b) ab 25. Juli die Produktion der Kaffeesorte »Kosta« (60,- Mark pro Kilo – 63% des bisherigen Verbrauchs in der DDR) entscheidend zu reduzieren und die Produktion von »Mona« (80,- Mark pro Kilo, bisher 1% des DDR-Verbrauchs) bedeutend zu erhöhen.
c) die Produktion von ›Mokka-Fix‹ nicht, wie im Politbürobeschluß vorgesehen, ab 1. Juli einzustellen, sondern weiterzuführen und auf die Produktion von ›Mokka-Fix‹ Gold zu konzentrieren (pro Kilo 70,- Mark). Die Mokka-Fix-Linie verkörpert die modernste Technologie, den höchsten Auswertungsgrad des angelieferten Rohkaffees, die größte Einsparung von Arbeitskräften und die längste Haltbarkeit. ›Mokka-Fix‹ sollte – wie bisher – nur in Berlin und Halle angeboten werden.
d) Aus diesen neuen Überlegungen ergibt sich, daß bereits ab Anfang August in der DDR folgende Kaffeegetränksorten erhältlich sein werden: – ›Mona‹ (60% des Verbauchs; kg 80,- Mark) – ›Rondo‹ (15% des Verbrauchs; kg 70,- Mark) – ›Mokka-Fix‹ Gold (5% des Verbrauchs; kg 70,- Mark) – Mischkaffee (20% des Verbrauchs; kg 48,- Mark).
e) Entsprechend dieser Konzeption würde in Halle die jetzt bestehende Technologie ›Mokka-Fix-Linie‹ in eine kombinierte Linie umgewandelt, auf der sowohl ›Mokka-Fix‹ Gold als auch Mischkaffee produziert werden kann. Gleichzeitig wird eine parallele Linie aufgebaut, die nur Mischkaffee produziert, um, wie vorgesehen, 1978 den Anteil von Mischkaffee weiter zu erhöhen. Darüber hinaus braucht man unseres Erachtens nach diese Linie, um eine sichere technologische Reserve für die Kaffeeproduktion der DDR zu haben.

Wenn Du mit diesen Vorschlägen einverstanden bist, würden wir entsprechend dieser Konzeption weiterarbeiten und für die Sitzung des Politbüros in der letzten Juli-Woche eine entsprechende Vorlage vorbereiten, die Dir bei Deiner Ankunft in Berlin sofort vorgelegt wird und die auch die Argumentation für die Grundorganisationen der Partei enthält.« Nach guten Wünschen, »Herzlichst« und ihren Unterschriften schlossen Mittag und Lamberz mit der Bemerkung: »Außer uns kennt diesen Brief niemand.«

Am 26. Juli 1977 beschloß das Politbüro wie immer einstimmig die neuen Versorgungsrichtlinien für Kaffee, die den im Schreiben von Mittag und Lamberz bereits enthaltenen Vorstellungen entsprachen. Ab sofort sollten nur noch »Mona« und »Rondo« sowie koffeinfreier Kaffee hergestellt werden, »Kosta« eingestellt und ein Mischkaffee mit Namen »Kaffee-Mix«, bestehend aus 51% Röstkaffee und 49% Surrogaten, produziert werden. In aller Kürze waren die technologischen Voraussetzungen für dieses Vorhaben zu realisieren und die vorhandenen Anlagen in Halle für die Mischkaffeeproduktion umzurüsten.

Bereits im September 1977 lagen dem Politbüro die Ergebnisse des Experiments vor. »Mona« brachte es statt der vorgesehenen 60% auf »2,4% des Abkaufs durch die Bevölkerung«, »Rondo« kletterte statt der vom Politbüro geplanten 15% auf 84,3%, und »Mokka-Fix« Gold pendelte sich statt bei 5% auf 10,4% ein. Der neue »Kaffee-Mix«, der mit 6 Mark pro 125 Gramm auch preislich am billigsten ausfiel, hatte trotz modernster eigens von Schalck aus dem Westen importierter Verpakkungskunst statt der geplanten 20% nur 3% der Nachfrage wecken können.

Für den von der Parteiführung verfügten neuen »Kaffee-Mix« zur Verwendung in Gaststätten, Kantinen und bei anderen Großverbrauchern war von den Spezialisten letztendlich folgende Zusammensetzung kreiert worden: 51% Röstkaffee, 5% Zichorie, 5% Zuckerrübenschnitzel (trocken), 5% Spelzenanteile, 34% Roggen/Gersten-Gemisch. »Zur Verwendbarkeit von ›Kaffe-Mix‹ in Kaffeeautomaten gibt es noch keine befriedigende Lösung«, hatte ZK-Abteilungsleiter Rüscher im August 1977 vermerkt. Bei der Aroma- und Geschmacksverbesserung seien allerdings erste Ergebnisse erzielt worden, der Bittergeschmack habe gemindert werden können. Außerdem lägen erste von der chemischen Forschung entwickelte brauchbare Aromamuster vor.

Rüscher übersandte bereits zwei Wochen nach Markteinführung von »Kaffee-Mix« seinem Kollegen Hermann Pöschel, der als Leiter der ZK-Abteilung für Forschung und technologische Entwicklung offenbar die Aromaverbesserung der Mixtur durch Parfümierung zu beaufsichtigen hatte, eine Auswahl von Beschwerden. Diese hatten die unfreiwilligen Probanden aus der Bevölkerung bei Handels- und Kaffeebetrieben eingereicht, da sie offenbar nicht ahnten, daß die Verantwortlichen für den neuen Geschmack höheren Ortes anzusprechen gewesen wären.

Dieser Beschwerdesammlung sind die folgenden Auszüge entnommen. Beate S., Halle/Saale: »Werter Kollege Direktor! Wir haben die neue Kaffeesorte ›Kaffee-Mix‹ probiert und festgestellt, daß sie nicht den Anforderungen entspricht. (...) Nachdem wir eine Tasse getrunken hatten, brauchten wir nicht lange auf Magenschmerzen zu warten und sahen uns gezwungen, Magentropfen zu nehmen. Wir hoffen sehr, daß Sie nicht an dem gesteigerten Umsatz von Magentropfen interessiert sind und die neue Kaffeesorte doch mal überprüfen lassen. Wir arbeiten doch alle nach der Devise ›Jeder liefert Jedem Qualität‹ und da sollte der Bohnenkaffee nicht davon ausgenommen werden, oder sind Sie anderer Meinung?«

Ilse W., Karl-Marx-Stadt: »Anbei sende ich Ihnen die wirklich gut aussehende Packung des neuen Kaffee-Mix. Wenn der Kaffee so schmecken würde, wie die Pakkung aussieht, dann wäre es schön. (...) Wer das ausprobiert hat, der trinkt bestimmt keinen Kaffee!«

Es gab auch Proteste mit mehreren Unterschriften. Sieben Kollegen der Werbeabteilung der HO aus Löbau, Thälmannweg 8: »Mit großer Enttäuschung kochten wir uns heute früh den Kaffee Ihrer Firma. Leider mußten wir feststellen, daß der Kaffee zum Filtern ungeeignet ist. Wir sind der Meinung, daß der Kaffee nicht als Bohnenkaffee angeboten werden dürfte, da er weder den beliebten Kaffee-Geruch noch Geschmack besitzt. (...) Wir erwarten Ihre baldige Stellungnahme.«

Elfriede L., Weißenfels: »Wie beim Geruch schon festgestellt, beweist sich beim Trinken, daß das Getränk kein Kaffee-Aroma aufwies, sondern vorwiegend nach Malz-Kaffee schmeckte. Meiner Meinung nach kann es nicht im Interesse der Beschlüsse des IX. Parteitages der SED sein, auf eine solche Art das Lebensniveau der Bürger zu erhöhen. Außerdem vermisse ich auf Ihrer Pakkung die genaue Angabe der Rezeptur.«

Marianne B. aus Mitweida schrieb: »Der Kaffee schmeckte fast so, wie kurz nach dem Krieg, als man versuchte, mit etwas Kaffezusatz (damals in kleinen Würfeln zu haben) von Malzkaffee oder was es auch war, ein einigermaßen trinkbares Etwas zu brauen. Der Kosta-Kaffee oder Kosta-Melange war tausendmal besser als das neue Angebot. Warum wird den Menschen, die nicht so reich mit Geld gesegnet sind, z.T. auch Rentner, dieser Kaffee zu 7,50 Mark (der schon teuer genug war) entzogen?«

Anonym aus Reichenbach: »Wir als starke Kaffee-Trinker wissen, wie Bohnenkaffee schmecken soll. Aber Ihr Bohnenkaffee ›Kaffee-Mix‹ schmeckt wie Halb und Halb. Nämlich halb Wintergerste, halb Sommergerste.«

Neben dem »Kaffee-Mix« ließ das Politbüro aber mit seinem Beschluß vom 26. Juli auch alle anderen volkseigenen Kaffeesorten neu mischen: »Die Fachbereichsstandards für Röstkaffee der Sorten Mona, Rondo und Mocca-fix Gold sind so zu gestalten, daß in der Rezeptur die jeweils preisgünstigen Sorten Rohkaffee zum Einsatz kommen«. Gemeint war der von Lamberz gegen unveräußerliche Handelsware und gebrauchsübliche Mordwerkzeuge eingetauschte afrikanische Rohkaffee. Ergebnis des damit verbundenen Geschmackwandels: 14000 Reklamationen im vierten Quartal 1977 gegen den neuen Geschmack von »Rondo«.

Die anschwellende Protestflut führte bereits in den ersten Wochen nach Einführung der neuen Mischungen zu Korrekturen der Rezepturen. Die Minister Dr. Wange (Bezirksgeleitete Industrie und Lebensmittelindustrie) und Briksa (Handel und Versorgung) verfügten eine Veränderung der vom Politbüro verordneten Zusammensetzung des »Kaffee-Mix«. Das fiel jedoch dem Amt für Preise bei einer Kontrolle in Gaststätten auf und wurde sogleich der ZK-Abteilung Leicht-, Lebensmittel- und Bezirksgeleitete Industrie zur Kenntnis gebracht. Deren Leiter, Hans Rüscher, informierte wiederum sofort seinen Chef Günter Mittag. Die beiden Minister hätten mit Schreiben vom 19. September 1977 unzulässigerweise die Zusammensetzung des Kaffeemix ohne Information des Ministerrates geändert, »eigenmächtig« den Anteil des Röstkaffees von 51% auf 66% hochsetzen lassen und nur noch 32% Surrogate vorgesehen. Dabei sei außer acht gelassen worden, daß das Politbüro einen »Einsatzschlüssel für Kaffee-Mix von 51% Röstkaffee und 49% Surrogaten festgelegt« hatte.

Auch bei den anderen Kaffeesorten wurde auf Ministerebene versucht, das Schlimmste auszubügeln. Statt des afrikanischen kamen wieder größere Mengen des lateinamerikanischen Rohkaffees zum Einsatz. Diese eigenmächtige Geschmacksveredelung des Politbüro-Mix kam indessen hinter den Kulissen den Außenhandelsminister der DDR, Horst Sölle, teuer zu stehen. Der lateinamerikanische Rohkaffee hatte konvertierbare Devisen gekostet. Das Politbüro konstatierte am 26. Januar 1978 eine politisch und ökonomisch falsche Orientierung des Außenhandelsministeriums beim Import von Kaffee. Im Präsidium des Ministerrats erfolgte »eine prinzipielle Auseinandersetzung«, Minister Sölle wurde zu einer schriftlichen Selbstkritik verpflichtet. Am 30. Januar 1978 schrieb er dem Ersten Stellvertreter des Vorsitzenden des Ministerrates der DDR, Werner Krolikowski, er habe »die durch die Genossen der Parteiführung geschaffenen Beispiele des Kaffeeimports aus Angola und Äthiopien nach dem Prinzip ›Ware gegen Ware‹« nicht zum Anlaß genommen, die notwendigen Konsequenzen für das Außenhandelsministerium zu ziehen. »Offensichtlich war ich von konservativem Denken befallen und ging davon aus, daß der Kaffeeimport, der in den letzten Jahren gegen Barzahlung erfolgte, auch in Zukunft nicht anders durchgeführt werden kann.« Im Grunde genommen habe er sich nicht genügend mit den Möglichkeiten des Außenhandels mit den verbündeten jungen Nationalstaaten beschäftigt. »Ich versichere dem Politbüro und der Regierung, daß ich mir diese Erkenntnis ernsthaft erarbeitet habe und Schlußfolgerungen daraus ziehe.«

Am 1. August 1978 wurde die konservative Kaffeezusammensetzung endgültig zu den Akten gelegt und die Rezeptur für die Marke »Rondo« von der zuständigen ZK-Abteilung für Leicht-, Lebensmittel- und Bezirksgeleitete Industrie nunmehr strengstens den tatsächlich möglichen Importen angepaßt. Das hieß, der bisherige Anteil des Rohkaffees der Preisklasse I aus Kolumbien und Mittelamerika wurde von 30% auf 10%, der Anteil der Preisklasse V, vorwiegend aus Brasilien, von 40% auf 15% gesenkt und der Anteil des afrikanischen Kaffees sowie der »Robustas« aus Vietnam, Laos, den Philippinen usw. von 30% auf 75% erhöht. Die ZK-Funktionäre informierten ihren Generalsekretär sogleich auch über die Konsequenzen dieses Schrittes: Obwohl die Kaffeeindustrie der DDR durch variable Mischungen »die bestmögliche Geschmacksnote zu erreichen« suche, könne nicht ausgeschlossen werden, »daß es Diskussionen unter der Bevölkerung wegen der veränderten Qualität der Sorte ›Rondo‹ geben kann. Wir halten das Problem unter Parteikontrolle.«

Der Minister für Bezirksgeleitete Industrie und Lebensmittelindustrie, Udo-Dieter Wange, vollzog am 10. August 1978 die Änderung der Rezeptur und teilte Günter Mittag mit, wie er gleichzeitig die Grenzen des guten Geschmacks der Realität angepaßt hatte: »Nach den bisher üblichen Bewertungsmaßstäben würde sich eine Qualitätsbewertung von etwa 10,5 Punkten durch das Amt für Standardisierung, Meßwesen und Warenprüfung (ASMW) ergeben. Dieser Wert liegt unter der bisherigen Mindestgütegrenze.« Er habe festgelegt, »daß die bisherige Mindestgütequalitätsgrenze, welche 13 Punkte vorschreibt, in den Röstkaffeebetrieben unterschritten werden darf«. Mit dem ASMW werde eine Regelung erarbeitet, daß auch bei einer Zahl von 10,5 die Zuführung zu den betrieblichen Fonds gesichert sei. Die sensorische Bewertung des Röstkaffees werde sich von »mundig-ausgeglichen, angenehme Säure, leicht röstbitter, abgerundet« in »stark würzig, stark fruchtig, teilweise unrein« verändern. Die SED-Bezirksleitung der für die Kaffeeproduktion zuständigen Region Halle bemängelte in einer »Information über die Versorgung mit Rohkaffee und die Auswirkungen auf die Röstkaffeequalität« die von Dr. Wange angeordnete neue Rezeptur und warnte: »Es muß eingeschätzt werden, daß durch diese grundlegende Veränderung der Mischung Rondo mit einem Absatzanteil von ca. 90% die Reklamationen aus der Bevölkerung erheblich ansteigen und die Diskussionen unter der Bevölkerung über die Röstkaffeeversorgung zunehmen werden.« Wegen des »bunten und ungleichmäßigen Aussehens« des nach der neuen Rezeptur gefertigten Röstkaffees »wird es um so dringender notwendig, den Handel zu orientieren, ca. 35% des Einzelhandelsumsatzes in gemahlenem Kaffee abzunehmen«.

Aus der Patsche der Kaffeeversorgung half dem Politbüro am Ende die Rote Hilfe Alexander Schalcks, genannt Kommerzielle Koordinierung (KoKo) des Ministeriums für Außenhandel. Schalck, der bereits damals mit erheblichen Barmitteln Zauberkunststücke neben dem Staatsplan darbieten durfte, versprach dem Politbüro weitere Einsparungen in der Kaffeekasse – für 1979 bis zu 20 Millionen Valutamark (VM) – wenn ihm dafür entsprechende Möglichkeiten eingeräumt würden. Eine Bedingung war »völlige Freizügigkeit in allen Positionen auf dem Markt«, keine Quartalslimitierung, um günstige Einkaufssituationen nutzen zu können, und die »Leitung der Gesamtoperation« für den Leiter des Bereiches Kommerzielle Koordinierung, also sich selbst. Honecker zeichnete »Einverstanden«, und Schalck beglückte ihn alsbald mit beeindruckenden Zahlen. Stolz konnte er im November 1979 dem Politbüro berichten: »Im Vergleich zu den von anderen RGW-Ländern gezahlten Preisen gehören die DDR-Einkaufspreise zu den günstigsten.«

Bis auf den schlechten Geschmack hatte Schalck bald das Kaffeeproblem weitgehend gelöst. Genießern, die es sich leisten konnten, besorgte die Kommerzielle Koordinierung westlichen Ersatzkaffee. Kaffee der Marken Tschibo und Jacobs konnten in »Delikat- und anderen Spezialverkaufsstellen« erworben werden. Im kritischen Jahr 1978 waren das immerhin 1,25 kt zu einem Preis von 24,4 Millionen VM, die Schalck importieren ließ. Das Zahlungsziel von 90 bis 120 Tagen konnte bei »normalem Abkauf« problemlos ohne besondere staatliche Aufwendungen eingehalten werden.

Neben diesem gleichsam halbwegs regulären und planwirtschaftlich »unter Kontrolle« gehaltenen Tribut an die Genußsucht des Volkes war dessen eigeninitiativer privater Westimport eine zwar feststehende außerplanmäßige, aber auch stets beargwöhnte Größe: »Bei der Einschätzung des tatsächlichen Kaffeeverbrauchs in der DDR muß berücksichtigt werden, daß zum Einzelhandelsumsatz beträchtliche Mengen über den Paket- und Reiseverkehr vorwiegend aus der BRD hinzukommen. Das sind 10 kt jährlich.« Jede sechste in der DDR getrunkene Tasse Kaffee bot demnach den Geschmacksvergleich zwischen dem, was der Tschibo-Onkel zu bieten hatte, und dem eigens für das Volk der DDR gebrauten »Rondo«, Jahrgang 1978, »stark würzig, stark fruchtig, teilweise unrein«.

Daß Erich Honecker sich den Politbüro-Kaffeemix auch selbst zumutete, ist eher unwahrscheinlich. Immerhin kokettierte er im Oktober 1978 im Verlaufe eines Telefongespräches nach Westdeutschland mit seiner eigenen Kaffeeleidenschaft: »Ich trinke auch Kaffee, obwohl er teuer ist. Wir geben allein 400 Millionen Mark in Devisen aus für den Kaffee, unwahrscheinlich. Früher hatte man kaum, mit Ausnahme der Sachsen, Kaffee getrunken.« Durch die Hörmuschel drang die Bekräftigung: »Haben Blümchenkaffee getrunken.« Honecker korrigierte: »Kathreiners Malzkaffee.« Worauf ihm aus westdeutscher Erfahrung bestätigt wurde: »Das ist vorbei. Da sind sie heute nicht mehr damit zufrieden.« Was der weltläufige Gesprächspartner am anderen Ende der Leitung, Bundeskanzler Helmut Schmidt, vermutlich nicht wußte, just zu dieser Zeit hatte das Politbüro neben der Verunreinigung des DDR-Bohnenkaffees auch die Wiederaufnahme der Produktion von Malzkaffee der Marke »Kathreiner« beschlossen.

Aber nicht nur, wenn es wegen »Robusta«-Kaffeebohnen im Magen zwackte, auch bei ganz andersartigen Beschwerden kam Alexander Schalck ins Spiel. Es entstünde ein schiefes Bild, wenn hier nur die negativen Auswirkungen seiner Bemühungen um das volkseigene Wohlbefinden zur Sprache kämen. Schließlich half er doch im Dezember 1982 sogar dem Christkind bei der Bescherung. Zwei Jahre zuvor hatte es der DDR-Wirtschaft erhebliche Probleme bereitet, »weihnachtstypische Kerzen« und Leckereien in den nötigen Mengen herbeizuschaffen. Auch ist vielen Bürgern außerhalb Berlins das Weihnachtsfest 1980 nicht in bunter Erinnerung geblieben. Es fehlten Farbfilme. »Durch eine überdurchschnittliche Bereitstellung für Berlin liegt der Grad der Abdeckung des Bedarfs in den übrigen Bezirken unter dem DDR-Durchschnitt«, registrierten die Wirtschaftsfunktionäre des ZK-Apparates.

Zutaten für das Weihnachstfest 1982 hatte Schalck rechtzeitig durch einen Importplan »zur Bereitstellung ausgewählter zentral bilanzierter Konsumgüter« besorgt. Kakao, Haferflocken, Puddingpulver, Butter, Fettkekse, Hülsenfrüchte und Backzutaten sollten »unter allen Umständen nach den Erfahrungen des Jahres 1981 bereitgestellt werden«. Kommerzielle Koordinierung konnte für 79 Millionen Valutamark Defizitpositionen aus der Bundesrepublik ausgleichen.

In der Nacht, nachdem er sich vom Politbüro den erwähnten Importplan hatte genehmigen lassen, muß Schalck einen Alptraum gehabt haben. Seine Importwaren, die er für teuere Devisen in die DDR hereinschaffen ließ, schmissen die Leute mit beiden Händen wieder über die Mauer zurück. Am 29. Oktober 1982 unterbreitete Schalck seinem Chef Mittag einen Vorschlag, der ihn im wahrsten Wortsinne als Korinthenkacker ausweist. Schalck forderte ein »zollrechtliches Ausfuhrverbot für Stollen (gebackener Dauerkuchen)«. Immerhin würden im vorweihnachtlichen Jahresendverkehr 2,4 Millionen der auch im Westen geschätzten Leckerei in Geschenkform die Grenze passieren, womit, wie Schalck berechnen ließ, insgesamt »etwa 2160 t Sultaninen, 402 t Mandeln, 360 t Korinthen und 216 t Zitronat im verarbeiteten Zustand« das Land verlassen. Es handele sich dabei um Backzutaten, schrieb er weiter, für die in unverarbeiteter Form schon seit der 28. Durchführungsbestimmung zum Zollgesetz vom 30. November 1976 ein Ausfuhrverbot bestehe. »Im Zusammenhang der mir übertragenen Aufgabe zum Import von Backzutaten für die Stollenbäckerei, die mit erheblichem Valutaaufwand noch in diesem Jahr verbunden ist«, sei das eine sehr bedenkliche Angelegenheit, durch die es »zu erheblichen volkswirtschaftlichen Schäden« kommen würde, womit »zusätzliche Valutaverluste für die Volkswirtschaft und darüber hinaus eine spürbare Reduzierung der Versorgungsgrößen für die Bevölkerung« entstünden. In den Anlagen des Schreibens befand sich der bereits ausformulierte Vorschlag für die »fünfte Änderung« der Zollbestimmungen für den grenzüberschreitenden Verkehr. Das Vorhaben kam wegen seiner offenkundigen Undurchführbarkeit nicht zur Anwendung. Ohne Zweifel wären die wachhabenden Volksarmisten überfordert worden, wenn sie neben der »Sicherung der Grenze« gegen Verletzung durch Menschen auch noch grenzüberschreitende Korinthen und Sultaninen hätten stoppen müssen. Nein – Schuster, bleib bei deinen Leisten – die Ziel-Mittel-Konstellation mußte schon zwischen Mensch und Korinthe zu unterscheiden wissen, auf Sultaninen schießt man nicht.

Am 24. Dezember des anstrengenden Jahres 1982 erhielt Günter Mittag von Werner Krolikowski ein Schreiben, das unterhalb des maschinenschriftlichen Textes außer der Unterschrift auch noch einen handschriftlichen Zusatzvermerk enthielt, den der Erste Stellvertretende Ministerratsvorsitzende der DDR offenbar nicht in sein Tonbanddiktat für die Sekretärin hatte aufnehmen mögen. »Lieber Günter!« steht da schlicht, »Ich wünsche Dir und Deiner Familie ein schönes Weihnachtsfest. Werner.« Die fast verschämt hinzugefügten beiden Zeilen wirken eigentümlich unwirklich in der Aktenablage eines Politbüromitgliedes. Sollte es wirklich so gewesen sein, daß die obersten Kommunisten der DDR in ihren Wandlitzer Häuslein unter Weihnachtsbäumen mit ihren Familien den Jahrestag der Geburt Christi begingen?

Stefan Heym

Je voller der Mund, desto leerer die Sprüche

Leben mit der Aktuellen Kamera

10. Februar 1977

Ich habe aufgehört zu rauchen – nicht wie Mark Twain, der dies zu wiederholten Malen tat, sondern permanent. Da werde ich es doch wohl fertigbringen, das Westgift aufzugeben, das mir Abend für Abend von Köpke und Konsorten ins Ohr geträufelt wird, so daß ich unter einem Dauerstreß stehe: Wie lange kann diese mit Ausnahme des Wetterberichts so hoffnungslos chaotische Welt überhaupt weiterbestehen? Ich werde umschalten. Auf unsere. Auf die Aktuelle Kamera. Nicht als Ausgleichssport, mal was von dort, mal was von hier, wie das so viele DDR-Bürger tun in dem kindlichen Glauben, nun hätten sie ein objektives Bild. Nein – nur noch. Totale Enthaltsamkeit üben wie die Strenggläubigen, die das längst schon machen, um Gewissenskonflikte zu vermeiden, oder wie die Bewohner von Dresden und Görlitz, die auch mit den stärksten Antennen den Westen nicht mehr heranholen können. Solches Wohlverhalten, täglich um 19.30 Uhr eine halbe Stunde lang, sollte sich doch heilsam auf den Seelenzustand auswirken.

Am 2. Oktober fange ich an. Der Zeitpunkt ist günstig, am nächsten Tag finden drüben in der BRD Wahlen statt – das weiß ich noch aus der falschen Röhre – Schmidt gegen Kohl, Freiheit statt/oder Sozialismus – das ganze Schattenboxen werde ich mir sparen, das Hickhack der Meinungsforschungsinstitute, die ersten Hochrechnungen; auch ein Schattenboxkampf kann unangenehm aufregend sein. Dann kommen unsere Wahlen, am 17., gleichfalls ein Höhepunkt, nur fällt die schädliche Spannung weg, wer da gewinnen wird. Und schließlich, am 2. November, die Wahlen in den USA, nach Nixon nun der ehrliche Ford gegen den ehrlichen Carter, so lange muß ich durchhalten, bis dahin sollte der Effekt sich zeigen, sollte sich die ewige Unruhe, die einen von einer Tagesschau zur andern zittern läßt, gelegt oder wenigstens spürbar vermindert haben.

Es ist ja auch ein perverser Zustand – man lebt, arbeitet, ißt, liebt im realen Sozialismus, bezieht aber den Großteil seiner Informationen von Leuten, denen ein Dreck liegt an der Verbesserung und dem Gedeihen dieses oder irgendeines Sozialismus. Der Zustand herrscht so extrem nur in der DDR; es gibt kein westtschechisches, kein westpolnisches oder gar westsowjetisches Fernsehen. Wenn die Satelliten kommen, mag sich das ändern, dann werden die anderen sozialistischen Fernsehanstalten auf die Erfahrungen der Freunde vom Fernsehen in Adlershof zurückgreifen können, die dem Problem mit Ruhe und Gleichmut begegnen.

Die Nachrichtensprecher: Ob Mann, ob Weib, sitzen sie sehr aufrecht, den Blick ernsthaft konzentriert, ja auf was eigentlich, und sprechen sorgfältig ihre Silben. Ich kann mich nicht entsinnen, daß einer gelächelt hätte während der insgesamt dreiunddreißig halbstündigen Sendungen, die ich mir angesehen habe; auch bemerkte ich keinerlei Anteilnahme in den Stimmen, selbst bei den schockierendsten Nachrichten nicht, bei thailändischen Studentenmassakern, beim Untergang des Tankers *Böhlen*. Mit ähnlicher Leidenschaftslosigkeit las uns Studienrat Müller Zwo in der Quarta des Staatsgymnasiums zu Chemnitz aus Caesars bekanntem Generalstabsbericht die Zeilen beginnend mit *Gallia divisa est in partes tres*, und da ist, jetzt fällt es mir auf, auch bei diesen Sprechern der studienrätliche Ton, in dem unterschwellig die Warnung mitklingt: Hört gefälligst zu, ich sag's euch nur einmal. Ich glaube nicht, daß die Schuld bei ihnen liegt; es muß ihnen so beigebracht worden sein, und ihre Texte sind auch nicht der Art, daß sie zu dramatischer Emphase verführten oder gar zu einem heiteren Augenaufschlag. Man sieht den Sprechern an: sie verkörpern eine staatliche Institution, sie verkörpern Autorität, und zwar unter schwierigen Umständen, denn die Sprache, in der sie da reden müssen, ist nicht einfach.

Die Sprache ist Hoch-DDRsch, gepflegt bürokratisch, voll hochtönender Substantiva, die mit den entsprechenden Adjektiven verbrämt werden; die Sätze erfordern langen Atem von den Sprechern und Konzentration von den Hörern. Erleichtert wird das Verständnis allerdings durch die im Text reichlich verstreuten Klischees: Codewörter eigentlich, die in den Köpfen eines durch Zeitungslektüre, Versammlungsbesuche, Schulungskurse wohltrainierten Publikums sofort gewisse Gedankenverbindungen auslösen. Hätte man den Kanal etwa versehentlich eingeschaltet, man würde den Sender sofort identifizieren: So redet man nur im Fernsehen der DDR.

Hier eine keineswegs vollständige Liste, alles aufgeschnappt während eines Monats und als Psychotest verwendbar:

Veränderung ist immer tiefgreifend
Verwirklichung – zielstrebig
Gedankenaustausch – umfassend
Atmosphäre – schöpferisch
Anliegen – vorrangig
Beratung – eingehend
Beschluß – weitreichend
Fundament – unerschütterlich
Vertrauensverhältnis – unzerstörbar
Bekenntnis – eindrucksvoll
Verwirklichung – vollinhaltlich
Stärkung – allseitig
Voraussetzung – grundlegend
Anerkennung – weltweit
Wachstum – dynamisch
Zustimmung – millionenfach

Es handelt sich also um Beschwörungsformeln, je voller der Mund, desto tiefer die Wirkung; es gemahnt, wie vieles andere bei der Aktuellen Kamera auch, an autogenes Training – Herz schlägt ganz ruhig, Sonnengeflecht strömend warm – und wird ergänzt durch weitere Redewendungen der gehobenen Sprache: So werden Personen zu Persönlichkeiten, und sie sind nicht irgendwo, sie weilen dort. Mitunter erreicht das dichterische Qualität, so am 14. Oktober, wo wir anläßlich der Verleihung des Karl-Marx-Ordens an die Akademie der Wissenschaften der DDR erfahren, der wissenschaftlich-technische Fortschritt sei *eine unerschöpfliche und ständig stärker fließende Quelle, um das Leben der Menschen, das materielle wie das geistige, umfassend zu bereichern.*

Die Struktur der Sendungen ist unkompliziert und gleichfalls von beruhigender Einförmigkeit.

Das beginnt nicht etwa mit aufregenden Hauptnachrichten, die den Zuschauer packen und an den Fernsehschirm fesseln könnten. Nein, zuerst kommen Staatstelegramme und Staatsempfänge, offizielle Reden und offizielle Begrüßungen, das ganze gravitätische Zeremoniell, zu dem eigentlich Allongeperücke und Seidenfrack gehören; darauf ein optimistisches Allerlei von kleinen, mit Statistiken und Kurzinterviews dekorierten Feuilletons aus dem Wirtschaftsleben der DDR – die Reihenfolge mag auch umgekehrt sein. Erst nach etwa fünfzehn Minuten dieser beschaulichen Bilder aus einem ordentlichen Land erfährt man, daß im Libanon geschossen, in Genf verhandelt, in Thailand gelitten, in Frankreich gestreikt, in Soweto verhaftet, in Chile gefoltert wird. Danach wieder Wirtschaftsmeldungen, diese nun negativ, weil aus dem Westen stammend: Arbeitslosigkeit, Inflation, Elend, Gewalttätigkeit, aber gesteigerte Profite für die Monopole. Man fühlt sich erleichtert, daß es so etwas bei uns nicht gibt. Gelegentlich dann etwas zum Launemachen: bei einem Unwetter entkommt eine Schar Kühe dem Transport zum Schlachthaus, amerikanische Polizisten müssen sie wieder einfangen. Zum Schluß dann eine Reportage aus unserm oder einem Bruderland: aus Betrieb, Schule, Restaurant, Bibliothek, Warenhaus, mit eingeblendeten Kurzinterviews, alles geht vorwärts, alle sind zufrieden, der Plan wird erfüllt, neue Initiativen werden entwickelt, die Welt des Sozialismus ist in Ordnung.

Natürlich wird das Ganze bei Haupt- und Staatsaktionen über den Haufen geworfen. Beim Empfang der Kosmonauten Bykowsky und Axjonow, die in ihrem Raumschiff eine bei Zeiss in Jena hergestellte Multispektralkamera mitführten, werden sämtliche Reden, deutsche und russische, in voller Länge abgespielt, die Sendung läuft über, braucht fünfundfünfzig Minuten statt dreißig, wir haben ja endlos Zeit; die gleiche liebevolle Ausführlichkeit bei der Wahlrede Honeckers in Karl-Marx-Stadt oder bei der Volkskammertagung. Das sind schon keine Nachrichtensendungen mehr, das grenzt ans Epische; was sonst noch in der Welt geschehen sein mag, wird zu einem Wurmfortsatz von hastig heruntergehaspelten Kurzmeldungen.

Auch sucht man den Zuschauer, wenn möglich, nicht durch optische Reize zu überfordern. Action Shots gibt es eigentlich nur von den Kriegsschauplätzen oder den Unruhen in Südafrika und den von Israel besetzten arabischen Landesteilen; da stammen die Filme aber von westlichen Kamerateams. Sonst zeigt man Landschaften, Erntemaschinen dümpeln übers Feld, ein Kran bewegt sich auf einer Baustelle, oder Interieurs mit und ohne Maschinen, ein Mann mit Helm greift ein Stück Stahl, aber auch hier löst sich die Kamera bald vom Geschehen und konzentriert sich auf das Zwiegespann Reporter – Arbeiter; der Arbeiter steht da, er bemüht sich, das genau Richtige zu sagen, man sieht, wie er aufatmet, wenn der Spruch heraus ist. Und dann die schönen Stummfilme, da ist ein führender Genosse, man zeigt ihn im Gespräch mit einem führenden Genossen aus einem der Bruderländer, oder mit einem berühmten Wissenschaftler, oder einem Kumpel; der führende Genosse lächelt, vergeblich öffnet und schließt er den Mund, vergeblich bewegt er die Hände; das Reden besorgt der Nachrichtensprecher, er läßt uns wissen, was der führende Genosse gerade an Wichtigem sagt.

Den großen Teil der Zeit aber sitzt der Nachrichtensprecher ordentlich an seinem Tisch, im Hintergrund eingeblendet eine Landkarte, ein Foto, ein Text. Auch das besänftigt ungemein.

Ich frage mich, ist diese Struktur der Berichterstattung wirklich nur erfunden, um mich und andere, die nervös nach Neuigkeiten hungern, in einen angenehm komatösen Zustand zu versetzen, oder haben die Freunde bei der Aktuellen Kamera, die das Ganze zusammenstellen, eine andere Wertskala? Vielleicht sehe ich die Dinge mit kranken Augen, und sie sind es, die recht haben mit ihrer Betrachtungsweise, daß der Empfang des Genossen Vorsitzenden der Revisionskommission im Zentralkomitee einer Bruderpartei durch den Genossen Generalsekretär der hiesigen Partei ein so bemerkenswertes Ereignis ist, daß es an die Spitze der Sendung gehört, oder daß die Fertigstellung des 59. Waggons einer neuen Serie von Eisenbahnwagen solche Beweiskraft für die Überlegenheit des Sozialismus hat, daß sie an zweiter Stelle kommen muß?

Offensichtlich ist es so, denn es wird mit Methode verfahren. Fast scheint es, als arbeite man bei der Aktuellen Kamera sogar von Formblättern, in die nur die Namen eingetragen werden müssen. Wir hören wörtlich am 21. Oktober:

Der Generalsekretär des Zentralkomitees der SED, Erich Honecker, empfing heute das Mitglied des Politbüros und Sekretär des ZK der Kommunistischen Partei Kubas, Carlos Rafael Rodriguez, Stellvertreter des

Ministerpräsidenten der Revolutionären Regierung der Republik Kuba.

Erich Honecker informierte über die erfolgreiche Durchführung der Beschlüsse des IX. Parteitags der SED.

Carlos Rafael Rodriguez berichtete über die großen Anstrengungen des kubanischen Volkes zur Verwirklichung der Beschlüsse des I. Parteitags der Kommunistischen Partei Kubas.

Carlos Rafael Rodriguez überbrachte die brüderlichen Grüße des I. Sekretärs des ZK der Kommunistischen Partei Kubas, Fidel Castro, die Erich Honecker auf das herzlichste erwiderte.

Am 22. Oktober:

Der Generalsekretär des Zentralkomitees der SED, Erich Honecker, empfing heute das Mitglied des Politbüros des ZK der Mongolischen Revolutionären Volkspartei und Vorsitzenden des Komitees für Parteikontrolle, Namsrain Luwsanrawdan, und den Vorsitzenden der Zentralen Revisionskommission der MRVP, Orsoogiin Njamaa.

Erich Honecker informierte über die schöpferische Arbeit, die das werktätige Volk in der DDR leistet, um die Beschlüsse des IX. Parteitags der SED in die Tat umzusetzen.

Die mongolischen Gäste berichteten über die Initiativen des mongolischen Volkes in Verwirklichung der vom XVIII. Parteitag der MRVP beschlossenen Politik.

Namsrain Luwsanrawdan überbrachte die brüderlichen Grüße des I. Sekretärs des ZK der Mongolischen Revolutionären Volkspartei, Jumshagin Zedenbal, die Erich Honecker auf das herzlichste erwiderte.

Man bemerkt das Gewicht, das Rang und Titeln bei solchen Hofnachrichten zugeordnet wird. Die Rekordleistung kam bei dem Bericht über die Ordensverleihung an die Kosmonauten Bykowsky und Axjonow in Berlin, als der Sprecher die Namen sämtlicher bei dem Festakt anwesenden Würdenträger verlas, sowjetischer wie deutscher, in summa 43 Namen mitsamt allen akademischen, Regierungs- und Parteititeln in genau 108 Sekunden, bei fünfmaligem Atemholen.

Ähnlich betäubend sind die Statistiken über die Wirtschaft der DDR, die einem an erster oder zweiter Stelle der Nachrichtensendung vorgesetzt werden. Da erfahre ich an einem gewöhnlichen Tag, daß heute am Leipziger Hauptbahnhof 180000 Menschen abgefertigt wurden, daß die Rationalisatoren in Leuna 88 Millionen Mark eingebracht haben, daß bei der Textima in Gera der Jahresplan zwei Wochen vorfristig abgerechnet und das Gütezeichen Q bereits im November erworben werden soll, daß unsere Agrarflieger 82000 Hektar Getreide und Zwischenfrüchte in diesem Herbst bestellt haben, daß in allen Zweigen der Volkswirtschaft die Woche des Brandschutzes und der Winterbereitschaft abgeschlossen wurde und daß im Wohnungsbauprojekt Fritz-Heckert in Karl-Marx-Stadt die Fundamentierungsarbeiten vor Einbruch des Frosts abgeschlossen werden, Voraussetzung, daß 3000 Wohnungen noch dieses Jahr bezugsfertig werden.

Es geht also voran, und ich freue mich. Es stört mich nur, daß die Zahlen in der Luft hängen, da ich keine Vergleichswerte erhalte und nichts über die Kosten erfahre. Dafür aber höre ich auch nichts von irgendwelchen Schwierigkeiten, von Ausschuß, von Materialmangel, stets werden die Pläne erfüllt und übererfüllt, werden neue Initiativen und Wettbewerbsziele ins Auge gefaßt.

Ein einziges Mal an dreiunddreißig Abenden sagt ein Arbeiter, es hätte nicht geklappt; da war eine Maschine ausgefallen, und der Fernsehreporter beeilte sich, von dem heiklen Thema wegzukommen. Kein Wort der Kritik in über vier Wochen, keine Beschwerden über irgendwelche Mängel; gewiß, »man muß ganz tüchtig ran«, bemerkt eine Arbeiterin, aber die Mühe lohne sich – solch tüchtige Menschen, die mit solcher Hingabe am Werk sind.

Das beruhigt, da fühlt man sich geborgen.

Mit welch journalistischer Selbstverleugnung werden Nachrichten kaschiert, die geeignet wären, den Zuschauer am Fernsehschirm in Erregung zu versetzen! Am 13. Oktober kündigt in einer Rede der Kosmonaut Bykowsky beiläufig die »baldige Zusammenarbeit mit Ihren Landsleuten in einer Raumstation« an. Am Tag darauf wünscht Politbüromitglied Hager, *daß bald, noch in diesem Fünfjahrplan, der erste Kosmonaut der DDR an seiten von Kosmonauten wie Bykowsky und Axjonow in einem Raumschiff den Blauen Planeten umkreist*, und tags darauf bestätigt Honecker, *daß der Tag nicht mehr fern ist, an dem gemeinsam mit den sowjetischen Kosmonauten ein Bürger der DDR kosmische Bahnen befliegen wird.*

Das ist ja wohl eine Sensation – in den Medien anderer Länder, die ihr Publikum in Atem halten wollen, wäre das *die* Spitzenmeldung: Ein DDR-Bürger der erste Deutsche im Weltraum! Wer ist der Mann, wie heißt er, wo kommt er her, ist er verheiratet, hat er Kinder, wo trainiert er, ist er nur einer, oder sind es gar mehrere? Aber nichts davon in der Aktuellen Kamera; die Reden sind verklungen, der DDR-Kosmonaut vergessen; vielleicht war er auch nur ein Trugbild meiner immer noch gereizten Nerven.

Oder die Umformung der Regierung. Man sitzt nichtsahnend vor dem Fernsehschirm, betrachtet die gediegene Täfelung des großen Saals im Palast der Republik – plötzlich sieht man, wie ein Mann zum Volkskammerpräsidenten gewählt wird, den man eben noch für den Ministerratsvorsitzenden hielt, der Generalsekretär der Partei wird zum Staatsratsvorsitzenden, der Staatsratsvorsitzende zum Vorsitzenden des Ministerrats – aber die sonst so titelfreudige Aktuelle Kamera verrät uns nicht, daß hier wichtige Veränderungen vorgenommen wurden, ganz zu schweigen von den Gründen.

Oder verläßt man sich doch darauf, daß die Leute sowieso den Westen sehen und das Notwendige schon von dort erfahren werden? Beinahe scheint es so, denn gewisse Meldungen bleiben ohne Zusatzinformationen von anderswoher einfach unverständlich. Da höre ich am 11. Oktober von einer groben Einmischung des Westberliner Bürgermeisters Schütz in die inneren Angelegenheiten der DDR und von gehässigen Angriffen seitens des Mannes; er solle, so heißt es in unserm Fernsehschirm, sich überlegen, wo er sitzt. Aber was hat er gesagt? Und wie hat er sich eingemischt? Keine Auskunft. Dann kommt aus dem heiteren Himmel des 20. Oktober ein Dementi, in dem von westlichen Behauptungen die Rede ist, 200000 Bürger der DDR hätten Anträge gestellt, das Land zu verlassen, worauf der Sprecher »von offizieller Seite« erklärt, das wäre eine glatte Erfindung. Ach, hätte er geschwiegen, denn sofort werde ich unruhig, sofort stellt sich, da ich hier zum erstenmal von solchen Anträgen erfahre, die quälende Frage: Wie viele waren es denn nun, zwei oder zwanzig oder zweihundert?

Den Schock des Monats aber versetzte mir die Aktuelle Kamera nach einer Meldung über einen Empfang des dänischen Außenministers beim Genossen Sindermann. Da hob der Sprecher den Kopf und zitierte den Londoner Daily Telegraph: In Peking seien nach zuverlässigen Quellen vier Mitglieder des Politbüros, darunter die Witwe Mao Tsetungs, verhaftet worden: sie hätten einen Umsturzversuch unternommen. Und wieder packt mich Besorgnis: Wieso nichts von TASS, nichts von ADN? Dabei war es die ganze Zeit so still gewesen um China in unserm Fernsehen …

Aber, Gott sei Dank, Peking ist weit weg, und bei uns sind Bykowsky und Axjonow.

Und die Wahlen.

Am Abend des 2. Oktober noch hüllte sich die Aktuelle Kamera in wohltuendes Schweigen über die Bundestagswahlen, die am nächsten Tag im westlichen Nachbarland stattfinden sollten; auch um 19.30 Uhr am 3. Oktober, dem Wahltag, fand das Ereignis keine Erwähnung. Um 22.15 Uhr, mit den Spätnachrichten, kamen dann die Hochrechnungsresultate, und am nächsten Tag die Analyse eines Kommentators: Die Wahlen in der Bundesrepublik widerspiegelten die tiefgehende und breite Unzufriedenheit der Wähler, dennoch hätten Sorgen über den Weg, den eine CDU/CSU-Regierung außenpolitisch nehmen würde, überwogen.

Unsere Wahlen wurden entgegen meiner Erwartung richtig spannend. Ein fast echtes Wahlfieber packte mich, als ich am Abend des 17. die Prozentzahlen am Fernsehschirm der Aktuellen Kamera verfolgte: Bischofswerda 98,2%, Oschatz 98,92%, Ilmenau 99,1% und Stralsund gar 99,51%. Und mit Genugtuung hörte ich, wie der Kommentator bei der Wahlanalyse am nächsten Abend uns noch einmal versicherte, daß bei uns *in der Wahlvorbereitung keine Show abgezogen, die Bürger nicht durch Reden und Versprechungen in die Irre geführt und hinterher auch noch verspottet wurden* – im Gegensatz zum Westen.

Der ehrliche Carter hat den ehrlichen Ford nun doch geschlagen. Die Aktuelle Kamera hat ruhig und sachlich über die Wahlen in den USA berichtet, hat selbstverständlich auch über die Diskriminierung und Wahlbehinderung der Kommunisten gesprochen, die 18000 Dollar für fünf Minuten landesweite Fernsehzeit zahlen mußten, während Ford und Carter ihre stundenlangen Debatten frei und umsonst bekamen; sie hat auch eine Kurzbiographie des künftigen Präsidenten gebracht, mit dem wir ja alle noch zu tun haben werden.

Mein Blutdruck ist heruntergegangen in diesen vier Wochen, mein Gewicht dagegen hinauf, ich betrachte die Welt mit dem gemächlichen Blick meiner Freunde von der Aktuellen Kamera: Was heute nicht gemeldet wird, ist morgen doch vergessen. Ich habe, auch das muß man sagen, durch ihre Interviews manch liebenswerten DDR-Bürger kennengelernt: einen Bildhauer aus Freiberg, der ein Eselchen aus Bronze gemacht hat, auf dem die Kinder im Park reiten, eine Köchin in einer Betriebskantine, die gesagt hat, es mache ihr Freude, wenn's den Kollegen schmeckt; einen Stahlarbeiter vorm Hochofen, der einen hohen Funktionär mit einem unbeschreiblichen Ausdruck ansah, als der ihn fragte: »Da geht die Hitze unter die Haut, ja?«

Und nun ist's genug. Man kann autogenes Training auch direkt betreiben: Mein rechter Arm schläft ein, mein linker Arm schläft ein, ich schlafe ein.

James Georg Nixdorf

Unternehmen Ost

T-Shirt-Mafia und Kirmes

Laßt uns faul in allen Sachen
Nur nicht faul zu Lieb und Wein
Nur nicht faul zur Faulheit sein
Lessing

Es war der 7. Oktober 1988, und ich war schlauer geworden. Ich hatte begriffen, daß man sich mit Bettlaken einen Sommer, ja ein gutes Leben finanzieren konnte.

Und weil das so war, saß ich am vorletzten Geburtstag der Republik mit drei prallen Reisetaschen im Zug nach Dresden und ließ mich durchrütteln. Vollgepackt wie ein Maultier mit einem knappen halben Zentner Scheuerlappen, Windelstoff und Bettlaken. Gefärbt und ungefärbt, zugeschnittten und zusammengenäht zu Jakken mit Druckknopf und Bündchen, schlabbrigen Hosen in zeitlos häßlichem Schnitt, »Pullis« aus Windelstoff und »Nickis«. Insgesamt für runde 6000 DDR-Mark.

Zwei Stunden später schien die Sonne in Dresden, und das Volk der Werktätigen schob sich, bewaffnet mit »Grilletta« und Bratwurst, durch die Reihen der halboffiziellen Händler auf dem offiziellen Feiertagsmarkt am Postplatz. Vorbei an Tapeziertischen voller Billigschmuck und Luftballons, vorbei an Ledergürteln und polnischen Aufnähern mit englischen Popsängern darauf. »Der *Konsum* deckt den Warentisch«, hatte früher die Kinowerbung behauptet. Hier tat er das nicht mehr. Es war ein Sammelsurium selbstgebauter Kuriositäten. Gefärbt, zugeschnitten und vernäht in Hinterhofwohnungen von Leuten, denen die Nächte lieber waren als die Tage, die keine Lust hatten, früh am Morgen aufzustehen und arbeiten zu gehen. Und die – in einer gesunden Mischung aus Flexibilität und Faulheit – die Mangelwirtschaft des maladen Staates ausnutzten. Es war eine Ausstellung illegaler oder halblegaler Kreativität, die auf weißem Tuch dem Käufer präsentiert wurde: »Pullis«, bedruckt mit Frauensilhouetten aus der Zeitschrift »Für Dich«, oder Unterhemden mit dem Konterfei des Diesel-Irokesen, bei Bedarf mit Glitzerstaub verfeinert. Der kam aus dem Intershop, für fünf Mark, ein Kosmetikstift in Gold oder Silber, Haltbarkeit bis zum ersten Waschgang. Garantieanspruch ausgeschlossen.

Sah jedoch alles furchtbar schick und westlich aus, eben genauso wie das, was man sonst noch vom Balatonurlaub aus Ungarn mitbrachte: abgesteppte Jacken, auch mal mit einem kleinen Netz an der Brusttasche, oder Hosen mit vielen Falten und Täschchen am Oberschenkel und Stonewasheffekt. Selbst Alf war da – als Aufdruck. Den wollte jeder, kam der komische Winzling mit der großen Nase doch von weit her, wenn nicht aus dem All, dann wenigstens aus dem Westfernsehen. Und das war wichtig in der kleinen Welt, die doch groß sein sollte. Bürger Ost wollte aussehen wie Bürger West. Oder wenigstens so, wie er sich den vorstellte.

Für uns war es Geschäft. Völlig unsentimental. Wenn der Käufer weg war, wurde sich gefreut. Schließlich war es aufregender und ungleich einfacher, als nachts alte Waschmaschinentrommeln aus Nirostastahl vom Schrottplatz zu klauen, um daraus Armreifen zu biegen, für fünfzehn Mark das Stück. Die Jacken, Hosen und Sweatshirts brachten mehr Geld. Und es war gut, morgens aus der »Schoppenstube«, einer Schwulenbar mit »Geschlechterkeller« an der Schönhauser Allee, zu taumeln und trunken durch das Land zu fahren. Abends waren die Hosentaschen voll mit kleinen, gerollten Würsten aus

Geldscheinen. Für fünfzehn Mark Standgebühr – zu entrichten bei immer gleich gesichtslosen Stadtangestellten – fragte niemand, woher sie kamen, die selbstgeschraubten Kleiderberge. Ob an der Warnemünder Mole oder in der Bernburger Fußgängerzone. Nach solchen Tagen hatten wir abends ein Gefühl, so frisch und klar wie nach einem Eisbad. Wir hatten verstanden...

Sicher, das alles hatte nicht viel mit Politik zu tun. Widerstand war das nicht, sollte es auch nicht sein. Das interessierte uns nicht, damals. Es ging darum, eine Möglichkeit zu finden, sich zu verweigern, sich dem Lauf des Alltags zu entziehen. Wir lebten in der DDR, aber deren Wirklichkeit war uns zu öde. Wir wollten jung sein und einfach nicht so aussehen wie die Väter und Mütter auf der Straße. Nicht irgendwann in diesem öden Gleichmaß aufgehen. Das Leben war in den Klubs und auf den Partys, wo sich immer das gleiche Panoptikum traf: Ledernäher, Diskomäuse, Nachtgesichter und Autoschieber, Zuhälter und nymphomanische Buchhändlerinnen. Man sah sich, man kannte sich. Alles wie auf einem großen Abenteuerspielplatz – Café Nord, Volksbühne und Thälmann-Park. Lisa Stansfield und eine Rum-Cola. Niemand wollte schlafen, kaum einer arbeiten.

»You drive me crazy«, schnarrten die Fine Young Cannibals im Takt unseres Lebensgefühls... Und dieses war anders, als es den »jungen Bürgern« per Jugendgesetz dekretiert wurde.

Natürlich müssen sie es gewußt haben, die Wächter der Ordnung im Staat, selbst im Chaos der Hinterhöfe Berlins war alles durchschaubar, doch das Land hatte den Tunnelblick. Nach dem Motto: Wer uns nicht weh tut, wird nicht gebissen.

»In der Deutschen Demokratischen Republik stimmen die grundlegenden Ziele und Interessen von Gesellschaft, Staat und Jugend überein...«

Thea hatte keine Wohnung. Sie hatte ein Warenlager. Und in dem richtete sie gerade einem ostdeutsch-amerikanischen Hochzeitspaar das Kaffeekränzchen aus, als ich sie im Frühjahr 89 traf. An einer gedeckten Tafel zwischen Stoffballen, Bettlaken, Bezügen, Jacken und Hosen, die sich bis unter das Dach türmten. Zwischen Hunderten von Reißverschlüssen und kiloweise Metalldruckknöpfen aus Zella Mehlis hockten Typen am Kaffeetisch, deren Form des Lebensunterhaltes gebündelte halbseidene Energie voraussetzte. Ein kleiner Patentreff bei Kaffee und Kuchen: Autoschrauber, die später im Rotlichtmilieu der Oranienburger Straße verschwinden sollten, Klamottendealer, Antiquitätenhändler, die mit Emailleschildern so viel Geld machten, daß einem schwindeln konnte, und andere Verrückte. Kleine Verkäufer und Leute, die mit selbstgebauten Ansteckern von Kool & the Gang zum Treffen von FDJ und Komsomol nach Erfurt fuhren, um dort den jungen Kommunisten für 57000 DDR-Mark die Popkultur per Anstecknadel nahezubringen, oder 10000 bedruckte Plastetüten mit dem Berliner Bären aufkauften, was eine Kapitalanlage war, denn er liebte seine Plastetüte, der Bürger Ost.

Thea saß mit am Tisch. Sie mochte Männer, kuschelte gern und hatte viel Spaß. Darüber hinaus war sie rund, hatte fröhliche Augen, ging nirgendwo arbeiten – und war reich.

Thea war gewinnbringend erleuchtet worden. Sie nähte keine Jacken und Hosen mehr: sie ließ nähen – zu einer Zeit, als Freunde und ich gerade mal mit schlechter Farbe Coca-Cola-Logos auf Unterhemden druckten, die bretthart austrockneten, oder Aufbügler von Nena aus Świnoujście über die polnische Grenze schleppten, um damit Geld zu verdienen. Doch begonnen hatte der krumme Handel viel früher.

Irgendwann Anfang der achtziger Jahre war »Fame – Der Weg zum Ruhm« in die Lichtspieltheater der Republik gekommen. Alle mochten den Film und mochten den schwarzen Tänzer Leroy, und wir wußten jetzt, daß die Amerikaner auf ihren Autos tanzten. Nur hier, bei uns war es nicht so bunt und so funky. Das Leben war ein langer ruhiger Fluß – zu ruhig für Leute wie

Thea. Mal hier was nähen, mal da was nähen, ein Alibijob als Haushaltshilfe bei Bekannten... Irgendwann 1983 oder 84, nachdem sie »Fame« vielleicht einmal zu oft gesehen hatte, war ihr sonnenklar, was sie wollte. Eine eigene Textilmanufaktur im staatssozialistischen Osten. »Gucken, ob es funktioniert« – das war Pioniergeist. Wenn schon, dann richtig. Nicht jeden Handschlag selbst machen, sondern andere Leute arbeiten lassen. Geld, Spaß und eine Menge Bekannte, das war wichtig.

Warum gerade »Fame«? Es gibt keine Erklärung, es war so.

Derartige Produktion muß organisiert sein, das wußte Thea. Mit ihrem Freund fuhr sie zu »BeDamo«, dem volkseigenen Hersteller von Berliner Damenmode. Sie auf dem Fahrrad, er auf Rollschuhen. Dort angekommen, boten sie den müden Näherinnen einen »lukrativen Nebenverdienst« an.

Der Mann war Tänzer, und auf diese Weise saß bald die Hälfte der Tanzeleven der Dresdner Palucca-Schule konzentriert vor den Nähmaschinen und lieferte Fertigjacken nach Berlin. Irgendwann dirigierte die engagierte Jungunternehmerin 25 Angestellte von ihrer Wohnung aus – einige davon sollen noch heute die Autos fahren, die sie damals verdienten.

Um sicher zu sein, daß die Schnittmaße stimmten, übernahm sie den Zuschnitt nach Modellen der »Für Dich« selbst, die Einzelteile wurden auf die Werkstätten verteilt. Thea machte richtig Kasse. Überall, wo es möglich war, und das war genaugenommen überall. Auf Märkten, Volksfesten, Parteitagen, beim Rock für den Frieden genauso wie auf dem Festival des politischen Liedes. Sie fuhr selbst an die Offiziershochschule der NVA nach Zittau. Die Genossen pellten sich bereitwillig aus ihren Uniformen, und der Tagesumsatz schnellte auf 10000 Mark. Das entsprach in der DDR ungefähr dem Zehnfachen dessen, was ein leitender Angestellter verdiente. Für Thea jedoch, war das in der Verkaufssaison lediglich »in Ordnung«. In ihrem besten Jahr setzte sie 1,4 Millionen um – steuerfrei. 1,4 Millionen Ostmark! Anderen trieb das dieTränen in die Augen; ihr kam es darauf noch nicht mal an. Wichtig war das Experiment Manufaktur. Der Rest ergab sich einfach so. Entscheidend war, die richtigen Leute zu kennen, hin und wieder einen Umschlag mit Kleingeld in die richtige Hand zu geben, im richtigen Moment die richtigen Worte zu finden. »Es soll Ihr Schaden nicht sein...« oder auch »Sie wissen doch, wie es ist...« waren Redewendungen, die verständnisvolles Nicken und oft stillschweigende Einigung mit sich brachten. Man arrangierte sich. Für Leute, die es verstanden, auf dieser Klaviatur zu spielen, gab es kaum Probleme. Thea war Virtuosin.

Auch beim Ankauf der Materials. Es war ihr zu mühselig, die Läden auf der Suche nach zehn oder zwölf Bettbezügen abzulaufen. Viel lieber fuhr sie im Stil eines freischaffenden Großunternehmers gutgelaunt durch die Bezirke der Republik und schaute, wo Stoffe und Laken direkt aus den Herstellerbetrieben »organisiert« werden konnten. Nur nicht durch Konsum- und HO-Warenhäuser tingeln, in denen es passieren konnte, daß griesgrämige Verkäuferinnen darauf aufpaßten, den Bevölkerungsbedarf nicht durcheinandergeraten zu lassen. Und es war nicht mehr und nicht weniger als ein überdeutliches Ausnutzen des DDR-üblichen Handelskreislaufs. »Beziehungen haben« hieß das, und die hatte, wer konnte. Was machte es schon für einen Unterschied, ob man der Gemüsefrau von nebenan ein Päckchen Westkaffee zuschusterte für ein Kilo zurückgelegter Apfelsinen oder sich einen Zentner Bettlaken aushändigen ließ. Wer gewitzt und frech genug war, kam zum Erfolg. Den hatte Thea auch, als es ihr in den Kopf kam, mit Zuschneidemaschinen arbeiten zu wollen, und sie Freunde in einen Textilexportbetrieb in Ostberlin schickte: Die windigen Burschen gingen auf die Mechaniker zu, boten denen 600 DDR-Mark – und hatten eine punktgenau arbeitende Maschine westlicher Fabrikation. Jeder zog seinen Nutzen aus der ganzen Schlamperei. Und es ging niemandem schlecht dabei. So war das damals.

Doch was fängt man schon an mit einem Haufen Geld, wie ihn Thea hatte, wenn die Wohnung 40 Mark kostet, die Milch fünf Groschen und die Schaufenster zwar amüsant, aber ärmlich ausgestattet sind? Was fängt man an mit dem Reichtum, wenn man ihn noch nicht einmal auf die Bank tragen kann, ohne umgehend verhaftet zu werden? Man verpraßt und versumpft ihn. Das ist nicht sehr viel, und trotzdem war es gut. Gut gegen die Langeweile, die von außen kam; gut, um im Gespräch zu bleiben; gut für die eigene Befindlichkeit, den eigenen Humor. Irgendwann sei das alles so absurd geworden, sagt sie heute, daß sie über alles lachen konnte, immer gut drauf war. Lachen über das Land, über sich selbst, die Bekannten, die einen unterhielten und von denen viele nicht wichtig waren, und über Träume, die nicht wahr werden konnten. So nicht.

Und darum hatte es am Ende auch keine Zukunft. Nicht nur, weil das auf die Dauer so nicht durchzuhalten war. Auch, weil sie irgendwann gedacht hat, durch die viele verdiente Kohle einsam zu werden. Weil alles auf der Stelle stand. Weil es keine großartige Lebensperspektive darstellte, als Leiterin des Textilzirkels im Haus der Jungen Talente in der Ostberliner Klosterstraße jede Menge handgeschneiderter Baumwolle zu verscherbeln. Weil ein Grüne-Wiese-Cocktail aus blauem Curaçao und Orangensaft mit der Zeit genauso fade wurde wie die ständigen Besuche im Operncafé Unter den Linden oder in der Yucca-Bar, wo sich immer die gleichen Kerle in ihren Fransenlederjacken trafen. Und weil es am Ende ganz eng war. Als immer und immer wieder ein adretter Herr in der Tür stand und sich eindeutig aufmerksam umsah, während im Nebenzimmer die Druckknöpfe in die 100000. Jacke gehämmert wurden. Der Mann kündigte irgendwann freundlich einen weiteren Kollegen an. Den Kuchen würden sie auch mitbringen. Da war der Spaß endgültig vorbei. Klar hat sie da noch rumgeblödelt, ihm erzählt, daß ihre Freundin, die ihr gegenübersitzt – die mit der großen Nase – Barbra Streisand heißt. Was auch stimmte. Doch das war kein Film, und der Typ war nicht Nick Nolte, sondern von der Stasi. Und nachdem er verschwunden war, kroch sie auf allen vieren durch die Wohnung – vor Angst. »Auf einmal hieß es: Entweder du haust ab aus dem Land, oder du machst mit.«

Thea hatte Glück. Das war im Oktober 1989. Aber auch so war er, der Osten. So auch.

> *»Aufgabe eines jeden jungen Bürgers ist es, auf sozialistische Art zu arbeiten, zu lernen und zu leben, selbstlos und beharrlich…«*

Buddy ist klein und umtriebig und wirkt auch heute noch ein bißchen wie Speedy Gonzales, wenn er hinter der Kasse seines Kramladens steht. Hin und wieder fliegt er nach Costa Rica. Vor kurzem ist er dort gefragt worden, ob er nicht bleiben und arbeiten wolle. Wollte er nicht. Trotzdem: »Wenn de nach sechs Wochen wiederkommst«, sagt er und schiebt den Schirm seines Basecaps dreimal tief in die Stirn und wieder zurück, »da weißte, wat richtig Scheiße ist«. »Scheiße«, das ist hier. Also wandern seine Augen erst mal traurig über das Resteimperium aus Zeitzer Ringelblütensalbe, Klobürsten und Dosenöffnern, und seine Finger kratzen am Kinn. Irgendwo hat er den ganzen Kram als Konkursmasse aufgekauft, und jetzt läuft es nicht so richtig. Mit dem West-Studentenvolk, das heute in der Gegend wohnt, wird er nicht warm. Weil die lieber in den Bioladen gehen und dort vier Mark für ein supergemahlenes Weizenschrotbrot bezahlen, als sich für kleines Geld die wirklich wichtigen Sachen des Lebens zu holen. Klobürsten und Dosenöffner eben.

Früher, ja früher war das alles mal anders. Wie Thea wollte er nie sein, doch die Kasse stimmte auch bei ihm. Da hat er aufgepaßt. Und in dem Land, in dem er lebte, wußten die Leute noch, was der Begriff Mangelware bedeutet. Buddy leistete Abhilfe. Auch er tat das mit selbstgebauten Jacken. Mit solchen, die einen Scheuerlappenkragen hatten und abgesteppte Taschen. Und auch er lebte gut damit: »Das Leben im Osten war eins der besten, wenn de dich angestrengt hast«, sagt er. Aber meinen tut er damit wohl eher, »wenn du findig warst«. Buddy war das. Und er nähte – ausschließlich. Selbst verkaufen war nicht seine Sache. Warum auch – er hatte gute Verkäufer, die das für ihn taten. Nicht solche »Penner«, die nichts absetzten und noch Ärger bei der Abrechnung machten. Buddy ließ verkaufen. Er war ein kulanter Unternehmer, der seine Leute nicht mit kläglichen 10 Prozent der Einnahmen entlohnte. Lieber legte er von vornherein fest, welches Geld er pro Stück sehen wollte. Für wieviel letztendlich die Sachen weggingen, interessierte ihn nicht mehr. Das war Entscheidung der Leute hinter den Tapeziertischen. Die Hauptsache war, am Ende selbst genug »Knatter« zu bekommen. Und die war abzusehen, wenn die Typen kamen und sagten: »Buddy, nächsten Montag ist Markt, mach mal dreißig Teile fertig.« Dann setzte er sich hin und schob die Bettbezüge unter der hämmernden Nähnadel durch, bis die Maschine, Marke »Textima«, glühte. Danach färben, aufhängen – bis sein Schneiderzimmer aussah wie ein rumänisches Zigeunerlager am Waschtag. Als Sahnehäubchen bekamen die Scheuerlappenjacken schließlich noch Marken-Labels ans Innenfutter. Kleine viereckige, bedruckte Stoffetzen, auf denen sich so kuriose Wortgruppenschnipsel wie: »Holidaymaker – make it better – Holiday is everyday« fanden oder auch kleine Palmeninseln mit einem Schriftzug darunter: «Prêt-à-porter«. Davon war es natürlich weit entfernt, aber es roch nach Urlaub und Hitze, Palmen und Exotik. Der Kunde war begeistert von soviel weiter Welt. Buddy grinst. »Für den war dit einfach very important«, meint er, rückt seinen Basecape-Schirm vor und zurück und schiebt sich die nächste Zigarette in den Mundwinkel.

Gestört hat das niemanden, im Gegenteil. Denn irgendwann waren die späten, kümmerlichen Versuche der DDR-Jugendmode gescheitert, den Levi's und Wranglers aus dem Westen die Jeans des Ostens entgegenzusetzen. Daran änderten auch Namen wie »Wisent« oder »Boxer« nichts, die Kraft, Wildheit und Potenz suggerieren sollten und im VEB Fließtextilien Lößnitztal hergestellt wurden. Es war einfach nicht der richtige Rock'n'Roll. Nicht mal für FDJler. Das merkten auch die sozialistischen Bekleidungsstrategen und ließen den Märkten freien Lauf. Als Druckventil, wie Exquisitladen oder Intershop. Ob illegal oder nicht, wer es nicht zu dreist trieb, der hatte nicht mit Schwierigkeiten zu rechnen. Und für diese Tatsache hatte Buddy den Blick. Er hielt sich an die nie geschlossene Übereinkunft. Ohnehin war es kaum möglich, die 5- oder 6000 Ostmark, die er im Monat damit verdiente, für notwendige Dinge auszugeben, im staatssubventionierten Billiglohnland DDR. Und es machte keinen Sinn, Geld zu stapeln. Man konnte darin nicht baden, und es sich immer wieder anzusehen wäre langweilig geworden. Viel schlauer war es, sich darum zu kümmern, mit Frauen wie Siebi Siebenschuh bekannt zu werden und seinen Spaß zu haben. Die Dekadenz mancher, »die so blöd waren, das Geld auf dem Balkon zu lagern, und sich dann wunderten, wenn es Ärger gab«, war nie seine Sache. Er war eher bescheiden, schließlich wollte er keinen eigenen Betrieb, sondern seinen Spaß. Es reichte ihm, drei oder vier Mal im Jahr nach Budapest zu fliegen, während der normale Bürger früh aufstand und auf seinen Jahresurlaub sparte.

Doch das ist lange her, und ein Flugzeug ist nichts Besonderes mehr. Und auch die Partys, auf denen er Leute wie Ohio traf, der wie er irgendwann aus Thüringen gekommen war, sind inzwischen anders geworden.

> *»Die Jugend hat die Aufgabe, aktiv an der Gestaltung der sozialistischen Demokratie mitzuwirken und ihre Fähigkeit zur Teilnahme am politischen und gesellschaftlichen Leben zu erhöhen…«*

Ohio mochte sie, die rauschhaften Feste, auf denen es vorkam, daß mit den Fingern und Rotwein Bilder an die Wand gemalt wurden. Morgens um vier tauchte dort, mitten im Dezember, eine große Aluminiumtonne tiefgefrorener Erdbeeren auf – im Dezember! Und wenn der Alkohol zu Ende ging, setzte man sich ins Taxi und fuhr in das Grand Hotel Unter den Linden, um ein paar Kästen Exportbier nachzuholen. Das kostete zwar eine Menge, war aber standesgemäß für Leute, die fast im Vorbeigehen das verdienten, was sie zu einem relativ komfortablen Leben brauchten. Zu denen gehörte auch er, mit seiner Latex-Jacken-Produktion. Fünf Dosen von dem öligen, schwarzen Zeug in die Badewanne gekippt, machten zehn oder zwölf Jacken mit dem feinsten Stonewasheffekt – damals ungeheuer modern und wichtig. Dementsprechend ließen sich die gefleckten Lakenjacken verkaufen. Wenn er kurz vor Weihnachten losfuhr, um das Zeug abzusetzen, kam es vor, daß die ganze Ladung noch im Dunkel des anbrechenden Tages weg war, bevor der eigentliche Markt begonnen hatte. Mit Taschenlampen standen die Kunden bei Schneegestöber vor dem Tapeziertisch und sahen sich aufmerksam die Nähte an. Noch bevor die Wintersonne aufging, war er wieder im Hotel. Das war leicht. Ohio führte ein gutes Leben und hatte viel Zeit.

Nervenaufreibend war nur der Einkauf. Erst recht ohne Auto. Das konnte anstrengend sein, und vor allem konnte man sich verdächtig machen. Es war nicht unbedingt beliebt, mit fünf Rucksäcken in den Laden zu spazieren und 50 Bettlaken zu bestellen. Er sah eben nicht aus wie ein Mitarbeiter eines Altersheims, und einen schriftlichen Auftrag hatte er auch nicht. An schlechten, verkaterten Tagen konnte ihm das den Angstschweiß auf die Stirn treiben. Einmal ist er nicht mehr zurückgegangen, weil er nicht wußte, ob die pampige Verkäuferin nicht doch bei den Genossen der Volkspolizei anrufen würde. Die vollgepackten Rucksäcke mit den bezahlten Laken blieben einfach stehen. Das war schon 89, und es war alles ein bißchen anders geworden.

Heute hat Ohio eine Wohnung in Budapest. Eine zweite wird er bald kaufen – er will weg von hier. Auf das hier, Deutschland 1998, hat er keine Lust mehr. Am liebsten würde er die Panamericana hochfahren, von Feuerland bis Kanada. Eigentlich wollte er das auch schon früher. Deshalb ist er durch den Dreck an der ungarisch-österreichischen Grenze gerobbt. Nachdem er sich mit einem Araber getroffen hatte. Auf einem Dresdner Hotelklosett, um schnell noch die letzten paar Tausender DDR-Mark zu tauschen. Weil noch nicht einmal das ging, ohne Schwierigkeiten mit der Macht des Staates zu bekommen. Er hatte Angst dabei, und ein Startkapital war es nicht, was da zu miesem Wechselkurs heraussprang.

Doch es war genau das, was übriggeblieben war.

Ja, es wurde alles ein bißchen anders, gegen Ende. Für Thea, Ohio, Buddy. Für uns. Für alle. Irgendwann nähte, druckte und bastelte einfach jeder. Wirklich jeder. Da gab es Krankenpfleger, die morgens in der Frühschicht die nassen Klamotten im Altersheim zum Trocknen aufhängten. Aus Kleinstädten fuhren ehemalige Sekretärinnen zum Markt und hielten noch feuchte »Pullis« in den Wind. Nein, es war nicht mehr wie vorher. Alle paßten auf. Und es wurde schwer geheimnisvoll. Jeder behielt für sich, wo gerade Druckknöpfe und Bettbezüge zu kaufen waren, wo der Absatz am besten war. Großer Markt war große Konkurrenz. Es war, als wollte jeder noch seinen Teil herausholen. Wie ein Finale. Und auch das Stasi-Gerede nahm zu.

Da war es wirklich vorbei. Noch im Frühling hatte John Cale »Dead or alive« aus den Musikboxen gepreßt, hatten wir schwitzend in einer großen Wohnung Hemden bedruckt. »Puma« in Grün, »cherry-coke« in Rot, ein Rakel aus Hartgummi zu dritt. Jetzt kamen wir wieder aus dem Sommer am Schwarzen Meer. In der Wohnung lagen ein Haufen Reißverschlüsse, Jacken und Hosen, im Briefkasten eine Karte aus Wien. »Die Jacken«, stand da, »können noch verkauft werden.« Es war September 1989. Und die Jacken wollte einfach niemand mehr haben. Wirklich niemand mehr.

Cornelia Klauß und Ulrich Plenzdorf im Gespräch

»Paul und Paula« – eine Legende?

Vielleicht haben wir überhaupt nichts erfunden? Vielleicht sind wir erfunden worden?

Cornelia Klauß: *Können Sie sich vorstellen, was das Publikum heute noch so begeistert an der »Legende von Paul und Paula«, zumal jetzt eine Generation von Zuschauern ins Kino kommt, die 1973, als der Film Premiere hatte, noch nicht einmal geboren war?*

Ulrich Plenzdorf: Erstens sind die siebziger Jahre wieder en vogue. Ich könnte mir vorstellen, daß diese Generation wissen will, was denn das nun für ein Film ist, der einen solchen Ruf hat. Vielleicht will auch mancher erfahren, wovon seine Eltern damals so hingerissen waren. Vielleicht auch, wie dieses merkwürdige Land gewesen ist, von dem sie gar nichts mehr wissen können.

Gab es einen Anlaß, gerade diese Geschichte zu erfinden?

Vielleicht haben wir überhaupt nichts erfunden. Vielleicht sind wir erfunden worden?

Gar keinen Anstoß?

Es gab keinen Anlaß – aber mit Honeckers Machtantritt schien eine Art Tauwetter anzubrechen und sich eine gewisse Zeit zu halten. Wenn man schon lange in diesem Land war, dann hatte man gelernt, daß diese Tauwetter rhythmisch eintraten, aber nie lange anhielten. Man wußte, daß man diese Chance nutzen mußte. Und da waren die Weltfestspiele. In dieser einen Woche war über Nacht, wie auf Befehl, die Atmosphäre da, die wir uns immer gewünscht hatten. Man konnte in Berlin über den Rasen laufen, ohne zur »Klärung eines Sachverhalts« vernommen zu werden. Man konnte die Füße im Brunnen baumeln lassen, es gab Musik, die es vorher nicht gegeben hatte. Das hing damit zusammen, daß Honecker *seine* DDR der Welt als lockeren, toleranten Staat vorführen wollte. Das war ihm auch gelungen, dieser Trick war gar nicht so schlecht. Diese Stimmung wirkte auf uns beflügelnd, und wir nahmen an, daß wir endlich die Filme machen konnten, die wir immer machen wollten.

Das signifikante Jahr '68, spielte das eine Rolle? Einerseits die Enttäuschung über das Ende des Prager Frühlings, aber andererseits wieder eine – wenn auch nur kurzzeitige – Utopie wie der Sozialismus aussehen könnte, wenn man die Reformer gewähren ließe?

Das war eine ganze Kette, das eine griff ins andere. 1953 kam der erste Verlust von Illusionen, dann '56 der Ungarnaufstand, dann '61, dann kam '68. Diese Ereignisse verhärteten die Fronten immer mehr, brachten immer mehr Utopieverlust; natürlich auch immer mehr Trotz und Wut. Die Fäuste ballten sich gewaltig in den Taschen, erst die eine, dann die andere. Das, was ich vor 1968 angefangen hatte zu schreiben, nämlich »Die neuen Leiden des jungen W.«, war die Suche nach einer Antwort und gleichzeitig wie die Öffnung eines Ventils, eine Explosion und für mich geradezu überlebenswichtig. Es mußte einfach getan, gesagt und geschrieben werden. »Die neuen Leiden…« brachten mir einen ziemlich starken Rückhalt. Ab diesem Moment gehörte ich zu den Unfolterbaren. Die konnten mich zwar triezen, aber da war bereits zuviel an die europäische Öffentlichkeit gelangt.

Wie wurde denn dieser entscheidende VIII. Parteitag, der 1971 stattfand, reflektiert, woraus entnahm man, daß gerade Tauwetter oder ein liberaleres Klima angesagt waren?

Als gelernter DDR-Bürger war man trainiert darauf, diese Parteitagsreden auf ihren Untertext zu lesen. Es waren Formulierungen drin, die hatten wir so noch nicht gehört, so der berühmte Spruch: »Es gibt keine Tabus …«

Daß der aus Haupt- und Nebensatz bestand und wir den Nebensatz übersahen, ist ein Kapitel für sich, mit dem wir uns zwei Jahre später auseinanderzusetzen hatten. Der Nebensatz hieß: »... wenn man vom sozialistischen Standpunkt ausgeht.« So kam es, daß die Staatsbasis, speziell die Kulturabteilungen, offenbar keine richtigen Direktiven hatten. Die wußten gar nicht, was sie mit solchen Produkten anfangen sollten, die waren in der Regel daran gewöhnt, zu behindern. Es herrschte Unsicherheit – und in diese Lücke stachen wir mit unseren Filmen.

Kurz vor der Premiere soll sich der Erich Honecker »Die Legende von Paul und Paula« nachmittags im Kino Kosmos angesehen und gesagt haben, laßt ihn laufen. Erst dann wurden eine Menge Kopien gezogen. Der Film kam heraus, und der Erfolg war so groß, daß er nicht mehr zu unterdrücken war.

Gab es reale Figuren, auf die sich das Szenarium bezog?

Natürlich, das ist bei mancher meiner Geschichten so. Die fußen auf Erzählungen, in dem Fall denen meiner Frau, die ich dann ausgebaut und verändert habe.

Als Sie die Geschichte entwickelt haben, sagten Sie, daß Sie einerseits beflügelt waren, aber gab es auch ein Moment von innerer Zensur oder von dem Bewußtsein, daß man bestimmte Grenzen überschreitet?

Heiner Carow, der Regisseur und ich – wir wußten, daß es Probleme geben wird, aber wir schrieben die Geschichte bewußt genau so, als würde es keine geben. Diesen sogenannten inneren Zensor mußte man vergessen. Ich wollte vor allem eine dramatische Form, den Konflikt und die Provokation.

Für die DEFA war typisch, daß eine Frau im Mittelpunkt des Films steht. Haben Sie sich bewußt in diese Linie eingereiht?

Nun waren Frauen in der DDR anders eingeordnet als heute üblich. Die Gleichberechtigung war weit fortgeschritten, auch wenn sie wiederum doppelte Belastung mit sich brachte. Das spiegelte sich auch im Verhalten der DDR-Frauen wider, die waren ganz speziell. Wenn man so will, un»emanzipiert«, aber frei, innerlich, weil unabhängiger.

Das ist eine schöne Formel. Ich finde, in diesen Frauen steckte immer etwas Visionäres, das sich offenbar leichter auf sie projizieren ließ.

Stimmt, das war ein Stück Utopie. Vielleicht setzte man einfach Hoffnung auf Frauen, weil der Staat natürlich von Männern dominiert war. Vielleicht war es auch so, daß sie eine gewisse Schutzfunktion innehatten: Okay, nimmst du eine Frau als Heldin, da können die nicht so ran. Frauen waren geschütztes »Kulturgut« in der DDR.

Ist das wiederum ein Grund dafür, daß die Figur von Paul so kompliziert wirkt? Ich finde ihn in seinen Brüchen und Wandlungen nicht immer nachvollziehbar.

Was heißt kompliziert? Er ist in dem Film der zu Befreiende, und Paula ist das Werkzeug, wenn man so will. Daß er die weniger eindeutige, komplexere Figur ist, das ist schon klar. Paula bleibt ja einfach so, wie sie ist. Bei ihm muß sich was abspielen, das macht ihn zur Entwicklungsfigur.

Pauls Beruf wird mit »persönlicher Referent« angegeben. Auch wenn das etwas vage bleibt, ist er doch offensichtlich ein Funktionär?

»Persönlicher Referent«, darunter lief für den gelernten DDR-Bürger der Mann von der Firma, vom Konsum, die Sicherheitsnadel – also der Mann aus der Normannenstraße. So vage war das gar nicht, und es war auch so von uns gemeint. Insofern war »Paula« der erste und einzige Film der DEFA, der um die Stasi keinen Bogen machte.

Wobei Paul kein gewöhnlicher Mitarbeiter ist...

Richtig – das ist dann Teil der Geschichte. Irgendwann machte das Funktionärsein alle gleich, aber in noch relativ sensiblen Phasen war das nicht so. Wenn man 20 Jahre dabei war, dann unterschied man sich natürlich nicht mehr von anderen Funktionären.

Wann und wie ist der Regisseur Heiner Carow hinzugekommen?

Das Szenarium geriet ganz ungezielt in Carows Hände. Nachdem er ein paar Seiten gelesen hatte, hat er den Stoff nicht wieder aus den Händen gegeben.

Der erste Kontakt eines Drehbuches mit der Öffentlichkeit fand ja in aller Regel in der Dramaturgengruppe statt, wo der Stoff diskutiert und abgenommen werden mußte. Wie war die Reaktion?

An den Gruppendiskussionen bin ich mit Stoffen nie gescheitert. Nicht einmal an der Chefdramaturgie, sondern immer an den Studiodirektoren. Jedenfalls ab dann, als der Mann Mäde (Hans Dieter Mäde, DEFA-Generaldirektor von 1977 bis 1989, A. d. A.) hieß, ging ja alles über seinen Tisch. Aber diesmal wollte der amtierende Direktor Wilkening explizit diesen Film und war ein richtiger Fan von dem Buch. Er sah es auch lieber, wenn die DEFA Filme machte, in die Leute von sich aus reingingen und nicht reingetrieben werden mußten, was ja in der Regel der Fall war.

Das hieß, der Weg war im Prinzip geebnet?

Damit war schon ein Stein aus dem Weg geräumt. Allerdings mußte er mit dem Buch auch in das Kulturministerium; wo von da aus das Buch hinging, weiß ich nicht. Oft kamen die Drehbücher ins ZK zu Kurt Hager, mit Gebrauchsanweisungen versehen.

Ich weiß nicht, welchen Einfluß Sie darauf hatten, aber für den Film war die Besetzung mit Angelica Domröse und Winfried Glatzeder ja sehr entscheidend.

In diesem Fall war es so, daß Carow die Besetzung allein entschied. Ich habe ihm da voll vertraut. Er war bekannt dafür, daß er genau und immer richtig besetzte.

Waren denn beide Akteure damals schon bekannt und populär?

Angelica ja, Winfried nicht so sehr. Ein Durchbruch war es für beide.

Für den Kultstatus des Films waren viele Faktoren entscheidend, einer davon ist sicherlich die Musik von den Puhdys.

Die Puhdys waren damals gänzlich unbekannt. Die waren fast noch so etwas wie eine Laiengruppe. Deren Musik war damals Stones-orientiert. Die Rolling Stones gab es nicht in der DDR, im Gegensatz zu den Beatles. Deshalb war die Musik von den Pugdys schon eine Sensation.

Als der Film fertig war, können Sie sich noch an die Abnahme erinnern?

Die Abnahmen können nur glattgegangen sein, sonst würde ich mich noch erinnern. Am besten erinnere ich mich an folgenden Einwand: Es gibt da diese Szene in Paulas Zimmer mit ihrem geschmückten Bett. Paul kommt von der Kampfgruppe in Uniform an, mit diesen klobigen Stiefeln und der kompletten Montur. Er klemmt, Paula umarmt ihn und schiebt ihm die Mütze vom Kopf – »make love not war«. Da liegt der einzige Schnitt. Man sieht ihn sehr deutlich, Carow wollte ihn nicht vertuschen. Der politische Hintergrund war, daß die Kampfgruppen tabu sein sollten. »Make love not war« war nicht gerade der staatsgewollte Slogan. Trotz Schnitt war es sensationell genug, daß die Szene so laufen konnte.

Haben Sie den Stoff schnell geschrieben?

Ich halte mich nie lange auf. Neuerdings lasse ich gerne mal was liegen, das habe ich früher nicht gemacht. Es wäre auch keine Zeit dazu gewesen. Jede Woche war kostbar.

Als Sie den Film das erste Mal gesehen haben, was haben Sie da gedacht und gespürt?

Ich kann mich an die internen Vorführungen nicht erinnern, sondern nur an die Premiere. Das war schlichtweg das Gewaltigste, was ich je erlebt habe. Soviel Übereinstimmung zwischen all denen, die den Film gemacht hatten, und dem Publikum, das war einmalig. Ich habe es nie wieder erlebt, und ich glaube, ich werde es auch nicht wieder erleben.

Ahnten Sie in dem Moment schon die Bedeutung und den Erfolg des Films?

Mir war in dem Moment bewußt, daß ich das erreicht hatte, woran ich seit 1965 gearbeitet hatte, seitdem mein erster Film (»Karla«) verboten worden war. Da habe ich gesagt, das zahlst du zurück, bei der erstbesten Chance. 1972 war die Chance, und ich war bereit.

Sie hatten schon ganz schön einstecken müssen?

So lief das Spiel.

Was mich immer wieder verwundert hat: Erst war man verboten, dann durfte man doch wieder arbeiten und war sogar noch erfolgreich.

Das war eine DDR-Spezialität. Da wurde auch wieder viel vergessen. Die Zeit, wo alles sorgfältig registriert wurde, begann erst, als die Stasi aufgestockt wurde. In den Sechzigern hatten sie noch nicht so viele Leute. Und es hing auch damit zusammen, daß ich ein wunderbarer Kader war. Ich hatte einen blendenden Lebenslauf mit Eltern, die im Widerstand waren, Arbeiterkind und war auch noch selber in der Produktion gewesen, wenn auch unfreiwillig.

Wo waren Sie in der Produktion?

Ich war Bühnenarbeiter bei der DEFA.

Zur Bewährung?

Ich sollte erst einmal »körperliche Arbeit« leisten, hieß es. Die hingen der absurden Denkweise an, daß im Arbeiter-und-Bauern-Staat die körperliche Arbeit sowohl eine Bewährung wie auch eine Sache der Ehre, des Ruhmes und des Heldentumes sein sollte.

Und doch wäre ich nie Drehbuchautor geworden ohne diese drei Jahre Bühnenarbeiterstatus bei der DEFA. Diesen Job kann man eben nicht an der Hochschule lernen.

Was war so wichtig daran?

Weil man den Filmbetrieb von innen sieht und nicht von außen. Und ich war unter normale Leute gekommen. Dann hieß es auch noch, jetzt hast du drei Jahre körperlich gearbeitet, aber nun mußt du zur Armee gehen, also auf dem Erpressungswege, sonst kein Studienplatz. Also war ich noch bei der Armee. Das möchte ich heute nicht missen. Es war keine tolle Zeit, aber es hat ungeheuer viel Erfahrung gebracht.

So haben Repressionen manchmal auch ihr Produktives.

Wie man sieht.

Waren Sie anderthalb oder drei Jahre Soldat?

Damals gab es noch keine Wehrpflicht. Die Regeldienstzeit wäre zwei Jahre gewesen, »freiwillig«.

Ich war noch in Uniform, als ich vor der Prüfungskommission der Filmhochschule Babelsberg saß. Das Gute war, in Uniform konnten die mich gar nicht ablehnen, dafür hätten sie sich rechtfertigen müssen.

Sie haben dann Dramaturgie studiert.

Können Sie sich denn erklären, warum der Film so ein Erfolg wurde?

Muß ich? Ich war vielleicht zur richtigen Zeit am richtigen Ort mit den richtigen Leuten.

Sicherlich gibt es Kalkulierbares wie Schauspieler, Regisseur, eine Musik, die dann viel erfolgreicher war, als man vermutet hätte. Aber es gibt auch Momente, die nicht kalkulierbar waren. Ich habe mir den Film noch einmal angesehen und war den Tränen nahe.

Man kann aus einem schlechten Drehbuch keinen guten Film machen, man kann aus einem guten Drehbuch einen schlechten Film machen. Auch das geht noch. Jeder Regisseur macht wiederum aus einem Drehbuch einen anderen Film. Solche Konstellationen sind einfach zufällig, die kann man nicht vorhersehen. Glück spielt einfach eine große Rolle, oder nennen wir es Zufall. Der Geheimrat Goethe hat allerdings auch gesagt: »Glück ist Verdienst.« Wenn ich ein Verdienst daran hatte, dann das, daß ich ein gewisses Stehvermögen bewies. Ich hätte vorher genug Anlaß gehabt, die Kurve zu kratzen. Dann kommt noch hinzu, daß ich ein absolut normales Leben geführt habe. Das ist eine der Errungenschaften der DDR, die ich heute in gewisser Weise vermisse. Dieses Postulat der Gleichheit war mehr verwirklicht, als man das heute wahrhaben will. Weder war mein Verdienst besonders hoch, noch lebte ich anders. Ich habe von Anfang an, und mein Jahrgang (1934) sagt es ja sehr deutlich, daß ich ein richtiger gelernter DDR-Bürger bin, die gleichen Höhe- und Tiefpunkte gehabt, die Millionen hatten. Letztendlich hat zu Buche geschlagen, daß ich das nicht unterdrückt habe, sondern immer versucht habe, den Alltag so zu beschreiben, wie er nach meiner Erfahrung war. Wenn Angelica in einer Szene sagt: »Können wir nicht einfach glücklich sein?«, das war das, was die Leute wollten, einfach glücklich sein.

Was dürfte über die Alltagserfahrungen hinaus eine Rolle gespielt haben: die gewählte Legendenform, das tragische Ende, künstlerische Entscheidungen, die dafür sorgen, daß dieser Film einen berührt?

Dieses tragische Ende darf man wohl in Rechnung stellen. Damals herrschte die Milchmädchenrechnung, ein Toter im Film ist gleichzeitig Lebensverneinung und Pessimismus, es sei denn, es war ein Klassenfeind. Das nervte. So eine Figur wie die Paula wird erst durch den Tod zur Heldin und bietet dadurch die Einladung zur Identifikation. Alle Leute wollen groß leben, auch wenn sie dabei draufgehen, und Paula macht das ersatzweise.

Ein Aspekt ist sicherlich die sexuelle Offenherzigkeit im Film. Ich finde, daß er mit Sex und Erotik auf eine sehr selbstverständliche Weise umgeht.

Tatsächlich wurde dem Film im voraus der Ruf angehängt, er wäre der erste Pornofilm der DEFA. Das sprach Bände. Und machte Werbung.

In dieser privaten Geschichte steckt doch die Hoffnung auf eine Utopie, die der Sozialismus, so kleinbürgerlich und piefig er nun mal war, im Großen verweigerte.

Ich glaube, wir haben über Sozialismus überhaupt nicht nachgedacht. Das, was wir erlebten, hatte mit dem wissenschaftlichen Sozialismus nichts und mit Utopie auch nichts zu tun, das wußten wir schon lange. Wenn man so will, war Paula sozialistischer als der ganze Sozialismus drumherum. So wollten wir den Sozialismus verstehen: »Einfach glücklich sein«, auch wenn diese Formel in sich utopisch war.

Vielleicht sogar kommunistisches Potential...

Ja, natürlich. Allein der Gedanke der Gleichheit war eine kommunistische, sogar eine urkommunistische Idee. Wir litten ja auch gar nicht unter den Ungleichheiten, den paar Privilegien von denen da oben, sondern an dem Mangel an Gedankenfreiheit. Ich litt auch nicht an dem Mangel an Bewegungsfreiheit (ich bewege mich heute noch nicht einmal sehr viel, wenn ich nicht irgend muß). Das war für mich nicht der Punkt. Nun kann ich leicht reden, denn irgendwann existierte die Mauer definitiv nicht mehr für mich, und zwar seit Mitte der Siebziger. Das hatte ich den Einladungen zu Aufführungen von »Die neuen Leidendes jungen W.« zu verdanken. Nach 1961 dachten viele, so, jetzt ist das Land zu, jetzt können die uns nicht mehr kommen mit dem berühmten Spruch »das nützt ja nur dem Klassengegner«. Jetzt ist der ausgesperrt, jetzt können wir endlich machen, was wir wollen. Dann bekamen wir '65 (das 11. Plenum beschloß, diverse DEFA-Filme zu verbieten, A. d. A.) eins auf die Fresse und hatten zu lernen, daß '61 nicht gleichbedeutend damit war, daß der Freiraum im Land anwuchs.

Wie war denn die offizielle Resonanz auf den Film? Herr Knietzsch, Cheffilmkritiker beim Neuen Deutschland, war so etwas wie der Meinungsführer. Er kritisierte, daß die Charaktere zu »isoliert« seien, wobei ich das gar nicht nachvollziehen kann, weil man Paula ja am Arbeitsplatz sieht.

Das war nie so gemeint, wie es da geschrieben stand. Das waren Verlautbarungen, und zu dieser Zeit sollten vielleicht gerade »Führungs- und Leiterpersönlichkeiten« in den Vordergrund gerückt werden und nicht Flaschenrücknehmerinnen. Wir hatten übrigens eher Furcht vor einer positiven ND-Kritik, denn das war gleichbedeutend mit einem Todesurteil beim Publikum.

Ist Erich Honecker mal mit Handschlag auf Sie zugekommen?

Im ND gab es ein Foto von ihm und mir. Bildunterschrift: Erich Honecker im Gespräch mit dem Schriftsteller Ulrich Plenzdorf. Honecker en face – von mir waren nur Haare zu sehen.

Setzte sich die Euphorie der Premierenveranstaltung fort?

Es war ja bei der DEFA üblich, die sogenannten Premierenreisen zu machen. Man wurde mit den Schauspielern in den Bus gesetzt und fuhr an verschiedene Spielorte, in Genossenschaften, Betriebe oder zur Armee, oftmals sogar mit Bankett. Ob Sie es glauben oder nicht, die sensationellste Vorführung nach der Premiere habe ich in der berühmt-berüchtigten Kaserne des MfS »Feliks Dzierżyński« in Oberschöneweide erlebt. Die hatten ein besonders großes Kulturhaus gebaut. Wenn man einen guten Studienplatz haben wollte, mußte man tunlichst bei »Dzierżyński« gedient haben, dann war eigentlich alles offen. Mit diesen Jungs waren wir dort konfrontiert. Vorführungen in Armeeobjekten waren ohnehin immer speziell. Es war üblich, Kritik sofort zu äußern, nicht danach. Es wurde gleich losgemault, losgeblödelt oder Beifall gepfiffen, je nachdem. Und hier geschahen Dinge, die hatte ich mir nicht erträumt. Das Publikum stand auf unserer Seite, die reagierten haargenau, und zwar laut. Ich sehe heute noch Angelica den langen Mittelgang entlangschreiten, vom Beifall getragen. Dann stand sie auf der Bühne, und alles brach zusammen vor Jubel.

Wurde der Film auch im Westen gezeigt?

Sehr spät, der Film hatte Exportverbot. Der lief nicht einmal in den Volksdemokratien.

Welche Folgen hatte der Film für Sie persönlich, brachte er Erleichterungen für das nächste Projekt?

Eine Fortsetzung, die wir machen wollten, die ging schon nicht mehr. Diesen Stoff (»Legende vom Glück ohne Ende«) habe ich als Roman veröffentlicht und daraus das Stück geschrieben. Dieses wurde am Deutschen Theater probiert, aber mitten in den Proben abgesetzt, zusammen mit dem Intendanten, Gerhard Wolfram. Es gab danach nur eine Inszenierung in einer wirklich richtigen, vernünftigen Weise in Schwedt von Freya Klier. Alle anderen Inszenierungen, die ich später gesehen habe, waren durch die Bank zum Kotzen. Aber es war ja längst wieder eine andere Zeit, es gab kein Tauwetter mehr. Es war schon Risiko genug, das Stück auf den Spielplan zu setzen.

Haben Sie es als Kränkung empfunden, daß der Stoff nicht mehr als Film realisiert werden konnte, sondern »nur« noch im Theater?

Wohl nicht. Zu der Zeit war ich im Theater ebenso zu Hause wie beim Film. Heute bin ich mir nicht mehr so sicher, ob eine Fortsetzung als »Legende 2« wirklich eine gute Idee gewesen wäre. Nach einem guten Spiel soll man ja bekanntlich passen.

Paul Kaiser

Wutanfälle und Flugversuche

Wie die DDR zu einer richtigen Boheme im falschen Land kam

Was an diesem Samstagabend im Juni 1970 durch die Gullys im Dresdner Stadtbezirk Loschwitz dröhnt, erscheint der Revierstreife rätselhaft und bedrohlich – aus den Tiefen der Kanalisation dringen seltsam verstärkte Dixielandklänge. Zumal in einer Lautstärke, die manchen Passanten auf dem Gehsteig spontan zum Tanzen animiert. Hüpfende Paare im mausgrauen Kiez: Ein heiteres Kontrastprogramm zur sozialistischen Wochenend-Tristesse mit ihren leeren Straßen und dem ständigen Grillgeruch nach brutzelndem Schweinenackenfleisch, der aus den umliegenden Kleingärten penetrant ins Loschwitzer Zentrum schlägt. Irritiert machen sich die beiden Uniformträger auf die Suche und finden die Urheber des merkwürdigen Jazzkonzertes im Dresdner Untergrund, genauer gesagt: direkt unter der Grundstraße in den dort befindlichen Katakomben, durch die sich der Loschwitzbach vom höher gelegenen Stadtteil Bühlau seinen Weg hinunter zur Elbe bahnt und die vom Ufer begehbar sind. Die Szenerie, die sich den Polizisten dort im Kerzen- und Scheinwerferlicht bietet, paßt so gar nicht ins verordnete Weltbild: Zu den Klängen der »Elb-Madow-Ramblers«, die sogar ein halbwegs gestimmtes Kneipenklavier in die Kanalisation mitgeschleppt haben, feiern mehr als 100 Gäste ausgelassen ein Künstlerfest. Der durch den Hall im unterirdischen Gemäuer verstärkte Sound ist einmalig. »Die ganze Grundstraße«, erinnert sich Matthias Griebel, damals Bohemien, anerkannter Fürstengeschichtler und bekennender Hilfsarbeiter, »war eine einzige Trompete!«

Über das 80 Zentimeter breite Rinnsal des Loschwitzbaches hat die schwofende Schar weißgedeckte Tische gestellt. Gegen den starken Luftzug schützen am Eingang befestigte Zeltstoffplanen, deren Halteleinen mit Metallheringen im sandigen Boden befestigt sind. Vor dem fröhlichen Hallodri mußten Matthias »Matz« Griebel und seine Freunde allerdings mit Schaufeln und Schubkarren anrücken, um den erkorenen Festort vom stinkenden Unrat der letzten Jahrzehnte zu befreien. Nach der schweißtreibenden Aktion ist der Loschwitzer Untergrund ein idealer Ort zum ungestörten Feiern. Daran kann auch der nächtliche Besuch der beiden mit Taschenlampen anrückenden Ordnungshüter nichts ändern. Als die Vopo-Streife auftaucht, empfängt sie das Gelächter einer alkoholisierten Übermacht. Ihre Frage nach der behördlich erteilten Lizenz zum kollektiven Partyspaß verfängt sich folgenlos im Echo der mannshoch gemauerten Bachröhre, die im Stadtteiljargon nur »Trille« heißt. Seit wann denn harmlose Volksbräuche überhaupt genehmigungspflichtig seien, wirft einer konternd in die Runde. Die Uniformträger winken ab und reihen sich für ein Glas dünnen Coschützer Bieres in die subversive Runde mit ein. Ihren Auftrag übernehmen andere, denn die Staatsmacht ist auch ohne den Bericht der düpierten Volkspolizisten bestens informiert. Nicht nur über das bald schon legendäre Katakombenfest, das in den nachfolgenden Jahren nochmals lautstark zelebriert wird, bevor sich die Loschwitzer Boheme-Kreise auf unaufwendiger zu bespielende Treffpunkte verlegen; die Staatssicherheit ist auch über die jährlichen Faschings- und Walpurgisfeste unterrichtet, die in der zentral gelegenen Kunstakademie oder abseits im Mordgrund und bisweilen sogar in den Höhlen des Elbsandsteingebirges stattfinden. Wiederkehrende Rituale einer städtischen Subkultur, die zu identitätsstiftenden Ereignissen werden. Von der Existenz derselben erfährt der Unkundige von Insidern an Stammtischen und in Atelierrunden. Zugang zu den Festen haben nur vertraute Gesichter – wenn ein Neuling auftaucht, dann nur in vorheriger Absprache und in Begleitung eines Eingeweihten. »Bei uns galt das Mentorenprinzip«, berichtet der heute in Ettlingen lebende Filmemacher Heinz Wittig, »es hieß: Jeder haftet für seine Gäste.« Die Angst der Mächtigen vor dem befreienden Lachen, weiß man heute, war dabei noch größer als befürchtet. Das belegen die nach Öffnung der Archive aufgefundenen Maßnahmepläne der Staatssicherheit, die gerade in Dresden mit forcierter krimineller Energie gegen die kulturellen Abweichler aktiv wird. So stilisieren etliche »Inoffizielle Mitarbeiter« die eher unpolitischen Künstlerfeten in ihren Berichten zum sich gefährlich weitenden dionysischen Sündenpfuhl. Eine Kostprobe aus der makabren Aktensammlung sei gewährt: »Man hatte sich bei den Orgien so gesteigert«, berichtet etwa 1969 der IMV »Werner Martens« über die Dramaturgie eines jener Feste im Wachwitzer Mordgrund, »daß verschiedentlich Nackttänze von den Mädchen veranstaltet wurden.«

Striptease im Untergrund – das ist der schwüle Stoff, aus dem die hypertrophen Überwachungsszenarios gefertigt sind. Viel mehr als die sinnliche Opulenz beängstigte Mielkes Spitzelbehörde jedoch die soziale Dimension der Kulturrevolte. Kein Wunder: Die eingangs beschriebene Festgesellschaft im halligen Katakombengang bestand fast ausnahmslos aus Intellektuellen, Literaten, Malern, Bildhauern, Fotografen sowie zahlreichen Originalen, Halb- und Lebenskünstlern. Eine lose verbundene Gemeinschaft, die sich über kulturelle Aktivitäten, gemeinsame Feste und den Abschied von der sozialistischen Kaderkarriere definierte. Gründe genug für das Ministerium für Staatssicherheit, die Loschwitzer Abweichler bereits in den sechziger Jahren abwechselnd als »feindlich-negative Personen«, »dekadente Jungerwachsene« oder »Mitglieder staatsfeindlicher Gruppenbildungen« zu klassifizieren.

Dabei folgte die »Zusammenrottung« in der Dresdner Kanalisation keiner wirklich dissidentischen Programmatik. Der ungewöhnliche Ort war vielmehr dem Umstand geschuldet, daß in jenen Jahren für privat organisierte und von der Polizei nicht genehmigte Künstlerfeste einfach kein anderer Ort zur Verfügung stand. Die zahlreichen Kulturhäuser und HO-Gaststätten mit ihren vom Bitterfelder Weg verhunzten Interieurs schieden für selbstbestimmte Festivitäten aufgrund ihrer Abhängigkeit von staatlichen Stellen meist aus. Zum anderen mußten auch geplante Feierlichkeiten in privaten Örtlichkeiten ab einer gewissen, von der Ordnungsmacht oft genug willkürlich ausgelegten Größenordnung bei der zuständigen Abteilung für »Erlaubniswesen« polizeilich angemeldet werden. Eine Auflage, die für »auffällige« Personen meist zur unüberwindbaren Hürde wurde. Wer dennoch feierte oder die brisante Wohnzimmerlesung als harmlose Geburtstagsfete tarnte, riskierte das Anrücken eines polizeilichen Räumkommandos. Bis in die späten achtziger Jahre, die freilich für gegenkulturelle Gruppen mehr Freiräume boten, kam es zu Polizeiaktionen gegen Wohnzimmerpartys, Dachbodenlesungen und Open-Air-Konzerte. Und die Minderheit privater Kneipeninhaber – im speziellen Dresdner Fall seien als Ausnahme hier die mutigen Betreiber des elbnahen Körnergartens genannt – war aus verständlichen Gründen nur selten bereit, das unwägbare Risiko einer drohenden Schließung einzugehen.

Permanente Raumnöte ziehen sich deshalb nicht nur durch die Geschichte der Dresdner Subkultur. Außerhalb der Ateliers bildender Künstler, die nach absolviertem Studium auf gesetzlicher Grundlage Arbeitsräume »zugewiesen« bekamen, gab es in dieser Zeit kaum Möglichkeiten für ein selbstbestimmtes Kulturleben. So ist es kein Wunder, daß sich subkulturelle Milieus anfangs vor allem um Maler bildeten – der vitale Kreis um Jürgen Böttcher in Dresden, dem Peter Makolies, Peter Graf, Winfried Dierske, Peter Herrmann und Ralf Winkler/A. R. Penck angehörten, sei hier als prominentes Beispiel genannt. Die Kapazität der Ateliers war für größere Veranstaltungen allerdings begrenzt. Naturgemäß fanden deshalb die Treffen der unangepaßten Künstlerszene oft unter freiem Himmel oder an heute ungewöhnlich anmutenden Plätzen statt – in Reichsbahnlokschuppen, Fußballclubbaracken, Luftschutzkellern und kirchlichen Gemeinderäumen. In den Festen, die meist mehrere Tage andauerten und mitunter in gemeinsame Kunstproduktionen mündeten – in Sachsen entstand so die bis heute fortgesetzte Tradition der »Dempe«, des kollektiven Malens von Gemeinschaftsbildern –, vergewisserte sich ein Lebensgefühl, das im realsozialistischen Alltag zahlreichen Widerständen ausgesetzt war. Gegen die genormte und diktatorische Welt von Anmaßung, Borniertheit und proletarischem Biedersinn behaupteten die Beteiligten eine eher mediterran geprägte Lebenssphäre, auch wenn die Imagination einer westlichen Künstlerexistenz unter den abgeschirmten Bedingungen der Diktatur dabei oft zur Karikatur der tatsächlichen Verhältnisse geriet. Doch intellektuelle Standortanalysen blieben auch auf der dunklen Seite der DDR-Kultur selten. Im Vordergrund stand das symbolische »Flagge zeigen«, wie der lange Zeit in Loschwitz lebende Grafiker Helge Leiberg meint.

Die Demonstration eines selbstbestimmten Lebens in der frei gewählten Gruppe anstatt des fremdgesteuerten Funktionierens im verordneten Kollektiv. Eine Melange aus künstlerischem Aktionismus, exzentrischen Selbstinszenierungen und einer gemeinschaftlich praktizierten »heilen Welt«. In den siebziger Jahren war nicht nur im Dresdner Osten eine regelrechte Renaissance von Festen zu konstatieren – die Palette reichte von mehrtägigen Festivals, mit denen etwa die Karl-Marx-Städter Künstlergruppe »Clara Mosch« landesweit Aufsehen erregte, bis zu den typischen Wandergemeinschaften, die sich am 1. Mai, dem offiziellen »Kampf- und Feiertag der Arbeiterklasse«, lieber auf den Weg in die unpolitische Natur machten, als auf abgesperrten Straßen den SED-Provinzchargen auf den Ehrentribünen zuzuwinken. Immer ging es dabei um individuelle Flugversuche im verschlossenen Staatskäfig, um symbolische Attacken gegen das Einheitsgrau im miesepetrigen System. »Schulterschluß und unterhaken, das war unsere Intention damals«, erinnert sich der ehemalige Loschwitzer Festverantalter Heinz Wittig an die damalige Szenerie. »Es war nur das los, was man selbst los machte. Eine fröhliche Notgemeinschaft, wenn man so will. Als ich in den Westen ging, kam ich mir vor wie Timm Thaler, der sein Lachen verkauft hat.«

Nicht gerade günstige Bedingungen, mag man meinen, für die Herausbildung einer Boheme, die sich anderswo gerade im Geflecht von Künstlerlokalen, Halbweltbiotopen und den Salons der akademischen Aussteiger rekrutierte. Sicher, dieses Myzel existierte in der DDR nur ausnahms- und ansatzweise. Aber dennoch oder gerade wegen des repressiven Drucks der Staatsmacht etablierte sich, vor allem in Berlin und den südlichen Kunstzentren wie Halle, Erfurt, Dresden, Karl-Marx-Stadt und Leipzig, eine vitale Szene, die ab Anfang der siebziger Jahre in zunehmendem Maße alternative Lebensstile und individuelle Freiräume auch in der »sozialistischen Menschengemeinschaft« des Honecker-Staates ertrotzte. Dabei wurde vieles unbefragt aus dem Westen übernommen. Die west-östlichen Kanäle funktionierten trotz Repression und Zollschikanen. Kataloge, Bücher und Schallplatten kamen auf schwarzen Wegen oder wurden nach deutsch-deutschen Treffen in Prag über die Grenze geschleust. In den siebziger Jahren trampten die Ostdeutschen vorzugsweise nach Polen, um sich mit den dort teilweise erhältlichen Publika und Rauschmitteln einzudecken. Einmal im Land, kursierten die westlichen »Kulturträger« dann oft viele hundertmal von Hand zu Hand oder wurden nach dem gültigen Schwarzmarktkurs bis zu 1:10 in DDR-Mark umgetauscht. Kopiergeräte gab es nicht, und wenn es sie gab, waren sie öffentlich nicht zugänglich – also fotografierte man in der Kleinküche Seite für Seite ab und fertigte dann teure Echtfoto-Repliken in der Dunkelkammer. Freizügigere DDR-Bibliotheken, in denen westliche Kunstzeitschriften und Fachliteratur vereinzelt vorrätig waren, wurden zu gut frequentierten Lektüreinseln. Hippie-Kultur, Pop-Art und Kommunarden-Thesen in den frühen sowie Punk, französische Postmoderne-Philosophie und Aktionskunst in den späteren Jahren eigneten sich subkulturelle Kreise der DDR jedoch in durchaus originärer Weise an. Nicht alles, was aus dem Westen ins Land drang, war hier unter gänzlich anderen Rahmenbedingungen unverändert zu übernehmen. Das Patchwork dominierte: Romantisierende Vorstellungen vom Künstlerleben in Paris oder New York mischten sich mit Anleihen aus der verfügbaren Memoirenliteratur des 19. Jahrhunderts sowie aus zweiter Hand erworbenem Wissen um zeitgenössische Kunstprozesse. Dies alles wurde angereichert mit dem Rohstoff Zeit, der in der DDR in noch weit größerem Umfang als die bröcklige Braunkohle zur Verfügung stand, mit der die alten Kachelöfen beheizt wurden. Doch diese Mixtur war nicht wie im Westen das Produkt eines kurzzeitigen Spleens. Oder Resultat einer schnell und intensiv durchlebten Periode. Was hier geschah, hatte oftmals über Jahrzehnte Bestand und prägte kollektive Biografien. Dabei war der direkte Bezug zur klassischen Boheme typisch. So wurde die Künstlergruppe »Clara Mosch« von der impressionistischen Freiluftmalerei zu eigenen Pleinairs angeregt, erhoben nonkonforme Dresdner Künstler in der Ausstellung »Frühstück im Freien« im Leonhardi-Museum Edouard Manets gleichnamiges Bild zur lebensweltlichen Ikone und fühlten sich Leipziger Literaten um Wolfgang Hilbig und Siegmar Faust von der französischen Malergruppe »Nabis« zu eigenem Tun inspiriert. Der spätere Theaterregisseur Leander Haußmann rief sogar ein freies »Berliner Boheme Theater« ins Leben, der Freundeskreis um den 1. Leipziger Herbstsalon sah sich gar in der Nachfolge Herwarth Waldens agieren, und die expressionistische Künstlergruppe Die Brücke stand nicht nur bei der 1971 erfolgten Gründung der Künstlergruppe »Lücke« um A. R. Penck, sondern auch bei der kurzzeitigen Installation der »kg steg« in Cottbus durch den Maler Hans Scheuerecker Pate. »In dieser zerbröckelnden dumpfen Stadt Erfurt«, erinnert etwa die Performerin Gabriele Stötzer an ihre Motivation zur künstlerischen Revolte, »gab es nur zwei tolle Ideen – abzuhauen oder Kunst zu machen.«

Eine gegenkulturelle Emanzipationsgeschichte, die regional durchaus unterschiedlich verlief. Während in Dresden randständige Kulturphänomene bereits in den fünfziger Jahren auszumachen sind, wurde die Herausbildung einer alternativen Kunstszene in der sächsischen Industriestadt Karl-Marx-Stadt (Chemnitz) eher vom Zufall begünstigt, weil Absolventen der Leipziger Hochschule für Graphik und Buchkunst in den frühen siebziger Jahren gemeinsam die triste Bezirksstadt zum Wohnsitz nahmen. Als der Grafiker Gregor-Torsten Schade aus der für DDR-Verhältnisse vitalen Metropole Leipzig zum ersten Mal in die proletarische Vorzeigestadt kam, befiel ihn prompt das kalte Grausen. »Nach den Jahren in Leipzig kam ich mir vor, als sei ich in eine rückwärts eingestellte Zeitmaschine geraten«, erinnert sich Schade, der spater als Mitglied der Gruppe »Clara Mosch« für Furore sorgte. »Da hingen Spruchbänder ›Es lebe der Sozialismus‹, aber es war kein Schwein auf der Straße. Ich dachte: Kommt jetzt gleich der Bunuel um die Ecke?« Surreale Momente blieben im subkulturellen Alltag ansonsten eher die Ausnahme. Auch wenn am Ende der siebziger Jahre für die nachwachsende Generation bessere Zeiten anbrachen. Hatten sich ihre Vorgänger noch am Zwiespalt zwischen kommunistischem Ideal und realsozialistischer Misere aufgerieben, so schienen die nach dem Mauerbau Geborenen immun zu sein gegen weitere Lernprozesse. Der »Mut zur Illusion«, den der Historiker Karl Wilhelm Fricke noch ihren Vorgängern attestierte, hatte sich spätestens nach Biermanns Zwangsausbürgerung 1976 und der einsetzenden Ausreisewelle endgültig verbraucht. »Dieser Drang, es müßte doch möglich sein, dieses Verhärtete, diesen geistigen

Moloch aufzubrechen«, urteilt Diether Kraft, Protagonist der 1980 gegründeten freien Theatergruppe Zinnober, »stellte sich nach der Ausweisung Biermanns ganz deutlich als Illusion heraus. Von da an konnte sich keiner mehr bescheißen, in dem Sinne, kämpferisch im Politischen Demokratie einzufordern.«

Die bestimmende Haltung in den subkulturellen Milieus wechselte vom kritischen Einverständnis zur beginnenden Totalverweigerung. Jene neue Generation »ignorierte die DDR in den Schranken der DDR«, wie es der Hallenser Grafiker Moritz Götze, Jahrgang 1963, formuliert. Das lag nicht nur an den gewandelten Motivationen. Auch die realen Freiräume waren größer geworden. In den verrottenden Altbaukernen von Dresden-Neustadt, Berlin-Prenzlauer Berg oder Leipzig-Connewitz eröffneten sich völlig neuartige Lebens- und Kunsträume. Das oft gebrauchte Gaussche Wort von den Nischen im Staatssozialismus bildet eher den Zustand der frühen Jahre ab, bei den dynamisch expandierenden Aussteiger-Quartieren der achtziger Jahre muß man wohl eher von Inseln der Unordnung sprechen. Mit Scheinwohnsitzen, vorgetäuschten Untermietsverhältnissen und der illegalen Inbesitznahme von leerstehendem Wohnraum, einer massenhaft praktizierten Landnahme, entstand eine Topographie, die von den staatlichen Organen zunehmend toleriert wurde. Im »Dikkicht der Städte« wuchs eine selbsttragende inoffizielle Infrastruktur mit mehr als 40 unabhängigen Privatgalerien, zirka 30 kulturell inspirierten Untergrundzeitschriften sowie einer Vielzahl von Off-Bühnen, Debattierclubs und Veranstaltungsreihen, die allerdings oft nur kurzzeitig existierten. Die wohl dynamischste Größe innerhalb dieser Subkultur in den späten DDR-Jahren waren die neu gegründeten Rock- und Punkbands, deren Namen schon die tiefe Kluft zwischen Staat und rebellierender Kunstszene offen benannten – sie hießen beispielsweise »Wutanfall«, »Wartburgs für Walther« und »Schleimkeim« oder nannten sich mit Gespür für den Unterschied einfach »die anderen«. Mit der idyllischen Festkultur der siebziger Jahre hatte diese letzte Generation der DDR-Boheme nichts mehr am Hut. An die Stelle der langwierig vorbereiteten Feste traten nun spontane Partys in den morbiden Gemäuern der Gründerzeit-Ruinen. In dieser entrückten Partywelt stand nicht mehr der zelebrierte Gemeinsinn im Vordergrund, sondern der Faktor »Spaß«, aus dem jeder seinen individuellen, höchst unterschiedlich bestimmten Nutzen zog. In den letzten Tagen des Niemandslandes schienen nur noch symbolische Reflexe möglich. Dafür brauchte es aber keine Off-Theater und Galerien mehr. Diesen Staat akzeptierten die Bohemiens der letzten Stunde ohnehin nur noch als Kulisse eines unzeitgemäßen Theaterspiels. Es genügte, die starre Welt der senilen Über-Väter mit den eigenen Ansprüchen zu konfrontieren, um gehörig »Welle« zu machen. Ein Teil der Szene trug alsbald bevorzugt Uniformen der Sowjetarmee, die am Kasernentor gegen ein paar Flaschen Wodka eingetauscht wurden. Ostberliner Punkgruppen recycelten fröhlich-zynisch die Rot-Front-Gesten früher Kommunistentage. Eine Weimarer Band nannte sich nach einem in der DDR lange Zeit im Schulunterricht behandelten Buch des sowjetischen Schriftstellers Arkadi Gajdar »Timur und sein Trupp«. Eigene Songs brauchten die Thüringer Jungmusiker allerdings nicht mehr. Sie spielten im Pogo-Takt einfach die alten Pionierlieder, mit denen sie aufgewachsen waren. Die subversive Wirkung jener einstmals politisch korrekten Zeilen war in der Endzeit-Agonie der DDR einfach durch nichts mehr zu überbieten:

Ich weiß ein schönes Land,
da möchte ich immer leben.
Es ist mein Heimatland,
das mir soviel gegeben.

Volker Handloik

Das Reich des Grafen von Kiedorf

Es gibt eine unsichtbare Welt,
die die sichtbare durchdringt.
Gustav Meyrink

Eine Hinterhofwohnung in Berlin-Mitte. Ein karger Geruch vor der Tür. Im Bademantel öffnet Gott Pe die Tür, bittet huldvoll hinein, geleitet in die Gemächer. Hier: Das Wohnzimmer ist sein Olymp, und zwischen Anbauwand und Ofen liegt sein Reich. Wohlan: Dies ist ein Reich aus Sperrholz und Pappe, Tubenblech und Träumen.

Ein Reich, das seit dreißig Jahren besteht und doch nach Jahrhunderten zählt. In diesem Reich ist Manfred Graf von Kiedorf Gott. Er ist der Gott Pe.

Gott Pe rückt die Brille und trinkt seinen morgendlichen Sherry. Sein Kater Oblomov liegt auf der Couch. Er schnurrt gelassen auf das Reich seines Herrn herab – auf Dionien. »Oblomov, kusch!«

Kiedorf nippelt am Sherry und räuspert sich eine lange Nacht aus dem Hals: »Selbstverständlich bin ich der Herr von dem Ganzen hier.« Er öffnet die Tür zum Prunksaal der Residenz und deutet auf ein Ensemble daumengroßer Barockfigurinen: »Das alles sind meine Untertanen. Ich wollte ein kleines Abbild des Lebens schaffen, so kann man es sich besser erklären.« Kiedorf macht eine gnadenreiche Geste:

Ich lade Sie ein zu einem Besuch ins Königreich Dionien mit seinen Schlössern Pyrenz, Diona, Schloss Grauenstein, dem Königlichen Mausoleum, dem Tempel des Lichts und der Grotte des Gruderich. An die 50 Figuren im Maßstab 1:50 habe ich gestaltet. Die Erwachsenen sind etwa 3,5 cm groß, Kinder und allerlei Getier, Hunde, Katzen, Pferde in entsprechender Relation, kaum noch sichtbar, zum Beispiel die Welpen... Wir schreiten nun durchs Hauptportal. Hier, die Fassade mit seinem prunkvollem Entree. Ein Denkmal von Henrich VII., auch genannt der Große. Die kleinen Ecktürme bergen so manches Geheimnis, es sind Alkoven dahinter. Von der Terrasse aus sehen wir die Kolonnaden – es sind eigentlich Wachthäuschen für die Posten, damit das Pulver in den Gewehren nicht feucht wird. Wir treten ins Innere des Schlosses, wo sich – sofern man nicht nur ein gutes Auge, sondern auch ein gehöriges Maß Phantasie mitbringt – das pralle höfische Leben offenbart. Amtierendes Oberhaupt ist die Königin Ophelia-Niedlinde, sehr milde übrigens. Der König, ihr Vater, war zu alt, mußte abtreten. Weil die vorherige Königin kinderlos blieb, sie hatte zuviel Kaffee getrunken, ist der König abends zu seiner Mätresse, Gräfin von Weißenborn-Stahlheim, ins gestreifte Zimmerchen gestiegen. Ophelia-Niedlinde ist die Tochter der Gräfin. Sie wurde später als Nachfolgerin eingesetzt, denn sie ist von königlichem Geblüt. Ja, auch Dionien hat seine Geschichtchen und Skandälchen, Mord und Totschlag, das muß schon sein, sonst macht es ja keinen Spaß.

Manfred Kiedorf, geboren 1936 in einem Flugzeug über Berlin, aufgewachsen im jetzigen Polen, lernte als junger Mann in Weimar die Endmoräne, wie er es nennt, der fürstlichen Boheme kennen. Die Begegnung mit Spätbarock und Romantik hat ihn für sein Leben geprägt. Die Utopie von einer Welt der Aufklärung, die Idee von einem Leben in Arabesken, Tanzschritten und gelehrten Gesprächen senkte sich in sein Herz. Ruhig wird sein Leben indes nie sein. Zu Beginn der sechziger Jahre zeichnete er für das legendäre Comic-Heft

»Mosaik«. Er wird in einer Betriebszeitung schwer gescholten, weil er den Westberliner Sender RIAS wegen seines guten Beethoven-Programms zaghaft verteidigte. Mit einem Quasi-Berufsverbot gebannt, liegt er sich jetzt selbst auf der Tasche. Er beginnt die ersten abstrusen Genealogien seines künftigen Königreiches zu entwerfen. Und er baut den ersten Teil seines Schlosses. Damals allerdings noch im gotischen Stil. Nun, nach dreißig Jahren, hat er sechs Jahrhunderte durchmessen und ist im Barock angekommen. Kiedorf erdenkt eine individuelle Mythologie sowie eine Geheimsprache, das Ur-Pezianisch. »Ich weiß nicht, was ich mir dabei gedacht habe. Es war irgendwie ein Stück Sehnsucht nach Vollkommenem, nach Heiligem, unerklärlich, ein Bedürfnis, etwas Ganzes und Schönes zu sehen. Warum das 18. Jahrhundert? Ich weiß es nicht. Wahrscheinlich, weil es der Aufbruch des Geistes durch Voltaire gewesen war. Es war das humanistische Zeitalter, so dachte ich.«

Während der Staat immer anfälliger für selbständiges Denken wird, wählt Kiedorf die innere Emigration. Er verschwindet in sich selbst und seiner Kneipenexistenz. Kiedorf wird zum subversiven Mythologen. »Beresheim nün Holz, net«, heißt es bei ihm auf pezianisch: »Fürchte dich nicht, Mensch!«

Er wird Kauz, barocker Bauherr und Pyromane des Geistes. Die königliche Pappresidenz samt Bewohnern hat keinerlei Vorbild in Architektur oder Geschichte. Doch anders als Modelleisenbahner und Tüftler von Schlachtengemälden aus Zinn und Kunstrasen hat der gelernte Werbegraphiker Kiedorf, ganz seiner Aura als Gott gemäß, für sein Reich einen zusätzlichen Kosmos geformt. Er gab seiner Welt eine eigene Sprache – das Ur-Pezanisch – , den Bewohnern Stammbäume; er schuf Landkarten, Akten und Kriegsgerät. Und er erdachte für das Land Dionien eine eigene Mythologie, in deren Mittelpunkt – natürlich – sich Kiedorf selbst befindet: als Gott Pe. Seit mehr als drei Jahrzehnten bastelt er – wie der wahre Weltenschöpfer seit Urzeiten schon – am Leben seiner Untertanen.

In den Schlössern kann man noch etliche andere Figuren entdecken. Da ist der Hofarchitekt und Hofmaler Heronimus Siebenhühner, der Medicus Johann Dietrich Weinrich, seines Zeichens Königlicher Leibmediziner, er hält gerade eine Urinprobe in der Hand, Tulde Geifermeier, die Vorleserin der Königin, die Königliche Gartenkünstlerin Luise Schüppler, die Hofsängerin Leonida Tumulti, schließlich der Hofdichter Bombastus, kleinwüchsig, aber groß an Geist, und Lobreich Eisenberg, Hofästhet und Rezitator. Sie übermitteln der Außenwelt die höfischen Begebenheiten nicht in hochdeutsch, sondern in ur-pezianisch. Ihre pezianische Lyrik verstehen nur mein Freund, Gerhard Bätz, und ich. Im Zweifelsfall schauen wir in einem Wörterbuch nach.

Kiedorf, der Gott, lebt in zwei Welten, und so kleidet er sich auch. Tagsüber läuft er ein wenig schlampert in einem Bademantel durch die Wohnung, trägt eine dreifach geflickte Zelluloid-Brille und pafft krumme Virginias. Abends, wenn er sich in der Ostberliner Künstlerboheme herumtreibt, raucht er spendierte 100-Mark-Havannas, führt einen Frack spazieren, Hackenschuhe mit Goldbesatz, Prinzenhemd, Krawatte und dazu den dänischen Hausorden am Revers, einen Spazierstock mit Silberknauf – der dem Grafen Eszterházy gehört haben soll – und eine undefinierbare Stoffmütze mit Anklängen an Wagnersche Flanellschlappen. Wortgewaltig entlädt Kiedorf sich in sentenzenreicher Weltbetrachtung. Der kleine Mann füllt mit seiner knarzenden Stimme mühelos jedes Caféhaus. Er ist ein Narr unter Narren; er weiß es wohl. »Ich habe mich versteckt vor der Welt«, und weiter: »Meine Träume, versunken in einem Schloss.«

Er hat sich schlicht geweigert, die DDR als Realität wahrzunehmen, er, der Monarchist und Romantiker. Er hat die Welt da draußen nur als ephemeres Wellenspiel der Geschichte akzeptiert. In seinen Tagebüchern des Reiches Dionien taucht sie nur auf, wenn sie ihn behinderte. So, als die Stasi ihm das Blattgold und das Blattsilber aus den Briefen eines westlichen Briefpartners klaute, das er zum Veredeln der Kuppeln und der Ritterrüstungen benötigte. Diese Welt war nicht die seine. Er hatte sich eine eigene geschaffen.

Mein Reich ist der Planet Centus, der zehnte Planet. Der Centus ist so klein, daß man ihn astronomisch nicht ausmachen kann, ein Staubkorn im All. Deswegen hat man ihn noch nicht entdeckt. Das hat natürlich Vorteile, so leben wir seit Jahrhunderten relativ unbehelligt. Der Traum von einer anderen Zeit und Wirklichkeit ist geblieben. Ich bin die Gottheit von denen, es ist ein wunderbares Gefühl, Gott zu spielen. Man kann die Menschen erhöhen, sie können in Ungnade fallen oder Huld erhalten. Nur die Königin darf nicht verspottet werden, das bedeutet Kerker, Grauenstein, ganz unten! Ich sage, wer wen heiratet, wer welches Metier ausübt, wie eben so die Laune ist. Wie ein barocker Schloßherrr strebe ich nach Vollkommenheit, hier noch ein Anbau, dort noch ein Schnörkel, und ist da nicht noch Platz für einen Brunnen?

Manfred Kiedorf äugt über den Rand seines Krankenkassengestells. Schizophrenie lasse er nicht gelten. Er tippt auf die daumengroßen Zinnlinge: Gut, gut, diese Figuren seien keine Staffage, in jeder stecke sicher etwas von seinem Ich. Hier stünden keine statischen Plastebäumchen auf einer Eisenbahnplatte, sondern Teile seiner rückwärtsgewandten Utopie. Multi-Schizoität sei das, meint er, nicht Zweigeteiltheit, nein, Vielgeteiltheit.

Nicht Kiedorf hat den neuen Marmorsaal entworfen, sondern der Hofarchitekt. Nicht Kiedorf hat die Gemälde gemacht, sondern der Hofmaler. Nicht Kiedorf hat die neue Ode an den König Talari geschrieben, sondern der Hofästhet Lobreich Eisendank. Was an der Residenz zu verbessern sei, hat der König in einem Erlaß erlassen, nicht Kiedorf hat dies beschlossen.

Kiedorfs Frau Regina, genannt »Tschutsch«, lugt in das Chambre ihres Gottvaters. Sie stellt einen Topf Kaffee in die Ofenklappe. Was sie denn von dem Reich Dionien ihres Mannes halte? »Soll er machen«, sagt sie, »Hauptsache, er hat was zu tun.« Nach so vielen Jahren steht sie der Kunstwelt Kiedorfs wie einem Stabilbaukasten gegenüber. Offensichtlich hält sie den männlichen Schöpfungsakt für ein beschäftigungstherapeutisches Zinnfigurenballett. Doch Kiedorf läßt an seinem Erfindungsreichtum keinen Zweifel. Den Wasserstrahl am königlichen Wasserspiel hat er aus einem Stück gehärtetem Alleskleber geformt. Der Marmor der Prunksäle ist aus heller, zart gekochter Plastemasse, in die er Farbe einmassierte. Die Statuen sind aus echtem Alabaster geschnitten, den er einem Goldschmied abschwatzte. Die Figuren bestehen aus einem Zinnkern; drumherum ist Papiermasse, Stoff und Farbe. Die winzigen Kristalle der Lüster – ein Geniestreich der Molekularmechanik – hat er aus geschäumten, gehärteten und feingehäckselten Duosan-Rapid-Kleberpartikeln, einem jahrzehntealten DDR-Produkt, gebastelt. Die Bäume stammen nicht aus einem Laden für Modellbauzubehör – Kiedorf schreit entsetzt auf: Sakrileg! –, sind vielmehr selbstgesammelte Akazienzweige, Ginsterästlein, und er hat sie mit Haarlack präpariert. Der Efeu am ruinösen Lapidarium im Schloßpark ist gefärbtes Isländisches Moos vom Dichterfriedhof in der Bergstraße.

1500 Akten, Erlasse und Entwürfe hat Kiedorf außerhalb seiner Skizzenbücher in Ordnern seiner Reichskanzlei gesammelt. In dieser Historiographie Dioniens findet sich die ausgeblendete DDR wieder ein. Auf dem Höhepunkt des Kalten Krieges führt Kiedorf alias Gott Pe einen Barockkrieg gegen ein Simultankönigreich. Er baut Minikanonen, die, mit Streichholzköpfen gefüttert, Luftgewehrkugeln acht Meter weit schießen. Kiedorf alias Gott Pe schreibt Stammrollen für seine Regimenter. Könige stürzen. Revolutionen brechen aus. Ein Radikaldemokrat krakeelt sich an die Macht. Doch dies ist Gott Pe unerträglich, und in seiner Inkarnation als Manfred Kiedorf, dieser zudem Monarchist, läßt er den sächselnden Glatzkopf und Spitzbart Ulbi Obermaier ins Exil verbannen. Walter Ulbricht ist dies, unverkennbar. Die Politranküne wird Kiedorf zu lästig, ist ihm zu deutsch, zu preußisch. So notiert er in seinem Tagebuch, daß man wohl zuerst noch Kriegshandlungen gehabt habe, aber dann feststellte, es sei besser, prunkvolle Zimmer zu bauen und sich in seiner Miniaturwelt höfischer Artigkeiten zu versenken.

Wegen einer bizarren Fluchtgeschichte Ende der Siebziger wird er zu drei Jahren Knast verurteilt. Dort gehört er zum Baracken-Adel. Kiedorf tätowiert Mithäftlinge, entwirft Gartentore und ganze Eigenheime für die Aufseher und fälscht die dazugehörigen Baustempel gleich mit. Der Knast entläßt ihn in einen anderen Knast. Doch für Kiedorf gilt: »Beresheim nün Holz, net!»

Kiedorf baut an seinem Schloß ungestüm weiter, da er nun ein besonderes Interesse an riesigen Räumen hat, auch wenn diese imaginär sind. Er beginnt in eine der ebenso zahlreichen wie finanziell armseligen und sozial typischen DDR-Nischen zu schlüpfen, die in Berlin zu haben waren. Er malt Transparente und Plakate. Kilometer von Transparenten habe er gemalt, damit hätte man das Rote Rathaus einwickeln können. »Da mußte ich«, sagt er, »zu diesen Transparenten eine Anti-Welt schaffen. Natürlich war das im geheimen, im verborgenen.« Kiedorf grinst faunisch. Man ist sich nicht sicher, ob er das Geheime im Sinne Mielkes meint oder das Verborgene, die verborgene Herzenssache im Sinne der Romantiker. Außenseitertum ist in der DDR oft ein Tanz auf den Klippen des Staates gewesen. Weniger kryptische Geister als Kiedorf sind in psychiatrischen Anstalten von ihren Träumen geheilt worden.

Die DDR dämmert ihrem Ende entgegen. Erst 1989 erwacht sie mit dem Messer an der Kehle. Kiedorf reagiert wiederum auf die Zeitläufte. Er bastelt aus Zinn und Plasteline einen Harlekin mit Silberrandbrille. Kiedorf stellt ihn auf die Zinnen seines Schlosses und läßt ihn im Handstand tanzen. Er nennt ihn Gregor Mysi-Pedes. Dies war Kiedorfs letzter Streich, den er der Welt spielte, der er zu entfliehen wußte: Gregor Gysi/PDS.

Kiedorf hat nicht das Modell einer realen Welt geschaffen, sondern einen dreidimensionalen Fortsetzungsroman. Einen Traum, in den er jeden, der mag, einlädt.

Graf Kiedorf scheucht seinen Kater Oblomov erneut vom Schloß hinfort, trinkt einen Sherry, öffnet erneut ein Türchen zu seiner Welt. Voilà!

Folgen Sie bitte, wir kehren ins Schloß zurück. Im Grünen Salon hängt man soeben Bilder auf, die Wände sind noch ziemlich kahl. Es geht weiter durch das Treppenhaus mit Trophäen feindlicher Heere, Ahnen in Öl gemalt, Büsten schon ganz verstaubt. Und überall gegenwärtig: Höflinge, Personal, Dienerschaft. Jetzt sind wir im großen Speisesaal, grüner Marmor, silberne Reliefs, echte im übrigen. Es ist der größte Raum im Schloß mit einem kolossalen Deckengemälde, vierzehn Meter im Maßstab. Im Salon der Königin stehen die Büsten der großen Dichter von Igelshieb und von Sauerteig. Die Königin sitzt am Tisch und trinkt Kaffee. Wir gehen in das Empfangszimmer der Königin, ihr Ankleidezimmer – der Schrank hat dreiundzwanzig Schubfächer und beherbergt zahlreiche Perücken. Die Türen und Schubfächerchen der diversen Möbel lassen sich öffnen und verbergen noch manch winzige Überraschung. Der kleine Saal dient der Königin als Schlafgemach. Auf dem Toilettentisch stehen viele Puderdöschen, allerlei Flakons mit Essenzen, das Bett läßt sich durch einen geheimen Mechanismus aus der Wand ziehen. Die Leute hatten auch früher schon recht verrückte Einfälle. Auf dem Schloßdach ist eine Wetterfahne, und über eine mechanische Verlängerung gibt ein Zeiger die Richtung des Windes an. Man konnte also vom Bett her die Richtung des Windes ablesen.

Dionien ist nicht die verkleinerte Kopie eines Echtheitsfanatikers, in der sich die Schranken auf und nieder bewegen, die Lämplein glühn und in der die Schnellzüge eine Geschwindigkeitsbegrenzung haben. Kiedorfs Welt ist kein *idolum*, kein Abbild, sondern ein *speculum*, ein Spiegel. So funktioniert denn des Meisters Königreich nicht ohne ihn selbst. Er inszeniert es.

Ich pflege Tradition und Hochkultur. So, wie früher am Hofe Latein und Französisch gesprochen wurde, wird bei mir in den gehobenen Kreisen Pezianisch parliert. Aber auch das Deftige, die alltäglichen Freuden kommen nicht zu kurz. Das Ganze ist wie alles im Leben, es pervertiert. Die kleinen Hofschranzen dichten nicht nur eifrig, sie schreiben auch mit ebensolch winziger Schrift. Es gibt in diesem Format sogar richtige Zeitungen, lesbar! Und ich mache alles ohne Lupe, mit ganz feinen Pinseln… Ich brauche diese Genüsse hier auf Erden, denn das Leben nach dem Tod scheint sehr langweilig zu werden.

Kiedorf setzt sich seine Flanellmütze auf. Er rezitiert den mittelhochdeutschen Dichter Oswald von Wolkenstein oder mitunter auch eine eigene Ode. Musik in dröhnender Stärke folgt. Da variiert Kiedorf mal Henry Percel, mal Haydn, mal Philidor, der auch als genialer Schachspieler des Barock bekannt ist. Kiedorf gibt Anekdoten seiner Untertanen zum besten, plaudert aus den Lebensläufen, blättert in seinen Akten, denn er weiß nicht immer, wo was genau steht. Er fuchtelt mit dem Spazierstock, schiebt Kassetten mit Lobgesängen in das Gerät. Er vibriert quasselnd um sein Königreich herum, mehr Quälgeist denn Gott.

Beresheim nün Holz, net!
de Peha alla Wachn
stehnder Wachn
Mis Prunk Anne Besen
un Pepe toter Wachn

Kiedorf hat sein Reich, das Wohnzimmer, verlassen. Er steht in der Küche und schaut auf einen recht trostlosen Hinterhof. Er summt ein Liedchen. Er hat sich ein Süppchen gekocht. Dabei reibt er sich die »griffn«, die Hände, oder massiert ein schmerzendes Knie, das »schücht«. Im Ohr klingen die Fanfaren und die Tonband-Gedichte. Ob er denn überhaupt noch an dem Schloß weiterbaue? Manfred Kiedorf rückt an seiner Brille. Das sei doch wohl klar, denn auch Könige sterben, dann brauche es neue Portraits, neue Prinzen müßten erschaffen werden, neue Oden gedichtet, neue Gemächer eingerichtet.

Sei er denn gern ein Bohemien gewesen, früher? Er meint: »Ach, warum bin ich nicht eher geboren«, und das erstemal schwingt Traurigkeit in seiner Stimme mit, »ich hätte so gerne den König gemacht.«

Peter Wensierski

Durch das Land der Skrupellosen

Vom Grenzübergang Invalidenstraße ist gerade noch der schmale Mittelstreifen übriggeblieben. Man nimmt ihn kaum noch wahr, wenn man – am Regierungsviertel vorbei – in den Bezirk Mitte fährt. Dort stand mein Lieblings-Grenzposten, Typ väterlicher Lodenmantel. Bis 1999 hätte er hier noch seinen Dienst verrichten müssen, um zu Weihnachten dann in Rente gehen zu können.

Irgendwie war es ihm damals doch unangenehm, als er im Mai 1984 auf diesem Mittelstreifen Positur bezog und ins Autofenster hineinformulierte, daß es international nicht üblich sei, darüber Auskunft zu erteilen, warum jemand an der Grenze abgewiesen würde.

Wiedergesehen habe ich ihn acht Jahre später als Pförtner – bei der Gauck-Behörde. Wir haben beide nur kurz gestaunt, und irgendwie war es ihm erneut unangenehm. Dabei habe ich nichts besonderes gesagt, wer will schon so »rückwärtsgewandt« sein? Immerhin, er hatte das Problem der Arbeitslosigkeit jedenfalls nicht. Und früher ließ er mich ja schließlich auch jahrelang einreisen, obwohl die Stasi bereits gleichzeitig über mich notierte: »W. nutzt seine Tätigkeit, die Einreisen und die privaten Beziehungen in die DDR skrupellos für seine gegen die DDR gerichteten Interessen aus.«

Also: der skrupellose Westjournalist kam über die Invalidenstraße nach Ost-Berlin. Sechs Jahre lang, oft jeden zweiten Tag. 100 Meter Grenzübergang drehten die Uhr um zwanzig oder dreizig Jahre, mitunter auch mehr zurück. »Willkommen in den tiefgefrorenen 50er Jahren!« blinkte es dem Besucher überall entgegen. Oder: »Hier ist gerade erst der Krieg vorbei!« Denn nebenbei war der Grenzübergang Invalidenstraße eine ungeheure Zeitmaschine. Jeder Ost-Trip eine Zeitreise durch die deutsche Geschichte. Ein übriges tat das allgegenwärtige Mitropa-Design der zwanziger Jahre, Agitprop, gepaart mit dem Versuch, den Westen zu kopieren. Nirgendwo sonst in Europa fiel eine derartige Mischung zusammen: Nachkriegszeit, 50er Jahre, Adenauer-Ära, Spaniens Schützengräben, Aufbauzeit, Stasikrägen, nebst einigen Ausläufern der Moderne. Eine unglaubliche Mischung präsentierte sich Anfang der 80er Jahre in Ost-Berlin. Anything goes: in einem System, das jedem Besucher und Bewohner etwas zu bieten hatte. Wer dem Staat gab, was er verlangte, nahm sich selbst, was er wollte. So wirkte jedenfalls Berlin-Mitte, wo ich in der Regel zunächst in ein unscheinbares Gebäude, die Auguststraße Nummer 80 fuhr. Dort – so faßte es ein Hauptmann Heydel zusammen, der heute in einem Getränkestützpunkt in Frankfurt/Oder Pfandflaschen entgegennehmen soll, – »nutzte« ich, »den Freiraum der Kirche in der DDR für die Organisierung eines politischen Untergrundes und um gleichzeitig Faktenmaterial für die politisch-ideologische Diversion zu sammeln«.

In Wahrheit gab es in der Zentrale der evangelischen Kirchen – für ihn viellecht mehr – für mich dagegen kaum interessante Fakten zu sammeln. Nicht einmal in der Pressestelle, geschweige denn beim evangelischen Nachrichtendienst. Einige interessante Fakten waren erst sehr viel später in den Aufzeichnungen der Heydels, Roßbergs, Hermanns, Exners, Luwigs, Rintorfs oder Wiegands nachzulesen. Wie im ganzen Land gab es auch in der Auguststraße ein Leben vor und eins hinter der biederen Fassade. Und was für eins.

Einer der Oberen hier im Hause hieß mit bürgerlichem Namen Manfred Stolpe, was zwar einige Stolpe-

Forscher bereits bezweifeln, aber egal: wenn er nicht gerade weg war, um sich in einer konspirativen Wohnung in der Florastraße vom Stasioffizier »Kurzgebratenes« servieren zu lassen, um »den Freiraum der Kirche zu bewahren«, sorgte er sich vielleicht gerade um eine jener »Bibelrüstzeiten«, über die heute aktenkundig ist, daß »das Feiern im Vordergrund stand«, und zwar nicht das kirchliche Feiern – etwa feierliche Gottesdienste. Nein.

Den vergilbten Aushängen in der Auguststraße war es jedenfalls nicht anzusehen, wie fidel es bei diesen Bibelrüstzeiten so zuging. Dankenswerterweise liegt eine historische Überlieferung von derartigen Veranstaltungen – etwa im »Rüstzeitheim Hirschluch« – durch Berichte einer Teilnehmerin an die Stasi vor : »Es standen zur Verfügung: ca. 10 Flaschen westdeutscher bzw. französischer Kognak, je 2 Kästen Rot- und Weißwein. Es wurde jeden Tag bis 03.00 Uhr gefeiert und eine Unmenge von Alkohol verkonsumiert. Getanzt wurde nach Tonbandmusik.«

»Rüstete« man sich heimlich im Protestanten-Ausbildungslager gegen das Vorurteil, nur dröge, graue und trockene Nachfolger Luthers zu sein? Das wäre eigentlich nicht weiter schlimm. Als ich ihn einmal im Treppenhaus traf und nach den Möglichkeiten fragte, an einer Veranstaltung der Kirche etwa im Rüstzeitheim Hirschluch teilzunehmen, runzelte er die Stirn und meinte, dies sei »nicht so einfach«, denn die Übernachtungsgäste müßten dem Staat gemeldet werden, und ein Westjournalist rund um die Uhr ohne Genehmigung...«.

Dabei schien das wahre Leben dieser Protestanten oft erst nach 18 Uhr zu beginnen – und da war ich dummerweise schon weg. Denn auch andere Feiern »in der Dienststelle Auguststraße« zogen sich gerne »bis 04.00 Uhr morgens« hin. So ist die »operative Auswertung des Karnevals beim »Bund der evangelischen Kirchen in der DDR« durchaus keine, wie der Titel vermuten läßt, trockene Lektüre. Kostprobe aus einem Bericht: »Der Referent aus der theologischen Studienabteilung war mir gegenüber wie ausgewechselt. Er wollte mich mehrmals küssen, was ich jedoch verhinderte. Das steigerte jedoch noch sein Begehren. Er lud mich ein, mit ihm in Berlin auszugehen. Er selbst ist des öfteren in der Nachtbar im Interhotel ›Stadt Berlin‹. Am Morgen kam er zu mir ins Dienstzimmer und brachte mir als Geschenk Zigarretten und Schokolade mit.«

Wie sollte ich ahnen, welche Szenen sich hinter den langweilig beigefarbenen Dienstzimmertüren abspielten? Woher sollte ich wissen, was es bedeutete, wenn ich einem Konsistorialrat im streng riechenden Flur begegnete, der beim Gehen nervös seine Kleidung zurechtrückte, die Haare zerzaust?

Kam er gerade von jenem Ereignis, über das eine der zahlreichen Monika Lewinskys der Augusstraße zu Protokoll gab: »Neun Uhr morgens: Ich mußte mich bei ihm auf den Schreibtisch setzen und er küßte mich sehr leidenschaftlich. ... Er unterbreitete in diesem Zusammenhang den Vorschlag, bei mir eine weitere ›Sex-Party‹ zu feiern. Er will auch noch einen Freund mitbringen...«?

Was ist überhaupt das Weiße Haus gegen die Auguststraße? Andererseits: so viele Lewinskys, aber kein Clinton. Nun darf man nicht denken, was bei der nachträglichen Hintergrundlektüre leicht passieren könnte, in der Kirchenbundzentrale sei es immer nur darum gegangen und nicht um den Frieden und die Kirche im Sozialismus im Allgemeinen. Mindestens genauso engagiert verfolgte man in der Auguststraße die »Schiebergeschäfte«: Wohnungen, West-Kühlschränke, Stereoanlagen, Haushaltsgeräte, Fernseher. Hier kam der zentrale Christenmensch an alles heran, ohne Schlange zu stehen, ohne Intershop, ohne Quittung. Einen Mitarbeiter, der es allzu arg mit dem frommen Warentransfer trieb, nutzte die alles wissende Stasi zur Nötigung, ach was: Erpressung. Die Kirchenherren wurden »zur finanziellen Wiedergutmachung veranlaßt« – sprich: die Stasi wollte auch mal am Schiebergeschäft teilhaben – 300 000 Mark beim Kirchenstaatssekretariat abliefern. Klammheimlich. »Unter Ausschluß der Öffentlichkeit«. In bar. Im Koffer. Ohne Quittung.

Gelernt ist gelernt. Oder: einmal Auguststraße, immer Auguststraße: Während ich dies schreibe, am 23. Juni 1998, liegt die Zeitung vom Tage auf dem Tisch. Sie berichtet: von den rund 206000 Mark Prozeßkosten, die bisher nötig waren, um sich vom Vorwurf zu befreien, der Stasikostgänger »Sekretär« gewesen zu sein, hat »Landesvater« Manfred Stolpe 92200 Mark »Kostenbeihilfe« vom Land Brandenburg genommen.

Die Niederungen der Auguststraße sitzen tief: Für seine rechte Hand, Oberkirchenrätin Christa Lewek, waren wesentliche Fixpunkte ihrer Aufenthalte in West-Berlin Ikea und das KadeWe, dazwischen vielleicht die Aktion Sühnezeichen oder ein Vortrag über die Kirche im Sozialismus im Hause des Leiters der Evangelischen Akademie West, Peter Heilmann, bei dem die Stasioffiziere damals ein »erotisches Verhältnis« zu den ihm haufenweise verliehenen Orden konstatierten, die er für seine jahrzehntelangen Spitzeldienste erhielt. Jedenfalls überraschte ich die zweite Führungsspitze des Kirchenbundes an einem jener Apriltage mit frisch gekauften Erdbeeren aus dem KadeWe in der Kaffeküche des Konsistoriums-West, deutlich mit schlechtem Gewissen, im Halbdunkel, die Türe fast zugezogen. Sonst pflegte sie Journalisten anzupflaumen: »Was haben Sie denn da schon wieder geschrieben?«, diesmal war sie still. Sie hatte an der letzten West-Erdbeere zu schlucken. Seit dieser Begegnung hörte jedenfalls in meiner Gegenwart auch ihr Gestöhne über den Westen und seinen Konsumterror auf.

Nun sind Haßliebe zum Westen, Schiebergeschäfte und verschwitzte Abenteuer hinter vergilbten Türen nicht gerade der Gipfel der Teufelei. Aber was ging in den kleinen klandestinen Sündern der Hinterzimmer vor? Sie haben sich nichts vom geteilten Leben unter dem Himmel anmerken lassen. Waren es Frust und Ohnmacht über die Verhältnisse? Eine Art Gegenwarts-Bewältigung? Die heute Vergangenheit ist? Eigentlich passierte an solchen Orten wie der Auguststraße nichts wirklich Wichtiges, dort fand nicht die große Politik statt, die man nicht stören durfte. Zentralen wie diese mit ihren verdrucksten Autoritäten sind für Journalisten in Wahrheit bedeutungslos. Es wurde ein Spiel gespielt, bei dem alle Beteiligten sich nach außen hin ernster und wichtiger gaben, als sie es waren. Die Auguststraße war die mikrokosmische Entsprechung von Wandlitz, darum gab es auch jene so intensiv betriebene Annäherung von Kirchen- und Staatsfunktionären. Die West-Erdbeere und der Intershop, wie wir ihn beim ersten Kamerabesuch bei der Wandlitzer Nomenklatura zu sehen bekamen, der Sexfilm – noch im Projektor – von Honeckers Jagdhaus: jeder versuchte auf seine Art »mit dem Arsch an die Wand zu kommen«. Jeder in seinem Milieu. Ein ernsthafter Kampf um Veränderung konnte von hier aus nicht stattfinden, was hätte man auch verändern wollen? Ab und zu wurden die Hosen runtergelassen, nun ja. Aber für die Wirklichkeit und alles andere im Land herrschte Vermummungsgebot.

Ein Bundeswehroffizier, der 1992, kurz vor seiner Pensionierung, aus dem Saarland an die Ostfront in die frisch gegründete Gauck-Behörde abkommandiert war, übergab mir damals das – aus Gründen »schutzwürdiger Interessen dritter« – teils geschwärzte Aktenkonvolut »Auguststraße« mit einem verschmitzten Grinsen unter der Bemerkung: wenn, ja wenn es einen Ort in der DDR gegeben hätte, wo auch er gerne gearbeitet hätte, dann wäre das wohl in der Zentrale des Evangelischen Kirchenbundes gewesen.

Das »Faktenmaterial für die politisch-ideologische Diversion«, ob versuchte Vergewaltigung im Hotel-Fahrstuhl während der Synode, Bumsvergnügen auf »Bibelrüstzeiten« (»Er stellte gekonnt einen Stuhl unter die Türklinke, so daß niemand überraschend hereinkommen konnte.«) oder Geldschiebereien, lieferte die verstaubt wirkende konsistoriale Truppe zwar den Stasioffizieren, auf keinen Fall jedoch den nichtsahnenden Westjournalisten. Keinen Blick hinter die Kulissen nirgends.

Weder hinter die eigenen noch hinter die des Landes. Die galten stets als störend. Dabei fragten sie niemals und niemanden nach derartigem Treiben, sondern nur nach der nächsten Synode, Bluesmesse oder dem »Wort zum Frieden«.

Standardfrage auf dem Sofa von »Pressesprecher« Rolf-Dieter Günther: »Na, was haben wir denn wieder schlimmes vor?« Schlimm war nach seinem Verständnis eigentlich alles: ein Bericht über die Synode genauso wie ein Bericht über die Bluesmesse. Wie doppelbödig diese Redewendung war, enträtselt sich erst mit dem Wissen von heute. Nicht allein der skrupellose Westjournalist hatte ja »Schlimmes« vor – Pfarrer Günther eben auch. Denn hatte er gerade eben nicht erst – als IM »Wilhelm« – Schreibtische durchwühlt? Oder Lutz Borgmann, damals Stolpes Fernsehmann und nach der Wende Chef des Rundfunkrats im Ostdeutschen Rundfunk Brandenburg: Einst huschte der IM »Lutz« möglichst eng an den Wänden der düsteren Gänge entlang, um nur ja nicht in die Verlegenheit zu kommen, die es ihm bereitet hätte, hätte ihn ein Westjournalist, ein so skrupelloser obendrein, angesprochen. Heute antwortet er zum Thema »Lutz«: »Darüber gibt es keinen Redebedarf!« Die Auguststraße ist überall.

Einzig im Büro von der Pressestellensekretärin Martina Krause gab es nach der zweiten Tasse Kaffee (mit Keksen!) nach und nach ein paar brauchbare Informationen. Inhaftierungen, Proteste, Ärger bei Bluesmessen, kritische Papiere, verbotene Aufrufe – egal was, zumindest einen Tip rückte sie raus, einen Namen, einen kleinen Hinweis, dem man dann nachgehen konnte.

Das wurde ihr übelgenommen. Ihre Biographie verlief deswegen auch anders als die von Manfred Stolpe, der sich penetrant auf seine »ostdeutsche Biographie« beruft, um seine Treffen mit Stasioffizieren zu rechtfertigen. Da »die Person der Krause« in einem »Politisch-operativen Schwerpunktbereich« mit »Kontakt zu imperialistischen Medien« arbeitete, organisierte das MfS heftige Zersetzungsmaßnahmen gegen sie. Die Mitwirkenden beim Mobbing in der Christenzentrale, wo ohnehin jeder fünfte insgeheim für die Stasi wirkte, waren rasch gefunden. Mal durchwühlte Pressechef Günther heimlich ihren Schreibtisch, mal wurde sie von der Arbeitskollegin im Stasiauftrag diskreditiert, bis sie – entsprechend dem MfS-Plan – »nicht mehr tragbar ist und durch die Kirche selbst herausgelöst wird«.

Offizier Wiegands Wille geschehe: Am Ende wurde Frau Krause im Hause Stolpe nahegelegt, »freiwillig« zu gehen. Es sei doch besser so. Dabei wurde heuchlerisch rumgedruckst, weil man ihr natürlich nicht offen zu sagen wagte, ihre freundliche Haltung zu Westjournalisten mißfalle dem Staat und der Stasi. Und Kekse sollte man denen sowieso nicht geben.

Sie ging, und die Kirchenbundzentrale wurde völlig uninteressant. Als skupelloser Westjournalist, vorrangig interessiert an der politisch-ideologischen Diversion blieb allein das weite Feld der Kirchenbasis jenseits der Auguststraße. Während man dort interne Papiere nur mit der offiziellen Verpflichtung erhielt, »auf keinen Fall« daraus zu zitieren – selbst dann noch, wenn sie schon längst öffentlich waren, gab es die gleichen Papiere, etwa Studien über Umweltprobleme, woanders ohne solche Auflagen. Die Sorge der Kirchenoberen war stets, daß Dinge »hochkommen« könnten. Hier war der Schnittpunkt mit den staatlichen und geheimdienstlichen Interessen, dem man sich ohne Not unterwarf. Bei dem Spiel haben die einen mitgemacht, die anderen nicht.

»Die Vielzahl von Informationen des W.«, heißt es im Operativorgang »Redakteur« durchaus zutreffend, »können kaum durch Auswertung offizieller Publikationen und Stellen gewonnen worden sein, so daß der Verdacht naheliegt, daß W. auch Informationen von Personen, die dem politischen Untergrund zugeordnet sind, und durch Abschöpfung sogenannter Fachleute und Sachkundiger gewonnen und verwendet hat.«

Natürlich freut es mich im nachhinein, daß die Namen dieser fachkundigen Personen verborgen blieben. Stefan und Jörn etwa oder Ev, die aus anderem Holz geschnitzt waren als die Berufsprotestanten. Sie erzählten in stundenlangen Interviews und Gesprächen davon, was wirklich los war hinter den Fassaden. Im Studentenwohnheim in Potsdam traf ich Ev, deren Zimmernachbar mir einen Negativstreifen mit Bildern einer selbstorganisierten Demonstration in Halle gab. (Die mir in der Auguststraße verschwiegen worden war.) Und nichts von meinem Aufenthalt im Wohnheim erfuhr die Stasi. In der »Liste der Kontakte des W.« fehlen sämtliche Freunde und Bekannte, die ich in der »Villa Jugend«, in der Parkstraße in Pankow traf.

Dort stand die Haustür immer offen, kein Pförtner fragte »Zu wem wollen Sie?« Keine Telefonzentrale schnarrte »Teilnehmer meldet sich nicht!«. Es war eine teilweise schon unbewohnbare alte Villa, in der sich einfach einige junge Leute eingenistet hatten.

Irgend jemand traf man immer hier. Vielleicht Johanna aus Halle oder Mike, der hier ab und zu wohnte, vielleicht auch Jule, bevor sie in den Jugendwerkhof mußte. Ihre Adresse auf der abgerissenen Ecke einer »Cabinet«-Packung stimmt schon lange nicht mehr. An den Türen war die gleiche Zettelkultur wie überall im Prenzlauer Berg oder im Leipziger Viertel Connewitz. Liebevoll hingekritzelte Nachrichten der von Telefonen Abgeschnittenen, die nach der Wende überall verschwanden. In einigen leerstehenden Zimmern rauschte stets das Wasser aus einer defekten Leitung. Jahrelang ein vertrautes Geräusch bei meinen Besuchen. Niemand kümmerte sich drum. Keine Autorität nirgends. Kein Vermerk auf der »Liste der Kontakte des W.«.

Also hatte es sich doch gelohnt, jenseits der Schönhauser zu parken, bei Hausnummer 148 vorne rein, aber hinten zur Kastanienallee wieder heraus, die Straße rüber in den nächsten Hinterhof ins Fotolabor von Harald. Seine Bilder zeigten das Land, wie es war, nicht wie es vorgab zu sein. Bilder, die weder im Osten noch im Westen gedruckt wurden. Bis dahin. Sie mußten verbotenerweise über die Invalidenstraße geschafft werden. Ich legte sie locker auf den Autositz, nur eine Jacke darüber. Das war wunderbar skrupellos: so waren sie nicht versteckt, aber dennoch nicht zu sehen.

Und es klappte: Der väterliche Lodenmantel und seine Kollegen kontrollierten zwar bei der Ausreise penibel den Kofferraum, das Handschuhfach oder die Sonnenblende – jedoch nie das locker auf dem Sitz liegende Kleidungsstück, und die darunter begrabenen Fotos von Ost-Punks oder hektografierte Untergrundmaterialien.

Skrupellos war es auch, sich zur Berichterstattung vom »Friedensgottesdienst« im Magdeburger Dom mit dem Tonband abzusetzen und in der Sakristei Magdeburger Punks zu interviewen, die sich über »das spießige Deutschtum« in ihrer Republik aufregten, über mangelnde Toleranz und faschistische Verhaltensweisen ihrer Mitbürger im antifaschistischem Staat.

Skrupellos war es, auf das Einreiseformular zu schreiben: besuchte Person: Manfred Stolpe, stattdessen aber zu Conny und ihrer Familie im Plattenbau zu fahren. Die 17jährige zeigte mir ihre Schulhefte, und ich begriff, wie das Doppel-Leben im Lande wirklich funktionierte und das man die gedruckten oder geschriebenen Worte nicht so ernst nehmen sollte, wie sie schienen. Manchmal ändern sich die Dinge schneller, als man denkt.

Conny nahm mich nachmittags auch heimlich in ihre Schule mit, wo ich in Ruhe das »Traditionskabinett« betrachten konnte. Sie wagte es, den Westjournalisten inkognito in den Junge-Gemeinde-Keller von Pankow mitzunehmen, wo am Abend gerade ein aus der Haft entlassener Bausoldat berichtete. Sein Name war Reinhard Schult.

Skrupellos war es, auf dem Einreiseformular Manfred Stolpe zu schreiben, jedoch zu diesem Schult in die Einzimmerwohnung nach Lichtenberg zu fahren. Sein Mobiliar: zwei Stühle und eine herabbaumelnde Glühbirne. Seine Botschaft: So, wie es ist, wird es nicht bleiben.

Conny, der ich unter der großen Jacke die Broschüren der Filmfestspiele West mitbringen mußte, arbeitete nach der Wende in einem Szene-Kino. Ev aus der »Villa

Jugend« traf ich im Büro der Frauenbeauftragten eines Berliner Stadtbezirkes. Stefan, der es wagte, mich zu den Leipziger Umweltgruppen mitzunehmen und auch nicht erschrak, als wir auf einem Autobahnparkplatz eingeschlafen waren und ein Volkspolizist an die Scheiben pochte, vertritt heute als Attaché der deutschen Botschaft in Warschau unser Land in Polen. Ob er noch diese Nickelbrille, den grünen Parka und die schulterlangen Haare hat, die mich damals, wenn ich mit ihm zusammen durchs Land zog, an meine eigenen Schulzeit Ende der 60er Jahre erinnerten? Ich weiß es nicht. Leute wie sie gehören zu den wirklichen Helden, die die Dinge verändern, weil sie sich über Regeln hinwegsetzen und sich nicht ängstlich daran klammern. Weil sie die wirklichen Skrupellosen mit ihrem Drang, die Dinge zu verbergen, lächerlich erscheinen lassen. Und überflüssig.

An einem heißen Juniabend im Jahre 1998 komme ich aus Berlin-Mitte zurück nach West-Berlin. In der Invalidenstraße sehe ich im Vorbeifahren noch immer den Mittelstreifen, das letzte Überbleibsel des Grenzübergangs. Das unbelebte Niemandsland hat sich sonst sehr verändert. Aus dem blau schimmernden Hamburger Bahnhof quellen die Menschen, aus dem Tempodrom wehen die Klänge von »Rosenstolz« herüber. Noch ist hier der Rohbau des Bundeskanzleramtes und des Hauptbahnhofes nicht so hoch, den Refrain des Liedes kann man gut verstehen. Er lautet: »Laß es geschehen«.

In der lauen Sommernacht strahlt neuerdings auch eine neonblaue Leuchtschrift – genau hier im Zentrum der neuen deutschen Hauptstadt.

An diesem Abend ist sie besonders deutlich zu erkennen. Bald kann man sie vielleicht nicht mehr so gut sehen. Sie spiegelt sich im schwarzen Wasser der Spree. Ich lese:

Die Gegenwart bleibt, nur die Zeit vergeht.

Heide-Ulrike Wendt

Meine letzte Reise in den Westen

»Rotkäppchen schlug die Augen auf, und als es sah, wie die Sonnenstrahlen durch die Bäume hin und her tanzten und alles voll schöner Blumen stand, dachte es: Wenn ich der Großmutter einen schönen Strauß mitbringe, der wird ihr auch Freude machen...«

Als ich noch ein ganz kleines Mädchen mit blonden Zöpfen war, dachte ich immer, Rotkäppchen sei im Eichsfeld zu Hause gewesen. Dort, zwischen Berg und tiefem, tiefem Tal, wohnten auch meine Großeltern, zu denen wir mit den Eltern zweimal im Jahr in die Ferien fuhren. Sie hatten ein kleines Häuschen in Werxhausen, direkt am Wald, und wenn ich zur Osterzeit über die Wiesen und Hänge rannte, lockte mich der sanfte Duft der Schlüsselblumen. Ich flocht mir daraus Kränze fürs Haar und pflückte meiner Großmutter einen dicken fetten Strauß für den blauen Krug auf dem Küchentisch.

Doch 1961 fuhren wir nicht zu Ostern, sondern erst am 3. August nach Werxhausen. Meine große Schwester Maxi blieb allein zurück in S., einem kleinen Nest am Rande Berlins, wo meine Eltern ein schönes Haus mit einem riesigen Garten und einer kleinen Wäscherei besaßen. Die Wäscherei hatte gerade einen Riesenauftrag an Land gezogen, und Maxi sollte meine Eltern täglich anrufen, ob der Laden läuft.

Im Keller standen riesige Waschmaschinen, Wäschetummler und -trockner, die den ganzen Tag vor sich hin rumpelten. Im ersten Stock bügelten Frau Schulze, Frau Erhardt, meine Mutter und meine Schwester Oberhemden, Kochmützen, Arztkittel, und zwischen den knorrigen alten Apfelbäumen draußen vor dem Fenster knatterten buntkarierte Handtücher, schneeweiße Laken und dunkelblaue Schlosseranzüge im Wind.

Meine Eltern waren damals seltsam unruhig. Mein Vater hatte schon Tage vor unserer Abfahrt von Westberlin aus ein paarmal mit unserem Großvater telefoniert, und jedesmal, wenn er nach Hause kam, flüsterte er mit meiner Mutter hinter der verschlossenen Schlafzimmertür.

Doch endlich begann meine Mutter, die Koffer zu packen, und als wir am 3. August spät am Abend endlich bei den Großeltern ankamen, rannte ich sofort in die Küche, denn dort stand immer eine große Schale mit Bananen, Apfelsinen, rotbackigen Äpfeln und einem Sarottimohr in golden schimmerndem Papier für uns Kinder bereit.

Mein Großvater war völlig verdattert, als ich atemlos vor Glück in seine Arme flog. Dann rief er hektisch nach meiner Großmutter: »Komm mal schnell her, Luise, und räum den ganzen Papierkram hier vom Tisch. Die Kinder sind schon da.« Er lief knallrot an, als ich nach einer dieser schönen Banderolen griff und laut vorzulesen begann, was darauf stand:

N E U E R Ö F F N U N G !!!!

Am 1. September öffnet die Wäscherei Drews in der Konrad-Adenauer-Straße 24 in Werxhausen ihre Pforten. Unser Angebot: Waschen, Bügeln, Mangeln. Gardinenspannerei, Strumpfreparatur, Mietwäsche. In der 1. Woche für alle Kunden: Halber Preis! Herzlich willkommen in der Wäscherei Drews.

»Guck mal, Papi«, sagte ich völlig verblüfft, als sich mein Vater mit unseren Koffern und Taschen durch die Tür quetschte: »Hier in Werxhausen gibt es auch bald eine Wäscherei Drews«.

Plötzlich waren alles stumm in der Küche. Keiner sagte ein Wort. Bis mich meine Großmutter auf den Schoß nahm und mir beim Zöpfeflechten ins Ohr flüsterte: »Also weißt du, Heidiheidaheitralala, dein Opa und ich waren auch völlig verdattert, als wir von dieser Wäscherei Drews hier im Nachbarort gehört haben. Deshalb hat Opa aus Spaß ein paar von den Banderolen mitgebracht. Aber am besten, du erzählst deinen Freunden zu Hause in S. nichts davon. Sonst denken die noch, du schwindelst oder willst nur angeben.«

Am nächsten Tag ging mein Großvater mit mir in den kleinen Tante-Emma-Laden an der Ecke und kaufte mir ein ganzes Pfund Schaum-Eier in Rot, Blau, Grün und Gelb, zehn Gummischlangen, eine Tüte Werthers Echte, und gab mir zwei Mark für den Kaugummiautomaten.

»Ist hier drüben?« fragte ich ihn, als wir wieder aus dem Laden kamen, aber er verstand mich nicht. »Wie meinst du das – ist hier drüben?«

»Na ja«, erklärte ich ihm weiter, »wenn sich Mutti mit unserer Nachbarin Frau Schacht oder einer ihrer Kundinnen leise unterhält, reden die meist über das gleiche. Sie sagen: Und drüben, da gibt es immer Apfelsinen und Schokolade für 'ne Mark und Milch und Butter ohne Marken. Also muß doch hier drüben sein, Opa, oder?«

»Ach Heidi«, seufzte mein Opa damals. »Das alles paßt doch in deine kleine Birne noch gar nicht rein.«

Dann gingen wir gemeinsam zum Kaugummiautomaten, und Opa mußte zwölfmal in seiner Hosentasche, im Portemonnaie und in der Jacke nach Markstücken kramen, bis endlich mit der süßen, klebrigen Kugel Chewing-gum auch so ein goldenes Ringlein mit einem wunderschönen purpurfarbenen Stein in meine völlig verschwitzten Hände fiel.

Als wir am 11. August 1961 mit schokoladeverschmierten Mündern zurückfuhren, ahnte keiner von uns, daß wir unsere Großeltern nie wiedersehen würden. Zwei Tage später war mein Paradies über Nacht zur geheimen Verschlußsache geworden. Die Mauer trennte das Eichsfeld im Herzen Deutschlands, zwischen Harz und Werra gelegen, nun nicht mehr nur in das Unter- und Obereichsfeld, sondern in Ost und West.

Zuerst war dieser 13. August ein Sonntag wie jeder andere. Meine Eltern waren unterwegs zu irgendeinem Kunden, und meine Schwester setzte sich mit ihrem Freund händchenhaltend vor den Fernseher in der Wohnstube. Doch plötzlich gab es eine Sondersendung. Ich sah auf dem Bildschirm strahlende Menschen, die ins Mikrofon eines strahlenden Reporters sprachen, wie glücklich sie wären, daß die DDR endlich Schluß mache mit Schmuggel, Schieberei und Sabotage. Im Hintergrund standen Soldaten der Nationalen Volksarmee, sie hatten einen Karabiner oder eine Mörtelkelle in der Hand.

»Sie bauen eine Mauer durch Berlin«, schrie meine Schwester plötzlich und wurde käsebleich. Mir war das egal: »Unser Papa hat doch auch eine Mauer hinten in unseren Garten gebaut, damit uns die Nachbarn in Ruhe lassen«, sagte ich, und meine Schwester schrie noch lauter: »Was bist du nur für eine dämliche Ziege. Begreifst du nicht, was diese Bilder bedeuten? Morgen wollten wir nach Neukölln, um deinen Schaumgummipetticoat umzutauschen. Das kannst du vergessen.«

Nun heulte ich auch, denn der Petticoat, den sie mir am Vortag gekauft hatte, war eindeutig zu groß. Außerdem liebte ich die Fahrten von Friedrichshagen nach Neukölln. Damit war es nun vorbei.

Aber dann kam alles noch viel schlimmer.

Meine erste Reise in den Westen

Meine Eltern sitzen wie immer auf der Hollywoodschaukel im Garten, als ich sie vier Wochen nach der Geburt von Felix das erste Mal wieder besuche. Wir schreiben den 15. August 1986. Sie sind allein, und das ist ungewöhnlich, denn normalerweise trinken sie den Nachmittagskaffee immer mit meinem Bruder und meiner Schwester zusammen. Beide wohnen in unmittelbarer Nähe.

»Wo sind denn Wulf und Maxi«, frage ich sie verblüfft, und schiebe den Kinderwagen unter den Apfelbaum.

»Im Westen«, sagt mein Vater und knautscht weiter an seinem Stück Käsekuchen.

»Wie, im Westen? Sind sie geschäftlich in Magdeburg oder Wittenberge unterwegs?«

»Nein«, sagt meine Mutter und strahlt wie ein Honigkuchenpferd. »Sie sind bei Tante Erika in Göttingen. Sie feiert morgen ihren 70. Geburtstag und hat die beiden eingeladen.«

»Na klar«, sag ich. »Und da haben sie die Einladung genommen, sind zum Bürgermeister gegangen und haben gesagt: ›Lieber Genosse Berthold, wir haben hier eine Einladung von unserem Tantchen nach Göttingen, die ihren Siebzigsten feiert. Bitte geben Sie uns einen Paß, wir kommen auch ganz bestimmt wieder.‹«

»Genauso ist es«, sagt mein Vater. »Die Reisebedingungen für Bürger der Deutschen Demokratischen Republik haben sich in den letzten Monaten erheblich verbessert. Aber du warst ja so intensiv mit deinem dikken Bauch beschäftigt, daß du nichts anderes…«

»Paul, bitte!« sagt meine Mutter und kramt in ihrem Ausschnitt nach einem Taschentuch für mich. Ich heule nämlich. Wie damals, als meine große Schwester zum ersten Mal Stöckelschuhe tragen durfte und ich nicht und mein doofer Bruder mir auf dem Schulweg hinterherbrüllte: Der Storch hat och Beene, aber Waden hat er keene. So ein Arschloch.

»Mädchen, was ist mit dir«, fragt mich meine Mutter und fächelt mir ein bißchen frische Luft ins erhitzte Gesicht.

Was mit mir ist? Nichts. Gar nichts. Nur sind meine Geschwister 25 Jahre nach dem Bau der Mauer das erste Mal wieder im Westen, und ich sitze hier wie doof auf der Hollywoodschaukel und weiß wieder mal von nichts.

»Dann fährst du eben nächstes Jahr«, tröstet mich meine Mutter. »Da feiert die älteste Tochter deiner Cousine Jugendweihe.«

»Drüben heißt das Konfirmation«, verbessert sie mein Vater und nimmt sich noch ein Stückchen Käsekuchen.

Scheiße, Scheiße, Scheiße.

Acht Monate später stehe ich wirklich mit meiner Schwester, zwei Koffern voller Weihnachtspyramiden, Räuchermännchen, Bürgel-Geschirr und drei mundgeblasenen Goethebarometern auf dem Bahnhof Friedrichstraße und warte auf den Zug nach Bebra. »Stell dich nicht so dicht an den weißen Strich auf dem Bahnsteig«, warnt mich gerade meine Schwester, als eine harsche Stimme auch schon durch den Lautsprecher brüllt: »Die Frau in der grienen Jagge da – runder von der Bohnsteigmargierung, aber dalli.«

»Siehste«, sagt meine Schwester und wird puterrot. »Wären wir bloß im Auto mitgefahren.«

»Menschenskinder, Maxi«, fauche ich sie an. »Dann könnten wir doch auf der Rückfahrt nicht in Westberlin aussteigen und endlich mal den Ku'damm rauf- und runterlatschen.«

»Brüll das doch noch ein bißchen lauter in die Gegend«, faucht sie zurück und spricht dann bis Bebra kein Wort mehr mit mir. Doch da werden wir Gott sei Dank von der ganzen Familie abgeholt.

Mein Bruder nimmt mir die Koffer ab, zeigt auf ein Haus auf der anderen Straßenseite und sagt: »Kiek mal, Ulrike, wie da unterm Dach der Putz abblättert. Hier im Westen is och nich allet Jold, wat glänzt.«

Gut zu wissen.

Ich verkrafte alles. Die Apfelsinen, die Bananen, den Lachs, die Bücher, die Seidenblusen, den Geruch nach Mandelblüten, Spaghetti al dente, Barbourjacken, Marlboro light, intakte Straßen, freundliche Verkäuferinnen, Zugverbindungen nach Paris, Brüssel, London, selbst die Kaugummiautomaten, die es auch nach 26 Jahren an allen Ecken und Enden noch gibt. So, als wäre ich niemals weg gewesen.

Aber dann fährt mein Bruder mit mir nach Werxhausen zum Haus meiner Großeltern, in dem mittlerweile wildfremde Leute wohnen. Wir wandern wieder auf dem Pferdeberg, und alles ist wie einst: die klare Luft, das zarte Grün, die tropfnassen Fichtenzweige im dunkelgrünen Moos. Aber der Blick ins geteilte Land ist niederschmetternd: Überall Metallgitterzäune, Spurensicherungsstreifen, Kfz-Sperrgräben, Hundestaffeln, Beobachtungstürme, Soldaten in steingrauen Uniformen, Kalaschnikows über der Schulter. Noch nie zuvor in meinem Leben hatte ich die Grenze aus solcher Nähe gesehen, und hier, auf dem Pferdeberg, verstand ich plötzlich, warum meine Tante mich am Frühstückstisch gefragt hatte: »Und du fährst tatsächlich zurück in dieses schreckliche Land?«

Am nächsten Tag ist Kirmes im Dorf. An einer Losbude ziehe ich den Hauptgewinn: einen riesigen Affen aus hellblauem Plüsch mit lilafarbenen Ohren und Tatzen. Er hat zwei Träger. Man kann ihn auch als Rucksack benutzen. Eine Sorge weniger – Benjamin wird sich sicher darüber freuen.

Vier Tage später fahre ich in der Nacht vom Freitag zum Samstag zurück nach Berlin. Der Zug hält um 5.30 Uhr am Bahnhof Zoo, und ich steige mit zitternden Knien aus. Auf der Zählkarte ist eindeutig zu sehen, daß ich ausgestiegen bin, aber meine Neugierde ist größer als meine Angst vor dem DDR-Grenzregime. Ich habe noch genau zwei Mark, um die Koffer und den Affen im Schließfach abzustellen.

Der Bahnhof ist dreckig, die Straße davor trostlos. Ein Typ mit grünen Haaren fragt mich: »Haste mal 'ne Mark?«

Nee, hab ick nich. Ick hab selber Hunger. Und Durst. Aber ich bin erst in dreieinhalb Stunden mit meinem langjährigen Freund Wolfgang verabredet. Wer will schon am Samstag um 5 Uhr 30 eine vom Bahnhof abholen? Keine Sau.

Also treffen wir uns um 9 Uhr am Wasserklops vor dem Europa-Center, und er spendiert mir bei Mövenpick einen Freundschaftseisbecher mit 24 Kugeln Eis. Mir ist schlecht. Ich muß aufs Klo, und auf der Suche danach komme ich an einem Brunnen mit wippenden Lilien aus Stahl vorbei, den ich für Thomas suchen und fotografieren sollte. Ich muß wieder mal heulen. Ach Thomas, warum durftest du nicht mit?

Eine Stunde später sitze ich mit Wolfgang im Café Kranzler und soll warmen Apfelstrudel mit Vanillesoße essen. Ich kann nicht. Ich muß immer daran denken, was passiert, wenn ich mit meiner Zählkarte im Tränenpalast ankomme und mich der Grenzer fragt: Bürgerin Wendt, wußten Sie nicht, daß es verboten ist, in der selbständigen politischen Einheit Westberlin auszusteigen? Ihr Paß gilt nur für die Ein- und Ausreise in die Bundesrepublik Deutschland. Hände hoch! Sie sind verhaftet!

»Warum ißt du denn nichts?« fragt mich Wolfgang. Ich muß dringend aufs Klo.

Anschließend fahren wir zu ihm nach Hause. Sabine, seine Freundin, wartet in ihrer Designer-Küche schon auf uns. Sie hat Artischocken in Butter oder Sauce Vinaigrette für uns angerichtet und für die Kinder eine dicke Wassermelone gekauft.« Deine beiden Söhne essen die doch so gerne«, sagt sie. »Bei euch gibt's die doch nur einmal im Jahr, oder?«

Das stimmt, aber im Schließfach warten zwei Koffer und ein Affe auf mich. Wer soll die Melone tragen?

»Du ißt ja gar nichts«, sagt Sabine, und ich muß auf's Klo.

Anschließend fahren wir zum Schloß Charlottenburg und essen Rote Grütze mit Vanillesoße. Danach gehen wir in den »Zwiebelfisch«, essen Speckkuchen und trinken einen offenen Wein, der mir die Löcher in den Socken zusammenzieht. Ich leide, und Sabine sieht es. »Ach, stimmt ja«, sagt sie. »Ihr in der DDR trinkt ja lieber was Süßes – Hemus oder Rosenthaler Kadarka, stimmt's ?«

Mir ist schlecht. Ich muß aufs Klo.

Wir fahren zum Reichstag, wir laufen zum Brandenburger Tor, und als ich die berühmte Holztreppe emporsteige, um über die Mauer in den Osten zu glotzen, beobachtet mich die ganze Zeit ein Posten dabei. Ich muß an John F. Kennedy, Ronald Reagan, Willy Brandt und dieses blöde Lied zum 750. Jahrestag von Berlin (West) denken: »Berlin, Berlin, dein Herz kennt keine Mauer…«

Ich muß heulen. Ich muß aufs Klo.

»Na, war das nicht schön, daß wir uns endlich mal in Westberlin und nicht immer nur in eurem tristen Lichtenberger Plattenbau treffen konnten?« fragt mich Wolfgang, als wir die beiden Koffer und den Affen aus dem Schließfach holen. Mit der Melone drin sieht er noch bescheuerter aus.

Ich mit ihm auf dem Rücken sehe allerdings am bescheuertsten von allen Menschen auf diesem vollgepißten Bahnhof Zoo aus. Und als ich endlich völlig geplättet in der S-Bahn Richtung Friedrichstraße sitze, starre ich nur noch unverwandt auf meine Zählkarte. Soll ich sie wegwerfen? Soll ich sie zerreißen? Soll ich Cola drüberkippen? Oder soll ich sie trotzig zeigen? Ich zerfetze sie. Ihr Schweine! Sperrt mich doch ein!

»Passen Sie das nächste Mol besser uff Ihre Zählkarte uff, Bürgerin, sonst lassen wir Sie nisch mehr rüberfohrn«, schnauzt mich der Grenzer kurz danach an. »Ich gäb Ihnen jetzt 'ne neue. Aber das is das letzte Mol. Nu füll'n Sie die schon aus, aber dalli«.

»Meine Liebste«, sagt Thomas. »Du bist ja puterrot.« Dann nimmt er mich in die Arme. Eine Minute, zwei Minuten, drei Minuten. Dann sagt er: »Endlich. Die Heimat hat dich wieder.«

Heimat? Was ist das?

Harald Hauswald

Fotografien 1982–1992

U-Bahn-Linie A, Berlin 1986

 Geschäft für Delikatessen, Karl-Liebknecht-Straße, Berlin 1985

Langenhagen 1986

 Stadion »Alte Försterei«, Berlin 1992

Fasching, Großhennersdorf 1985

 Karl-Marx-Stadt 1988

Rockkonzert in der Zionskirche, Berlin 1988

 Dimitroffstraße / Schönhauser Allee, Berlin 1985

Knaackstraße / Rykestraße, Berlin 1982

 Schönhauser Allee / Wilhelm-Pieck-Straße, Berlin 1986

Elbe, Rathen 1987

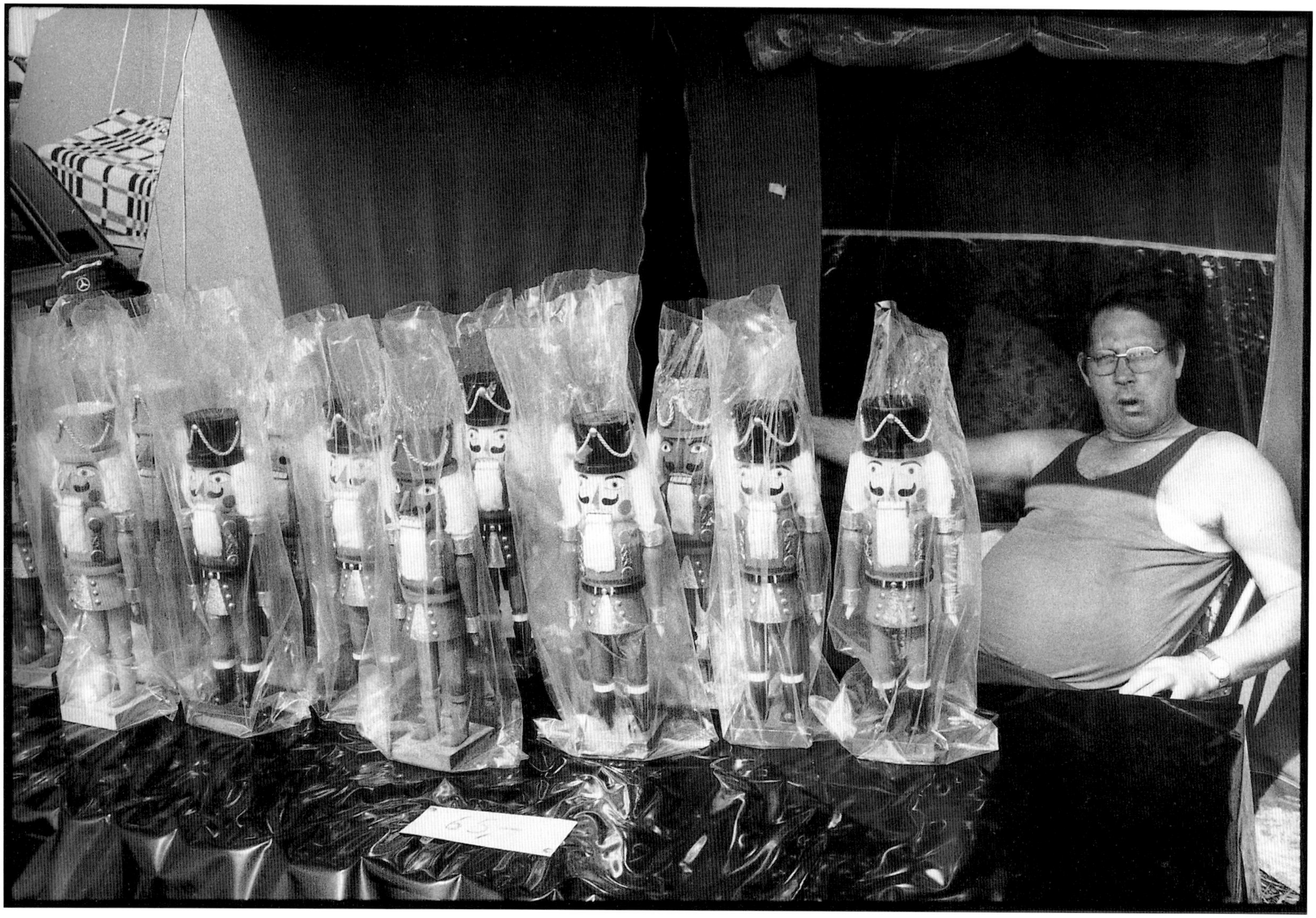

 Pferdemarkt, Havelberg 1985

Fest an der Panke, Berlin-Pankow 1987

Gehirn
Geschichte entsteht an
allen Tagen des Jahres.
7 Oktober
1983
Wir feiern an dem einen Tag
all die anderen,
die diesen einen ermöglichten.
UNSER
GESUND
LEBEN
RICHTIG
ERNÄHREN
BEREICH
DER VORBILDLICHEN
ORDNUNG UND
SICHERHEIT

 Erfurt 1983

Choriner Straße, Berlin 1992

 Kollwitzplatz, Berlin 1982

Pfingsttreffen der FDJ, Berlin 1989

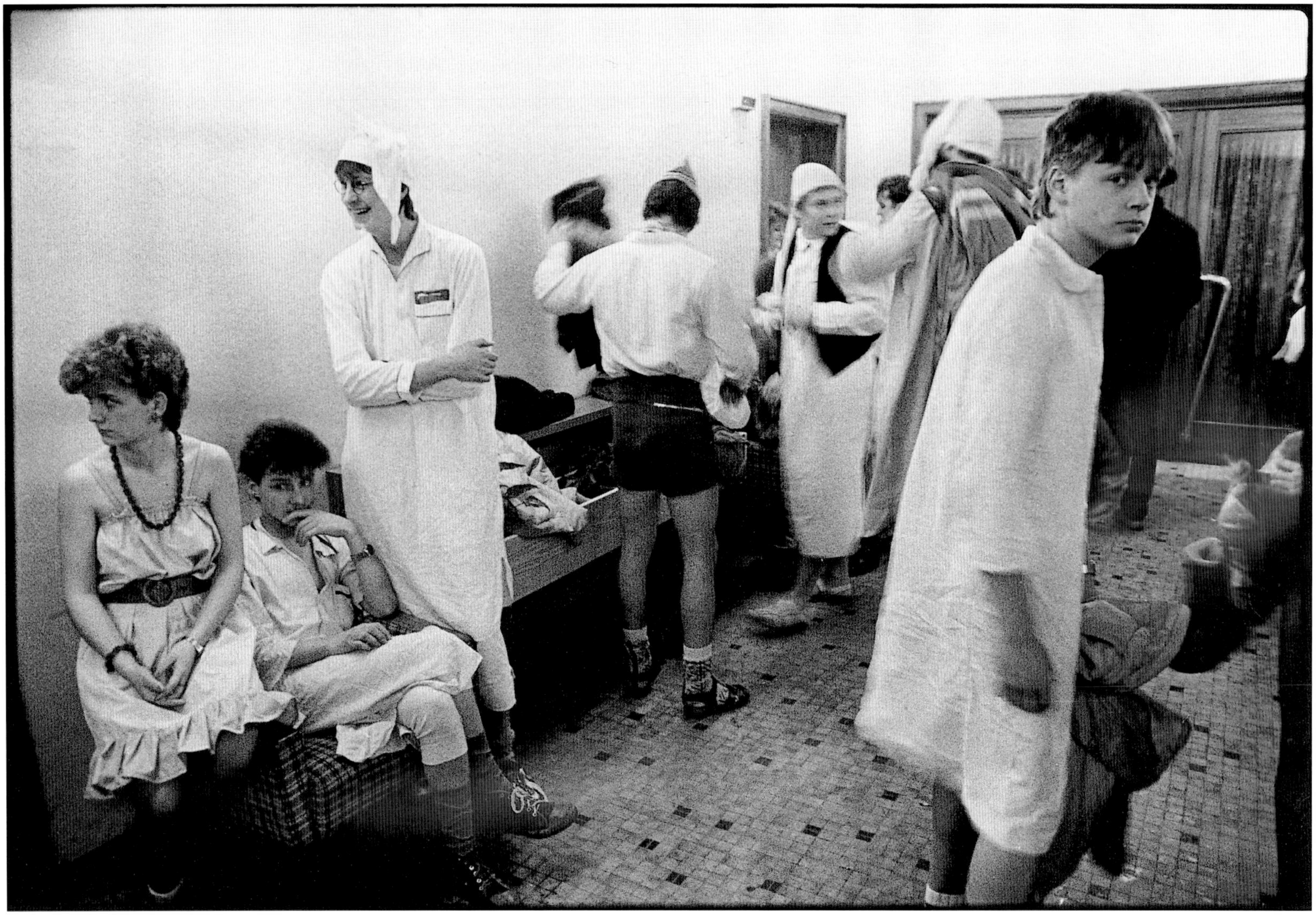

 Fasching, Großhennersdorf 1986

An der Elbe, 1985

 Punkkonzert in einem Gemeindesaal, Karl-Marx-Stadt 1986

Konzert von Bruce Springsteen, Radrennbahn Weißensee, Berlin 1988

212 | Maidemonstration, Berlin, 1. Mai 1987

Berlin-Prenzlauer Berg 1984

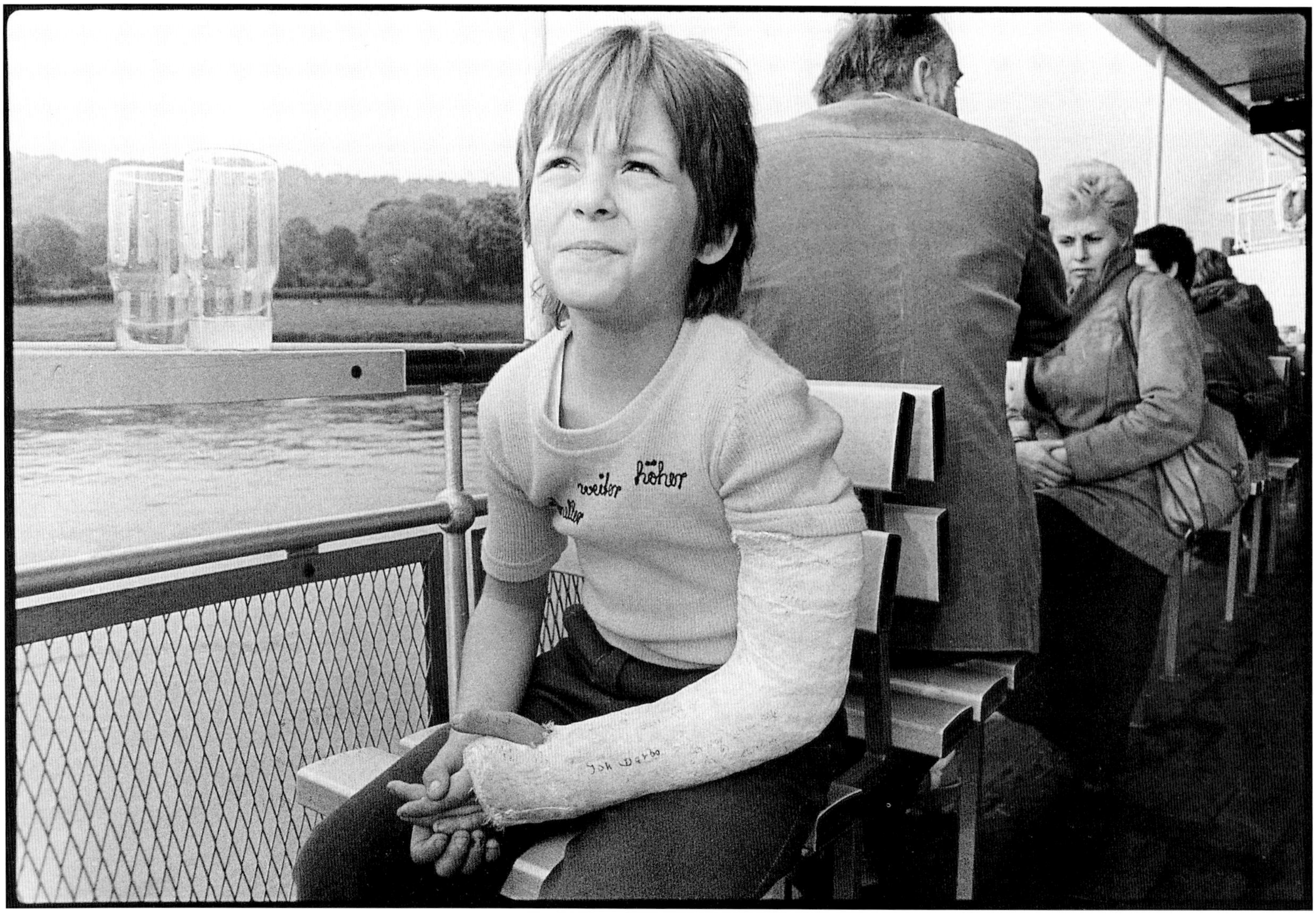

 Elbdampfer, 1985

An der Elbe, 1985

 Dresden 1985

Dom, Berlin 1990

 Berlin, 3. Oktober 1992

Mainzer Straße, Berlin, November 1990

 Berlin, 6. Oktober 1987

Hinterhoffest in der Oderberger Straße, Berlin-Prenzlauer Berg 1985

222 | An der Elbe, 1985

An der Ostsee, 1983

 Pfingsttreffen der FDJ, Berlin 1989

Pfingsttreffen der FDJ, Berlin 1989

 Lottumstraße, Berlin 1986

Harald Hauswald

»Aufmachen, Polizei!«

Endlich war es soweit, die Tasche gepackt, alles beisammen, Led Zeppelin lief vom Band, ich wartete. Dann das ersehnte Klingeln, Tonband aus und Treppe runter. Steffen war mit dem Taxi gekommen. Sein Lehrmeister auf dem Flughafen von Dresden-Klotzsche hatte ihn trotz Freitag die volle Zeit absitzen lassen. Wir waren verdammt spät dran. In der Straßenbahn nach Dresden, »Elektrische«, wie meine Oma immer sagte, mußten wir uns erst einmal über das Ziel klarwerden. Die Ostsee sollte es sein, ich war für Prerow auf der Halbinsel Darß, Steffen für Usedom. Ich wußte, daß in Prerow mehr los ist. Aber er hatte von vielen Ausweiskontrollen in Prerow gehört, weil sich westlich des Zeltplatzes ein Regierungsstrand befindet und deshalb die Armee dort verstärkt patrouilliert. Ich wußte, nach Usedom trampt's sich schlechter. Die Autobahn nach Szczecin/Polen ist relativ tot, und die 109, Prenzlau–Greifswald, ist auch nicht so toll. Sein Kontra war, daß mehr Urlauber auf Usedom seien. Denn da seien ja schließlich, von Zinnowitz bis Ahlbeck, insgesamt mehr Orte als aufm Darß, wo eigentlich nur Prerow in Frage kommt. Den entscheidenden Punkt hatte dann doch ich zu bieten. In Wolgast muß man über die Brücke, um auf die Insel Usedom zu kommen, dahinter ist der Bahnhof, und da wird überall kontrolliert, ob du einen Urlaubsschein hast. Denn der gesamte Ostseeraum war Grenzgebiet, Urlaub deshalb eigentlich nur mit »Anmeldung« möglich. Von Osten über Anklam auf die Insel zu kommen ist auch schwierig, Grenzgebiet nach Polen. Da geht's schon mit Kontrollen im Vorland los. In Prerow jedoch zieht sich der Strand auf dem Darß über Kilometer hin, erst der normale Zeltplatz, dann der FKK, also viel mehr Platz. Gebongt.

Dresden, Hansastraße, Zufahrt zur Autobahn Berlin, Freitag nachmittag, jetzt mußte nur noch jemand anhalten. Vor uns waren bereits mehrere Tramper da. Zwei Mädchen stiegen, gleich nachdem sie ankamen, in einen schwarzen Tatra, Nobelkarosse. Uns nahm nach ca. drei Stunden endlich ein LKW bis Freienhufen mit. Dort gibt's 'ne Tankstelle, da kann man die Leute direkt ansprechen. Es klappte, Steffen erwischte ein Auto aus dem vorigen Jahrhundert. Wir übernachteten bei meinem Bruder, in Berlin. Er hatte sich extra für mich einen Fernseher geborgt, und so war es uns, aus Dresden, dem »Tal der Ahnungslosen«, kommend, das erstemal im Leben vergönnt, in das Unterhaltungsprogramm des Klassenfeindes zu schauen. Als wir dann im »Beatclub« Bands lifehaftig bestaunen konnten, welche wir von schlechten Mittelwellensendern, Zweit- oder Dritt-Tondbandkopien her kannten, waren die Strapazen des Vortages endgültig verflogen. Der Urlaubsbeginn verlief in eine uns angenehme Richtung, war doch jetzt schon klar, wir waren die einzigen aus unserer Clique, welche Deep Purple live gesehen hatten. Wir konnten was erzählen. Trotzdem mußte ein Konflikt gelöst werden, Glotze oder Piste, schließlich war Samstag. Im Westfernsehen viel Neues, aber das Zeltplatzleben Samstag abend in Prerow – auch nicht ohne. 17 Uhr waren wir in Oranienburg an der Tankstelle, 21.30 Uhr in Prerow. Das Bierzelt war gerammelt voll. In dem ganzen Qualm konnte man kaum das Ende erkennen. Das Wichtigste gab's jedenfalls in der Nähe des Eingangs, Bier und Broiler. Steffen stellte sich am Bierstand an. Die »Gummiadler« hatte ich nach 15 Minuten, und nach weiteren 5 Minuten hatte ich auch zwei freie Plätze an einer der langen Holzbänke erwischt.

Irgendwann landeten noch ein paar Mädels bei uns. Offensichtlich waren sie auf Freibier aus. Als sie alle drei auf Toilette waren, wurden die Girls von unseren Tischnachbarn unter sich aufgeteilt, und so wie sie sich's vorgenommen hatten, verschwanden die Pärchen nach und nach. Zwei, drei Abende lief das Spiel weiter so ab. Tagsüber schauen, bei wem man im Zelt die Klamotten abladen kann. Außerdem aufpassen, daß man von den Zeltplatzwachen nicht erwischt wird, denn der Platz war ausgebucht und ein Urlaubsschein, ohne vorherige Reservierung, sowieso nicht zu bekommen. Wir waren auch am Tage mit den Berlinern zusammen, welche am ersten Abend mit uns am Tisch gesessen hatten. Die kannten den Betrieb ziemlich gut und wußten, wann man wo sein mußte und wann nicht. Die quatschten auch irgendwelche Leute in der Schlange an der Kaufhalle an und ersparten uns öfter das ewige Anstehen. Aber viel gab's nicht zu kaufen. Eine kalte Knacker, eine Schrippe, eine Tüte Milch waren die Alternative zum abendlichen Broiler. Einmal gab es sogar Tomaten, pro Nase ein Pfund. Zwiebeln hatte jemand in seinem Rucksack.

Steffen hatte nur eine Woche Urlaub, ich drei. Er mußte zurück, ich konnte noch woanders hin, keine Ahnung wohin. Nach Rostock fuhren wir mit dem Zug. Steffen wollte nicht mehr trampen, ich brachte ihn noch zum Bahnsteig. Dann stand ich im Bahnhof rum und wußte nicht wohin. Unbewußt lief ich zum nächsten Fahrkartenschalter. Sie war hübsch, und die Power der letzten Tage hatte Mut in mir wachsen lassen – ich sprach sie an, wo denn was los sei hier so in der Gegend. Irgendwie war mir das Leben hold gestimmt. Sie antwortete, und zwar nicht als Fahrkartenverkäuferin, sondern als augenblicklich interessierte Discogängerin. Ich holte sie nach Feierabend am Bahnhof ab, und wir fuhren mit dem Doppelstockzug nach Warnemünde in die Disco. Das war Neuland für mich, bisher war ich nur in Tanzschuppen mit richtigen Bands auf der Bühne gewesen. Alles aufdringlich bunt und glitzernd, aber die Musik war gut. Sie hatte mich gleich am Eingang stehenlassen und marschierte auf eine Gruppe zu, die offensichtlich ihre Clique war. 24 Uhr war Schluß, ich erwischte sie am Eingang und fragte nach einer Bleibe für die Nacht. Ob für mich die Gartenlaube ihrer Eltern, gleich hinter dem Haus, O.K. wäre. Sie wär's gewesen. Rostock Hauptbahnhof hatte der Zug 10 Minuten Aufenthalt, ich stieg aus, um meine Sachen aus dem Schließfach zu holen. Gleicher Bahnsteig, nach 2 Minuten war ich zurück, eine Minute später standen zwei Trapos (Transportpolizei) vor uns und wollten die Ausweise sehen. Dresden/Radebeul, und wo ist der Urlaubsschein? Mitkommen. Auf dem Revier saßen schon zwei Leute auf dem Flur, und aus mehreren Zellen drangen Gesprächsfetzen. Mein Nachbar war aus Berlin und von den Bullen schon belehrt worden. Man durfte nichts, nicht rauchen, nicht reden, nicht Skat spielen. Eine Stunde später saß ich alleine da, die anderen wurden zum Verhör geholt. Nach einer Weile ging eine Tür auf, eine Transportpolizistin wackelte hinternschwingend den Flur entlang und fing an zu singen: »Laß mich heute nacht nicht allein.« Eine andere Tür öffnete sich, ein uniformierter Arm wurde sichtbar, holte aus und landete laut klatschend auf ihrem prallen Hinterteil. Sie drehte sich kokett um, lächelte und verschwand um die Ecke. Das war leider die einzige Abwechslung einer langen Nacht, bis auf das Verhör.

Wie lange schon da, wohin, wieviel Geld, Arbeitsstelle usw. Kurz vor 6 Uhr wollten sie mein Geld sehen. Reicht noch für eine Fahrkarte nach Dresden. Ich handelte sie auf Berlin runter. Sie hatten schnell überprüft, daß da tatsächlich mein Bruder wohnt. Mittags saß ich auf einem Brunnenrand am Alexanderplatz und döste vor mich hin. Ich wollte überlegen, wie es weitergehen sollte, ich hatte ja schließlich noch Urlaub. Der Schlaf war stärker. Plötzlich wachte ich von einem Schlag auf die Schulter auf. Vor mir stand ein Typ aus Coswig, den ich vom Sehen kannte. Er war mit einem Trupp zur Ostsee unterwegs. In Großenhain merkte er, daß er sein Geld zu Hause vergessen hatte, und fuhr zurück, die anderen fuhren weiter. Jetzt war er in Berlin gelandet, aber der nächste Zug nach Rostock fuhr erst spätabends. Ich erklärte ihm, wo er hin müsse, um gut trampen zu können. Irgendwie traute er sich nicht richtig. Er hatte noch nie den Daumen im Wind gehabt. Kurz entschlossen fuhr ich mit ihm nach Oranienburg, wir kamen gut weg und waren 22 Uhr in Ribnitz-Damgarten. Gerade rechtzeitig, um den letzten Bus nach Prerow zu erwischen. Im Bus unterhielten wir uns mit einer älteren Frau. Als sie erfuhr, daß unsere bzw. seine Freunde schon irgendwo am FKK-Strand sind, bot sie uns an, erst einmal im Zelt ihrer Tochter zu übernachten, da diese erst morgen zurückkam. Dafür trugen wir ihren Koffer kilometerweit, wie sich herausstellte. Der Zeltplatz zog sich hin, der Koffer wurde immer schwerer, trotz Abwechslung beim Tragen. Es war auch für die Dauercamperin nicht einfach, sich im Dunkeln zurechtzufinden. Jede Qual hat ein Ende. Wir hatten ihre Zelte gefunden. Ich blieb ein paar Tage, dann trieb's mich weiter. Modern Soul spielte in Berlin-Karlshorst im »Eisenbahner«. Da wollte ich hin. Wir waren zeitig da, mein Bruder und seine Frau waren mitgekommen. Vor dem »Eisenbahner« standen schon 30 bis 40 Leute. An der großen Freitreppe war ein dickes Seil gespannt. Es kamen immer mehr Leute. Oben auf der Treppe erschien ab und zu ein Typ, klein, stiernackig, Marke Sektion Körperkulturistik, und musterte die Menge kritisch. »Das ist Schulze, der Boß vom Saal«, hörte ich jemand neben mir sagen. Als Schulze das nächste Mal auftrat, kamen noch zwei Muskelmänner mit ihm. »Also Leute, wer Jeans anhat, kann gleich wieder nach Hause gehen«, lautete seine bedeutende Ansprache. Ich hatte welche an. Dann hob Schulze den Arm und deutete mit dem ausgestreckten Zeigefinger in die Masse. »Du, du, du und du, ihr könnt Karten kaufen!« Mehrere Mädchen setzten sich erhobenen Hauptes in Bewegung. Seine Selektion ging weiter, bis fast nur noch Kerle übrig waren. Ich rückte hin und her, um nicht sofort durch das Netz der Auswahl zu rutschen. Dann kamen auch die ersten männlichen Gäste an die Reihe. Die Haarlänge war entscheidend, wer zuerst drankam. Ich entdeckte Alfons aus meinem »Heimatkaff« Radebeul in der verbliebenen Menge. Er hatte ebenfalls Jeans an, allerdings in seinem Beutel noch eine Cord-Jeans bei. Die waren erlaubt. In einem Gebüsch zog ich seine Hosen an. Jetzt war sogar die Fraktion der etwas Längerhaarigen dran. Ich kaufte mir eine Karte und ging direkt auf die Toilette, zog meine Jeans wieder an und schlich durch den noch dunklen Saal, setzte mich an einen freien Tisch. Die Band spielte noch nicht. Mein Bruder brachte die Wechselhose wieder zu Alfons raus. Ich trank den ganzen Abend nur eine Cola, wollte jedes Aufstehen vermeiden. Die Toilette war quer über den ganzen Saal und Schulzes Aufpasser überall. Ich kam mit Hansi aus Cottbus ins Gespräch. Er hatte sich mit zu uns an den Tisch gesetzt. Hansi schimpfte auf Schulze und seine Truppe. »Du mußt nach Cottbus kommen, zu »Kaisers« – lockerer Laden –, da spielt nächsten Samstag Renft!« Ich wußte, daß er dachte: Der kommt sowieso nicht. Also trampte ich Samstag nach Cottbus. »Kaisers« war schnell gefunden. Der ganze Saal voll »Asozialer«, lange Haare, Jeans, Parka, Jesuslatschen. Das muß wohl an der Band liegen, ich war gespannt. Hansi war sichtlich überrascht, mich zu sehen. Aber jemand von Modern Soul, die mir sowieso nicht so gut gefallen hatten, zu Renft gebracht zu haben freute ihn offenbar. Das Konzert und die sich anschließenden Tanzrunden waren Spitze. Renft war wirklich so mit das Beste, was das Land zu bieten hatte. Hansi, Ente, Bee Gee aus Torgau und ich waren bis zum Schluß übriggeblieben. Wir hatten alle keine Bleibe für die Nacht, verabredeten uns für Mittag mit der Band zum Frühschoppen und machten uns auf die Suche nach einer Penne. Ente kam auf die Idee, den Bahnhof zu inspizieren. Vielleicht kann man in einem abgestellten Zug schlafen. Eigentlich ein guter Einfall, keiner von uns wußte, daß die Bahnpolizei nachts durch die Züge lief, um solche wie uns aufzustöbern. Wir suchten uns also einen Doppelstockzug. Einer hielt Wache. Wenn sie oben durchkamen, schlichen wir unten lang und umgekehrt. Es war eine bewegte Nacht, kam nicht viel

Schlaf zusammen. Vier- oder fünfmal mußten wir umziehen, erwischt haben sie uns nicht. Wir gingen zum Frühschoppen, ich unterhielt mich mit Hansi über Musik und Bücher. Er versprach mir, nächste Woche, wenn ich nach Leipzig-Schkeuditz in die »Sonne« zu Renft kommen würde, einige LPs zum Überspielen zu geben. Ich hatte keine Platten, 120,– Mark pro Stück auf dem Schwarzmarkt – für einen Fotografenlehrling zuviel. Allerdings war er an einigen Büchern interessiert. Ein Freund aus Radebeul »besorgte« sich regelmäßig Neuerscheinungen aus der Bibliothek, die Seite mit dem Eigentumsstempel riß er raus. An diese Bücher kam ich ran und hatte was zum Tauschen. Ich bot ihm an, Erich Maria Remarque, B. Traven und Stefan Zweig mit nach Leipzig zu bringen. Er legte noch eine original Westausgabe von Jack Kerouac, »On the Road«, drauf. Wir saßen bis nachmittags. Elke, die irgendwann auftauchte, wollte mit mir bis Freienhufen trampen, Landstraße von Cottbus. Wir kamen gut weg, sie mußte weiter bis Torgau, ich nahm die Autobahn nach Dresden. Zehn Jahre später traf ich Elke in Berlin wieder. Sie hatte mit Karin, meiner Freundin in Berlin, im Knast gesessen und erzählte mir ihre Geschichte. Ich hatte mich gewundert, sie auf meinen Tramptouren nie mehr getroffen zu haben, obwohl ich auch mehrmals in Torgau war. Sie war damals zwei Wochen von der Arbeit weggeblieben und wurde prompt von der Stasi abgeholt, wegen Asozialität zu ein bis zwei Jahren Haft verurteilt und saß mit Karin im »Roten Ochsen« in Halle. Bei wegen Asozialität Verurteilten gab es bis Anfang der 70er Von-bis-Strafen. Je nach Führung wurde die real abzusitzende Zeit im Knast selbst bestimmt. Nach ihrer Entlassung wurde ihr die übliche Arbeitsplatzbindung auferlegt. Sie wurde einem Fleischereibetrieb zugeteilt. Dort war sie die aus dem Knast und durfte die niederen Arbeiten erledigen, Knochen wegräumen, Blut aufwischen usw. Sie bemühte sich um einen anderen Arbeitsplatz innerhalb des Kombinates, abgelehnt. Nach drei Wochen Krankschreibung ging sie trotzdem nicht zur Arbeit. Weitere drei Wochen später wurde sie wieder abgeholt und bekam zwei bis fünf Jahre, vier davon saß sie ab. Sie spricht heute noch keinen längeren Satz, ohne sich zu verhaspeln. Ich traf Hansi in Leipzig, wir tauschten Bücher, Platten und unsere Adressen. So könnte man sich die interessantesten Bandtermine per Postkarte mitteilen. Am selben Abend lernte ich Wolfgang aus Schwedt kennen. Wolfgang hatte eine Adresse in Leipzig zum Übernachten. Wir erwischten gerade noch die letzte Straßenbahn, quer durch die Stadt. Dandy wohnte im Viertel an der Thälmannstraße, wo in Leipzig die Aussteiger leben. Morbider Charme überall, 10 Minuten zu Fuß vom Hauptbahnhof entfernt. Ein kleines zweistökkiges Haus auf einem Hinterhof, mit ausgelatschten Holzstufen und kaputtem Geländer. Es war bereits kurz vor 2 Uhr, wir klopften, nach kurzer Zeit öffnete sich die Tür. Detlef, Dandys Freund, stand splitternackt im Rahmen. Wir hatten wohl genau den richtigen Moment abgepaßt, trotzdem freute er sich, Wolfgang zu sehen. Wir tranken Tee und quatschten noch, bis es hell wurde. Irgendwie war es, als ob wir uns schon länger kannten. Vier kleine Zimmer, in jedem stand mindestens ein Bett oder Sofa, die Wohnung war auf Besuch eingerichtet. Angenehme Leute, ich versprach wiederzukommen. Nächstes Wochenende wäre günstig. Nördlich von Leipzig, auf einem kleinem Dorfsaal, würde Spiszek aus Polen mit ein paar Leipziger Musikern spielen. Als ich Freitag nachmittag bei Dandy und Detlef aufkreuzte, war die Bude schon voll. Spiszek saß in der Ecke des Wohnzimmers und übte Gitarrenriffs, die anderen zwängten sich in der kleinen Küche zusammen. Der ganze Trupp lief zum Bahnhof, und wir fuhren mit dem Zug nach Delitzsch. Da Dandy die Band kannte und der Gastmusiker mit uns kam, wurden wir alle umsonst reingelassen. Die Band hieß Mama Posudu, den Namen hatte ich noch nie gehört. Kotze und Pampel, die Gitarristen, richtig Klasse. Sie spielten einige Titel von Blind Faith, der Saal tobte. Spiszek legte ein 10-Minuten-Gitarrensolo hin, er war verdammt schnell und variierte seine Melodien geschickt um das Hauptthema. Mit dem letzten Zug fuhren wir nach Leipzig zurück, wie es sich gehörte, ohne Fahrkarte. Es kamen keine Kontroletti. Wir saßen noch eine Weile bei Kerzen und Rotwein. Gegen drei Uhr wurden die Schlafgelegenheiten aufgeteilt. Durch lautes Poltern wurde ich wach. Es krachte die Treppe herauf, dann lautes Rufen: »Aufmachen, Polizei!« Bevor Dandy sich den Bademantel angezogen hatte und die Tür erreichte, gab es einen lauten Knall, Holz splitterte, und etwa zehn Bullen stürmten in die Zimmer. Hände hoch, Beine gespreizt, ab an die Wand. Durchzählen, wir waren 13 Leute. Jeder einzeln seinen Ausweis holen, abgeben und flaniert von zwei Grünen die Treppe runter. Da stand ein LKW, die Plane hochgeklappt. Nach und nach landeten wir alle auf der Ladefläche. Durchzählen – nur 12! Hektik kam auf. Die Beamten rannten durcheinander, hinauf zum Dachboden, runter in den Keller, Nr. 13 blieb verschwunden. Wir grinsten, den Bullen war's peinlich. Er konnte nicht weg sein. Es gab keinen Fluchtweg, die Nachbardächer zu hoch, der Hof bewacht. Nr. 13 blieb verschollen, wir fuhren los. Auf dem Revier das übliche Verhör, Überprüfen der Arbeitsstelle usw. Das ersparte viel Zeit, denn es gab noch keine Computer. Die Anfragen in die Heimatstadt über Telefon konnten dauern. Ich hatte immer meinen SV-Ausweis (Sozialversicherungsausweis) dabei, darin der Stempel vom VEB Bau Dresden. Die Fotografenlehre hatte ich abgebrochen. Anderthalb Jahre nur Dunkelkammer, immer nur Lieschen Müllers Urlaubsfilme zu entwickeln, das war auf die Dauer doch zu langweilig. Bei mir war alles okay, 7.30 Uhr wurde ich entlassen und lief zurück zu Dandys Wohnung. Sie war schon da, neben ihr saß Nr. 13. Er hatte sich hinter einer offenen Tür versteckt, weil er keinen Ausweis mithatte. Sie suchten hinter Schränken, unter Betten, selbst hinter den Ofen, wo kein Mensch hinpaßt, hatten sie geschaut. Er hatte sogar hinter seiner Tür eine Zigarette geraucht. Sie haben ihn nicht gefunden. Die Geschichte wurde immer wieder erzählt. Es wurde immer mehr gelacht, bis gegen Mittag alle zurück waren. Wir spekulierten, warum das Überfallkommando die Bude gestürmt hatte. Zu oft Besuch von überall war die einzige Erklärung, die wir fanden. Zwei, drei Leute wollten noch woandershin. Der Rest ging abends geschlossen zu einer in der Nähe stattfindenden Party. Dandy hatte die Tür notdürftig repariert und kam mit. Um 2 Uhr waren wir zurück, um 4 Uhr im Bett, um 5 Uhr krachte die Tür erneut, ohne Vorwarnung wie gehabt. Wir waren müde. Es dauerte, bis wir uns aus den Betten gequält hatten. Auf dem Revier dauerte es diesmal länger. Eigentlich hatten sie schon alle Personalien, »reine Schikane«, meinte mein Nachbar. »Die wollen uns einschüchtern, damit keiner mehr zu Dandy kommt und sie nach oben melden können, daß sie wieder ein konterrevolutionäres Nest zerschlagen haben.« Mich hat's nicht abgehalten. Später wohnte ich ein halbes Jahr bei Dandy, als ich Techniker bei einer Leipziger Band war. Dandy hatte sich einen Rechtsanwalt genommen und den Revierleiter auf Hausfriedensbruch verklagt. Sie bekam eine Vorladung. Nichts Gutes ahnend, erschien sie zum Termin auf dem Revier. Der Chef stand auf, begrüßte sie, griff in die Hosentasche, zog sein Portemonnaie heraus und gab ihr Geld für die Reparatur der Tür. Sie konnte gehen. Die Geschichte verlief im Sande. Solange ich Dandy noch besuchte, gab's keine Stürmung mehr. Allerdings stand öfter ein Auto vor der Tür. Mit zwei oder drei Männern drin, mit Fotoapparat, Männer, die nie ausstiegen. In diesem einen Jahr bin ich in der DDR über 40000 km getrampt. In meinen Träumen einmal um die Welt.

Susanne Leinemann

Der Zoobesuch

Andreas ging nie besonders ehrfurchtsvoll mit Westobjekten um. Sie standen ihm zu – ihm als Künstler, als Photographen. Sein Blick richtete sich gen Westen: Amerika, Frankreich, Anselm Adams und Josef Koudelka. Er las »Camera international«, wenn er sie in die Finger bekam. Andreas sprach es nie aus, aber noch bevor er jemals ein Bild verkauft hatte, plante er eine Ausstellung im kapitalistischen Ausland – eines Tages. Der Westen lag Mitte der achtziger Jahre nicht mehr weit für Künstler – oder solche, die es werden wollten.

Und so nahm er, als wir uns das erste Mal trafen, ohne viel Respekt meine kleine westdeutsche Kamera, die so groß war wie eine Handfläche, bewegte sie mit seinen kräftigen, wie ich später meinte, Arbeiterfingern hin und her, fuhr das winzige Objektiv aus, stellte spielerisch die Entfernung ein. Schließlich befand er sie gut gearbeitet, aber die Russen hätten schon länger so eine. Dann schaute er hoch, mir direkt in die Augen, und – Kitsch hin oder her – ich verliebte mich in diesem Augenblick. Widerstand macht attraktiv.

Romanze im Sozialismus. Wir waren beide aufgeregt, hatten einiges getrunken. Johannisbeerschnaps – süß, klebrig, mit dem scharfen Nachgeschmack des Alkohols. Wir beugten uns nach vorne, wollten zu den Gläsern – beide noch zu unsicher, um den Anfang zu machen –, trafen den anderen Mund, küßten einander berauscht. Danach ging es nach draußen, hinaus aus dem Klub der Kunsthochschule, vorbei an der Ruine der Frauenkirche, der Semperoper, hinein in ein Seiteneck des Zwingers, in der Hand eine Flasche Wein. Am Rande des Brunnens saß ein junger sächselnder Kubaner. Alle drei hatten wir die Tasche quer geschultert, trugen Jeans und vermutlich Sandalen. Die DDR war sommerlich, verrückt und das freieste Land der Welt.

Es war 1985 und keine Wende in Sicht. Damals stand ich vor meinem siebzehnten Geburtstag, Andreas war wenig älter. Er machte gerade seine Lehre bei »Photo Koch« in Dresden und stöhnte über unendliche Reihen von Paßphotos. Ich ging in Bonn zur Schule. Ideologisch hatten wir beide keine Probleme, uns zu nähern. Andreas besaß zwar noch Reste von Polit-Pathos, aber intensivere FDJ-Zeiten – die ihm den Zugang zu Filmkameras gebracht hatten – waren vorbei. Meine demokratische Erziehung gab mir sowieso keine Richtung vor. Ich war links, tolerant, aber nicht besonders begeisterungsfähig für verengte Utopien. Es ließ sich also über alles reden.

Wieso DDR? Eine Berlin-Reise, ein Geschenk zum 14. Geburtstag, hatte mich drei Jahre zuvor das erste Mal dorthin gebracht. Für meine Eltern – Ex-Berliner, die jetzt im Rheinland lebten – war die Besichtigung deutsch-deutscher Teilung ein Muß. Also: sechs Tage West, zwölf Stunden Ost. Wir kauften ein Tagesvisum für »Berlin – Hauptstadt der DDR« und erhielten freien Zugang zum Sozialismus bis Mitternacht. Ich war völlig unvorbereitet, unbelastet von Ostverwandtschaft und rituellem Westpakete-Packen. Wenn Fernsehunterhaltung am Samstagabend mit einer Begrüßung der »Brüder und Schwestern im Osten« begann, mußte ich lachen. Obwohl zeitgleich Hunderttausende DDR-Augen das Programm mitverfolgten, schien mir ziemlich klar: auf der anderen Seite der Mauer saß niemand. Einzig die Mächtigen und Macher der Bildzeitung klatschten bei solchen reaktionären Worten. So einfach war das.

In meinem Kopf war eine Deutschlandkarte gewachsen, in der das sozialistische Pendant zur Bundesrepublik aus einer grauen Fläche bestand, das ohne Orte, ohne Regionen war – lediglich zusammengehalten durch die dicke Linie einer Staatsgrenze. In der Mitte schwamm West-Berlin. Eine solch beschränkte Topographie hätte sich manch führender DDR-Kader bei den eigenen Jugendlichen gewünscht. Dort klappte es meist nicht. Für mich dagegen war die totale Nichtbeachtung nicht besonders anstrengend. Unter uns westdeutschen Jugendlichen fand die DDR kein Interesse. Sie war ein Fall für überengagierte Geschichtslehrer, obskure gesamtdeutsche Institute oder Kommunistenhasser.

Am ersten DDR-Besuchstag, als sich per Summer die Grenztür öffnete, ließ sich indes nicht mehr übersehen: ein Ost-Berlin existierte. Da stand ich, pubertierend wach und ahnungslos, in diesem fremden Deutschland und verstand nichts. Die Leere des Alexanderplatzes. Die FDJ-Gruppe, die in der Nähe das Laub vor irgendeinem Denkmal wegkehrte. Die Uniformen. Die kurze Speisekarte im Keller des Roten Rathauses, der unfreundliche Kellner, der mitteilte, zwei der vier Gerichte seien nicht da. Wir hatten eine halbe Stunde angestanden. Dann die Karl-Marx-Allee, ehemals Stalin-, heute Frankfurter. Der Wind pfiff, es war November, ich bekam – vielleicht war es die Nachwirkung der durchdringenden Paßkontrolle – Beklemmungen, fühlte mich beengt, verfolgt, wollte sofort aus dem Land. Wir ließen die Theaterkarten für den Abend verfallen. Ich rettete mich, begleitet von meiner Mutter, die mich nicht zurückhielt, in das schützende West-Berlin.

Ohne den verkürzten Tag in Ost-Berlin wäre ich vermutlich unbehelligt vom anderen Deutschland bis in die Wendezeit gekommen und hätte dann, wie viele Westdeutsche, während der Bilder vom Mauerfall vor dem Fernseher geweint, um nur ein Jahr später auf Partys zu erklären, daß die Ostdeutschen so anders seien und ich mit ihnen nichts anfangen könne. Danach wäre ich vermutlich wieder in das Stadium totaler Nichtbeachtung des Ostens zurückgefallen, nur unterbrochen von Zeichen wirtschaftlicher Verschlechterung, deren Ursache ich – entweder besonders dumm oder besonders schlau – in der Wende gesucht hätte. Aber es kam alles ganz anders.

Zurück in der Sicherheit, machten mich meine Ängste neugierig. Unter solchen Bedingungen sollten siebzehn Millionen Menschen leben? Oder hatte ich verzerrt geguckt, noch ganz beeindruckt vom bunten West-Berlin, das sich so anders gab als das kleinstädtische Bonn? Ich hielt mich für unfair, suchte eine Brieffreundin und fand sie in Dresden. Erst schreiben, dann wunderbare Sommerferien, in deren letzter Woche ich mich verliebte. Andreas war der Freund des Bruders der Freundin, die ich besuchte. So ging das in der DDR. Versippt und verschwägert, jeder kannte jeden, und wir waren immer unterwegs. Sieben Tage nach dem ersten Kuß mußte ich abreisen.

Zwischen Andreas und mir entspann sich ein kurioser Briefwechsel. Als wäre eine Mauer nicht schon genug, verschwand ich nach dem Sommer als Austauschschülerin ganz aus Deutschland. Ein Meer schob sich zwischen uns. Zwölf Monate Karibik – Puerto Rico – brachten damals auch Westdeutsche vor Neid zum Erblassen. Andreas schrieb über sein erstes Atelier, Photographie, Bewerbung an der Kunsthochschule, ich über Schnorcheln im Korallenriff, Telenovelas, katholische Doppelmoral. Als ich mich über die tägliche, nervtötende Sonne beschwerte, beschrieb er mir die Szenarien eingefrorener Wasserrohre und verrottete Kohleöfen. Wir stritten uns schriftlich darüber, ob ich in der letzten Kolonie Amerikas lebte oder daß er nach dem Reaktorunfall in Tschernobyl Milch trank. Beide fanden wir die Position des anderen übertrieben.

Herzrasen und Wiedersehen. Beim zweiten Besuch in Dresden trug ich statt raspelkurzer Haare eine feminine Dauerwelle, oder, wie Andreas sich ausdrückte: Kaltwelle. Wir waren irritiert voneinander, und ich befand mich in einem irritierenden Land. Andreas hatte die

Wochen schon verplant, wollte alles richtig machen. Kaum war ich über die Grenze, ging der Termindruck los. In der DDR war immer Programm. In kürzester Zeit wollte er mir seine Welt vorstellen: Freunde, Künstler, Ereignisse. Nach wenigen Tagen verstand ich nicht mehr, warum wir das Haus schon wieder verließen, um weitere Unbekannte zu besuchen.

Die DDR: das war die Welt des Schuhschrankes, des Garderobenständers und der Mustertapete. Es war ordentlich. In der Wohnung seiner Eltern, Angehörige des verdeckten DDR-Bürgertums, überwog der Schwedenschick: funktionale Möbel, in der Regel mit Furnier belegt, manchmal auch Massivholz. Es war ein Deutschland, in dem es regelmäßig Abendessen gab, wo der Brotkorb familiär herumgereicht wurde und viel Wurst auf dem Tisch stand. Es war herzlich und verstaubt. In diese Welt brach ich ein, und es machte Spaß. Uns beiden.

Wir lebten in den Tag hinein, mit fünfhundert Mark in der Tasche. Durch den Zwangsumtausch besaßen wir ungeheuer viel Geld. Kein Problem, es auszugeben. Wir bereisten das Land. Frühstücken im »Egon-Erwin-Kisch-Café« in Berlin, Schwedeneisbecher im »Café am Markt« in Dresden, Kunsthandwerk in Ahrenshoop. Ich schlug mich mit Abkürzungen herum, die ich nie gehört hatte, entdeckte historische Figuren, die mir vorher kein Begriff waren: Soli-Beitrag, KWV und GST; Ernst Busch, Ernst Thälmann, Ernst Barlach. In Museen erklärte mir Andreas die Perspektive. Wir saßen in überfüllten Reisezügen. Verbrachten die Nacht zwischen Rostock und Berlin auf dem Zugboden vor dem Klo, neben einem umgekippten Mülleimer, irgendwo rollte eine Bierflasche. Alle Plätze waren von uniformierten NVA-Soldaten belegt. Ankunft am Hauptbahnhof, zwischen zwei und drei Uhr morgens, eine Schlange wartete geduldig, genervt auf ein Taxi. Andreas verfluchte sein Land. Ich fand alles spannend. Dann wieder Schlafen bis mittags, später barfuß durch den Regen. Wo immer wir waren, brachten wir den protestantischen Alltag in diesem atheistischen Staat durcheinander. Andreas vergaß Verabredungen, war verliebt, fasziniert und quälte sich gleichzeitig mit der Leichtigkeit. Er wurde krank.

Seine Eltern benahmen sich mir gegenüber entgegenkommend und beunruhigt zugleich. Als Außenstehende bemerkten sie schnell die Warnzeichen der Unordnung. Bei der Rückkehr aus dem Urlaub stellte der Rest der Familie fest: im Kühlschrank war die Leberwurst verdorben, der Ketchup hatte Schimmel, die Rolläden waren nicht richtig verschlossen. Die Erzeuger reagierten verärgert, so kannten sie ihren Sohn nicht. Überhaupt nahmen wir die Lage offensichtlich nicht richtig ernst. Der Vater sah seinen Sohn schon im Westen verschwunden, durch Heirat oder schlimmer Flucht, und malte sich die Folgen aus: der eigene Karriereknick oder weniger Chancen für die jüngere Tochter. Schließlich war der Übervater DDR streng mit gefallenen Kindern. Und so nahm er mich nach wenigen Tagen zur Seite, erläuterte mir die Charakterschwächen des eigenen Sohnes, sprach auch über Verantwortung, bis ich nicht mehr wußte, wohin ich gucken sollte. Er war zu verstört, als daß er noch eine verliebte Siebzehnjährige in mir sehen konnte. Für mich blieben die meisten Botschaften, die er an mich aussandte, verschlüsselt. Egal, wie ich mich verhielt, für die Familie hatte ich eine zerstörerische Sprengkraft. Einfach nur, weil ich da war.

Andreas und ich taten so, als ginge uns das nicht an. Als Paar konnten wir viel miteinander anfangen, ergänzten Gedanken, stritten hilfreich – wo sollte da ein grundsätzlicher, trennender Unterschied sein? Wir waren eine gute Mischung zwischen Idealismus und Realismus. Andreas – geprägt von den theoretischen Reinformen und Ansprüchen seiner Gesellschaft – hob ab, ich dagegen – mit Vielfalt groß geworden und mißtrauisch gegenüber zu klaren Meinungen – erdete. Aber wir blieben im Gespräch. Mit dem Drohbild blutrünstiger Imperialisten im Ost-Berliner Museum für Deutsche Geschichte, die – schon eingepackt im Strahlenschutzzeug mit Gasmasken über dem Puppengesicht – nur darauf warteten, nach dem atomaren Erstschlag das andere Deutschland einzunehmen, um neue ausbeutbare Arbeitskräfte zu versklaven, hatte ich nichts gemein. Wir standen davor und lachten, vielleicht ein bißchen gequält. Die Inszenierungen waren einfach zu grotesk. Ich habe keine Ahnung, für wen diese politische Darstellung damals zeitgemäß sein sollte.

Nach drei Wochen verschwand ich wieder, mußte verschwinden. Den Staat brachten Verliebte nicht durcheinander. Bei der Abreise war meine Tasche dick gepackt, voller Ostimporte. Doch die Sachen, Photos, Erinnerungen lebten im Westen nicht weiter. Auf dem Raucherhof der Oberstufe überwogen Erzählungen aus Italien, Spanien, Griechenland. DDR-Geschichten wirkten hier muffig, rochen nach Lysol. Alles Mitgebrachte machte eine schleichende Entwertung von Ost nach West durch. Dinge, die vor der Grenze, auf östlicher Seite, noch schmeckten, für die ich mir die Hacken abgelaufen hatte, wurden im Westen schlagartig unansehlich und unappetitlich. So erging es den Büchern auf grobem Papier, Amiga-Platten, meinen Lieblingswaffeln. Die Entwertung geschah nicht bewußt, die Dinge blieben einfach liegen, verloren an Wert.

Als erstes verdarb der ungenutzte Reiseproviant. Über Wochen lag eine DDR-Limonade in unserem Bonner Kühlschrank. Eingelagert zwischen italienischem Weißwein, Frischmilch in Kartons, über dem Fach mit saftigen Orangen – die leckeren aus Spanien – unter der Tupper-Dose mit verschiedenen Käsesorten aus Frankreich. Dort befand sich die Limoflasche, mit einem lächerlich niedrigen EVP-Preis auf dem Etikett. Der Flaschenhals zeigte rostige Flecken, die chemiegelbe Flüssigkeit wirkte am Boden etwas flockig. Meine Mutter drängte mehrmals, die Limo endlich zu trinken. Sie gehört zur Generation der Kriegskinder, die ihr Herz plötzlich und willkürlich an ein bestimmtes Lebensmittel hängen. Aber die Limonade blieb liegen. Hier im Westen schmeckte sie nicht mehr.

Und noch etwas verkümmerte nach der Rückkehr. Jenseits der Grenze war die Leichtigkeit zwischen Andreas und mir verschwunden. Drängend stellte sich uns die Frage: Hatten wir Zukunft, und wenn ja, wann sollte sie beginnen? Briefe wurden durch Eilbriefe und Telegramme ergänzt. Um anzurufen, verbrachten wir Nachmittage über Wählscheibe oder Tasten, auf der Suche nach einer Leitung. Ab und zu fuhr ich für einen Tagesbesuch nach Ost-Berlin. Hörten oder sahen wir uns, benahm sich der andere häufig nicht wie erwartet. Ich war zickig, er enttäuscht oder umgekehrt. Unser häufigstes Wort war »Mißverständnis«. Schriftlich nahmen wir Bezug auf Gespräche und Situationen, die wir Wochen, Monate zuvor zusammen erlebt hatten. Vielleicht aus Sorge vor fremden Lesern – denn wir dachten oft daran, daß Dritte die Briefe mitlasen – schrieben wir selten aus, worum es ging, sondern wiesen hin, deuteten an. Wir zitierten Momente und zitierten dabei aneinander vorbei. Oft saß ich angenervt in meinem Zimmer in Bonn und wußte einfach nicht mehr, worum es in dem gerade gelesenen Brief ging.

Deutlich ausgesprochen war in diesem Moment nur eines: Andreas saß die NVA im Nacken, er wollte rüber, und ich weigerte mich, die Begründung zu sein. Für Heirat fühlte ich mich zu jung, eine Flucht machte mir Angst. Am entscheidenden Wochenende, an dem wir die nun bedrängend und bedrohlich wirkende Zukunft besprechen wollten, verboten mir meine Eltern die Reise nach Berlin. Trotz der achtzehn Jahre: ich war wieder ganz Kind und dankbar, daß sie mir die Entscheidung abnahmen. Zum ersten Mal traf mich der Vorwurf einer »Zoobesucherin«, den mir eine von Andreas' Freundinnen gemacht hatte. Denn diesmal machte mir ein Besuch keine Freude, also blieb ich zu Hause, zahlte nicht den üblichen Eintritt in das andere Deutschland. Das hatte Konsequenzen. Andreas verschwand in der Kaserne. Ich machte mein Abitur.

Die Armeezeit bestand aus Stillschweigen. Andreas versuchte mich in unterirdischen Bunkern der Flugabwehr zu verarbeiten, mich lenkte ein neuer Freund in Bonn ab. 1988 kam, der Osten ließ mich nicht los.

Mit der zwölften Klasse machten wir die Abschlußfahrt nach Dresden. Hoch subventioniert und entgegen dem Murren aller, die eigentlich an den Lago Maggiore wollten. Niemand der Mitschüler fragte mich nach meinen DDR-Erlebnissen. Fest verbunden im westlichen Klassenkollektiv, hatten wir austauschbare Treffen mit FDJ-Jugendlichen, die ich nicht mochte. Es war, als wäre ich vorher nie in diesem Land gewesen. Als Großgruppe aus dem Westen zogen wir auf den Straßen und in den Zügen magnetisch die Menschen an, die immer etwas zu meckern haben: in jedem System, zu jeder Zeit, aber im Sozialismus besonders. Das waren die Tütensammler, die aus jedem Westobjekt eine Ikone machten. Eine überflüssige Reise, in der wir – ständig geleitet und geführt – kaum etwas von der Realität wahrnahmen.

Trotzdem: in dieser Woche fand ich den Weg zu Andreas' Eltern in Dresden, traf aber nur seine Mutter an – zufällig, denn eigentlich war die Familie in die Hauptstadt umgezogen. Ich wollte ein Tagebuch unserer Wochen für ihn zurücklassen. Schicken durfte ich es nicht, das war klar. Als ich im leeren Wohnzimmer vor ihr saß, brach heftig das Gefühl über mich herein, Andreas im Stich gelassen zu haben. Seine Mutter half mir, wie sie helfen konnte: sie erzählte ihrem Sohn von meinem Besuch. Er schien beeindruckt. Zwei Briefe erreichten mich über Umwege vom uniformierten Genossen der NVA, mit dem Absender aus »keinem Ort« und »keiner Zeit«. Als Belohnung für die deprimierenden achtzehn Monate Armee winkte am Ende für ihn die Kunsthochschule.

Schwer angeschlagen und begleitet von Zweitpartnern, hielt die Liebe bis zur Wende durch. Wir trafen uns in Berlin und Leipzig. Die DDR wirkte trostlos in ihrem letzten Jahr. In einer Kaufhalle nahe dem Alex, die wir betreten hatten, um irgend etwas zu kaufen, das es sonst nirgends gab, standen wir vor einer Kasse Schlange, umgeben von einem Aufmarsch eingeweckten Gemüses in Gläsern. Die roten Beete, das Sauerkraut, die Rohkost hatten die Farben präparierter Organe und Muskeln in Anatomiesälen angenommen. »Wem soll ein solcher Sozialismus noch Spaß machen«, fragte ich Andreas – ganz Kind der achtziger Jahre. Der winkte müde und angewidert ab. Vermutlich dachte er das schon lange, vielleicht war ich auch die letzte, von der er solche Feststellungen hören wollte. In einigen Stunden würde ich wieder verschwunden sein. Wir waren nachtragend geworden.

Falls ein Gott der Liebe, ein Amor existiert, er gewährte uns noch eine Chance: den 9. November 1989. Nein, nicht die übliche Freude der Wiedervereinigung, kein spontanes Treffen an der durchlässigen Berliner Mauer. Wir hörten die Nachricht der Grenzöffnung gemeinsam im Radio seiner Küche in Leipzig. Wie von Sinnen gingen wir am nächsten Morgen zum Bahnhof, Andreas wollte sofort nach Berlin. Hier wurde nicht vor Glück geweint, sondern vor Anstrengung. Die Menschen drängten in die Züge, quetschten sich, hangelten durch die Fenster hinein, hingen als Traube aus den Eingängen. Wer die Ordnung nicht völlig aufgeben wollte, wartete zusammen mit Hunderten vor dem Fahrkartenschalter.

Andreas traf eine Bekannte, eine Mitfahrgelegenheit nach Berlin. Er wollte sofort los, ich konnte nicht mit – mußte arbeiten, Programmhefte verkaufen für das westdeutsche Theater, mit dem ich gereist war und das gerade sein erstes DDR-Gastspiel gab. So haben wir den Westen nicht gemeinsam betreten. Ich blieb in Leipzig. Andreas fuhr allein. Nach Steglitz.

Werner Bender

Messeabenteuer 1999

Im März des Jahres 1999 wurde im Unterhaltungsteil der »Leipziger Volkszeitung« unter dem gleichen Titel, den dieses Büchlein trägt, in mehreren Fortsetzungen eine Geschichte abgedruckt. Personen, Gedankengänge und Ereignisse, die darin geschildert werden, waren für die so anspruchsvollen Leser jener Zeit gewiß nicht von überwältigender Bedeutung, aber dennoch genossen sie die Lektüre nicht ohne Interesse. Nicht zuletzt, weil in der Ankündigung folgendes zu lesen stand:

Was war das Geheimnis der olivgrünen Lokomotive?

Wer setzte die größten Schachspieler matt?

Welcher Hirnverbrannte erfand den aufrecht stehenden Toten im Himalaja?

Wer entlarvte die Bildfälschung im »Museum des 20. Jahrhunderts«?

Wie entstand die Unwetterkatastrophe in Leipzig?

Wer rettete die Stadt der Weltmesse?

All diese und andere Rätsel, worüber unsere Zeitung in den letzten Tagen wiederholt berichtete, werden in dieser Geschichte aufgeklärt. Wir versichern, daß keine der Begebenheiten und der handelnden Personen frei erfunden sind. Es ist alles getreulich so niedergeschrieben, wie es sich kürzlich hier zugetragen hat.

Mancher Leser dieses Büchleins dürfte nun mit einigen Einrichtungen und Gepflogenheiten, die für den Zeitungsabonnenten des Jahres 1999 selbstverständlich sind, nicht zur Genüge vertraut sein. Deshalb schien es ratsam, den Zeitungstext zu überarbeiten und an vielen Stellen umständlicher auf Verhältnisse und Geschehnisse einzugehen.

Mit Recht könnte der Leser argwöhnen, die Geschichte habe durch Umarbeitung an Güte und Wahrscheinlichkeit verloren. Dann sei ihm geraten, sich die Ausgaben der »Leipziger Volkszeitung« bis einschließlich 1. April 1999 selbst zu besorgen.

I.

Eine stromlinienförmige Wagenschlange, rot, silbern und aus blitzendem Glas, huschte in rasender Fahrt vorbei an den nebelverhangenen Hügeln des Fichtelgebirges nach Norden.

Offenbar hatte er's eilig, der Blitzzug München–Leipzig. Seine tausendpferdigen Atommotoren schnellten ihn in weniger als anderthalb Stunden über die vierhundert Kilometer lange Schiene. Der Zeiger des Tachometers im Führerstand wies auf dreihundertfünfzig. Etwa zwanzig solcher Züge fuhren täglich in beiden Richtungen. Jetzt im März verkehrten sie aus gutem Grund sogar zweimal in der Stunde. Nach ihrem ebenso berühmten wie altmodischen Großvater – dem »Fliegenden Hamburger« – trugen sie den anmaßenden Namen »Die Fliegenden Leipziger«.

Solche rassigen, elegant schillernden Geschöpfe hasteten hin und her zwischen München und Leipzig und den anderen großen Städten, nervös verhielten sie bisweilen für einen Augenblick auf kleineren Zwischenstationen, dann jagten sie mit einem ehrgeizigen, pfeifenden Geräusch weiter, das aber irgendwie beleidigt klang; denn auch die stolzen sogenannten »Fliegenden« wurden unaufhaltsam altmodisch, da war nichts zu retten. Schon hatten »Stratosphärenexpress« und »Rasender Diskus«, der in raschem Zickzack von Stadt zu Stadt übers Land sprang, ihnen die Hälfte aller Passagiere abspenstig gemacht. Und der »Fliegende Leipziger« wirkte nun wie einer, der aus dieser Entwicklung schrulligerweise erst die halbe Konsequenz gezogen hat: Er fuhr, sicher balancierend, nur noch auf *einer* Schiene.

Vorn, in seiner verglasten Kabine, träumte der Zugführer in den diesigen Märzmittag hinaus und gähnte wohl schon zum zwanzigsten Male seit München.

Frühjahrsmüde? – Unsinn, der Mann weiß ja gar nicht, was das ist. Diese komische Krankheit ist längst abgeschafft. Überdies hat er die letzte Nacht glänzend geruht und heute den halben Vormittag unter seinen geliebten fleischfressenden Pflanzen im Münchner Botanischen Garten verbracht. Das Unbehagen, das er da hinausgähnt, ist ein plötzlicher Anfall von Langeweile, das kränkende Gefühl, überflüssig zu sein. Auf einmal hat's ihn gepackt, und er denkt, ach, denkt er, was wird denn schon passieren, wenn er jetzt auf seinem bequemen Sitz einnickt? Gar nichts! Auch dann wird dieser Teufelszug in scharfen Kurven klüglich seine Geschwindigkeit verlangsamen und auf gerader Strecke ganz von selbst wieder auf volle Touren schalten. Auf Meter und Minute genau wird er in die nächste Zwischenstation einfahren, bei Sperrsignal auf freie Fahrt warten; und sollte gar ein verrückt gewordener Felsbrocken aus den Tiefen des Alls ausgerechnet vor ihm auf die Schiene stürzen, so wird er prompt mit gespenstischer Sicherheit bremsen und stehenbleiben, ehe er sich die Nase einrennt... Und er, der Zugführer, ist eigentlich nur »für alle Fälle« da – ein regelrechter Notnagel. Dagegen war doch ein Straßenbahnführer seligen Angedenkens geradezu ein kühner, sturmerprobter Kapitän des Verkehrswesens!

Der Mann setzte vernünftigerweise eine Beruhigungszigarette in Brand. Als der Rauch aus seinen Nasenlöchern stieg, mußte er über seine albernen Grillen lächeln. Schuld an seiner Verstimmung war natürlich etwas ganz anderes. Es wurmte ihn, daß die Pflicht ihn auf seinen einsamen Platz festnagelte, während der Zug dieser Tage vollgestopft war mit einem besonders bunten, interessanten Gemisch von Reisenden. In hellen Scharen kamen sie über München, das südliche Tor Deutschlands; viele von weit her, aus den warmen Ländern. Nicht nur Wiener, Neapolitaner, Griechen und Spanier saßen in den Abteilen neben den Nachkommen der bayerischen Ureinwohner. Über die beiden riesigen schwimmenden Brücken, die den schwarzen Erdteil bei Gibraltar und Sizilien übers Mittelmeer hinweg mit Europa verbanden, kamen Marokkaner, Neger von der Goldküste, Kapländer, Abessinier und Bürger der jungen Föderativen Zentralafrikanischen Republik; über den Orientalischen Viadukt von Konstantinopel aber Türken, Araber, Perser, Inder. Sie tranken Mokka oder Pilsner Jubiläumsbier, entwickelten beim Bestellen aller nur erdenklichen Delikatessen eine geradezu sündhafte Phantasie, schwatzten miteinander, so gut es eben ging, über ihre Heimatländer und die bevorstehende Messe. Und so dachte der Zugführer, der nun mal für alles Exotische, Südländische schwärmte, ein wenig neidisch daran, welch abwechslungsreiche Beschäftigung doch seine Kollegen hätten – die Reisebegleiter

II.

Für die beiden Verfolger des geheimen Unholds vom Sirius verlief die erste Hälfte dieses 6. März jedenfalls ziemlich enttäuschend.

Erst verschlafen sie's gründlich, und wie sie zum Hotel »Himalaja« kommen, ist der Vogel natürlich längst ausgeflogen. Deshalb will der Egon schon wieder auf so einen schrecklichen Sportplatz, aber Franz protestiert. Der bedeutende Prantl, der ihm ja schließlich gestern wohl nicht umsonst seine Telefonnummer gegeben hätte, wäre sicher schon sehr aufgeregt, weil er, der Franz, ihn noch immer nicht angerufen hat. Um dem Pepp ganz den Wind aus den Segeln zu nehmen, ruft er trotz allem Herzklopfen auch gleich an. Der Prantl verabredet sich für halb zwölf mit ihnen, bringt noch zwei Männer mit, schleppt auch Franz und Egon vor's »Museum des 20. Jahrhunderts« und schnappt ihnen nun den Blasius vor der Nase weg. Das muß ja ein ganz Geheimer sein, dieser Prantl!

Egon war dafür, die Gruppe, mit der Blasius sich entfernte, spornstreichs zu verfolgen. Aber Franz bat händeringend, das zu unterlassen. Er erinnerte sich zu gut, wie er dem Prantl gestern schafsäugig in die Telefonzelle geglotzt hatte. Und die Vorstellung, daß er vom Prantl zum zweitenmal bei einer blöden Spioniererei erwischt werden könnte, machte ihm schweißige Kniekehlen.

Das war für Egon die beste Gelegenheit, Franz zu erpressen. Er drohte ihm: »Entweder du gehst jetzt sofort mit in den Olympischen Sportpark – oder ich laufe Prantl nach und petze, du hättest mich aus Feigheit alleine hinterhergeschickt!«

Franz kämpfte zwar erst noch schwach darum, vorher wenigstens einen einstündigen Besuch einer Messe-Ausstellungshalle herauszuschlagen, aber dann sackte er unter Egons massiver Drohung zusammen. Folgsam ging er mit in den Olympischen Sportpark – in's Reich derer, die es seiner Meinung nach »in den Waden haben statt im Kopf«.

Und sofort traten dann auch die diesbezüglichen Waden in Aktion: Nach fünf Minuten farbenprächtigem Allerwelts-Turner-Tanz wurde die olympische Meisterschaft im Hundertmeterlauf ausgetragen.

Wie die beiden in das zweihunderttausend Menschen fassende und dennoch total überfüllte Stadion hineingekommen waren, das ist eine Geschichte für sich.

Hier sei bloß vermerkt, daß das nur auf Grund von Egons genialer Unverschämtheit möglich gewesen war. Hatte er es doch fertiggebracht, die Leute am Einlaß davon zu überzeugen, daß Franz niemand anders sei als ein großer bayrischer Trachtentänzer und er selbst dessen Trainer...

Bisher hatte nur Egon den Franz heimlich für ein Genie gehalten. Jetzt hielt zum erstenmal im Leben der Franz den Egon für ein Genie.

»Auf die Plätze – fertig...« Die sechs weltbesten Hundertmeterläufer heben ihre sechs verschiedenfarbig bespannten Hintern. Zweihunderttausendfaches atemloses Schweigen.

Übrigens fand die ordentliche turnusmäßige Olympiade erst im Jahre 2000 statt. Aber aus Anlaß der Jahrtausendwende war man übereingekommen, diesmal zwei Olympiaden hintereinander zu veranstalten: Die eine zur Leipziger Weltmesse im letzten Jahr des alten und eine weitere im ersten Jahr des neuen Jahrtausends; die sollte fünfzehn Monate später in *Globus* ausgetragen werden. Globus war eine funkelnagelneue Stadt. Sie lag auf einer künstlich besonnten Halbinsel am Rand des eisigen antarktischen Erdteils, nicht allzuweit vom Südpol.

»Los!!« Ein trockener Knall – und die Sprinter jagen davon wie von Furien gehetzt. In fast vierhunderttausend Beinmuskeln hier im Stadion gibt es in diesem großen Moment einen schmerzhaften Ruck, und vierhunderttausend Augen verschlingen die Aschenbahn. Jetzt ist er da, der lang erwartete Augenblick! In weniger als zehn Sekunden wird es heraus sein, ob Jiri Atopek, der junge tschechische Wunderläufer, wirklich zum ersten Mal in der Geschichte des Hundertmeterlaufs die Neun-Sekunden-Grenze bezwungen hat! Die sportfreudige Menschheit vor den Fernsehschirmen glaubt einesteils daran, andernteils nicht...

Da wird die erwartungsvolle, schicksalsträchtige Stille im Stadion plötzlich durch ein völlig unprogrammgemäßes Gerufe und Gezeter gestört. Erschreckt lassen diejenigen Zuschauer, die nahe dem Startplatz der Läufer sitzen oder stehen, den herrlichen Jiri Atopek aus den Augen – und alle erleben das gewiß außerordentlichste Ereignis in der Weltgeschichte des Sports.

Ein Mann ist unbeobachtet auf irgendeine unerlaubte Weise durch die Umzäunung des olympischen Kampfplatzes gelangt, und zwar direkt hinter dem Startplatz. Als der Knall ertönt, beginnt der Mann, diesen sechs schnellsten Burschen der Welt hinterherzuspazieren. Er kümmert sich dabei nicht um die unartikulierten Entsetzensschreie einiger aufsichtführender Kampfrichter. Er spaziert seelenruhig den Grasstreifen neben der Aschenbahn entlang. Es ist ein Mann in durchschnittlicher Straßenkleidung: olivgrüner Umhang, flache, helle

Kappe von neuestem Schnitt. Er sieht schwer und massig aus, man würde ihm normalerweise höchstens zweimal pro Woche einen gemäßigten Laufschritt zutrauen. Aber hier ist es völlig sinnlos, daß die aufgeschreckten Aufpasser ihm nachrennen, um ihn zurückzuhalten... Der Mann rennt nicht. Er geht – oder genauer gesagt: Er stolziert, als hätte er einen Besenstiel verschluckt. Aber *wie* er stolziert!

Die Läufer hatten beim Startknall vielleicht acht bis zehn Meter Vorsprung. Und nun müssen's die ungläubig aufstöhnenden Zweihunderttausend mitansehen, daß der massige Tempostolzierer schon nach kaum fünfzig Metern mit dem Letzten, dem Klasseläufer Llanos aus Cuba, der sich mit pfeifender Lunge neben ihm abstrampelt, auf gleicher Höhe ist! Und majestätisch zieht der Olivgrüne an den nächsten vieren vorbei... Dann gibt es mitten auf der Strecke einen kleinen Zwischenfall: Ein geistesgegenwärtiger Aufsichtsführender stellt sich dem Mann in den Weg und fuchtelt mit den Händen. »Platz da, Mensch!« schnarrt da der Stolzierer grob, und der andere muß zur Seite springen.

Ein zweihunderttausendfacher Aufschrei: Etwa zwanzig Meter vor dem Zielband hat der Olivgrüne den herrlichen Jiri Atopek, den Wunderläufer, eingeholt! Für einen Augenblick liegen sie auf gleicher Höhe. Jiri Atopek läuft den Lauf seines Lebens, schnellt sich nervös nach vorn, spurtet, spurtet... Er gibt das Letzte her. Der Olivgrüne neben ihm aber wirkt wie eine Lokomotive, die auf einem Sonntagvormittagsspaziergang mal etwas mehr Dampf zulegt. Er rennt nicht, er geht – geht fünf Meter vor Jiri Atopek durchs Ziel...

»Halt!« schreit dort auf einmal einer laut und klar. Mit einem Ruck bleibt da der unaufhaltsame Stolzierer stehen, wird von dem Halt-Rufer einfach beiseite genommen und hinausgeführt aus dem tosenden Stadion.

Für Jiri Atopek wurde eine Laufzeit von 8,99 Sekunden gestoppt. Natürlich konnte sie nicht offiziell gewertet werden.

Fußgänger schlägt Wunderläufer!

Das Geheimnis der »Olivgrünen Lokomotive«

Diese Schlagzeilen lasen Franz und Egon einige Stunden später in der Nachtausgabe der Zeitung. Der sensationelle Vorfall war in allen Einzelheiten beschrieben. In der vielgelesenen Spalte »Buntes Messeallerlei« entdeckten sie außerdem auch eine launige Anekdote über einen sprachgewaltigen Professor, der heute von einem Messeführer, welcher nicht einmal Goethes einfachste Gedichte kannte, in Grund und Boden geredet worden sein sollte...

Wolfgang Büscher

Deutschland, du weißt schon

Ein Antrag auf Schluß der Debatte

Schreib doch mal was über den Osten, da bist du doch ab und zu, wie da jetzt die Stimmung so ist, du weißt schon, Deutschland, die Mentalität. Die Mentalität, ja, ich weiß, ich mach da schon was.

Es ist ja so leicht, sich überzeugen zu lassen, etwas zu sagen zu haben. Und so sollte es hier, werter Leser, endlich einmal ums Ganze gehen, um unser Sorgenkind, um Deutschland und sein liebstes Sujet: Deutschland. Links – rechts, Geist – Macht, die alte Wippe, du weißt schon, und um die jüngste Partie: Ost – West. Warum wippt das so? Warum sind wir so, wie wir sind? Sind wir nicht schrecklich?

Müssen immerfort zanken und grübeln und schmollen und – Obacht: Heine-Jahr! – schlaflos liegen beim Gedanken an Deutschland in der Nacht. In seinem ewig, ewig währenden Gram, seinem inniglich empfundenen Zerrissensein, seinem autosensibilisierten Fremdeln und Gruseln, seiner Gänsehaut an sich selbst. Das Mentale also, das war unser Stichwort, oder auch die Befindlichkeit. Das werte Befinden des großen Lümmels und Hypochonders.

Seine von allen Zwergen aus dem deutschen Garten hinausposaunte Migräne: die Gartenmauer. Die Mauer im Kopf. Aufgemauert in schwerer Zeit, liebgewonnen über die Jahre, plötzlich ohne Vorwarnung geschleift und aufgefahren gen Überbau. Aus dem Ostberliner Betonmischer ins Westberliner Dichterwort gefahren und von dort in unsere großen, thesenschweren Köpfe.

Mit einem Wort, um die große Sprachlosigkeit soll es hier gehen, von der auf Hunderten deutscher Foren, Kongresse, Tagungen politisch oder konfessionell gebundener, bisweilen aber auch gänzlich ungebundener Stiftungen und Akademien allenthalben die Rede ist. Und so beeilte ich mich, der freundlichen Einladung Folge zu leisten, und riß gleich das elektrische Notebook auf, vor dessen sperrangelweit aufgerissener Klappe mir noch immer etwas eingefallen war. Allein, diesmal fiel nichts. Der Schirm blieb leer.

Ich drückte, nach einigem Grübeln, die E-Klappe wieder zu und dachte bei mir, es sei doch das beste, überhaupt für eine Weile die Klappe zu halten. Doch bevor ich es tue, will ich dem Drang zum Wort noch ein allerletztes Mal nachgeben. Da es überhaupt nicht auffiele, schwiege nur einer, will ich, daß alle die Klappe halten. Ich will jetzt einen Antrag zur Geschäftsordnung stellen.

Wer je den Sitzungen eines deutschen Gremiums beiwohnte, wird sich an den seltsamen Moment erinnern: Einer springt auf, beide Arme schießen hoch, er schnalzt mit den Fingern – GO-Antrag. Er stoppt das routinierte Summen der Strategien, das quälende Abarbeiten einer nicht enden wollenden Rednerliste sofort. Die Väter der Gremiengesetze haben diese Notbremse eingebaut für den Fall, jemand fände, es sei jetzt genug geredet.

Ich stelle also an das Große Gemeinnützige Gremium für Gesamtdeutsche Grübelei (GGGGG), in dem wir ja irgendwie alle sitzen, auch du, werter Leser, auch du, einen GO-Antrag. Ziel des Antrags ist, den ganzen Laden, aber insonderheit seinen harten Kern berufsmäßiger Deutschlandbedenker, seine in unerbittlicher Permanenz publizierende Bundeszentrale, den Ständigen Ausschuß der Deutsch-Deutschen Dinge (St. ADDD), zum Schweigen zu bringen. Sofort.

Gründe

Erstens: Reden ist nicht so harmlos, wie die Redner es darstellen. Sie rechtfertigen sich, indem sie warnen, die Dinge würden sonst totgeschwiegen. Aber noch viel mehr Dinge sterben den qualvollen Tod durch Besprechen. Es wird bald keinen Osten mehr geben, wenn das Reden über ihn nicht aufhört. Und das wäre doch schade.

Solange die Grenze dicht war, war das Reden ein gern gesehenes Mitbringsel. Es hatte seine eigene Dramaturgie, die in den Familien gehütet wurde wie ein überkommenes Käsekuchenrezept.

Erster Akt. Westbesuch kommt. Er hat etwas mitgebracht. Diffus, aber deutlich empfindet er die dadurch bewirkte Störung des Gleichgewichts der Systeme, vulgo: zwischen seinen Gastgebern und ihm. Er dreht bei, steuert gegen. Lobt die Ostschrippe, das gute sächsische Bier, die zügige Abfertigung an der Grenze. Der Gastgeber erkennt die gute Absicht und ist verstimmt. Sein Mißtrauen regt sich, kennt er doch weder Westbrötchen noch Westbier noch die Grenzanlagen. Sein Besuch kommt ihm plötzlich ein wenig naiv vor: Sieht der denn nicht den Verfall, den Pfusch überall? Je länger er über die Chose sinnt, desto dekadenter erscheint ihm der Gast. Kann der sich überhaupt vorstellen, was er hier durchmacht im Osten? Die Warterei aufs Auto allein – man muß ihm die Augen öffnen.

Zweiter Akt. Der Ostler macht den Osten madig. Ostschrippe – haha! Bei euch drüben habt ihr jeden Morgen die Wahl zwischen zwanzig Sorten. Bei allem habt ihr die Wahl, von der Regierung bis zum Toilettenpapier. Ein böser Triumph leuchtet in seinen Augen. Das kann der Besuch nicht stehenlassen. Sein Gastgeber erscheint ihm plötzlich reichlich naiv. Der Westler sieht sich aufgefordert, einmal die ungeschminkte Wahrheit über den Westen herauszulassen: Glaubt sein Gegenüber, es flögen einem daheim die gebratenen Tauben ins Maul? Er berichtet von einem Leben, gehetzt von Preisen, Steuern, Streß – alle zehn Jahre eine Krise, mindestens, die privaten gar nicht gerechnet.

Pause und dritter Akt. Völlige Verkehrung der Fronten. Fortgerissen von der Dynamik des Meinungsaustausches, läßt der Westbesuch alle Hemmungen fahren und zieht nun seinerseits über östliche Grenzschikanen und Mißwirtschaft her und merkt nicht, wie sein Gastgeber, derselbe, der ihm eben noch sein Ostleben in den düstersten Farben malte, nun selbst immer düsterer dreinschaut. Quod licet jovi non licet bovi. Was der Hausherr darf, darf der Westochs auf dem Sofa noch lange nicht, und was das Lob der Ostschrippe nicht schaffte, schafft Westkritik im Nu: der Angegriffene findet zu seiner Rolle als Ostler und umgekehrt: Drogen, Arbeitslosigkeit, Neonazis versus Mauer und Schlangestehen. Den Rest des Abends brillieren, mit der unwiderleglichen Kompetenz zweier Einheimischer, beide in ihren Sprechrollen.

An diesem Kammerspiel hat die Einheit nur eines verändert. Es läuft jetzt im Fernsehen. Was bis dahin ganz gewöhnlicher Familienzank war, der den Echoraum des Wohnzimmers nicht verließ, eine Episode unter anderen, am nächsten Morgen schon halb vergessen, beim nächsten Besuch mit Verve neu durchgespielt, wird nun medial verstärkt, vergröbert, verbraten, verpetzt. Aus einer familiären Marotte wird ein nationaler Showdown. Amtliche Darsteller nehmen die Sache in die Hand. Denn wie stets bei einem Thema, über das wir alle unbedingt einmal sprechen sollten, finden sich Betroffene, Profis, Experten, Talkshowgäste, Sachbuchautoren, Mahner, Warner, Lebenshelfer, als stünde irgendwo eine Fabrik, in der sie alle vom Band liefen. Und ihr Refrain heißt: Deutschland duster. Zappenduster. Wie schade: kurz vor der Oderflut hätte man ihre mentalitätsprognostische Expertise für einen solchen Fall erbitten sollen. Sie hätte sich genauso blamiert wie fast alle Deutschlandexperten vor dem anderen Dammbruch, der die Mauer fortschwemmte.

Zweitens: Vielleicht ist es ja auch anderen schon aufgefallen: der Osten schweigt sowieso. Er schweigt beharrlich. Er antwortet nicht mehr. Es ist ein Krampf oder auch Heilschweigen, um Kräfte zu sammeln oder sie jedenfalls nicht auf einen Kampf zu vergeuden, der in seinen Augen nach den Regeln, in den Stadien und vor dem Publikum des gegnerischen, des westlichen Boxweltverbandes geführt wird und immer mit einer Niederlage des Herausforderers endet. Das Axel-Schulz-Syndrom.

Ein Thema jedenfalls gibt es, über das will der Osten mit mir auf keinen Fall reden – den Osten. Auf dem Lande ist das normal, der ländliche Mensch neigt seinem Naturell nach zum Stoiker. Er hat sich noch nie viel aus dem gemacht, was in den dicken Zeitungen steht, die aus Hamburg kommen. In seiner unaufgeregten, zeitgeistresistenten Art hat er unsere heimliche Sympathie. Der Städter wirkt dagegen wie wundgescheuert vom Abrieb der Meinungen. Stell dir vor, Leser, du gehst über Jahre in einem Büro ein und aus und triffst dort Tag um Tag den Bruder, die Schwester vom ehedem anderen Ufer der Weltgeschichte. Nicht daß im Büro die Luft muffeldick stünde. Es kommt zu Gesprächen, doch, zu Gesprächen über alles mögliche sogar; das Schweigen im Büro kann recht unterhaltsam sein. Nun stell dir einen Westler vor, der nach etlichen gemeinsamen Jahren seinen Ostkollegen unter vier Augen fragt, wie das denn früher so gelaufen sei mit der Zensur und der Partei im Büro. Und dann stell dir den Ostler vor, wie er mit einer Gegenfrage antwortet: Was gibt es denn heute in der Kantine? Oder mit einem Kompliment: Deine neue Freundin ist aber wirklich nett. Etwas in der Art.

Das soll kein Vorwurf werden. Vorwürfe sind sinnlos in so zarten Dingen wie politischen Jugendlieben und Seelenverwandtschaften. Aus einem früheren Dasein vertrieben zu werden ist hart, so hart wie von einem ostelbischen Rittergut. Der östliche Intellektuelle, wenn er nicht mehr ganz jung ist, ist ein Heimatvertriebener: Wund – ja so muß er sich fühlen. Und er *hat* sich nicht etwa – er *wurde* wundgeredet. Er kann es einfach nicht mehr hören. Er will sich nicht mehr erklären. Er hat manches gehofft und noch mehr befürchtet, aber was dann kam und wie es kam, hat er nicht gewollt. Und selbst wenn er sich dazu verstehen könnte, es nachträglich doch wollen zu können, würde er das nicht können wollen. Er findet, es wäre ein bißchen viel verlangt. Es wäre ungefähr so, als wenn der enteignete Gutsbesitzer hinterher LPG-Vorsitzender würde und jedes Jahr die Jubiläumsrede zu seiner Enteignung hielte. Es gab solche Fälle. In älteren Kriegen gab es die ehrenhafte, sozusagen technische Kapitulation. Sie ging nicht zwangsläufig ans Innerste. In modernen Kriegen, die meist Bürger- und Glaubenskriege sind, mit einem Hang zum Totalen, kommt Kapitulation der Selbstaufgabe gleich. Ob mein idealer schweigender Ostler, dessen Gesicht wechselnde, nur mir bekannte Züge annimmt, unter Freunden über sein verlorenes Seelengut spricht und über sein heikles, verstricktes früheres Leben – ich weiß es nicht, ich bin nicht zugegen. Ich weiß nur, daß er meinesgleichen nicht dabeihaben will. Vermutlich fühlte er sich richtig zitiert, sagte ich jetzt: Leute, denen man Wahrheiten über längere Zeit mit dem Lautsprecher ins Ohr flüstert, erleiden leicht einen Hörsturz.

Drittens: Ein Klassiker unter den neudeutschen Wortbildungen ist die politische Landschaft. Aber egal, ob sie blühen oder nicht – politische Landschaft ist häßliche Landschaft. Für die Trennung also von Staat und Landschaft.

Fahr in den Osten, Leser. Fahr hin, lauf, schwimm, segle, rudere, meinetwegen reite, und denk nicht soviel. Als ich einmal im Flugzeug nach Kanada saß, stellte ich fest, daß es voller ausgewanderter Deutscher war. Manche waren im Begriff, ihre Übersiedlung in ausgesprochen menschenleere Gegenden des kanadischen Westens vorzubereiten, andere hatten das vor vielen Jahren getan und kamen nun von einem Besuch in der alten, engen Heimat zurück. Gebürtige Kanadier bestätigten mir den Eindruck: Ja, es sei auffällig, viele Deutsche zöge es in die leeren Landesteile etwa British Columbias. Sie zeigten einen bemerkenswerten Hang zu großen Wäldern und einsamen Bergen. Als ich das nächste Mal über

Westdeutschland flog und aus dem Fenster sah, dachte ich wie schon so oft: Märklinland. Das kleinteilige Werk eines kosmischen Modelleisenbahners, eines perfektionistischen Riesen mit der Pinzette. Ein Industriepark hier, ein Gewerbepark da, dort ein Freizeitpark, und der Rest ist keineswegs Schweigen. Der Rest ist Naturpark.

Jetzt ruft gleich jemand: Zynismus! Er will den Niedergang der Industrie und die Abwanderung aus Brandenburg und Vorpommern auch noch schönreden. Stimmt. Hier wird dem industrialisierten Dorf keine Träne nachgeweint. Es wird auch nicht ein Lob auf blühende Parklandschaften angestimmt, es wird nur ein bißchen vom leeren Land geschwärmt. Zu meiner Verteidigung habe ich neun Jahre Internierung in Westberlin vorzuweisen, der kleinsten, autistischsten, lustigsten DDR der Welt, darunter sechs Jahre verschärften Vollzug durch Umlandverbot.

Es ist möglich, etwas zu vermissen, das man gar nicht kennt. Es ist möglich, Berlin in nördlicher Richtung zu verlassen und an den großen Seen früh loszugehen und in der Dämmerung zurückzukehren und nur Käfern und Fischadlern begegnet zu sein. Es ist möglich, sich nordöstlich zu halten und sich in einem Netz von Landwirtschaftswegen, brüchigen Betonpisten zu verlieren und in den italienischen Arien, die das Autoradio spielt, unterbrochen von polnischer Werbung. Es ist möglich, sich nach Südwesten zu wenden und, ohne eine Menschenseele zu treffen, geschweige ein Auto, Stunden durch die Hügel zu reiten, unter Eichen, Buchen, Kiefern, über Waldwege, Feldwege, Sandwege. Sie sind das beste, diese impressionistischen östlichen Sandwege. Der hell hingestrichelten Doppelspur folgen, ihrer dunklen Kruppe aus Gras. Bis hierher ist er nicht gekommen, der Riesenmodelleisenbahner mit seiner Pinzette. Hier ist nicht Märklinland.

Aus diesen und ein paar anderen abwegigen Gründen beantrage ich einen ziemlich langen Schweigesubbotnik: das Reden über Deutschland einfach für eine Weile einzustellen. Sagen wir, für die nächsten fünfzig Jahre.

Die Autoren

Jörg Albinsky, geboren 1969 in Apolda, Studium der Mathematik und Physik in Erfurt und Leipzig, danach Buchhändler, zur Zeit freier Fernsehjournalist in Leipzig

Werner Bräunig, geboren 1934 in Chemnitz, lebte in der Nachkriegszeit von Gelegenheitsarbeiten und Schwarzmarktgeschäften, wegen Schmuggels zu drei Jahren Haft verurteilt. 1956–1958 Heizer, erste Schreibversuche; ab 1958 Studium am Literaturinstitut »Johannes R. Becher« in Leipzig. Bräunig verfaßt 1959 in Vorbereitung der 1. Bitterfelder Konferenz den Aufruf »Greif zur Feder, Kumpel«. 1960/61 Beginn der Arbeit am Wismut-Roman »Rummelplatz«; der Vorabdruck eines Kapitels im Herbst 1965 in der »Neuen deutschen Literatur« löst im »Neuen Deutschland« heftige Kritik wegen angeblicher Beleidigung der Werktätigen und sowjetischen Partner aus; 1966 Abbruch der Arbeit am Roman. Gestorben am 14. August 1976. Veröffentlichungen u.a.: Prosa schreiben. Essays. (1968); Gewöhnliche Leute. Erzählungen (1969); Ein Kranich am Himmel. Bekanntes und Unbekanntes. (1981).

Wolfgang Büscher, geboren 1951; Autor und Journalist; lebt in Berlin. Reportagen aus Deutschland, Osteuropa und Asien für die Magazine der ZEIT, der »Süddeutschen Zeitung«, der »Frankfurter Allgemeinen Zeitung«, der »Neuen Zürcher Zeitung«, für die »Wochenpost« sowie für GEO. Seit Herbst 1998 Reporter der »Welt«.
Letzte Buchveröffentlichung: Drei Stunden Null. Deutsche Abenteuer. Berlin 1998.

Christoph Dieckmann, geboren 1956; Filmvorführer, Theologie-Studium, Vikar, Medienreferent, Publizist. 1990 Auszeichnung durch das World Press Institute in St. Paula/Minnesota mit einer halbjährigen USA-Erkundungsfahrt. Seit 1991 Redakteur der ZEIT. 1992 Internationaler Publizistik-Preis von Klagenfurt, 1993 Theodor-Wolff-Preis, 1994 Egon-Erwin-Kisch-Preis, 1996 Friedrich-Märker-Preis für Essayistik. Lebt in Berlin.
Veröffentlichungen: My Generation. Cocker, Dylan, Lindenberg und die verlorene Zeit (1991); Oh! Great! Wonderful! Anfänger in Amerika! (1992); Die Zeit stand still, die Lebensuhren liefen. Geschichten aus der deutschen Murkelei (1993); Time is on my side. Ein deutsches Heimatbuch (1995).

Wolfgang Engler, geboren 1952; Soziologe, lehrt an der Berliner Schauspielschule »Ernst Busch«.
Veröffentlichungen: Die zivilisatorische Lücke. Versuche über den Staatssozialismus (1992); Die ungewollte Moderne. Ost-West-Passagen (1995).

Arno Fischer, geboren 1927 in Berlin; Volksschule, Modelltischlerlehre, Kriegsmarine, Kriegsgefangenschaft. 1947–1953 Studium der Bildhauerei in Ost- und Westberlin. Arbeit als Photolaborant, Entscheidung für die Photographie als Beruf; während der fünfziger Jahre intensive Arbeit an einer Berlin-Serie, die die Situation der geteilten Stadt reflektiert. 1956 Assistent, 1957 Oberassistent mit Lehrauftrag für Photographie an der Kunsthochschule Berlin-Weißensee bis 1971. 1961 wird das druckfertige Buch »Situation Berlin« wegen des Baus der Mauer nicht produziert. Arbeit als Photograph und Publizist für die Zeitschrift »Sibylle« und weitere Periodika. Mitte der sechziger Jahre Bildung einer Photographengruppe mit Gleichgesinnten (Gruppe DIREKT). 1972–1974 Gastdozentur an der Hochschule für Grafik und Buchkunst (HGB) in Leipzig. Bis Ende der achtziger Jahre Publikation einer Reihe von Städte-Bildbänden. 1974–1983 gemeinsam mit Peter Voigt Recherchen für die Photo-Stelen des Marx-Engels-Denkmals in Berlin. 1981 Mitbegründer der »Arbeitsgruppe Fotografie« im Verband Bildender Künstler der DDR. Lehrauftrag an der HGB Leipzig bis 1993. 1987 Einzelbeitrag zu den »Rencontres internationales de la Photographie« in Arles, Frankreich. 1990 bis heute Lehrauftrag an der Fachhochschule Dortmund.

Fritz Rudolf Fries, geboren 1935 in Bilbao; 1942 übersiedelte die Familie nach Leipzig; 1943–1953 Studium der Anglistik und Romanistik in Leipzig; danach freischaffender Übersetzer und Dolmetscher; 1960–1966 wissenschaftlicher Assistent an der Deutschen Akademie der Wissenschaften in Berlin. Nach

Erscheinen seines ersten Romans »Der Weg nach Obliadooh« 1966 in der Bunderepublik wurde das Arbeitsverhältnis gekündigt, seither freischaffender Schriftsteller und Übersetzer. Veröffentlichungen: Der Fernsehkrieg. Erzählungen (1969); Seestücke. Reiseprosa (1973); Das Luftschiff. Roman (1974); Lope de Vega. Biographie (1977); Der Seeweg nach Indien. Erzählungen (1978); Mein spanisches Brevier. Reiseprosa (1979); Alexanders neue Welten. Roman (1982); Verlegung eines mittleren Reiches. Roman (1984); Herbsttage in Niederbarnim. Gedichte (1988); Die Väter im Kino. Roman (1989); Das Luft-Schiff. Roman (1990); Im Jahr des Hahns. Tagebücher (1997).

Volker Handloik, geboren 1961 in Rostock; Druckerlehre, Rangierarbeiter, Fischer, DEFA-Komparse, Herausgeber einer Samisdat-Zeitschrift, seit 1992 freischaffender Journalist; Reportagen für GEO, MERIAN, »Frankfurter Allgemeine Zeitung«, »Süddeutsche Zeitung«, ZEIT-Magazin; Leichtmetall. Comic in der DDR (Hrsg., 1990).

Harald Hauswald, geboren 1954 in Radebeul; 1970–1972 Lehre als Fotograf, verschiedene Jobs, seit 1989 freischaffender Fotograf, Gründungsmitglied der Agentur Ostkreuz; Foto-Reportagen für GEO, »Stern«, ZEIT-Magazin.
Fotobücher: Ostberlin – die andere Seite einer Stadt (1987); Die dritte Halbzeit (1993).

Stefan Heym, geboren 1913 in Chemnitz; studierte Philosophie und Germanistik in Berlin, emigrierte 1933 in die Tschechoslowakei und dann in die USA, setzte das Studium in Chicago fort. 1937–1939 Chefredakteur der Wochenzeitung »Deutsches Volksecho« in New York, seit 1943 Soldat der US-Army, später Offizier. 1945 Mitbegründer der »Neuen Zeit« in München, wegen prokommunistischer Haltung in die USA zurückversetzt und aus der Armee entlassen. Aus Protest gab er Offizierspatent, Kriegsauszeichnungen und US-Staatsbürgerschaft zurück und übersiedelte nach Ost-Berlin. Nach dem 17. Juni 1953 setzte sich Heym für den kritischen gesellschaftlichen Dialog ein; auf dem 11. Plenum des ZK der SED Kritik am Manuskript »5 Tage im Juni«, das 1974 in der Bundesrepublik erschien. 1979 zu Geldstrafe wegen Devisenvergehens nach Veröffentlichung des Romans »Collin« in der Bundesrepublik verurteilt, Ausschluß aus dem Schriftstellerverband. Romane: Ahasver; Die Augen der Vernunft; Der bittere Lorbeer; Der Fall Glasenapp; Der König David Bericht; Goldsborough; Lasalle; Lenz oder die Freiheit; Radek; Schwarzenberg; Pargfrider; Der Winter unseres Mißvergnügens. Aus den Aufzeichnungen des OV Diversant; Wege und Umwege. Einmischung. Streitbare Publizistik, Erzählungen.

Paul Kaiser, geboren 1961 in Freiberg/Sachsen; lebt als freier Autor und Ausstellungsmacher in Berlin.
Letzte Veröffentlichung: Boheme und Diktatur in der DDR (1997 mit Claudia Petzold).

Cornelia Klauß, geboren 1962 in Dresden; Studium der Filmwissenschaft in Babelsberg, Dramaturgin in Halle, Rechercheuse für DEFA-Dokumentarfilm, Produktion einiger Super-8-Filme; diverse Rezensionen für Filmzeitschriften; seit 1990 in der Hauptsache Programmacherin im Berliner Filmkunsthaus Babylon.

Freya Klier, geboren 1950 in Dresden; 1968 Abitur (gleichzeitig Facharbeiterbrief als Maschinenbauzeichner); Republikfluchtversuch (Urteil: 16 Monate Haft); vorzeitige Entlassung, danach Arbeit als Postangestellte, Kellnerin, Disponentin im Dresdener Puppentheater. 1970–1975 Schauspielstudium an der Theaterhochschule Leipzig und im Staatstheater Dresden. 1975 Schauspielerin am Theater Senftenberg. 1978–1982 Regiestudium am Institut für Schauspielregie Berlin. Während dieser Zeit Inszenierungen in Halle (Arrabal), Bautzen (Dürrenmatt), Berlin (Sternheim, Synge). 1980 Mitbegründerin der DDR-Friedensbewegung. 1982 Regisseurin am Theater Schwedt; 1984 DDR-Regiepreis für die Uraufführung von Plenzdorfs »Legende vom Glück ohne Ende«; Inszenierungen am Deutschen Theater Berlin (1984) und an der Schauspielschule Berlin (1985); danach Berufsverbot. 1985 gemeinsame Auftritte mit Stefan Krawczyk in evangelischen Kirchen der DDR, eigene Stücke/Brecht, erste Prosaarbeiten. 1986 Beginn der Arbeit an einem Buch über »Jugend und Erziehungswesen der DDR«; zunehmende Verfolgung durch staatliche Stellen. 1988 Verhaftung, Beschlagnahme der Manuskripte und unfreiwillige Ausbürgerung. Lebt seitdem als freischaffende Autorin und Regisseurin in West-Berlin. 1997 Mitbegründerin einer Schulinitiative für die neuen Bundesländer.
Bücher: Abreiß-Kalender (1988); Lüg Vaterland (1990); Das Kaninchen von Ravensbrück (1994); Penetrante Verwandte (1996); Verschleppt ans Ende der Welt (1996).
Dokumentarfilme: Verschleppt ans Ende der Welt (1993); Johanna, eine Dresdener Ballade (1996); Das kurze Leben des Robert Bialek (1997); Die Odyssee der Anja Lundholm (1998).
Theaterstück: Schwarzer Rotgold (Uraufführung Ost-Berlin 1991).

Tilo Köhler, geboren 1955 in Babelsberg; wuchs auf in Brandenburg, lernte Hochseefischer, holte auf dem zweiten Bildungsweg sein Abitur nach, studierte Germanistik, arbeitete als wissenschaftlicher Assistent an der Humboldt-Universität Berlin, als

Verlagslektor und als freier Journalist. Veröffentlichungen: Unser die Straße – Unser der Sieg (1993); Kohle zu Eisen – Eisen zu Brot (1994); Lust am Schaffen – Freude am Leben (1995); Der Favorit fuhr Kowalit (1997); Comedian Harmonists (1997).

Fritz-Jochen Kopka, geboren 1944 in Güstrow/Mecklenburg; Schriftsetzerlehre in Schwerin, Pößneck und Güstrow, 1966 bis 1969 Journalistikstudium in Leipzig. 1969–1970 beim Fernsehen der DDR in Berlin, 1970–1972 Wehrdienst bei der NVA in Brandenburg/Havel, 1972–1975 beim Jugendfernsehen in Berlin. 1975–1978 Redakteur der »Temperamente. Blätter für junge Literatur«; 1979–1989 Redakteur des »Sonntag«, 1989–1991 freiberuflich tätig. Seit 1991 Redakteur und Reporter der »Wochenpost«, seit 1997 »Die Woche«, Büro Berlin.
Veröffentlichungen u.a.: Barbara Thalheim: Höhlen-, Drachen- und Trotzdem-Lieder. Liederbuch (1988), Linker Charme. Zehn Reportagen vom Kollwitzplatz (1989 mit Jutta Voigt).

Klaus-Peter Krone, geboren 1955 in Berlin; Abitur, 1973–1975 Armee, 1975–1977 Arbeit in der Ukraine an der Erdgasleitung »Freundschaft«, 1977–1982 Studium der Germanistik an der Humboldt-Universität Berlin; ab 1979 Gedichte und Prosatexte in Zeitschriften und Anthologien; 1982–1985 Absolventenzeit beim Fernsehen der DDR; seit 1985 freier Autor von Szenarien, Hörspielen und Dialogtexten für Synchronfirmen.

Susanne Leinemann, geboren 1968 in Hamburg; aufgewachsen in Washington D.C. und Bonn, studierte Geschichte und Philosophie in Bochum, Mexico City und Jena, schrieb eine Magisterarbeit über die Frühphase der NVA, besuchte die Münchener Journalistenschule und arbeitet heute in Magdeburg als freie Redakteurin beim Fernsehen.

Georg-Dietrich Nixdorf, geboren 1969, ist gelernter Tischler. 1989 reiste er in die Bundesrepublik aus. Seit 1995 studiert er an der Technischen Universität Berlin Germanistik und Geschichte.

Alexander Osang, geboren 1962 in Berlin; Berufsausbildung als Instandhaltungsmechaniker mit Abitur in Neubrandenburg. 1982–1987 Studium der Journalistik in Leipzig, Chefreporter der »Berliner Zeitung«. Veröffentlichungen: Das Jahr Eins (1992); Aufsteiger, Absteiger (1993); Die stumpfe Ecke (1994); Das Buch der Versuchung (1996); Tamara Danz. Legenden (1997), Hannelore auf Kaffeefahrt (1998).

Ulrich Plenzdorf, geboren 1934 in Berlin; 1954/55 Studium der marxistischen Philosophie in Leipzig, 1955–1958 Bühnenarbeiter bei der DEFA, 1959–1963 Studium an der Filmhochschule Potsdam-Babelsberg, danach Szenarist im DEFA-Film-Studio Babelsberg. Lebt als freier Schriftsteller in Berlin.
Veröffentlichungen: Die neuen Leiden des jungen W. (Erzählung, Theaterstück), Kein runter, kein fern. Erzählung (1979); Legende vom Glück ohne Ende. Roman (1979, Theaterstück UA 1983); Gutenachtgeschichte. Erzählung (1983); Berliner Geschichten. „Operativer Schwerpunkt Selbstverlag«. Eine Autoren-Anthologie: wie sie entstand und von der Stasi verhindert wurde. (Hrsg. mit Klaus Schlesinger und Martin Stade, 1995).
Filme: Karla (1965, nicht aufgeführt); Die Legende von Paul und Paula (1973); Glück im Hinterhaus (nach Günter de Bruyn, 1975); Hüpf, Häschen, hüpf (1991); Vater, Mutter, Mörderkind (1992); Das andere Leben des Herrn Kreins (Dokumentarspiel (1993); Liebling Kreuzberg. Fernsehserie (1994); Matulla und Busch (nach Klaus Schlesinger, 1995); Der Trinker (nach Hans Fallada, 1995);
Theaterstücke: Ein Tag länger als ein Leben (nach Tschingis Aitmatow, UA 1986); Freihheitsberaubung (nach Günter de Bruyn, UA 1988); Zeit der Wölfe (nach Tschingis Aitmatow, UA 1989);

Lutz Rathenow, geboren 1952 in Jena; Abitur, Armee, 3 1/2 Jahre Studium, Transporthilfsarbeiter, Beifahrer, Übersiedlung nach Ostberlin, Theatermitarbeiter und (bis heute) freier Autor. Wegen des ersten im Westen erschienenen Buches (1980) Verhaftung und Ermittlungsverfahren, das nach drei Monaten eingestellt wird. Zahlreiche Bücher und andere Veröffentlichungen im Westen. Zahlreiche Lesungen in Kirchen und sonst vorwiegend in Wohnungen in der DDR.
Veröffentlichungen u.a.: Zangengeburt. Gedichte (1982); Boden 411. Stücke (1984); Hrsg. der Anthologie Einst war ich Fänger im Schnee (1984); Ostberlin – die andere Seite einer Stadt. Essay mit Fotos von Harald Hauswald (1987); Zärtlich kreist die Faust. Gedichte (1989); Die lautere Bosheit. Satiren (1992); Verirrte Sterne. Gedichte (1994); Sisyphos. Prosa (1995); Das Jahrhundert der Blicke. Gedichte (1997).

Thomas Rosenlöcher, geboren 1947, lebt in Dresden.
Veröffentlichungen u.a.: Die Wiederentdeckung des Gehens beim Wandern. Von Dresden in den Harz (1991); Die verkauften Pflastersteine. Dresdener Tagebuch (1994); Die Dresdner Kunstausübung Gedichte (1996); Ostgezeter. Beiträge zur Schimpfkultur (1997); Ich sitze in Sachsen und schau in den Schnee. Gedichte (1998).

Landolf Scherzer, geboren 1941 in Dresden; 1962–1965 Journalistik-Studium in Leipzig, Exmatrikulation wegen kritischer Reportagen, die er mit Klaus Schlesinger und Jean Villain für die NBI geschrieben hatte. Bis 1975 Redakteur beim »Freien Wort« in Suhl. Seitdem freier Schriftsteller in Thüringen.
Veröffentlichungen: Südthüringer Panorama (1973), Nahaufnahmen. Aus Sibirien und dem sowjetischen Orient (1975), Fänger und Gefangene. 2386 Stunden vor Labrador und anderswo (1983), Bom dia, weißer Bruder. Erlebnisse am Sambesi (1984); Das Camp von Matundo (1986); Der Erste (1988); Auf Hoffnungssuche an der Wolga (1991); Der Zweite (1997).

Jochen Staadt, geboren 1950 in Bad Kreuznach; 1968 Studienbeginn an der Freien Universität Berlin. 1977 Dissertation über Romane der DDR. Wissenschaftlicher Assistent beim Forschungsverbund SED-Staat der Freien Universität Berlin.
Diverse Veröffentlichungen über die westdeutsche Studentenbewegung von 1968 und zur DDR-Geschichte u.a.: Die geheime Westpolitik der SED (1993); Teurer Genosse, Briefe an Erich Honecker (1994); Auf höchster Stufe. Gespräche mit Erich Honecker (1995); Deckname Markus. Spionage im ZK (1998).

Jutta Voigt, geboren in Berlin; Philosophie-Studium, Filmkritikerin und Reporterin bei »Sonntag«, »Freitag«, »Wochenpost«, seit 1997 bei »Die Woche«. Veröffentlichungen u.a.: Der Tiger weint – Echte Stories (1997); Texte für Anthologien und Filme.

Peter Voigt, geboren in Leipzig; Theaterausbildung am Berliner Ensemble 1953 bis 1959. Danach Entscheidung für den Dokumentarfilm. Regisseur bei der DEFA und im Studio H&S, heute freischaffend. Filme u.a.: Knabenjahre; Metanoia; Dämmerung; Bella Italia; Jawohl, Brecht.

Peter Wawerzinek, geboren 1954; wuchs in einem kleinen Ort an der mecklenburgischen Ostseeküste auf und lebt seit 1975 in Berlin. Nach einem abgebrochenen Studium an der Kunsthochschule Weißensee schlug er sich als von den Verlagen der DDR nicht zur Kenntnis genommener Dichter, als Sänger verschiedener Kapellen und als Entertainer durch. Seit 1990 erschienen von Peter Wawerzinek sechs Bücher: Nix. Roman (1990); Es war einmal. Parodien zur DDR-Literatur (1990); Moppel Schappiks Tätowierungen (1991); Das Kind das ich war (1992); Mein Babylon (1995); Vielleicht kommt Peter noch vorbei (1997).

Heide-Ulrike Wendt, geboren 1950; 1970–1974 Studium der Publizistik in Leipzig; Redakteurin der »Wochenpost« (1978–1985) und der »Für Dich« (1985–1989); 1990/91 Mitarbeit in der Reportergruppe »Extra«-Magazin; 1992–1995 Kolumnistin der »Stern«-Redaktion, Berliner Büro, 1996 Autorin beim Frauenmagazin »AMICA« in Hamburg, seit 1997 freie Journalistin in Berlin. Veröffentlichungen u.a.: Immer nur das eine (1996).

Peter Wensierski, geboren 1954; aufgewachsen im Ruhrgebiet; lebte seit 1973 in Berlin, Politik- und Journalistik-Studium an der Freien Universität. Seit 1979 als DDR-Reisekorrespondent für Zeitungen und Nachrichtenagenturen tätig.
Buchveröffentlichungen und Dokumentarfilme über die DDR-Friedens-, Umwelt- und Jugendbewegung. Einreiseverbot durch die DDR-Behörden 1984. 1986–1992 als Fernsehjournalist zahlreiche Reportagen für die ARD, Redakteur bei »Kontraste«. Seit 1993 Redakteur beim »Spiegel« im Deutschlandressort, lebt zur Zeit in Rom.

Quellennachweis

Werner Bender: Messeabenteuer 1999. Aus: Bender, Messeabenteuer 1999. © Kinderbuchverlag Berlin 1959.

Werner Bräunig: Rummelplatz. Aus: Bräunig, Ein Kranich am Himmel. Bekanntes und Unbekanntes. Herausgegeben und mit einem Nachwort versehen von Heinz Sachs. Halle 1981

Stefan Heym, Je voller der Mund, desto leerer die Sprüche. Leben mit der Aktuellen Kamera. © Stefan Heym 1990.

Thomas Rosenlöcher: Die Heimat hat sich schön gemacht. Aus: Rosenlöcher: Ostgezeter. es 2023, © Suhrkamp Verlag Frankfurt am Main 1997.

Peter Wawerzinek: Als Peter noch klein war. Aus: Wawerzinek, Das Kind das ich war. © Transit Buchverlag Berlin 1992.